新元史

第五册

志（三）

柯劭忞 撰
張京華 黄曙輝 總校

上海古籍出版社

新元史卷之七十九　志第四十六

食貨志十二

賑恤上

賑恤之法有二：曰蠲免，曰賑貸。以恩免者：朝廷有大慶，則免之；有盜賊之亂、軍旅供給之費，則免之；逃亡復業者，則免之；軍民站户困弊，則免之。以恩賑者：曰鰥寡孤獨，曰諸王部衆之貧乏。其餘則恩免所及者，賑亦及之。至於災免、災賑，則以水旱疫癘，救生恤死，尤荒政之最亟者。今類其事，分著於後。

恩免：

世祖中統元年，量減絲料、包銀分數。

二年，詔：「減免民間差發，免平陽、太原軍站户重租稅科。」詔：「十路宣撫使，量免民間課程，弛諸路山澤之禁。」

三年，以軍興，人民勞苦，敕停公私逋負毋徵，以米千石、牛三百給西京蒙古户。北京等路以兵興供給繁重，免本歲絲料、包銀。蠲濱、棣今歲田租之半，東平蠲十之二。復蒙古軍站户。差户、農民包銀，徵其半。俘户止令輸絲。民户輸賦之月，毋徵私債。敕濟南官吏，凡軍民公私逋負，權住毋徵。三叉沽竈户，經宋兵焚掠，免今年租賦。以濟南路遭李璮之亂，軍民皆饑，盡免差發。

四年，以西涼民户值渾都海之亂，人民流散，免差税三年。

至元元年，詔：「減明年包銀十分之三，無業者減十之七，逃户復業者免差税三年。」

三年，減中都包銀四分之一。

七年，諸路課程，減十分之一，以紓民力。

八年，詔：「四川民力困弊，免茶鹽等課税。」

十二年，蠲免包銀絲綿鈔，免河南路包銀三分之二，其餘路分亦免十之五。

十三年，敕減今歲絲賦之半，免大都醫户十二年絲銀。

十七年，敕和州等處爲叛兵所掠者，賜鈔給之。仍免民差役三年。

十八年，免福州路今年税二分。十八年以前租税並免徵。

十九年，免諸路民户明年包銀、俸鈔及逃移户差税。

二十年，免大都、平灤民户絲綿俸鈔。二十年，免福建歸附後未徵苗税，免京畿所括田舊税三分之二，新税三之一。

二十一年，蠲江南今年田租十分之二，其十八年以前逋欠悉免之。

二十二年，除民間包銀，三年不使帶納俸鈔，盡免大都地税。

二十四年，免唐兀衛河西地元籍徭役，免東京等處軍民徭賦。

二十五年，免遼陽、武平等處差發，以武岡、寶慶二路荐經寇亂，免今年酒税課及前歲逋租。以南安、瑞、贛三路，連歲盜起，民多失業，免逋歲萬二千六百石。湖頭賊張治國掠泉州，免泉州今歲田租。

二十六年，蠲汀、漳二州田租。宜章縣爲廣東寇所掠，免今歲田租。

二十七年，常寧州遭寇亂，免其田租。廣州、韶州以遭寇亂，並免其田租。減河間、保定、平灤三路絲綿銀。

二十八年，免江淮貧民至元十二年至二十五年所逋田租二百九十七萬六千餘石，及二十六年未輸田租十三萬石、鈔一千一百五十錠、絲五千四百斤、綿千四百三十餘斤。二十八年，免腹裏諸路包銀俸鈔，其大都、上都、隆興、平灤、大同、太原、河間、保定、武平、遼陽十路鈔銀並除之。

二十九年，以上都、隆興、平灤、河間、保定五路供給視他路爲甚，宜免今歲公賦。免寶慶路田租萬三千九百七十三石。置會同、安定二縣隸瓊州，免其田租。

至元三十一年，成宗即位，除大都、上都兩路差税一年，其餘減丁、地税十分之三，係官逋欠一切蠲免，民户逃亡者差税皆除之。以上世祖皇后裕宗尊號，免所在本年包銀俸鈔，及内郡地税、江淮以南商税。

元貞元年，除大都民户絲料、包銀、税糧。

大德元年，免上都、大都、隆興差税三年。

大德二年，免今年上都、隆興絲銀，大都差税、地租。

四年，詔頒寬令，免上都、大都、隆興大德五年絲銀税糧，附近秣養馬駝之郡免税糧十分之三，其餘免十分之一，江北荒田許人耕種者並展税限一年。著爲令。

七年，以轉輸軍餉勞，免思、播二州及潭、衡、辰、沅等路税糧一年，常、澧三分之一，淘金站户無種佃者免雜役。

九年，又下寬免之令，以恤大都、上都、隆興、腹裏、江淮之民。

十年，免大都今年租，逃移復業者免差税三年。

十一年，免上都、大都、隆興差税三年，其餘路分量輕重優免。免雲南八番等地面差發一年，其積年逋欠者蠲之，逃移復業者免三年。

至大二年，上尊號，詔：「毋令見户包納差税，被災百姓内郡免差税一年，江淮免夏税三年，免大都、上都、中都秋税，其餘今歲被災人户，依上蠲免，至大二年以前民間欠差税課程並行豁免。」

四年，免腹裏包銀及江南夏税十分之二。又免大都、上都、中都差税三年。

延祐元年，以改元，免上都、大都差税二年，其餘經賑者免一年，流民復業者免差税三年。

二年，免各路差税、絲料，延祐元年瀘陽、麻陽二縣以土賊作亂，蠲其田租。

七年，減天下租賦二分，包銀二分。免上都、大都、興和三路差税三年，又免税糧、包銀、絲料、合有差發。

至治二年，免大都、興和差税三年，八番、思、播、兩廣洞寨差税二年，江淮創科包銀三年，四川、雲南、甘肅秋糧三分，河南、陝西、遼陽絲銀三分，賑恤雲南、廣海等處。

泰定元年，免天下和買雜役三年，蛋户差税一年。

二年，除江淮創科包銀，流民復業者免差役三年。

二年，免各路差絲料。

天曆元年，免諸路差税、絲料有差及海北鹽課二年，免民間逋賦無可追徵者，免奉元路商税一年，免永平總管府田租二年，免達達軍站之貧乏者及各路差租有差，免人民逋欠官錢。

至順元年，以改元，免諸路税差有差，詔：「河南、懷慶、衛輝、普寧四路今歲差發全行蠲免；其餘路分，腹裏差發、江淮夏税，亦免三分，免海北鹽課三年，免雲南行省田租。」

三年，免大都、上都、興和三路夏税三年，腹裏差發免，其餘諸郡不納差去處免税糧十分之二，江淮以南夏税亦免二分。

至正元年，免天下税糧五分。

六年，免天下差税三分，水旱之地全免。

災免：

中統元年，以各處被災。驗實免科差。

四年，以秋旱霜災，減大名等路税糧。

三年，開元等路饑，減户賦布二匹，秋税減其半，水達達户，減青鼠二，其租税，被災者免徵。真定等路旱蝗，其代輸築城役人户，悉免之。

五年，東勝旱，免其租賦。

八年，以去歲東平及西京旱蝗水潦，免其租賦。

七年[一]，益都、登、萊旱蝗，詔減其今年包銀之半。東京路饑兼造船勞役，免今年絲銀十之三。南京、河南等路蝗，減今年絲銀十之三。以南京、河南旱蝗，減今年差賦十之三[二]。

十八年，保定路清苑縣旱，高唐、夏津、武城等縣蟊害稼，免今年租，計六千四百四十八石。

十九年，免鞏昌等處積年所欠田租課。

二十四年，大都饑，免今歲俸鈔，諸路半徵之。瀋州饑，又經乃顏兵蹂躪，免其今年絲銀、租賦。浙西諸路水，免今年田租十之二。

二十五年，益州旱，蠲其租四千七百石。平江水，免所負酒課。睢陽霖雨害稼，免其租千六百石有奇。以考城、陳留、通許、杞、太康五縣大水，及河溢没民田，免其租萬五千二百石。保定霖雨害稼，免今歲田租。灤州等處霖雨害稼，免今年田租。安西省大饑，免田租二萬一千五百石有奇，仍貸粟賑之；嘉祥、魚台、金鄉三縣霖雨害稼，免其租五千石。鞏昌路荐饑，免田租之半，仍以鈔三千錠賑其貧者。

二十六年，紹興大水，免未輸田租。泰安寺屯田大水，免今歲租。濟寧、東平、汴梁、濟南、棣州、順德、平灤、真定霖雨害稼，免田租十萬五千七百四十九石。兩淮屯田雨雹害稼，免今歲田租。大都路霖雨害稼，免今歲田租，仍減價糶諸路倉糧。台、婺二州饑，免今年田租。武平路饑，免今年田租。無爲州大水，免今年田租。

二十七年，晉陵、無錫二縣霖雨害稼，並免其田租。芍陂霖雨害稼，免其租。以荐饑，免今歲銀、俸鈔，其在上都、大都、保定、河間、平灤者萬一百八十錠，在遼陽省者千三百四十八錠有奇。平山、真定、棗强三縣旱，靈壽、元氏二縣大雨雹，並免其租。江陰大水，免田租萬七百九十石。河溢太康，没民田三十一萬九千八百餘畝，免其租八千九百二十八石。棣州厭次、河陽大風雹害稼，免其租。免河間、保定、平灤歲賦絲之半。懷孟路武陟縣、汴梁路祥符縣皆大水，免田租八千八百二十八石。終南等屯霖雨害稼萬九千六百餘畝，免其租。廣濟署洪濟屯大水，免其租萬三千二百四十一石。興、松二州隕霜殺禾，免其租。隆興路隕霜殺稼，免其田租五千七百二十三石。免大都、平灤、保定、河間自至元二十四年至二十六年逋租十三萬五百六十二石。大同路民多流移，免其田租二萬一千五百四石。

二十八年，上都、太原饑，免至元十二年至二十六年所逋田租三萬八千五百餘石。武平路饑，免其去年租田。凡州郡田嘗被災者，悉免其租，不被災者免十之五。太原、杭州饑，免今歲田租。撫州路饑，免去歲田租四千五百石，大名之清河、南樂諸縣霖雨害稼，免田租萬六千六百六十九石，婺州水，免田租四萬一千六百五十石。景州、河間等州霖雨害稼，免田租五萬六千五百九十五石。以歲荒，免平灤屯田，免大都今年田租。保定、河間、平灤三路大水，被災者全免，收成者半之。武平饑，免今年田租。廣濟署大昌等屯水，免田租萬九千五百石。以武平地震，全免去年稅四千五百三十六錠，今年量輸之，止徵二千五百六十九錠。

二十九年，京畿荐饑，免今歲田租。龍興路南昌、新建、進賢三縣水，免田租四千四百六十八石。平江、湖州、常州、鎮江、嘉興、松江、紹興等路水，免至元二十八年田租十八萬四千九百二十八石。大寧路惠州連年水旱，詔給鈔二千錠及糧一月賑之。太平、寧國等六路饑，發粟賑之。高麗饑，賜米十萬石。廣濟署屯田既蝗復水，免今年田租九千三百十八石。平灤路大水且霜，免田租二萬四千四十一石。

三十年，營田提舉司屯田爲水所没，免其租四千七百七十二石。湖州、平江、嘉興、鎮江、揚州、寧國、太平等路大水，免田租百二十五萬七千八百八十三石。岳州華容縣水，免田租四萬九百六十二石。遼陽、瀋州、廣寧、開元等路雹害稼，免田租七萬七千九百八十八石。岳州華容縣水，免田租四萬九百六十二石。

三十一年，常德、岳、鄂、漢陽四州水，免其田租。

元貞二年，象食屯水，免其田租。

大德元年，歸德、徐、邳、汴梁諸縣水，免其田租二年。以水旱，減州郡田租十分之三，甚者盡免之，老病單弱者差税並免三年。順德旱，大風損麥，免田租一年。

三年，揚州、淮安，免其田租。以江陵、沔陽、廬、隨、黄等州旱，汴梁、歸德、永、隴、陜蝗，並免其田租。

五年，平灤路水，免今年田租，仍賑粟三萬石。遣官分道賑恤各路，被災重者，免其差一年，貧乏之家計口賑之。順德路水，免其田租。江陵、常德、澧州皆旱，並免其門攤、酒課。

七年，盡除内郡饑荒所在差税，仍令河南省賑恤流民。各道宣撫使言：「去歲被災人户未經賑濟者，宜免其差役。」從之。浙西淫雨，民饑者十四萬，賑糧一月，仍免今年夏税，並各户酒醋課。免大德七年民間逋税。

八年，免平陽、太原差，其差税三年，及隆興、上都、大同等路被災人户二年。大都、保定、河間路免一年。江南佃户私租太重，以十分爲率，減二分，永爲定例。柳林屯田被水，其逋租及民貸食者皆勿徵。陳州霖雨，免其田租。以順德、恩州去歲霖雨，免其民租四千餘石。大名、高唐去歲霖雨，免其田租二萬四千餘石。冀、孟、輝、雲内諸州，去歲霖雨，免其田租二萬二千一百石。

九年，以陝西渭南、櫟陽諸縣旱，免其田租。免晉寧、冀寧三年商税之半。揚州之泰興、江都，淮安之山陽水，免其田租九千餘石。

十一年，陝西行省言：「開成路前者地震，民力重困，已免賦二年，請再免今年。」從之。

至大元年，江淮大饑。免今年常賦及夏税。益都饑，免今年差傜，仍以本路課税及發朱汪〔三〕、利津兩倉粟賑之。江南北水旱饑荒，免至大元年差發、官税。免紹興、廣元、台州、建康、廣德諸路田租，又免酒課十分之三。紹興災甚，凡田户止輸田租十分之四。

至大二年，以徐、邳連年大水，百姓流離，悉免今年差税。東平、濟寧荐饑，免其民差税之半，下户悉免之。

三年，濟南、東平等處饑，免曾經賑恤諸户今歲差税，其未經賑恤者量減其半。

四年，浙西水災，免漕江浙糧四分之一。

皇慶元年，益都饑，免所貸官糧二十萬石。

皇慶二年，免大寧路金税、鹽課。

延祐元年，免上都、大都差税二年，其餘被災曾經賑濟人户免其税一年。免蒙古地差税二年。

三年，甘肅等州饑，免田租。

至治元年，滁州霖雨傷稼，免其田租。臨江路旱，免其田租。高郵興化縣水，免其田租。雷州路海康、遂溪二縣海溢，壞民田，免其税二年。河間、陝西十二縣民饑，免其租之半。涇州雨雹，免被災者租。南陽西穰等屯風雹，洪澤芍陂屯田去年旱蝗，並免其租。免德安府被災民租。睢、許二州，去年水旱，免其租。淮安路去歲大水，遼陽路隕霜殺禾，南康路旱，並免其租。安豐縣霖雨害稼，免其租。揚州旱，免其租。新安、上蔡二縣水，免其租。淮安路水，免其租。

泰定三年，大都、河間、保定、永平、濟南、常德諸路饑，免其田租之半，廬州、鬱林州及洪澤旱，免其租。光州水，中山安喜縣雨雹傷稼，大昌屯河決，大寧、廬州、德安、梧州、中慶諸路屬縣水旱，並免其租。沔陽府旱，免其租。永平路大水，免其租，仍賑糧一月。亳州河溢，免其田租。

四年，永平路饑，免其租，仍賑糧兩月。汴梁屬縣饑，免其租。延安府縣旱，免其租。龍興屬縣旱，免其租。大都、保定、真定、東平、濟南、懷慶諸路旱、免其田租之半。

致和元年，免河南自實田租一年，被災州郡稅糧一年，流民復業者差稅三年。

天曆二年，免陝西延安諸屯逋糧千九百七十石。永平屯田昌同、濟民、豐贍諸署以蝗及水災，免今年租。以淮安海寧州、鹽城、山陽諸處去年水，免今年租。黄州及恩州旱，免其田租。

至順元年，以河南、懷慶旱，其門攤課程及逋欠差稅皆免徵。

至順二年，安慶之望江，淮安之山陽縣皆水，免其田租。常德府桃源州水，免其田租。以揚州泰興、江都二縣雨害稼，免其田租。德安府水，免其田租。辰州、興國二路蟲，歸德府雨傷稼，並免其田租。高郵府水，免今年租。

元統二年，免天下民租之半。

恩賑：

中統元年，詔天下鰥寡孤獨，廢疾不能自存之人，命所在官司以糧贍之。

至元元年，詔病者給藥，貧者給糧。

八年，令各路設濟衆院以居貧民。敕諸路鰥寡孤獨疾病不能自存者，官給廬舍薪米。

十年，以官吏破除入己，凡糧薪並敕於公廳給散。

十七年，賜四川貧民及兀剌帶等牛馬羊價鈔。賜秃渾下貧民糧及八剌合赤等羊馬鈔。

十八年，上都南四站人畜困乏，賜鈔給之。

十九年，各路立養濟院一所，仍委憲司點治。

二十年，給京師南城孤老衣糧房食。給水達達鰥寡孤獨者絹千匹、鈔三百錠。

二十一年，賜貧乏者阿魯渾、玉龍帖木兒等部衆，共鈔七千四百八十錠。賜貧乏者押失、忻都察等鈔一萬四千三錠。賜蒙古貧乏者也里古、怯列海、察兒等鈔十二萬四千七百二十三錠，又賜蒙古貧乏者兀馬兒等鈔二千八百八十五錠。

二十二年，以伯剌八等貧乏，給鈔七萬六千五百二錠。賜合達里貧民及合剌和合丹民牛種，給鈔萬六千三百錠。

二十四年，給諸王巴八所部貧乏者鈔萬一千錠。

二十五年，濟寧投下蒙古軍乏食，詔遼陽省給米萬石賑之。以咸平荐經兵亂，發瀋州倉賑之。兀良合饑民多殍，給三月糧。西安王阿難答來告饑，詔給米六千石及槖駝百。

二十六年，拔都不倫部民千一百四十八户貧乏，賜銀十萬五千一百五十兩。檢視諸王按灰部貧民，給以糧。乞兒乞思户，驗其貧者賑之。遼陽自乃顔叛，民疲敝，發鈔五千八百錠賜之，賜也速帶兒所部萬人鈔萬錠。

二十七年，命驗大都路貧病之民在籍者二千八百三十七人，發粟三百石賑之。

二十八年，給寡婦冬夏衣，賜薛徹温都兒等九驛貧民三月糧。

二十九年，給貧民柴薪，日五斤。

三十年，周貧乏，鈔三萬七千五百二十錠。

三十一年，賜京師貧民米絹。以東勝等處牛遞户貧乏，賜鈔三千餘錠。卜阿思民爲海都所掠，賜鈔三萬九千九百餘錠。

元貞元年，以鑾子台所部貧乏，賜鈔十八萬錠。以諸王亦憐真部驛人貧乏，賜鈔千錠。賜章河至苦鹽驛貧乏户鈔一萬二千九百餘錠。給塞下貧民鈔二萬四千錠。以博爾赤、答剌赤貧乏，賜鈔二萬九千餘錠。賜諸王巴撒爾等三部鈔四萬八千五百餘錠。

二年，詔各處孤老人布帛各一匹賑之。賜遼陽行省糧三萬石。安西王部貧乏，給糧萬石賑之。

大德元年，給也只所部六千户糧。

二年，以糧十萬石賑北邊内附貧民，給西平王奥魯赤所部民糧。

三年，詔：「遇天壽節，人給中統鈔一貫。」著爲令。駙馬鑾子台所部匱乏，以糧十三萬石賑之。遼東開元、咸平蒙古、女真等人乏食，以糧二萬五千石賑之。

四年，賜諸王也只里部鈔二萬錠，八憐脱思所隷户六萬五千餘錠。賜出伯所部鈔萬五千四百餘錠，賑之。

五年，給和林貧軍鈔二十萬錠，諸王藥忽木所部鈔萬五千九百餘錠。給札忽而真妃子所部鈔二萬錠，又給札忽而真及諸王出伯軍鈔四十萬錠。賜定遠王所部鈔十四萬三千錠。減直糶米賑京師貧民，其老幼廩給之。

五年，始行紅貼糧法於大都、上都，令有司籍貧户，置半印號簿文貼，各書姓名口數，逐月對貼，以給大口三斗，小口半之，視賑糶之直三分減一，每年撥米二十萬四千九百餘石。

六年，以雲南站户貧乏，以銀鈔優恤之。京師民乏食，計口賑之。發通州倉米賑貧民，給死者棺木錢。

七年，賑那海貧乏户米八千石。賜諸王合答孫等部鈔四萬五千八百餘錠。七年，賑鳳翔、秦、鞏、甘州、合迷里貧乏户。七年〔四〕，賜諸王脱鐵木兒之子也先博怯所部等鈔六千九百餘錠。賜諸王阿只吉所部鈔二萬餘錠、糧萬石。

八年，賜西平王奧魯赤、合帶等部民鈔萬錠，朵耳思等站户鈔二千二百錠、銀三百九十兩有奇。

九年，賜諸王完渾、撒都失里、别不花等所部鈔五萬六千九百錠，幣帛有差。免大都、上都、隆興差税，内郡包銀、俸鈔一年。江淮以南租税及佃種官田者，均免十分之二。

九年，給脱脱所部乞而吉思民糧五月。九年，賜西寧王出伯所部鈔三萬錠。

十年，以沙都而所部貧乏，給糧兩月。以京畿雷家站户貧乏，賜鈔五百錠。

十一年，賜晉王部貧民鈔五萬錠。

至大元年，以大都難食，糶米十萬石減其價以賑之。詔開寧路及宣德、雲州工役浩繁，除賦税已免二年外，更免一年。

三年，楚王牙忽都所隸户貧乏，以米萬石、鈔六千錠賑之。賜晉王也孫鐵木兒所部貧民鈔三千錠。

四年，賜大都路民九十者二千三百三十一人，帛二匹；八十者八千三百三十一人，帛一匹。賜湘寧王所部鈔三萬二千錠。

皇慶二年，以米五千石賑阿只吉部之貧乏者。

延祐元年，西番諸王貧乏。給鈔萬錠。曲魯部畜牧耗，賜鈔八百七十三錠。營王也先鐵木兒支屬貧乏，賑糧兩月。答即乃所部匱乏，給糧二萬石。

二年，諸王脱列鐵木兒所部闕食。以鈔七千五百錠賑之。發粟三百石，賑諸王按鐵木兒等部貧民。奉元、龍興、吉安、察罕腦兒諸驛乏食，給糧賑之。

三年，諸王按灰部乏食，給米三千二百八十六石賑之。

四年，給天下鰥寡孤獨鈔，減免各處田租有差。以諸王部經脱火赤之亂，百姓貧乏，給鈔十六萬六千錠、米萬石賑之。賜諸王禿滿鐵木兒等部金一千三百兩、銀七千七百兩、鈔一萬七千七百、幣帛二千匹。

五年，賜晉王等部貧乏者二月糧。五年，賑遼東貧民。諸王雍吉部衆乏食，賑米三千石。諸王按塔木兒等部衆乏食，賑糧兩月。敕樞密院覈實蒙古貧乏者，存恤之。

六年，賑晉王部貧民，給鈔四十萬錠。賑合剌赤部貧民三十萬錠。賑諸位怯憐口。賜左右鷹房及合剌赤等貧乏鈔十四萬錠。東平、濟寧水陸驛乏食，户給麥千石。敕上都、大都冬夏設食於路，以食饑者。

七年，市羊五十萬、馬十萬，賑北方貧乏者。市馬三萬、羊四萬給邊軍貧乏者。以昌平、灤陽十三驛供億繁重，給鈔三十萬貫賑之。

至治二年，嶺北戍卒貧乏，賜鈔三千二百五十萬貫、帛五十萬匹。給蒙古子女貧乏者鈔七百五十貫，又賜百五十貫。

三年，賑北邊軍鈔二十五萬錠、糧二萬石。

泰定元年，徹徹火兒火思之地五千户貧乏，賑之，給鈔三千錠散與貧者。

三年，賑昌王八剌失所部鈔四萬錠。賑潛邸貧民鈔二十萬錠。

天曆二年，賑保定路被兵之民百四十五户糧一月。真定民三千七百四十八户及開平縣民被兵者，並賑之。以米五萬石賑糶京師貧民。

至順元年，發米十萬石賑糶京師貧民。命以賑糧十萬石濟京師貧民。賑上都怯憐口萬五千七百户，糧二萬石。賑襄鄧畏兀民被兵者六十三户，户給鈔十五錠、米二石。被兵掠者五百七十七户，户給鈔五錠、米二石。

三年，賑糶米五萬石濟京師貧民。給諸王也先鐵木兒所部二千石。賑暗伯拔都軍屯東邊者糧兩月。賑金蘭站户不能自存者糧兩月。賑遼陽千户小薛干所部貧乏者糧。安西王阿難答、西平王奥魯赤所部皆乏食，給米有差。速哥察兒等十三站乏食，給糧。

至正元年，臨賀縣被猺寇掠，發義倉賑之。

至正六年，發米二十萬石賑糶上都貧民。

八年，遣使賑湖南北被寇人民，死者鈔五錠，傷者三錠，燬所居屋者一錠。

十六年，詔沿海州縣爲賊所掠者，免田租三年。

【校勘記】

〔一〕以上四年、三年、五年、八年、七年，編年有誤，當逐年爲序。「三年」上當補年號「至元」。按《元史》卷九六志第四十五上《食貨四》，「以秋旱霜災，減大名等路税糧」在正統四年，「以東平等處蠶災，減其絲料」在至元三年，「以益都等路禾損，蠲其差税」在至元五年，「以濟南、益都、懷孟、德州、淄萊、博州、曹州、真定、順德、河間、濟州、東平、恩州、南京等處桑蠶災傷，量免絲料」在至元六年，「南京、河南蝗旱，減差徭十分之六」在至元七年。《元史》卷六本紀第六《世祖三》「開元等路饑，減户賦布二匹，秋税減其半，水達達户減青鼠二，其租税被災者免征」及「豐州、雲内、東勝旱，免其租賦」均在至元六年。《世祖四》「益都、登萊蝗旱，詔減其今年包銀之半」在至元七年，「以去歲東平及西京等州縣旱蝗水潦，免其租賦」在至元九年。

〔二〕「十之三」，疑涉上文而誤。按《元史》卷九六志第四十五上《食貨四》云：「南京、河南蝗旱，減差徭十分之六。」

〔三〕「朱汪」，原作「米汪」，據《元史》卷二二本紀第二十二《武宗一》及王圻《續文獻通考》卷四二《國用考》改。下卷《食貨志十三》載「朱汪、利津二倉」不誤。

〔四〕以上三言「七年」，當省。又《元史》卷二〇本紀第二十《成宗三》「賜諸王合答孫」在大德六年。

新元史卷之八十　志第四十七

食貨志十三

賑恤下　入粟補官　内外諸倉　惠民藥局

災賑：

中統元年，平陽旱，賑之。

二年，轉懿州米萬石，賑親王塔齊爾部饑民，賑桓州饑民。

三年，甘州饑，給銀賑之。發粟三十萬石，賑濟南饑民。

四年，賑河西饑民銀三千七百兩。彰德路及洺、磁二州旱，賑之。賑東平等處貧民鈔四千錠。賑諸王只必帖木兒部貧民。

五年，益都民饑，賑之。

至元元年，諸王算濟所部營帳火，發粟賑之。

二年，遼東饑，發粟萬石、鈔百錠賑之。

五年，益都民饑，賑之。

六年，東平、河間十五屬饑，賑之。東昌路饑，賑米二萬七千五百九十石。濟南路饑，賑米十二萬八千九百石。高唐、固安二州饑，以米二萬六百石賑之。

八年，賑北京、益都饑，賑濟南路饑，賑大都路饑。

九年，以籍田所儲糧賑民不足，又發近地官倉濟之，賑水達達部饑。賑遼東等路饑。

十年，賑諸王塔察兒部民饑。賑甘州等處諸驛饑民。賑諸王塔察兒部布萬疋。是歲，諸路蟲蝻災五分，霖雨害稼九分，賑米凡五十四萬五千五百九十石。

十一年，諸路吁蝗等蟲災凡九所，民饑，發米七萬五千四百十五石、粟四萬五百九十九石以賑之。

十二年，衛輝、太原等路旱，河間霖雨傷稼，凡賑米三千七百四十八石、粟二萬四千二百六石。濮州等處，命貸糧五千石。

十三年，東平、濟南、泰安、德州、漣海、清河、平灤，西京西三州，以水旱，賑軍民站户米二十二萬五千五百六十石、粟四萬七千七百十二石，鈔四千三百八十二錠有奇。

十四年，賑東平、濟南等郡饑民米二萬一千六百十七石、粟二萬八千六百十三石、鈔一百三十錠。

十五年，咸淳府及良平民户饑，以鈔千錠賑之。賑别失八里日忽思等饑民鈔二千五百錠。是歲，西京、奉聖州及彰德等處水旱民饑，賑米八萬八百九十石、粟三萬六千四十石、鈔二萬四千八百八十錠有奇。

十六年，以江南所運糯米不堪用者賑貧民。

十七年，高郵等處饑，賑粟九千四百石。

十八年，揚州火，發米七百八十三石賑被災之家。通、泰二州饑，發粟二萬一千六百石賑之。遣使賑瓜、沙州饑民。開原等路六驛饑，命給帛萬二千疋，鬻妻子者，官爲贖之。

十九年，真定饑，賑糧兩月。

二十年，以帛千匹、鈔三百錠賑水達達四十九站。

二十一年，合剌禾州民饑，户給牛兩頭、種二石，更給鈔十一萬六千四百錠，糴糧六萬四百石賑之〔一〕。

二十二年，於京城南城設賑糶鋪三所，發海運糧減直糶之，白米減鈔五兩，南粳米減三兩。自是歲以爲常。發鈔二萬九千錠、鹽五萬引、市米賑阿只吉所部饑。

二十三年，大都六屬郡饑，賑糧兩月。

二十四年，咸平等處霜雹爲災，詔以海運糧五萬石賑之。以陳米貸貧民。諸王薛徹都等所部雨土七晝夜，牛羊死者不可勝計，市棉布給之，計直鈔萬四千六十七錠。以糧給諸王阿只吉部貧民，大口二斗，小口一斗。

二十五年，杭州、平江連歲大水，賑其尤貧者，發海運米十萬石，賑遼陽省軍民饑者。懿州饑，以米十五萬石賑之。萊陽、蒲台二縣饑，出米下其直賑之。尚書省臣言：「杭、蘇、湖、秀四州大水，請輟上供米二十萬石，賑之。」從之，減米價，賑京師。發大同路粟，賑流民。膠州連歲大水，令減價糶米以賑之。發米三千石，賑滅吉兒帶所部饑民。

二十六年，發和林糧千石，賑諸王火你赤部曲。西安饑，減價糶米二萬石。甘州饑，發鈔萬錠賑之。遼陽饑，貨高麗米六萬石賑之。寧夏路饑，下其價糶米萬一千石賑之。桂命甘肅行省給合的所部饑者粟。安西饑，減價糶米二萬石。甘州饑，發鈔萬錠賑之。桂陽路饑，下其價糶米八千七百二十石以賑之。合剌部饑，出粟四千三百二十八石有奇以賑之。駙馬爪忽兒部曲饑，賑之。潮州饑，發河西務米二千石，減價糶以賑之。諸王鎮失、孛羅帶部衆饑，敕上都、遼陽發粟賑之。河西務饑，發米賑之。左右衛屯田大水傷稼，發米四百萬石賑之。武平路饑，發常平倉米萬五千石賑之。賑保定等路屯田户饑。平灤昌國屯田饑，賑米一千六百五十六石。輸米千石賑平灤饑。賑文安縣饑民。桓州等驛饑，以鈔給之。蠡州饑，發義倉賑之。伯顏所部阿剌户饑，以粟七千四百七十石賑之。賑馬站户饑。

二十七年，大都饑，減價糶糧五萬石賑之。豐潤署田户饑，給六十日糧。開元路寧遠縣饑，發鈔二千錠賑之。興州興安饑，給九十日糧。伯答罕民户饑，給六十日糧。浙東諸路饑，給九十日糧。任邱縣饑，給九十日糧。闊兀所部闌遺饑，給六十日糧。保定路定興饑，發粟五千二百六十四石賑之。中山畋户饑，給六十日糧。廣濟署饑，給粟二千二百五十石。漁陽等處稻户饑，給三十日糧。永昌站户饑，給米賑之。令大都路以粟六萬二千五百六十石賑通州流民。諸王小薛部饑，給六十日糧。定興站户饑，給三十日糧。出魯等千一百十五户饑，給六十日糧。平灤民萬五千四百六十五户饑，賑粟五千石。納都等站户饑，給九十日糧。以米千二百石賑諸王赤只里部衆。河東山西道饑，敕宣慰使阿里火者購米賑之，又命阿里火者發大同鈔本二十萬錠賑饑民。二十四年，賑桓州饑千五百石。武平地震，發鈔八百四十錠，轉海運米萬石賑之。尚書省臣言：「江陰、寧國等路大水，民流移者四十五萬八千四百七十八户。」帝曰：「此亦何待上聞，當速賑之！」凡出粟五十八萬二千八百八十九石。八魯剌思部饑，命寧夏路給米三千石賑之。隆興苦鹽濼等驛饑，發鈔七千錠賑之，灤陽縣饑，給六十日糧。不耳答失所部饑，給九十日糧。

二十八年，以去歲隕霜害稼，賑宿衛怯憐口糧二月，發米賑瓮古饑民。太原饑民，口給糧兩月或三月，遣官覆驗。水達達、咸平路饑，發粟賑之。杭州、平江等五路饑，發粟賑之。溧陽、太平、徽州、廣德、鎮江五路亦饑，賑之如杭州。賑遼陽、武平饑民。以沙不丁等米賑江南饑民。以米三千石，賑闊里吉思饑民。賑桓州等西站、女真等站饑。大都饑，出米二十五萬四千八百石賑之。諸王出伯部曲饑，給米賑之。塔叉兒、塔帶民饑，發米賑之。給按答兒民户四月糧。女真部饑，借高麗粟賑給之。平灤路及豐贍、饑民二署饑，出米萬五千石賑之。

二十九年，清州饑，就陵州發粟四萬七千八百石賑之。給輝州龍山、和平等縣饑民糧。賑德州齊河、清平、泰安州饑民。山東廉訪司言：「棣州春旱且霜，夏霖潦，乞賑恤。」敕依東平州，發附近官廩計口給之。隆興路饑，給鈔二千錠，復發粟以賑之。遼陽水達達、女真饑，詔忽都不花趣海運給之。河西務水，給米賑之。帖木塔兒等所部民饑，詔給米五千石以賑之。華容縣水，發米二千一百二十五石賑之。

至元三十一年，賑宿衛士怯憐口糧三月。遼陽所屬九處大水，命賑恤之。以伯要歹忽刺出所隸一千户饑，賜鈔萬錠。

元貞元年，以京師米貴，設肆三十所，發糧七萬石糶之，白粳米每石中統鈔十五兩，白米十二兩，糙米六兩五錢。以隕霜殺禾，賑安西王山後民米一萬石。賑遼陽民被水者糧兩月。宣德府大水，給糧兩月。以糧一千三百石賑隆興路饑。以二千石賑滅禿等軍饑。

二年，平陽路之絳州、台州路之黃巖州饑，杭州火，並賑之。濟南民饑，發粟賑之。福建、廣西兩江道饑，發粟賑之。大都、保定、汴梁、江陵、沔陽、淮安水，金、復州風拔禾，太原聞喜、河南芍陂旱，免其田租。

大德元年，汴梁、歸德水，木鄰等九站饑，以米六百四十石賑之。以饑，賑水達達糧五千石，公主囊家真位二千石。衛輝路旱疫，澧州、常德、饒州、臨江等處，温之平陽、瑞安二州大水，鎮江之丹陽、金壇旱，並以糧給之。廬州無爲州江潮泛，溢歷陽，合肥、梁縣及安豐之蒙城、霍邱旱，揚州、淮安路饑，韶州，南雄州、處州、温州皆大水，並賑之。常德路大水，常州路及宜興州旱，並賑之。般陽路饑疫，給糧兩月。

二年，建康等路水，發臨江路糧二萬石賑之。發慶元糧五萬石，減其直以賑饑民。江西、江浙水，賑饑民二萬四千九百有奇。賑隆興、臨江兩路饑民。又賑金、復州屯田軍糧二月。

三年，鄂、岳、漢陽等路旱，免其酒課、夏税。江陵路旱蝗，弛湖泊之禁，仍以糧賑之。

四年，發粟十萬石，賑湖北饑。寧國、太平路旱，以糧二十萬石賑之。建康、常州、江陵饑民八十四萬八千六十餘人，給糧二十二萬九千三百九十餘石。建康、平江、浙東等處饑民，糧二十二萬九千三百餘石。

五年，平江等十四路大水，以糧萬石隨各處時直賑糶。江湖泛溢，東起通、泰、常州，西盡真州，以糧八萬七千餘石賑之。稱海北十三站大雪，牛馬多死，賜鈔一萬一千餘錠。五年，上都大水，減價糶糧萬石賑之。

六年，湖州等路饑，賑糧二十五萬一千餘石。大同等路亦饑，賑糧一萬六千石。濟南霖雨，民多流離，發粟賑之，並賜鈔三萬錠。保定等路饑，以鈔萬錠賑之。道州旱，遼陽饑，發粟賑之。岳木忽而等部民饑，以乳牛、牡馬濟之。以米二千石賑應昌府。亦乞烈等二站饑，賑米一百五十石。以糧四千餘石，賑廣平路饑民，萬五千石，賑江西被水之家，二百九十餘石，賑鐵里平等四站饑户。寧海州饑，以米九千四百石賑之。

七年，平江等十五路民饑，減直糶糧三十五萬四千石。武岡饑，減價糶糧萬石以賑之。常德路饑，減直糶糧萬石以賑之。平陽、太原地震，遣使分道賑濟，爲鈔九萬六千五百餘錠，仍免太原、平陽今年差稅。詔内郡比歲不登，其民已免差者，並蠲免其舊租。以鈔萬錠，賑歸德饑民。

八年，平陽、太原地震，命賑恤之。扶風、岐山、寶雞諸縣旱，烏撒〔二〕、烏蒙、益州、忙部、東川等路饑疫，並賑恤之。太原之交城、陽曲、管州、嵐州，大同之懷仁雨雹隕霜殺禾，杭州火，發粟賑之。潮州颶風海溢，民溺死者衆，給其被災户糧兩月。以平陽、太原去歲地大震，免其税課一年。

九年，歸德瀕歲被水，民饑，給糧兩月。大同路地震，懷仁縣地裂二所，以鈔四千錠、米二萬五千餘石賑之。是年，租賦、税課、徭役一切除免，以汴梁、歸德、安豐去歲被災，潭州、郴州、桂陽、東平等路饑，並賑恤之。以晉寧累歲被災給鈔三萬五千錠。寶慶路饑，發粟五千石賑之。潼川霖雨江溢，溺死者衆，飭有司給糧一月，免其田租。瓊州屢經寇叛，隆興、撫州等路水，汴梁霖雨爲災，並給糧一月。澧陽縣火，賑糧二月。沔陽之玉沙江溢，陳州之西華河溢，嶧州水，賑米四千石。揚、潭、郴及藤、沂等郡饑，減直糶糧五萬一千六百石，賑之。

十年，奉聖州懷來縣民饑，給鈔九百錠。鎮西武靖王所部民饑，發甘肅糧賑之。道州〔三〕、營道等處江溢山裂，溺死者衆，復其田租。遼陽饑，賑貸有差。宣德等處雨雹害稼，大同之渾源隕霜殺禾，平江大風海溢，道州、武昌、永州、興國、黄州、沅州饑，減直賑糶七萬七千八百石。開成路地震，壓死故秦王妃也里完等五千餘人，以鈔萬三千六百餘錠、糧四萬五千一百餘石賑之。成都等縣饑，減直賑糶米七千餘石，吴江大水，發米萬石賑之。

武昌路火，給被災者糧。益都、揚州、辰州饑，減直糶米二萬一千餘石。

十一年，以饑，賑安州高陽等縣五千石，潭州穀一萬石，奉符等處鈔二千錠，兩浙、江東等處鈔三萬餘錠、糧二十萬石。又勸富民賑糶糧一百四十餘萬石。凡施米者，驗其數之多少授以院務等官。又以鈔十萬七千餘錠、鹽引五千道、糧三十萬石，賑紹興、慶元、台州三路饑民。

至大元年，淮安等處饑，從河南行省言，以兩浙鹽引十萬買粟賑之。以北來貧民八十六萬八千户仰食於官，非久計，給鈔百五十萬錠，幣帛準鈔五十萬錠，命太師月赤察兒、太傅哈剌哈孫分給之。江浙行省饑，賑米五十二萬五千石、鈔十五萬四千錠、麵四萬斤。又流民户百三十三萬九百五十有奇，賑米五十三萬六千石，鈔十八萬七千錠，鹽折直爲引五千。河南、山東大饑，有父食其子者，以兩道没入贓鈔賑之。濟寧大水入城，詔遣官以鈔五千錠賑之。真定水，溺死百七十餘人，發米萬七百石賑之。以湖廣米十萬石貯於揚州，江西、江浙海漕三十萬石内分五萬石貯朱汪、利津二倉，以濟山東饑民。是年，增京城米肆爲十五所，每肆日糶米一百石。

三年，東平人饑，賑米五千石。循州大水，發米賑之。汜水、長林、當陽、夷陵、宜城、遠安諸縣水，令尚書省賑之。上都饑，遣刑部尚書撒都丁發粟萬石，下其直賑糶之。山東、徐、邳等處水、旱，以御史臺没入贓鈔四千餘錠賑之。河南水，死者給槥，漂廬舍者給鈔，驗口賑糧兩月，免今年租賦。

四年，濟寧、東平、歸德、高唐、徐、邳諸州水，給鈔賑之。河間、陝西諸縣水、旱傷稼，令有司賑之。江陵屬縣水，民死者衆，大寧等路隕霜，令有司賑恤。太原、河間、真定、順德、彰德、大名、廣平等路，濮、恩等州霖雨傷稼，賑欽察衛糧五千七百五十三石。

皇慶元年。滌州饑，賑糧兩月。賑山東流民。濱州饑，出倉米二萬石，減價賑之。趙王汝安郡饑，賑糧八百石。寧國路涇縣水，賑糧二月。晉王郡告饑，賑鈔一萬五千鈔。

皇慶二年，順德、冀寧路饑，辰州水，賑以米鈔。上都民饑，出米五千石，減價賑糶。保定、真定、河間民流不止，命有司給糧兩月，仍免今年差税，雲州蒙古軍饑，户給米一石。興國屬縣蝗，發米賑之。

延祐元年，以鈔六千三百錠賑良鄉諸驛。真定、保定、河間饑，給糧兩月，畿内及諸衛屯田饑，賑鈔七千五百錠。歸州告饑，出糧減價賑糶。漢陽、潭州、思州民饑，武陵縣水溢，並發廩減價糶之。衡州、郴州、興國、永州、耒陽州饑，發廩減價賑糶。沅陵、盧溪二縣水，武清縣渾河堤決淹民田，發廩賑之。冀寧、汴梁及武安、涉縣地震，台州、岳州、武岡、常德、道州等路水，發廩減價賑糶。肇慶、武昌等路水，發廩減價賑糶。賑諸王鋏木兒不花部米千石，禿滿部二千石。沔陽、歸德、汝寧、安豐等處饑，發米賑之。

二年，懷孟、衛輝等處饑，發粟賑之。益都、般陽、晉寧民饑，給鈔米賑之。晉寧、宣德等處饑，給米、鈔賑之。真州揚子縣火，發米減價賑糶。秦州成紀縣山移，陷没民居，遣官賑恤。泰元、隆興、吉安、南康、臨江、袁州、撫州、江州、建昌、贛州、南安、梅州、辰州、興國、潭州、岳州、常德、武昌等路，南豐州、澧州等處饑，並發廩賑糶。漷州，昌平、香河、寶坻等縣水，没民田廬，潭州、全州、永州路，茶陵州河溢，没民田，出米減價賑糶。

三年，漢陽路饑，出米賑之。河間、濟南、濱、棣等處饑，給糧兩月，遼陽蓋州及南豐州饑，發倉賑之。潭水、寶慶、桂陽、澧、道、袁州等路饑，發粟賑糶。

四年，汴梁、揚州、河南、淮安、重慶、順慶、襄陽民皆饑，發廩賑之。

五年，以紅城米賑净州、平池等處流民。遼陽饑，漕糧十萬石於義、錦州，以賑貧民。德慶路地震，鞏昌、隴西大雨山崩，給糧賑之。

六年，命輸粟上都、興和，賑蒙古饑民，濟寧等路大水，視其民乏食者賑之。發粟賑東平、東昌、高唐、德州、般陽、揚州等路饑。上都民饑，發官粟萬石，減價賑糶。

七年，賑寧夏路軍民饑，賑木憐、渾都兒等十一驛饑。那懷、渾都兒驛户饑，賑之。括馬三萬匹，給蒙古流民。河間、真定、濟南等處蒙古軍饑，賑之。賑大都、净州等處流民。

汝寧府雨傷稼，發粟五千石賑糶。邊民賑米三月。諸王告住等部火，賑糧三月、鈔萬五千貫。晉王部饑，賑鈔五千貫。諸王木南郎部饑，興聖宮牧駝部饑，並賑之。瀋陽民饑，給鈔萬二千五百貫賑之。昌王阿失部饑，賜鈔千萬貫賑之。廣東新州饑，賑之。

至治元年，諸王斡羅思部饑，發凈州倉賑之。蘄州饑，賑糧三月。歸德饑，發粟十萬石賑糶。河南安豐饑，以鈔二萬五千貫、米五萬石賑之。營王也先帖木兒部畜牧多死，賑鈔五千貫。賑寧國路饑，益都、般陽路饑，以粟賑之。江州、贛州、臨江、南安、袁州、建昌旱，民饑，發粟四萬八千石賑之。廣德路旱，發米九千石減直賑糶。濮州大饑，命有司賑之。賑益都、膠州饑。女真蠻赤興等十九驛賑之。賑南恩新州饑。京師饑，發粟十萬石減價糶之。安陸府漢水溢，壞民田，賑之。慶遠路饑，真定路疫，並賑之。河間路饑，賑之。

二年，山東、保定、河南、汴梁、歸德、襄陽、汝寧等處饑，發米三十九萬五千石賑之。儀封縣河溢傷稼，發粟賑之。臨安路、河西諸縣饑，賑之。延安路饑，賑糧一月。賑遼陽女真、漢軍等户饑。賑濮州水災。遼陽哈里濱民饑，賑之。賑真定、彰德路饑。恩州水，民饑疫，賑之。真州火，徽州饑，並賑之。賑東昌、霸州饑。賑固安州饑。賑夏津、永清二縣饑。京師饑，發米二十萬石賑糶。河南、陝西、河間、保定、彰德等路饑，發粟賑之，仍免常賦之半。興元褒城縣饑，賑之。廣元路綿谷、昭化饑，官市米賑之。恩州風雹〔四〕，建德路水〔五〕，皆賑之。南康路大水，廬州六安、舒城水，並賑之。瑞州高安縣饑，賑之。大寧路水達達等驛水，賑之。臨安路、河西諸縣旱，命有司賑之。岷州旱疫，賑之。宣德府宣德縣地震，賑被災者糧鈔。南唐建昌州大水山崩，死者四十七人，命賑之。

三年，鎮西武寧王部饑，賑之。京師饑，發粟賑糶。平江路嘉定州饑，發粟賑之。芍陂屯田女真户饑，賑糧一月，崇明諸州饑，發米萬八千三百二十石賑之。台州路黄巖州饑，賑糧兩月。察罕腦兒驛户饑，賑之。南豐州民及鞏昌蒙古軍饑，賑之。蒙古萬户府饑，賑糧兩月，真定路驛户饑，賑糧二千四百石。揚州江都火，雲南西平王衛士饑，皆賑之。袁州路宜春縣、鎮江路丹徒縣饑，賑米四萬九千石。沅州黔陽縣饑，芍陂屯田旱，並賑之。平江嘉定州饑，遼陽答失蠻、闊闊部雹，並賑之。澧州、歸州饑，賑糶米二萬石。

泰定元年，糶米二十萬石，賑京師。廣德、信州、岳州、惠州、南恩州民饑，發粟賑之。紹興、慶元、延安、岳州、潮州五路及鎮遠府、河州、集州饑，賑之。臨洮狄道縣，冀寧石州、離石、寧鄉旱，賑米兩月。撒兒蠻部及北邊饑，賑糧鈔有差。袁州火，龍慶、延安、吉安、杭州、大都諸路屬縣水，饑，賑糧有差。大都，真定晉州、深州，奉元諸路及甘肅河渠營田等處雨傷稼，賑糧二月。大司農田、諸衛屯田，彰德、汴梁等路雨傷稼，順德、大名、河間、東平等二十一郡蝗，晉寧、鞏昌、常德、龍興等處饑，皆賑之。秦州成紀縣大雨山崩，水溢、汴梁、濟南屬縣雨水傷稼，賑之。延安、冀寧等十二屬，諸王哈伯等部饑，賑糧有差。奉元路長安縣大雨，澧水溢，延安路洛水溢，濮州館陶縣及諸衛屯田，建昌、紹興二路，賑糧有差。廣東道及武昌路江夏縣饑，賑糧有差。河間路饑，賑糧二月。汴梁、信州、泉州、南安、贛州等路賑糶有差。嘉定、龍興縣賑糧一月。大都、上都、興和等路十三路，賑鈔八千五百錠。延安路雹災，賑糧一月。

二年，減京城賑糶米價爲二十貫，後又減爲十五貫。肇慶、鞏昌、延安、贛州、南安、英德、新州、梅州等處饑，賑糶有差。保定路饑，賑鈔四萬錠、糧萬五千石。雄州歸信諸縣大雨，河溢，被災者萬一千六百五十户，賑鈔三萬錠。濟南濱州、棣州等處水，民饑，賑糧二萬石。五花城宿滅禿、拙只干、麻兀三驛饑，賑糧二千石。衡州衡陽縣民饑，瑞州蒙山銀場丁饑，賑粟有差。通、漷二州饑，發粟賑糶。薊州寶坻縣、慶元路象山諸縣饑，賑糧二月。大都、鳳翔、寶慶、衡州、譚州、全州諸路饑，賑糶有差。荆門州旱，漷州、薊州、鳳州、延安、歸德等處民及山東蒙古軍饑，賑糧鈔有差。肇慶、富州、惠州、袁州、江州諸路及南恩州、梅州饑，賑糶有差。鎮江、寧國、瑞州、桂州、南安、寧海、南豐、潭州、涿州等處賑糧五萬石。隴西、漢中、秦州饑，賑鈔三萬錠。大都路檀州大水，汴梁路十五縣河溢，江陵路江溢，洮州、臨洮府雨雹，潭州興國屬縣旱，彰德路蝗，龍興、平江等十二路饑，賑糶米三十二萬五千餘石。鞏昌路、臨洮府饑，賑鈔五萬五千錠。濟寧、興元、寧夏、南涼、歸德等十二路饑，賑糶米七萬石。鎮西武靖王部及遼陽水達達路饑，賑糧一月。慶遠溪洞民饑，發米二萬五百石，平價糶之。敕山東州縣收養流民所棄子女。延安、鄜州、綏德、鞏昌等處雨雹，般陽新城縣蝗，宗仁衛隕霜殺禾，睢州河決，大都路檀州、鞏昌府靜寧縣、延安路安塞縣雨雹，衛輝路汲縣河溢，並賑之。南恩州、瓊州饑，賑糧一月。臨江路、歸德府饑，賑糧二月。衡州、岳州饑，賑糶米一萬三千石。以郡縣饑，詔運米十五萬石貯瀕河諸倉，以備賑救。開元路三河溢，復州、南安、德慶諸路饑，賑糧鈔有差。

三年，大都路屬縣饑，賑糧六萬石。恩州水，以糧賑之。歸德府屬縣河決，民饑，賑糧五萬六千石。河間、保定、真定三路饑，賑糧四月。建昌路饑，糶米三萬石。永平、衛輝、中山、順德諸路饑，賑鈔六萬六千餘錠。寧夏、奉元、建昌諸路饑，賑糧二月。雄州饑，太平興化屬縣水，並賑之。奉元屬縣大雨雹，峽州旱，東平屬縣蝗，大同屬縣水，萊蕪等處饑，賑鈔三萬錠。河決鄭州陽武縣，漂民萬六千五百家，賑之。賑永平、奉元鈔七萬錠。賑糶濠州饑民麥三萬八千餘石。大都昌平大風，壞民舍九百家。龍慶路雨雹一尺，真定蠡州、奉元蒲城等縣及無爲州大水，河中府、永平、建昌、邛都、中慶、太平諸路及廣西兩江饑，並發粟賑之。揚州崇明州大風雨，海水溢，溺死者給棺斂之。杭州火，賑糧一月。揚州、寧國、建德、南恩州旱，賑之。京師饑，發粟八十萬石，減價糶之。瀋陽、遼陽、大寧等路及金、復水、民饑，賑鈔五萬錠。寧夏路萬户府、慶遠安撫司饑，並賑之，廣寧路霖雨傷稼，賑鈔三萬錠。汴梁、建康、太平、池州諸路及甘肅亦集乃路饑，並賑之。錦州水溢，壞田千頃，漂死者萬人，人給鈔一錠。崇明州海溢，漂民舍五百家，賑糧一月，給死者鈔二十錠。保定饑，賑糧八萬一千五百石。懷慶路饑，賑鈔四萬貫。廣西静江、象州諸路及遼陽路饑，並賑之。大寧路大水，溺死者人給鈔一錠。

四年，遼陽行省諸州縣饑，賑鈔十八萬錠。彰德、淮安、揚州諸路饑，並賑之。永平路饑，賑鈔三萬錠。諸王朵來、兀魯兀等部畜牧災，賑鈔三萬五千錠。大寧、廣平二路屬縣饑，賑鈔二萬八千錠。河南行省諸郡及建康屬縣饑，賑糧有差。奉元路及通、順、檀、薊等州，漁陽、寶坻、香河等縣饑，賑糧兩月。江南江陵屬縣饑，賑糧有差。發義倉賑鹽官州民。廬州路饑，賑糧七萬九千石。鎮江、興國二路饑，賑糶有差。籍田蝗，聖州黑河水溢，衢州大雨，發廩賑饑者，給溺死者棺。遼陽河溢，右衛率部饑，並賑之。揚州路崇明州海門縣海溢，汴梁路扶溝、蘭陽縣河溢，並賑之。保定、真定二路饑，賑糧三萬石，鈔五千錠。大都路諸州霖雨水溢，賑糧二十四萬九千石。衛輝獲嘉等縣饑，賑鈔六千錠，仍蠲丁地稅。大名、河間二路屬縣饑，並賑之。諸王塔思不花所部饑，賑糧千石。發米三十萬石，賑京師饑。

致和元年，陝西諸路饑，賑鈔五萬錠。河間、汴梁二路屬縣及開城、乾州蒙古軍饑，並賑之。晉寧、衛輝二路，泰安州饑，賑鈔四萬八千三百錠。冀寧路平定州饑，賑糶米三萬石。陝西、四川及河南府等處饑，並賑之。大都、東昌、大寧、汴梁、懷慶等路饑，賑之。保定、冠州、德州、般陽、彰德、濟南屬州縣饑，發鈔賑之。諸王喃答失等部風雪，斃死畜牧，賑糧五萬石、鈔四十萬錠。奉元、延安二路饑，賑鈔四千四百九十錠。

天曆元年，賑陝西臨潼、華陽二十三驛鈔二千八百錠，晉寧路十五驛八百錠。賑糶京城米十萬石，石爲鈔十五貫。杭州火，命浙江行省賑被災之家。

二年，陝西饑，賑以鈔五萬錠。賑大都路涿州、房山、范陽等縣饑民糧兩月。陝西大饑，賜鈔十四萬錠賑之。大同路旱，民多流殍，以本路及東勝州糧萬三千石，減時直十之二賑糶之。奉元臨潼、咸陽二縣及畏兀兒八百餘户告饑，以鈔萬三千錠賑咸陽，麥五千四百石賑臨潼，麥百餘石賑畏兀兒。永平、大同二路，上都、雲需兩府、安赤衛皆告饑，永平賑糧五萬石，大同賑糶糧萬三千石，雲需府賑糧一月，貴赤衛賑糧二月。陝西諸路饑民百二十三萬四千餘口，諸縣流民又數十萬，發孟津合糧八萬石及河南、漢中所貯官租賑之。

德安府屯田饑，賑糧千石。常德、澧州、慈利州饑，賑糴糧萬石，賑衛輝路饑民萬七千五百餘户。括江淮僧道餘糧，賑河南府饑民。池州、廣德、寧國、太平、建康、鎮江、常州、湖州、慶元諸路及江陰州饑民六十萬户，賑糧十四萬三千餘石。諸王忽剌答兒所部旱蝗，賑糧二月。大都、興和、順德、大名、彰德、懷慶、衛輝、汴梁、中興諸路，泰安、高唐、曹、冠、徐、邳諸州饑民六十七萬六千餘户，賑以鈔九萬錠，糧萬五千石。大都宛平縣，保定遂州、易州，賑糧一月。靖州賑糴糧九千八百石。鳳翔府饑民十九萬七千八百人，以官鈔萬五千錠賑之。豐樂八屯及萬户府軍士饑，以官鈔百三十錠賑之。益都莒、密二州春水、夏旱蝗，饑民三萬一千四百户，賑糧一月。集慶、河南路旱疫，賑以本府屯田租及安豐務遞運糧三月。莒、密、沂諸州饑，賑以米二萬一千石。賑晉寧路饑民。湖廣常德、武昌、澧州諸州旱饑，出官粟賑糶之。廬州旱饑，以糧五千石賑之。冀寧路旱饑，賑糧二千九百石。蘄州路夏秋旱饑，賑米五千石。武昌江夏火，賑糧一月。

至順元年，揚州、安豐、廬州等路，以兩淮鹽課鈔五萬錠、糧五萬石賑之。真州、蘄、黄等路，汝寧府、鄭州饑，各賑糧一月。開元路胡里改萬户府饑，給糧賑之。帖麥赤驛户及建康、廣德、鎮江諸路饑，賑糧一月。衛輝、江州二路饑，賑鈔二萬錠。寧國路嘗賑糧二萬石，不足，復賑萬五千石。賑常德、澧州饑。吐蕃等處民饑，命有司以糧賑之。豫王阿剌忒納失里所部饑，賑糧二月。淮安饑，以兩淮鹽課鈔五萬錠賑之。賑河南流民復歸者鈔五千錠。泰安州饑民三千户，真定南樂縣饑民七千七百户，松江府饑民萬八千三百户，土蕃朵里只失監萬户部内饑，命有司賑之。濟寧路饑，賑以鹽鈔萬錠。杭州火，賑糧一月。察罕腦兒宣慰司所部饑民萬四千四百五十六人，人給鈔一錠。東平路須城饑，賑以山東鹽課。安慶、安豐、蘄、黄、廬五路饑，以淮南贓罰庫鈔賑之。賑東昌饑民三萬三千六百户。濮州臨清、館陶二縣饑，賑鈔七千錠。光州光山縣饑，出粟萬石，下其直賑糶。信陽、息州及光州固始縣饑民，以附近倉糧賑之。河南登封、偃師、孟津諸縣饑，賑以兩淮鹽課鈔三萬錠。鞏昌、臨洮、蘭州、定西州饑，賑鈔三千五百錠。沂、莒、膠、密、寧、海五州饑，賑糧五千石。中興、陝州、歸州、安陸、沔陽饑户三十萬有奇，賑糧四月。廣平路饑，以河間鹽課鈔萬三千錠賑之。沿邊部落饑民八千二百人，人給鈔三錠、布二匹、糧二月。天臨之醴陵、湘陰等州，台州之臨海等縣饑，各糶賑五千石。芍陂屯田饑，賑糧二月。吐蕃等處民饑，命有司賑之。賑懷慶、孟州等驛鈔千錠。德州饑，賑以鹽課鈔三千錠。武昌路饑，賑以糧五萬石、鈔二千錠。賑衛輝、大名、廬州饑民鈔六千錠，糧五千石。開元路胡里改萬户府、寧夏路哈赤千户所饑，各賑糧二月。鎮江饑，賑糧四萬石，饒州饑，命有司賑之。增大都賑糶米五萬石。銕里干、木鄰等三十二驛大饑，人賑糧二石，命中書賑糧十萬石。

二年，以鈔萬錠賑膠州饑，鈔萬錠賑察罕腦兒蒙古民饑，趙王不魯納部民饑，發近倉糧萬石賑之。又發山東鹽課鈔、朱汪倉粟賑登、萊饑民，興和粟倉賑保昌饑民。浙西諸路水、旱，饑民八十五萬餘户，勸富家入粟補官，仍益以本省鈔十萬錠並俗僧道度牒一萬道。賑雲内州饑民及察忽涼樓戍兵共七千户。發通州官糧，賑檀、順、昌平等處饑民九萬餘户。以山東鹽課鈔三千五百錠賑益都三萬餘户。賑諸王伯顔也不干部内饑民。以山東鹽課鈔五千錠賑博興饑民，一千錠賑信陽等場。賑鎮寧王那海部饑民兩月糧。賑遼陽東路萬户府饑民三千五百户糧兩月。以河間鹽課鈔四千錠，賑河間饑民四千一百户。

三年，賑永昌路流民。慶遠、南丹等處安撫司之宜山縣饑，以軍積穀二百八十石賑糶。梅州水旱，民大饑，發粟七百石賑糶。賑肇慶路高要縣饑民九千五百四十石。安州饑，給河間鹽課鈔賑之。賑木憐、七里等二十三驛，人米二石杭州、池州俱火，賑之。崇寧州饑，賑糶米二千四百石。賑宗仁衛九百户，各鈔一錠。以京畿運司糧萬石，賑大都寶坻縣饑民。左欽察衛士饑，賑糧二月。

元統元年，京畿大水，饑民四十餘萬，以鈔四萬錠賑之。賑恤寧夏饑民五萬三千人一月糧。

二年，東平須城縣、濟寧濟州、曹州濟陰縣水災民饑，詔以鈔六萬錠賑之。塞北東涼亭雹，民饑，發倉廩賑之。安豐路旱饑，賑糶麥六千七百石。永平諸縣水，賑鈔五千錠。瑞州路水，賑米一萬石。杭州、鎮江、嘉興、常州、松江、江陰水、旱，發義倉，賑饑民五十二萬二千石。山東饑，賑糶米二萬二千石。淮西饑，賑糶米二萬石。成州旱，饑，出庫鈔及常平倉米賑之。江浙大饑，計户五十九萬五百六十四，發米六萬七千石、鈔二千八百錠。雲南大理諸路，發鈔十萬錠賑之。宣德府火。出鈔二千錠賑之。大寧、廣寧、遼陽、開元、瀋陽懿州水、旱，以鈔二萬錠遣官賑之。池州青陽、銅陵饑，發米一千石賑之。南康路旱蝗，以米十二萬三千石賑糶之。吉安路水，民饑，發糧二萬石賑糶。

至元元年，道州、永興水，發米五千石及義倉糧賑之。沅州民饑，賑米二萬七千七百石。寶慶路饑，糶米三千石。

二年，沅州路瀘陽縣饑，賑糶六千石。撫州、袁州、瑞州諸路饑，發米六萬石賑糶。松江府上海饑，發義倉糧賑之。安豐路饑，賑糶麥四萬二千四百石。慶元慈谿饑，遣官賑之。

三年，臨江路新淦州、新喻州，瑞州民饑，賑糶米二萬石。發鈔四十萬，賑江浙饑民。發義倉米，賑蘄州及紹興饑民兩月。發鈔一萬錠，賑寶坻縣饑民，發義倉，賑溧陽州饑民。

以米八千石、鈔二千八百錠，賑哈剌奴兒饑民。龍興路南昌新建縣饑，太皇太后發徽政院糧三萬六千七百七十石賑糶。

四年，賑京師、河南北被水災者。龍興路南昌州饑，以江西運糧賑糶。

五年，濮州鄄城、范縣饑，賑鈔二千一百八十錠。冀寧路交城等縣饑，賑米七千石。桓州饑，賑鈔一千錠。雲需府饑，賑鈔五千錠。開平縣饑，賑米兩月。興和、定昌等路饑，賑鈔萬五千錠。三不剌等處民饑，發米賑之。汀州路長汀縣大水，户賑鈔半錠，死者一錠。水達達民饑，賑糧三月。沂、莒二州饑，發糧賑糶。諸王脱歡脱木兒所部饑，以鈔三萬四千九百錠賑之。脱憐渾秃所部饑，以鈔萬一千三百五十七錠賑之。瀋陽民饑，賑糶米一千石。八番順元等處饑賑鈔二萬二千錠。袁州饑，賑糶米五千石。膠、莒、密、濰等州饑，賑鈔二萬錠。

六年，邳州饑，賑米兩月。福寧州大水，每户賑米兩月。益都、般陽等路饑，發粟賑之。淮安路山陽縣饑，賑鈔二千五百錠。給糧兩月。邢台縣饑，賑鈔三千錠。濟南路歷城饑，賑鈔二千五百錠。賑怯里等十三站，每站一千錠。河南宜陽縣大水，溺死者多，人給殯殮鈔一錠，仍賑義倉兩月。處州、廬州饑，以常平倉糶賑之。東平路民饑，賑之。

至正元年，湖南諸路饑，賑糶米十八萬九千七百七十六石。濟南、濱、沾化等縣饑，以鈔五萬三千錠賑之。大都寶坻縣饑，賑米兩月。河間莫州、滄州等處饑，賑鈔三萬五千錠。晉州饒陽、阜平、安喜、靈壽四縣饑，賑鈔一萬錠。般陽路長山等縣饑，賑鈔萬錠。彰德路安陽等縣饑，賑鈔萬五千錠。漷州、河西務、彰德饑，賑鈔萬五千錠。賑阿剌忽等處被災民三千九百二十户。揚州路崇明、通、泰等州海溢，溺死一千六百餘人，賑鈔萬一千八百二十錠。

二年，大同饑，運京師糧賑之。順寧保安縣饑，賑鈔一萬錠。廣平磁州饑，賑鈔五萬錠。彰德路安陽、臨漳等縣饑，賑鈔二萬錠。大同路渾源州饑，以鈔六萬二千錠、糧二萬石賑之。大名路饑，以鈔萬二千錠賑之。河南路饑，以鈔五萬錠賑之。冀寧路饑，賑糶米二萬石。順德路平鄉縣饑，賑鈔萬五千錠。衛輝路饑，賑鈔萬五千錠。歸德府睢陽縣水，民饑，賑糶米萬三千五百石。

三年，膠州及屬邑高密地震，河南等處民饑，賑糶麥十萬石。

四年，永平、澧州等路饑，賑之。鞏昌隴西民饑，每户貸常平粟三斗。賑東昌、濟南、般陽、慶元、撫州民饑。

五年，大都、永平、鞏昌、興國、安陸等處並桃源萬户府民饑，賑之。汴梁、濟南、邠州、瑞州等處民饑，賑之。

七年，河東大旱，民多饑死，遣使賑之。

八年，西北邊軍民饑，遣使賑之。

十二年，大名路開、滑、濬三州，元城十一縣，水、旱、蟲蝗，饑民七十一萬六千九百八十口，給鈔十萬錠賑之。

十五年，上都饑，賑糶米二萬石。

入粟補官，始於天曆三年，時各路亢旱，用太師答刺罕等言舉而行之。江南、陝西、河南等處定爲三等，令富民依例出米，無米者折鈔，陝西每石八十兩，河南並腹裏每石六十兩，江南三省每石四十兩，實授茶鹽流官，讓封父母者聽。

陝西省：一千五百石之上，從七品。千石之上，正八品。五百石之上，從八品。三百石之上，正九品。二百石之上，從九品。一百石之上，上等錢穀官。八十石，中等。五十石，下等。三十石之上，旌門。

河南並腹裏：二千石之上，從七品。一千五百石之上，正八品。一千石之上，從八品。五百石之上，正九品。三百石之上，從九品。二百石之上，上等錢穀官。一百五十石之上，中等。一百石之上，下等。

江南三省：一萬石之上，正七品。五千石之上，從七品。三千石之上，正八品。二千石之上，從八品。一千石之上，正九品。五百石之上，從九品。三百石之上，上等錢穀官。二百五十石之上，中等。二百石之上，下等。

先已入粟遥授虚名，今再入粟者，驗其糧數，照依資品實授茶鹽流官。

陝西：一千石之上，從七品。六百六十石之上，正八品。三百三十石之上，從八品。二百石之上，正九品。一百三十石之上，從九品。

河南並腹裏：一千三百三十石之上，從七品。一千石之上，正八品。六百六十石之上，從八品。三百三十石之上，正九品。二百石之上，從九品。

江南三省：六千六百六十石之上，正七品。三千三百三十石之上，從七品。二千石之上，正八品。一千三百三十石之上，從九品。

先已入粟實授茶鹽等官，今再入粟者，驗其糧數加等升除。

陝西：七百五十石之上、五百石之上、二百五十石之上、一百五十石之上、一百石之上。

河南並腹裏：一千石之上、七百五十石之上、五百石之上、二百五十石之上。

僧道入粟：三百石之上，賜六字師號，敕省給之。二百石之上，四字師號，一百石之上，二字師號，禮部給之。

四川省富民入粟赴江陵者，依河南補官例。

至順元年罷之，至正五年復入粟補官之令，以備賑濟。後盜起，國用不足，十五年，榜行各路，命有司招徠，並遣兵部員外郎劉謙賫空名告身，至江南募民補官即任，以州縣自五品至七品入粟有差。然百姓無一應者。松江知府崔思誠集屬縣豪右大姓列庭下，不問有粟與否，輒施考掠，逼使就官。惟平江達魯花赤六十不爲使者威力所怵，極争其不可云。

元之京倉，屬京畿漕運司者：曰相應倉，中統二年建；曰千斯倉，曰通濟倉，曰萬斯北倉，並中統二年建；曰永濟倉，曰豐實倉，曰廣貯倉，並至元四年建；曰永年倉，曰豐閏倉，並至元十六年建；曰萬斯南倉，曰既盈倉，曰既積倉，曰盈衍倉，並至元二十六年建；曰大積倉，至元二十八年建；曰廣衍倉，至元二十九年建；曰屢豐倉，皇慶二年建；曰大有倉，曰廣貯倉，曰廣濟倉，曰豐穰倉，並皇慶二年建。

通州諸倉：曰廼積倉，曰及秭倉，曰富衍倉，曰慶豐倉，曰延望倉，曰足食倉，曰廣儲倉，曰樂歲倉，曰盈止倉，曰富有倉，曰南狄倉，曰德仁倉，曰林舍倉。太宗五年，詔：沿河以南州府達魯花赤等官，各於瀕岸置立河倉，差官收納每歲税石，依限次運赴通州限立倉處，其差人取。辛卯、壬辰二年，原科每歲一石，添帶一石，並附餘者，撥燕京。命陳家奴田芝等用意催督。其通州北起倉，仰達魯花赤、管民官速修及撥守倉夫役。至元九年，中書工部奉省札：「通倉〔六〕、廣盈兩倉損壞，照常平倉省議隨路倉廒二年之内損壞者，勒監造官以己貲修補，若二年之外損壞者，官爲修理。」

河西務諸倉，屬都漕運使者：曰大盈倉，曰充溢倉，曰崇墉倉，曰廣盈北倉，曰廣盈南倉，曰永備北倉，曰永備南倉，曰豐備倉，曰恒足倉，曰既備倉，曰足用倉，曰大京倉，曰豐積倉，曰大稔倉。至元二十四年，修河西務倉。三十年，平章政事不忽木奏：「河西務、通州倉儲糧最多，俱在曠野東城紅門内，近新河有隙地，復還紅門稍入五十餘步，廣其基址，數年間盡建倉屋，移貯河西務、通州糧甚便。」帝韙之，敕曰：「不必再慮，盡力爲之可也。」

上都諸倉：曰體源倉，曰廣濟倉，曰雲州倉。

宣德府倉：曰如京倉，曰御河倉。至元三年，省臣奏：「御河旁近，每歲露積糧多損。臣等議：今歲於沿倉築倉貯米。」從之。

納蘭不剌倉：至元二十六年，丞相桑哥、平章阿魯渾撒里等奏：「納蘭不剌建倉，寧夏府糧船順流而下，易於交卸。忙安倉糧雖是溯流，亦得其便。迤北孔居烈裏、火阿塞塔兒海裏、鎮海等處各軍屯及和林運糧俱近。」進呈倉圖，從之。

塔塔裏倉：至治元年，河東宣慰司委官朔州知州答里牙赤言：「塔塔裏諸屯田相視擬議各項事理，計稟中書省，移樞密院，逐開於後：一，納憐平遠倉距黄河口十里，上年屯軍所收子粒，見貯本倉。如蒙大同路委官，與東勝、雲内二州正官，於年消錢僱夫買物修之，撥付萬户府貯糧，較之移拆忙安倉所費，省十之九，公私俱便。一，忙安倉去黄河頗遠，運糧不便，已别建新倉，移拆舊倉，並建新安州故城内屯田萬户府公廨。」

甘州倉：元貞二年建，延祐三年展修。

常平倉：始於至元六年。其法：豐年米賤，官增價糴之，至米貴之時，官減價糶之。八年，以和糴糧及諸路倉所撥糧貯常平倉。是年，户部奏定常平收糴糧斛，驗各月時估之十分爲率，添答二分，委各處正官提點，不得樁配百姓。十九年，復以官降斗斛，依添答之值，收糴，貧家缺食者即依例出糶焉。二十三年，定鐵法，又以鐵課糴充之。

凡真定路常平倉五：曰真定府倉，曰冀州倉，曰中山府倉，曰趙州倉，曰蠡州倉。洺磁路倉二：曰洺州倉，曰磁州倉。彰德路倉一，東平府倉一，博州路倉一，濟寧路倉三：曰在城倉，曰兖州倉。曰單州倉。曹州倉一，德州倉一，濮州倉一，順德路倉一。大名路倉五：曰大名路倉，曰開州倉，曰魏縣倉，曰滑州倉，曰濬州倉。河間路倉三：曰在城倉，曰長蘆倉，曰安陸倉。順天路倉七：曰在城倉，曰祁州倉，曰易州倉，曰雄州倉，曰安州高陽倉。濟南路倉二：曰在城倉，曰清縣倉。南陽府等處三倉。南陽府倉五：曰在城倉，曰汝州倉，曰裕州倉，曰鄧州倉，曰唐州倉。歸德府倉四：曰在城倉，曰徐州倉，曰亳州倉，曰邳州倉，曰宿州倉。南京路倉六：曰南京倉，曰鄭州倉，曰鈞州倉，曰許州倉，曰陳州倉，曰蔡州倉，曰睢州倉。太原路倉七：曰在城倉，曰崞州倉，曰汾州倉，曰嵐州倉，曰平定州倉，曰石州倉，曰堅州倉。平陽路倉五：曰在城倉，曰絳州倉，曰河中府倉，曰澤州倉，曰潞州倉，曰沁州倉，曰隰州倉，曰霍州倉。中都路倉五：曰中都倉，曰檀州倉，曰涿州倉，曰霸州倉，曰冠州倉在城倉。至元九年，敕添蓋常平倉，命各路總管府摘差正官及坐去造作人員催督。每間約儲糧千石。計料估值，於各路官錢下支買會計鐵數，就於附近爐冶鬬造，其夫役，令各路於本管旁近丁多之户借用，官爲日支鹽米。所蓋倉廒，須管完固，若近年損壞，罪及監造官，責令出資修葺。

義倉：始於至元七年，每社立一倉，社長主之。豐年驗各家口數，每口留粟一斗，小口半之。無粟者，存留雜色糧，官吏不得拘檢借貸。歉歲就給社户食之。皇慶二年，大司農司復請申明舊制，詔從之。

太宗九年，立燕京等十路惠民藥局，以奉御田闊闊、太醫齊楫等爲局官，給鈔五百兩爲規運之本。中統二年，詔成都路置惠民藥局。三年，敕太醫大使王猷、副使王爲仁管領諸路醫人惠民藥局，四年，復置局於上都，每中統鈔一百兩收息錢一兩五錢。二十五年，以失陷官本，悉罷之。大德三年，又准舊例於各路分置焉。凡局皆以各路正官提調，上路總醫二名，下路、府、州各一名，其所給鈔，亦驗民户多寡以爲等差。

各路鈔本之數：

腹裏，三千七百八十錠。

河南行省，二百七十錠。

湖廣行省，一千一百五十錠。

遼陽行省，二百四十錠。

四川行省，二百四十錠。

陝西行省，二百四十錠。

江西行省，三百錠。

江浙行省，二千六百一十五錠。

雲南，真貝八一萬一千五百索。

甘肅行省，一百錠。

【校勘記】

〔一〕「六萬四百」，「六萬」下原衍「石」字，據《元史》卷一三本紀第十三《世祖十》删。

〔二〕「烏撒」，原作「烏撤」，據《元史》卷二一本紀第二十一《成宗四》改。《元史》卷五〇志第三上《五行一》亦誤作「烏撤」。

〔三〕「道州」，原作「道川」，據《元史》卷二一本紀第二十一《成宗四》改。

〔四〕「恩州」，《元史》卷二八本紀第二十八《英宗二》做「思州」。

〔五〕「水」，原作「冰」，據《元史》卷二八本紀第二十八《英宗二》改。

〔六〕「通倉」，《永樂大典》卷七五一一《倉》作「通州」。

新元史卷之八十一　志第四十八

禮志一

禮之别有五，雖三代以後，因時損益，然其綱要，莫之能易焉。蒙古之禮，多從國之舊俗，《春秋》所謂「狄道」者也。世祖中統四年，始建太廟。至元元年，有事於太廟。八年，命劉秉忠、許衡定元正，受朝儀。自是册立皇后、皇太子，羣臣上尊號，進皇太后册寶，皆如元正儀。蓋吉禮、賓禮、嘉禮，秩秩可觀矣。蒙古不行三年之喪，無所謂凶禮也。其人以田獵爲俗，無所謂蒐苗獮狩也。其戰勝攻取，無所謂治兵、振旅、獻俘、告廟也，故軍禮亦闕而不備焉。至於宗廟之祭享，世祖嘗命趙璧等集議矣。然始以家人禮祔皇伯朮赤、察合台，既而擯太宗、定宗、憲宗不預廟享之列，當時議禮諸臣未有言其失者。其諸所謂「離乎夷狄，未能合乎中國」者歟？今爲《禮志》，博考遺文與其國俗，後有君子以備參考云。

郊祀上

蒙古拜天之禮最重，國有大事則免冠解帶，跪禱於天。憲宗二年秋八月八日，始以冕服拜天於日月山。是年十二月，又用孔元措言，合祭昊天后土，始作神位，以太祖、睿宗配享。四年秋七月，祭天於日月山。七年秋，駐蹕於軍腦兒，灑馬乳祭天。

世祖中統二年夏四月乙亥，躬祀天於舊桓州之西北，灑馬湩以爲禮，皇族之外無得而與焉。自是，每歲幸上都，以八月二十五日祭祀，謂之灑馬嬭子。用馬一、羯羊八。綵段、練絹各九匹，纏白羊毛穗者九、貂鼠皮三，命蒙古覡及蒙古、漢人秀才達官四員領其事。再拜告天，又呼「成吉思汗」御名而祝之曰：「托天皇帝福蔭，年年祭賽者。」禮畢，掌祭官四員各以祭幣表裏一賜之，餘幣及祭物則凡與祭者共分之。

十二年十二月，以受尊號，遣使豫告天地〔一〕，下太常檢討唐、宋、金舊儀。於國陽麗正門東南七里建祭臺〔二〕，設昊天上帝、皇地祇位二，行一獻禮。其後國有大典禮，皆即南郊告謝焉。十三年五月，以平宋，遣使告天地，中書下太常議定儀物以聞，詔以國禮行事。

三十一年，成宗即位。夏四月壬寅，始爲壇於都城南七里。翰林國史院檢閱官袁桷進十議，禮官推其博，多采用之。語詳桷傳，不具録。

大德六年春三月庚戌，合祭昊天上帝、皇地祇、五方帝於南郊。遣左丞相哈剌哈孫攝事，爲攝祀天地之始。

大德九年二月二十四日，右丞相哈剌哈孫等言：「去年地震星變，雨澤愆期，歲比不登。祈天保民之事，有天子親祀者三：曰天，曰祖宗，曰社稷。今宗廟、社稷，歲時攝官行事。祭天，國之大事也，陛下雖未及親祀，宜如宗廟、社稷，遣官攝祭。歲用冬至，儀物有司豫備，日期至則以聞。」詔曰：「卿言是也，其豫備儀物以待事。」

於是翰林、集賢、太常禮官皆會中書集議。博士疏曰：「冬至圜丘，惟祀昊天上帝，至西漢元始間，始合祭天地。歷東漢至宋，千有餘年，分祭、合祭，迄無定論。」集議曰：「《周禮》：冬至圜丘禮天，夏至方丘禮地。時既不同，禮樂亦異。王莽之制，何可法也？今當循唐、虞、三代之典，惟祀昊天上帝。其方丘祭地之禮，續議以聞。」

按《周禮》，壇壝三成，近代增外四成，以廣天文從祀之位。集議曰：「依《周禮》三成之制，然《周禮疏》云每成一尺，不見縱廣之度，恐壇上陿隘，器物難容。擬四成制内減去一成，以合陽奇之數。每成高八尺一寸，以合乾之九九。上成縱廣五丈，中成十丈，下成十五丈。四陛，陛十有二級。外設二壝，内壝去壇二十五步，外壝去内壝五十四步，壝各四門。壇設於丙巳之地，以就陽位。」

按古者親祀，冕無旒，服大裘而加衮。臣下從祀，冠服歷代所尚，其制不同。集議曰：「依宗廟見用冠服制度。」

按《周禮·大司樂》云：「凡樂，圜鐘爲宫，黄鐘爲角，太簇爲徵，姑洗爲羽，雷鼓雷鼗，孤竹之管，雲和之琴瑟，雲門之舞，冬至日於地上之圜丘奏之。若樂六變，則天神皆降，可得而禮矣。」集議曰：「樂者，所以動天地，感鬼神。必訪求深知音律之人，審五聲八音，以司肄樂。」

夏四月壬辰，中書復集議。博士言：「舊制：神位版用木。」中書議改用蒼玉金字，白玉爲座。博士曰：「郊祀尚質，合依舊制。」遂用木主。長二尺五寸，闊一尺二寸，上圓下方，丹漆金字，木用松柏，貯以紅漆匣，黄羅帕覆之。造畢，有司議所以藏。議者復謂：「神主廟則有之，今祀於壇，對越在上，非若他神無所見也。」所製神主遂不用。

七月九日，博士又言：「古者祀天，器用陶匏，席用藁鞂。自漢甘泉、雍畤之祀，以迄後漢、晉、魏、南北二朝、隋、唐，其壇壝、玉帛、禮器、儀仗，日益繁縟，浸失古者尚質之意。宋、金多循唐制，其壇壝禮器，考之於經，固未能全合。其儀法具在，當時名儒輩出，亦未嘗不援經而定也，酌古今以行禮，亦宜焉。今檢討唐、宋、金親祀、攝行儀注，并雅樂節次，合從集議。」太常議曰：「郊祀之事，聖朝自平定金、宋以來，未暇舉行。今欲修嚴，不能一舉而大備。然始議之際，亦須酌古今之儀，垂則後來。請從中書會翰林、集賢、禮官及明禮之士，講明去取以聞。」中書集議曰：「合行禮儀，非草創所能備。唐、宋皆有攝行之禮，除從祀受胙外，一切儀注悉依唐制修之。」

八月十二日，太常寺言：「尊祖備天，其禮儀樂章別有常典。若俟至日議之，恐匆遽有誤。」於是中書省臣奏曰：「自古漢人有天下，其祖宗皆配天享祭。臣等與平章何榮祖議，宗廟已依時祭享，今郊祀專祀昊天爲宜。」詔依所議行之。是歲南郊，配位遂省。

十一年，武宗即位。秋七月甲子，命御史大夫鐵古迭兒即南郊告謝天地，主用柏，素質元書，爲即位告謝之始。

至大二年冬十一月乙酉，尚書省臣及太常禮官言：「郊祀者，國之大禮。今南郊之禮已行而未備，北郊之禮尚未舉行。今年冬至南郊，請以太祖聖武皇帝配享。明年夏至北郊，以世祖皇帝配。」帝皆是之。十二月甲辰朔，丞相三寶奴、司徒田忠良、參政郝彬等奏曰：「南郊祭天於圜丘，大禮已舉。其北郊祭皇地祇於方澤，并神州地祇、五嶽四瀆、山林川澤及朝日夕月，此有國家所當崇禮者也。當聖明御極而弗舉行，恐遂廢弛。」詔曰：「卿議甚是，其即行焉。」

至大三年春正月，中書禮部移太常禮儀院，下博士擬定北郊從祀、朝日夕月禮儀。博士李之紹、蔣汝礪疏曰：「按方丘之禮，夏以五月，商以六月，周以夏至，其丘在國之北。禮神之玉以黄琮，牲用黄犢，幣用黄繒，配以后稷。其方壇之制，漢去都城四里，爲壇四陛。唐去宮城北十四里，爲方壇八角三，或每成高四尺，上闊十六步，設陛。上等陛廣八尺，中等陛一丈，下等陛廣一丈二尺。宋至徽宗始定爲再成。歷代制雖不同，然無出於三成之式。今擬取坤數用六之義，去都城北六里，於壬地選擇善地，於中爲方壇，三成四陛，外爲三壝。仍依古制，自外壝之外，治四面稍令低下，以應澤中之制。宮室、牆圍、器皿色，並用黄。其再成八角八陛，非古制，難用。其神州地祇以下從祀，自漢以來，歷代制度不一，至唐始因隋制，以嶽鎮海瀆、山林川澤、丘陵墳衍原隰，各從其方從祀。今盍參酌舉行？」

秋九月，太常禮儀院復下博士，檢討合用器物。冬十月丙午，三寶奴、田忠良等復言：「曩奉旨舉行南郊配位從祀，北郊方丘朝日夕月典禮。臣等議：欲祀北郊，必先南郊。今歲冬至禮圜丘，尊太祖皇帝配享；來歲夏至祀方丘，尊世祖皇帝配享。春秋朝日夕月，實合祀典。」詔曰：「所用儀物，其令有司速備之。」又言：「太廟故用瓦尊，乞代以銀。」從之。十一月丙申，有事於南郊，以太祖配，五方帝日月星辰從祀。時帝將親祀南郊，不豫，仍遣大臣代祀。

仁宗延祐元年夏四月丁亥，太常寺臣請立北郊。帝謙遜未遑，北郊之議遂輟。

英宗至治二年九月，詔議南郊祀事。中書平章買閭、御史中丞曹立、禮部尚書張埜，學士蔡文淵、袁桷、鄧文原，太常禮儀院使王緯、田天澤，博士劉致等會都堂議：

一曰年分。按前代多三年一祀，天子即位已及三年。當有旨。「欽依。」

二曰神位。《周禮·大宗伯》：「以禋祀祀昊天上帝。」註謂：「昊天上帝，冬至圜丘所祀天皇大帝也。」又曰：「蒼璧禮天。」注云：「此禮天以冬至，謂天皇大帝也。在北極，謂之北辰。」又云：「北辰，天皇耀魄寶也，又名昊天上帝，又名太一帝君，以其尊大，故有數名。」今按《晉書·天文志》：「中宮鉤陳口中一星曰天皇大帝，其神耀魄寶。」《周禮》所祀天神，正言昊天上帝。鄭氏以星經推之，乃謂即天皇大帝。然漢、魏以來，名號亦復不一。漢初曰上帝、曰太乙、曰皇天上帝，魏曰皇皇帝天，梁曰天皇大帝。惟西晉曰昊天上帝，與《周禮》合。唐、宋以來，壇上既設昊天上帝，第一等復有天皇大帝，其五天帝與太一、天一等，皆不經見。本朝大德九年，中書圓議：止依《周禮》祀昊天上帝。至大三年圓議：五帝從享，依前代通祭。

三曰配位。《孝經》曰：「孝莫大於嚴父，嚴父莫大於配天。」又曰：「郊祀后稷以配天。」此郊之所以有配也。漢、唐以下，莫不皆然。至大三年冬十月三日，奉旨十一月冬至合祭南郊，太祖皇帝配，圓議：取旨。

四曰告配。《禮器》曰：「魯人將有事於上帝，必先有事於類宮。」註：「告后稷也。告之者，將以配天也。」告用牛一。《宋會要》於致齋二日，宿廟告配，凡遣官犧尊籩豆，行一獻禮。至大三年十一月二十一日質明行事，初獻，攝太尉同太常禮儀院官赴太廟奏告。圜議：取旨。

五曰大裘冕。《周禮》：司裘「掌爲大裘，以共王祀天之服」，鄭司農云：「黑羊裘，服以祀天，示質也」。弁師「掌王之五冕」注：「冕服有六，而言五者，大裘之冕蓋無旒，不聯數也」。《禮記·郊特牲》曰：「郊之祭也，迎長日之至也。祭之日，王被衮以象天，戴冕十有二旒，則天數也。」陸佃曰：「禮，不盛服不充，蓋服大裘以衮襲之也。謂冬祀服大裘，被之以衮。」開元及開寶《通禮》，鑾駕出宮，服衮冕至大次，質明改服大裘冕而出次。《宋會要》：「紹興十三年，車駕自廟赴青城，服通天冠、絳紗袍，祀日服大裘衮冕。」圜議：用衮冕，取旨。

六曰匏爵。《郊特牲》曰：「郊之祭也，器用陶匏，以象天地之性也。」注謂：「陶，瓦器。匏，用酌獻酒。」《開元禮》、《開寶禮》皆有匏爵。大德九年，正配位用匏爵，有坫。圜議：正位用匏，配位飲福用玉爵，取旨。

七曰戒誓。唐《通典》引《禮經》，祭前期十日，親戒百官及族人，太宰總戒羣官。

唐前祀七日,《宋會要》十日。《纂要》〔三〕:太尉南向,司徒、亞終獻、一品、二品從祀北向,行事官以次北向、禮直官以誓文授之太尉讀。今天子親行大禮,止令禮直局管勾讀誓文。圓議:令管勾代太尉讀誓,刑部尚書涖之。

八曰散齋、致齋。《禮經》前期十日,唐、宋、金皆七日,散齋四日,致齋三日。國朝親祀太廟七日,散齋四日於別殿,致齋三日於大明殿。圓議依前七日。

九曰藉神席。《郊特牲》曰:「莞簟之安,而蒲越槀鞂之尚。」注:「蒲越槀鞂,藉神席也。」《漢舊儀》高帝配天紺席,祭天用六綵綺席六重。成帝即位,丞相衡、御史大夫譚以爲天地尚質,宜皆勿修,詔從焉。唐麟德二年,詔曰:「自處以厚,奉天以薄,改用裀褥。」上帝以蒼,其餘各視其方色。」宋以褥加席上,禮官以爲非禮。元豐元年,奉旨不設。國朝大德九年,正位槀鞂,配位蒲越,冒以青繒。至大三年,加青綾褥,青錦方座。圓議:合依至大三年於席上設褥,各依方位。

十曰犧牲。《郊特牲》曰:「郊特牲而社稷太牢。」又曰:「天地之牛角,繭栗。」秦用騮駒。漢文帝五帝共一牲。武帝三年一祀,用太牢。光武采元始故事,天地共犢。隋上帝、配帝,蒼犢二。唐開元用牛。宋正位用蒼犢一,配位太牢一。國朝大德九年,蒼犢二,羊、豕各九。至大三年,馬純色肥腯一,牲正副一,鹿一十八,野豬一十八，羊一十八。圓議：依舊儀。神位配位用犢外，仍用馬，其餘並依舊日已行典禮。

十一曰香鼎。大祭有三，始煙爲歆神，始宗廟則焫蕭祼鬯〔四〕，所謂「臭陽達於牆屋」者也。後世焚香，蓋本乎此，非《禮經》之正。至大三年，用陶瓦香鼎五十，神座香鼎、香盒案各一。圓議：依舊儀。

十二曰割牲。《周禮·司士》：「凡祭祀，帥其屬而割牲，羞俎豆。」又《諸子》：「大祭祀正六牲之體。」《禮運》云：「腥其俎，熟其殽」，「體其犬豕牛羊」。注云：「腥其俎，謂豚解而腥之，爲七體也。熟其殽，謂體解而爓之，爲二十一體也。體其犬豕牛羊，謂分別骨肉之貴賤，以爲衆俎也。」七體，謂脊、兩肩、兩拍、兩髀。二十一體，謂肩、臂、臑、膊、胳、正脊、脡脊、横脊、正脅、短脅、代脅並腸三、胃三、拒肺一、祭肺三也。宋元豐三年，詳定禮文所言，古者祭祀用牲，有豚解，有體解。豚解則爲七，以薦腥；體解則爲二十一，以薦熟。蓋犬豕牛羊，分別骨肉貴賤，其解之爲體，則均也。皇朝馬牛羊豕鹿，並依至大三年割牲用國禮。圓議：依舊儀。

十三曰大次、小次。《周禮·掌次》：「王旅上帝，張氈按皇邸。」唐《通典》：「前祀三日，尚舍直長施大次於外壝東門之内道北，南向。」《宋會要》：「前祀三日，儀鸞司帥其屬，設大次於外壝東門之内道北，南向；小次於午階之東，西向。」《曲禮》曰：「踐阼，臨祭祀。」正義曰：「阼，主階也。天子祭祀履主階行事，故云踐阼。」宋元豐詳定禮文所言，《周禮》宗廟無設小次之文。古者人君臨位於阼階。蓋阼階者，東階也，惟人主得位主階行事。今國朝太廟儀注，大次、小次皆在西，蓋國家尚右，以西爲尊也。圓議：依祀廟儀注。

續具末議：

一曰禮神玉。《周禮·大宗伯》：「以禋祀祀昊天上帝。」注：「禋之言煙也。周人尚臭，煙氣之臭聞者，積柴實牲體焉，或有玉帛。」正義曰：「或有玉帛，或不用玉帛，皆不定之辭也。」崔氏云：「天子自奉玉帛牲體於柴上。」引《詩》「圭璧既卒」，是燔牲玉也。蓋卒者，終也，謂禮神既終，當藏之也。正經即無燔玉明證。漢武帝祠太乙，胙餘皆燔之，無玉。晉燔牲幣，無玉。唐、宋乃有之。顯慶中，許敬宗等修舊禮，乃云郊天之有四圭，猶宗廟之有圭瓚也，並事畢收藏，不在燔列。宋政和禮制局言〔五〕：古祭祀無不用玉。《周官》：「典瑞掌玉器之藏。」蓋事已則藏焉，有事則出而復用，未嘗有燔瘞之文。今後大祀，禮神之玉時出而用，無得燔瘞。從之。蓋燔者取其煙氣之臭聞，玉既無煙，又且無氣，祭之日但當奠於神座，既卒事則收藏之。

二曰飲福。《特牲饋食禮》曰：尸九飯，「親嘏主人」。《少牢饋食禮》：尸十一飯，「尸嘏主人」。嘏，長也，大也。行禮至此，神明已饗，盛禮俱成，故膺受長大之福於祭之末也。自漢以來，人君一獻纔畢而受嘏。唐《開元禮》，太尉未升堂，而皇帝飲福。宋元豐三年，改從亞終獻，既行禮，皇帝飲福受胙。國朝至治元年，親祀廟儀注亦用一獻畢飲福。

三曰升煙。禋之言煙也，升煙所以報陽也。祀天之有禋柴，猶祭地之瘞血，宗廟之祼鬯〔六〕。歷代以來，或先燔而後祭，或先祭而後燔，皆爲未允。祭之日，樂六變而燔牲首，牲首亦陽也。祭終，以爵酒饌物及牲體，燎於壇。天子望燎，柴用柏。

四曰儀注〔七〕。《禮經》出於秦火之後，殘闕脱漏，所存無幾。至漢，諸儒各執所見。後人所宗，惟鄭康成、王子雝，而二家自相矛盾。唐《開元禮》、杜佑《通典》，五禮略完。至宋《開寶禮》並《會要》，與郊廟奉祠禮文，中間講明始備。金國大率依唐、宋制度。聖朝四海一家，禮樂之興，政在今日。況天子親行大禮，所用儀注，必合講求。大德九年，中書集議，合行禮儀依唐制。至治元年已有祀廟儀注，宜收大德九年、至大三年并今次新儀，與唐制參酌增損修之。侍儀司編排鹵簿，太史院具報星位。分獻官員數及行禮并諸執事官，合依至大三年儀制亞終獻官。取旨。

是歲，太皇太后崩，權止冬至南郊祀事。

泰定四年春正月，御史臺臣言：「自世祖迄英宗，咸未親郊，惟武宗、英宗親享太廟。陛下宜躬祀郊廟。」詔曰：「朕當遵世祖舊典，其命大臣攝行祀事。」閏九月甲戌，郊祀天地，致祭五嶽四瀆、名山大川。

至順元年，文宗將親郊。十月辛亥，太常博士言：「親祀儀注已具，事有未盡者，按前代典禮。親郊七日，百官習儀於郊壇。今既與受戒誓相妨，合於致齋前一日，告示與祭執事者，各具公服赴南郊習儀。親祀太廟雖有妨禁，然郊外尤宜嚴戒，往來貴乎清肅。凡與祭執事齋郎樂工，舊不設盥洗之位，殊非涓潔之道。今合於饌殿齊班廳前及齋宿之所，隨宜設置盥洗數處，俱用鍋釜温水，置盆杓巾帨，令人掌管。省諭必盥洗然後行事，違者治之。祭日，太常院分官提調神厨，監視割烹。上下鐙燭糗燎，已前雖有剪燭提調糗盆等官，率皆虛應故事，或減刻物料，燭燎不明。又嘗見奉禮贊賜胙之後，獻官方退，所司便服徹俎，壇上鐙燭一時俱滅，因而雜人登壇攘奪不能禁，甚爲褻慢。今宜禁約，省牲之前，凡入壝門之人，皆服窄紫，有官者公服。禁治四壝紅門，宜令所司添造關木鎖鑰，祭畢即令關閉，毋使雜人得入。其藁秸爵，事畢合依大德九年例焚之。」壬子，御史臺臣言：「祭日宜勅股肱近臣及諸執事人毋飲酒。」詔曰：「卿言甚善，其移文中書禁之。」丙辰，監察御史楊彬等言：「禮，享帝必以始祖爲配。今未聞設配位，竊恐禮文有闕。又，先祀一日，皇帝必備法駕出宿郊次。其扈從近侍之臣未嘗經歷，宜申加戒敕，以達孚誠。」命與中書議行。十月辛酉，始服大裘衮冕，親祀昊天上帝於南郊，以太祖配。自世祖混一六合，至文宗凡七世，而南郊親祀之禮始克舉焉。

至正三年十月十七日，親祀昊天上帝於圜丘，以太祖皇帝配享，如舊禮。右丞相脱脱爲亞獻官，太尉、樞密知院阿魯秃爲終獻官，御史大夫伯撒里爲攝司徒，樞密知院汪家奴爲大禮使，中書平章也先帖木兒、鐵木兒達識二人爲侍中，御史大夫也先帖木兒、中書右丞太平二人爲門下侍郎，宣徽使達世帖睦爾、太常同治李好文二人爲禮儀使，宣徽院使也先帖木兒執劈正斧。其餘侍祀官依等第定擬。

前期八月初七日，太常禮儀院移關禮部，具呈都省，會集翰林、集賢、禮部等官，講究典禮。九月，内承奉部班都知孫玉鉉，具録親祀南郊儀注云：致齋日，停奏刑殺文字，應侍享執事官員涖誓於中書省。享前一日，質明，備法駕儀仗暨侍享官，分左右叙立於崇天門外，太僕卿控御馬立於大明門外，侍儀官、導駕官各具公服，備擎執，立於致齋殿前。通事舍人二員引門下侍郎、侍中入殿相向立。侍中跪奏請皇帝中嚴，就拜，興，退出。少頃，引侍中跪奏外辦，就拜，興，皇帝出致齋殿。侍中跪奏請皇帝升輿，侍儀官、導駕官引擎執前導，巡輦路至大明殿西陛下。侍中跪奏請皇帝降輿，升殿，就拜，興，皇帝入殿，即御座。

舍人引執事等官，叙於殿前陛下，相向立。通班舍人贊起居，引贊鞠躬平身。舍人引門下侍郎、侍中入殿至御座前，門下侍郎、侍中相向立。侍中跪奏請皇帝降殿升輿，就拜，興。侍儀官前導，至大明殿門外，侍中跪奏請皇帝升輿，就拜，興。至大明門外，侍中跪奏請皇帝降輿乘馬，門下侍郎跪奏請車駕進發，就拜，興，動稱警蹕。至崇天門外，門下侍郎跪奏請車駕少駐，勑衆官上馬，就拜，興。侍中承旨退，稱曰：「制可。」門下侍郎退，傳制，勑衆官上馬。贊者承傳，勑衆官於欞星門外上馬。少頃，門下侍郎跪奏請車駕進發，就拜，興，動稱警蹕。華蓋繖扇儀仗百官左右前導，教坊樂鼓吹不作。至郊壇南欞星門外，門下侍郎跪奏請皇帝權停，勑衆官下馬。侍中傳制，敕衆官下馬，自卑而尊與儀仗倒捲而左右駐立。駕至内欞星門，侍中跪奏請皇帝降馬，步入欞星門，由右偏門入。稍西，侍中跪奏請皇帝升輿，就拜，興。侍儀官曁導駕官引擎執前導，至大次殿門前，侍中跪奏請皇帝降輿，入就大次殿，就拜，興。皇帝入就大次，簾降，宿衛如式。侍中入，跪奏。勑衆官各退齋次，就拜，興。通事舍人承旨，勑衆官各還齋次。尚食進膳訖，禮儀使以祝册奏御署訖，奉出，郊祀令受而奠於坫。

其享日丑時二刻，侍儀官備擎執，同導駕官列於大次殿前。通事舍人引侍中、門下侍郎入大次殿。侍中跪奏請皇帝中嚴，服衮冕，就拜，興，退。少頃，舍人再拜，引侍中跪版奏外辦，就拜，興，退出。禮儀使入，跪奏請皇帝行禮，就拜，興。簾捲出大次，侍儀官備擎執，導駕官前導，皇帝至西壝門，侍儀官、導駕官擎執止於壝門外，近侍官、代禮官皆後從入。殿中監跪進大圭，禮儀使跪請皇帝執大圭，皇帝入行禮，禮節一如舊制。行禮畢，侍儀官備擎執，同導駕官前導，皇帝還至大次。通事舍人引侍中入，跪奏請皇帝解嚴，釋衮冕。停五刻頃，尚食進膳如儀。所司備法駕儀仗，同侍享等官分左右，敘立於郊南欞星門外，以北爲上。舍人引侍中入，跪奏請皇帝中嚴，就拜，興，退。少頃，再引侍中跪版奏外辦，就拜，興。皇帝出大次，侍中跪奏請皇帝升輿。侍儀官備擎執，同導駕官前導，至欞星門外，太僕卿進御馬。侍中跪奏請皇帝降輿乘馬，就拜，興。門下侍郎跪奏請車駕進發，就拜，興，動稱警蹕。至欞星門外，門下侍郎跪請皇帝少駐，勅衆官上馬，就拜，興，侍中承旨退，稱曰：「制可。」門下侍郎傳制，勅衆官上馬，贊者承傳〔八〕，勅衆官上馬。少頃，門下侍郎跪奏請車駕進發，就拜，興。侍儀官備擎執，同導駕官前導，動稱警蹕。華蓋儀仗繖扇衆官左右前導，教坊樂鼓吹皆作。至麗正門裏石橋北，舍人引門下侍郎下馬，跪奏請皇帝權停，勅衆官下馬，贊者承傳。勅衆官下馬，舍人引衆官分左右，先入紅門內，倒捲而北駐立，引甲馬軍士於麗正門內石橋大北駐立，依次倒捲至欞星門外，左右相向立。仗立於欞星門內，倒捲亦如之。門下侍郎跪奏請車駕進發。侍儀官備擎執，導駕官導由崇天門入，至大明門外，引侍中跪奏請皇帝降馬升輿，就拜，興。至大明殿，引衆官相向立於殿陛下。俟皇帝入殿升座，侍中跪奏請皇帝解嚴，勑衆官皆退，通事舍人承旨勑衆官皆退，郊祀禮成。

十五年冬十月甲子，帝謂右丞相定住等曰：「敬天地，尊祖宗，重事也。近年以來，闕於舉行。當選吉日，朕將親祀郊廟。務盡誠敬，不必繁文。卿等其議典禮，從其簡者行之。」遂命右丞斡欒、左丞吕思誠領其事。癸酉，哈麻奏言：「郊祀之禮，以太祖配。皇帝出宫，至郊祀所，便服乘馬，不設内外儀仗、教坊隊子。齋戒七日，内散齋四日于别殿，致齋三日，二日於大明殿西幄殿，一日在南郊所。」丙子，以郊禮，命皇太子愛猷識理達臘祭告太廟。十一月壬辰，親祀上帝於南郊，以皇太子爲亞獻，攝太尉、右丞相定住爲終獻。帝怠於政事，郊祀之禮亦從簡殺，至以便服出宫，失禮甚矣。自至元十二年冬十二月，用香酒脯醬行一獻禮。而至治元年冬之祭告，泰定元年之正月，咸用之。自大德九年冬至，用純色馬一、蒼犢一、羊鹿野豕各九。十一年秋七月，用馬一、蒼犢正副各一、羊鹿野豕各九。而至大中告謝五，皇慶至延祐告謝七，與至治三年各告謝二，泰定元年之二月，咸如大德十一年之數。泰定四年閏九月，特加皇地祇黄犢一，將祀之夕勑送新獵鹿二。惟至大三年冬至，正配位蒼犢皆一，五方帝犢各一，皆如其方之色，大明青犢、夜明白犢皆一，馬一，羊鹿野豕各十有八，兔十有二，而四年四月如之。其犧牲品物香酒，皆參用國禮，而豐約不同。

南郊之禮，其始爲告祭，繼而爲大祀，皆攝事也，故攝祀之儀特詳。

【校勘記】

〔一〕「遣使」，原作「遺使」，據《元史》卷七二志第二十三《祭祀一》改。

〔二〕「麗正門」，「麗」原作「歷」，據《元史》卷七二志第二十三《祭祀一》改。

〔三〕「纂要」，原作「篹要」，據《元史》卷七二志第二十三《祭祀一》改。

〔四〕「祼鬯」，原作「裸鬯」，據《元史》卷七二志第二十三《祭祀一》改。

〔五〕「禮制局」，原作「祠制局」，按《元史》卷七二志第二十三《祭祀一》作「禮制局」，《宋史》均作「禮制局」，今據改。

〔六〕「祼鬯」，原作「裸鬯」，據《元史》卷七二志第二十三《祭祀一》改。

〔七〕「曰」，原作「目」，據《元史》卷七二志第二十三《祭祀一》改。

〔八〕「承傳」，原作「承傅」，據《元史》卷七二志第二十三《祭祀一》改。

新元史卷之八十二　志第四十九

禮志二

郊祀中

壇壝：地在麗正門外丙位，凡三百八畝有奇。壇三成，每成高八尺一寸，上成縱横五丈，中成十丈，下成十五丈。四陛，午貫地，子午卯酉四位，陛十有二級。外設二壝，内壝去壇二十五步，外壝去内壝五十四步。壝各四門，外垣南櫺星門三，東西櫺星門各一。圜壇周圍上下俱護以甓，内外壝各高五尺。壝四面各有門三，俱塗以赤。至大三年冬至，以三成不足以容從祀版位，以青繩代一成。繩二百，各長二十五尺，以足四成之制。

燎壇在外壝内丙巳之位，高一丈二尺，四方各一丈，周圜亦護以甓，東西南三出陛，開上南出户，上方六尺，深可容柴。香殿三間，在外壝南門之外，少西，南向。饌幕殿五間，在外壝南門之外，少東，南向。省饌殿一間，在外壝東門之外，少北，南向。

外壝之東南爲別院。内神廚五間，南向。祠祭局三間，北向。酒庫三間，西向。獻官齋房二十間，在神廚南垣之外，西向。外壝南門之外，爲中神門五間，諸執事齋房六十間以翼之，皆北向。兩翼端皆有垣，以抵東西周垣，各爲門，以便出入。齊班廳五間，在獻官齋房之前，西向。儀鑾局三間，法物庫三間，都監庫五間，在外垣内之西北隅，皆西向。雅樂庫十間，在外垣西門之内，少南，東向。演樂堂七間，在外垣内之西南隅，東向。獻官廚三間，在外垣内之東南隅，西向。滌養犧牲所，在外垣南門之外，少東，西向。内犧牲房三間，南向。

神位：昊天上帝位天壇之中，少北；皇帝祇位次東，少却，皆南向。神席皆緣以繒，綾褥，素座。昊天上帝色皆用青，皇地祇色皆用黄，藉皆以稾秸。配位居東，西向。神席、綾褥、錦方座，色皆用青，藉以蒲越。

其從祀圜壇，第一等九位。青帝位寅，赤帝位巳，黄帝位未，白帝位申，黑帝位亥。主用柏，素質元書。大明位卯，夜明位酉，北極位丑，天皇大帝位戌，用神位版，丹質黄書。神席、綾褥、座各隨其方色，籍皆以稾秸。

第二等内官位五十有四。鈎星、天柱、元枵、天廚、柱史位于子，其數五。女史、星紀、御女位于丑，其數三。自子至丑，神位皆西上。帝座、歲星、大理、河漢、析木、尚書位于寅，帝座居前行，其數六，南上。陰德、大火、天槍、元戈、天床位于卯，其數五，北上。太陽守、相星、壽星、輔星、三師位於辰，其數五，南上。天一、太一、內廚、熒惑、鶉尾、勢星，天理位于巳，天一、太一居前行，其數七，西上。北斗、天牢、三公、鶉火、文昌、內階位于午，北斗居前行，其數六。填星、鶉首、四輔位于未，其數三。自午至未，皆東上。太白、實沈位于申，其數二，北上。八穀、大梁、杠星、華蓋位於酉，其數四。五帝內座、降婁、六甲、傳舍位于戌，五帝內座居前行，其數四。自西至戌，皆南上。紫微垣、辰星、陬訾、鈎陳位於亥，其數四，東上。神席皆藉以莞席，內壝外諸神位皆同。

第三等中官百五十八位。虛宿、牛宿、織女、人星、司命、司非、司危、司禄、天津、離珠、羅堰、天桴、奚仲、左旗、河鼓、右旗位于子，虛宿、女宿、牛宿、織女居前行，其數十有七。月星、建星、斗宿、箕宿、天雞、輦道、漸臺、敗瓜、扶筐、匏瓜、天弁、天棓、帛度、屠肆、宗心、宗人、宗正位于丑，月星、建星、斗宿、箕宿居前行，其數十有七。自子至丑，皆西上。日星、心宿、天紀、尾宿罰星、東咸、列肆、天市垣、斛星、斗星、車肆、天江、宦星、市樓、候星、女床、天籥位于寅，日星、心宿、天紀、尾宿、居前行，其數十有七，南上。房宿、七公、氐宿、帝席、大角、亢宿、貫索、鍵閉、鈎鈐、西咸、天乳、招搖、梗河、亢池、周鼎位于卯，房宿、七公、氐宿、帝席、大角、亢宿居前行，其數十有五，北上。太子星、太微垣、軫宿、角宿、攝提、常陳、幸臣、謁者、三公、九卿、五内諸侯、郎位、郎將、進賢、平道、天田位于辰，太子星、太微垣、軫宿、角宿、攝提居前行，其數十有六，南上。張宿、翼宿、明堂、四帝座、黄帝座、長垣、少微、靈臺、虎賁、從官、内屏位于巳，張宿、翼宿、明堂居前行，其數十有一，西上。軒轅、七星、三台、柳宿、内平、太尊、積薪、積水、北河位于午，軒轅、七星、三台、柳宿居前行，其數九。鬼宿、井宿、參宿、天尊、五諸侯、鉞星、座旗、司怪、天關位于未，鬼宿、井宿、參宿居前行，其數九。自午至未，皆東上。畢宿、五車、諸王、觜宿、天船、天街、礪石、天高、三柱、天潢、咸池位于申，畢宿、五車、諸王、觜宿居前行，其數十有一，北上。月宿、昴宿、胃宿、積水、天讒、卷舌、天河、積尸、太陵、左更、天大將軍、軍南門位于酉，月宿、昴宿、胃宿居前行，其數十有二。婁宿、奎宿〔二〕、壁宿、右更、附路、閣道、王良、策星、天廄、土公、雲雨、霹靂位于戌，婁宿、壁宿居前行，其數十有二。自酉至戌，皆南上。危宿、室宿、車府、墳墓、虚梁、蓋屋、臼星、杵星、土公吏、造父、離宫、雷電、騰蛇位于亥，危宿、室宿居前行，其數十有三，東上。

内壝内外官一百六位。天壘城、離瑜、代星、齊星、周星、晉星、韓星、秦星、魏星、燕星、楚星、鄭星位于子，其數十有二。越星、趙星、九坎、天田、狗國、天淵、狗星、鼈星、農丈人、杵星、糠星位于丑，其數十有一。自子至丑，皆西上。車騎將軍、天輻、從官、積卒、神宮、傅説、龜星、魚星位于寅，其數八，南上。陣車、車騎、騎官、頡頏、折威、陽門、五柱、天門、衡星、庫樓位于卯，其數十，北上。土司空、長沙、青丘、南門、平星位于辰，其數五，南上。酒旗、天廟、東甌、器府、軍門、左右轄位于巳，其數六，西上。天相、天稷、爟星、天記、外廚、天狗、南河位丁午，其數七。天社、矢星、水位、闕丘、狼星、弧星、老人星、四瀆、野雞、軍市、水府、孫星、子星位于未，其數十有三。自午至未，皆東上。天節、九州殊口、附耳、參旗、九斿、玉井、軍井、屏星、伐星、天廁、天矢、丈人位于申，其數十有二，北上。天園、天陰、天廩、天苑、天囷、芻藁、天庾、天倉、鐵鑕、天溷位于酉，其數十。外屏、大司空、八魁、羽林位于戌，其數四。自西至戌，皆南上。哭星、泣星、天錢、天綱、北落師門、敗臼、斧鉞、壘壁陣位于亥，其數八，東上。

內壝外衆星三百六十位，每辰神位三十自第一等以下，神位版皆丹質黃書。內官、中官、外官則各題其星名。內壝外三百六十位，惟題曰衆星位。凡從祀位皆內向，十二次微左旋，子居子陛東，午居午陛西，卯居卯陛南，酉居酉陛北。

器物之等，其目有八：

一曰圭幣。昊天上帝：蒼璧一，有繅藉，青幣一，燎玉〔二〕一。皇地祇：黃琮一，有繅藉，黃幣一。配帝青幣一，黃帝黃琮一，青帝青圭一，赤帝赤璋一，白帝白琥一，黑帝元璜一，幣皆如其方色。大明青圭有邸，夜明白圭有邸，天皇大帝青圭有邸，北極元圭有邸，幣皆如其玉色。内官以下皆青幣。

二曰尊罍。上帝：太尊、著尊、犧尊、山罍各一，在壇東南隅，皆北向，西上。設而不酌者，象尊、壺尊各二，山罍四，在壇下午陛之東，皆北向，西上。皇地祇亦如之，在上帝酒尊之東，皆北向，西上。配帝著尊、犧尊、象尊各二，在地祇酒尊之東，皆北向，西上。設而不酌者，犧尊、壺尊各二，山罍四，在壇下酉陛之北，東向，北上。五帝、日月、北極、天昊，皆太尊一、著尊二。内官十二次，各象尊二。中官十二次，各壺尊二。外官十二次，各槩尊二。衆星十二次，各散尊二。凡尊各設於神座之左而右向，皆有坫，有勺，加冪，冪之繪以雲，惟設而不酌者無勺。

三曰籩豆登俎。昊天上帝、皇地祇及配帝，籩豆皆十二，登三，簠二、簋二，俎八，皆有七筯，玉幣篚二，匏爵一，有坫，沙池一，青甆牲盤一。從祀九位，籩豆皆八，簠一，簋一，登一，俎一，匏爵一，有坫，沙池一，玉幣篚一。内官位五十四，籩豆皆二，簠一，簋一，登一，俎一，匏爵有坫，有沙池、幣篚，十二次各一。中官百五十八，皆籩一，豆一，簠一，簋一，俎一，匏爵，有坫、沙池、幣篚，十二次各一。外官位一百六，皆籩一，豆一，簠一，簋一，俎一，匏爵、坫、沙池、幣篚，十二次各一。衆星位三百六十，皆籩一，豆一，簠一，簋一，俎一，匏爵、坫、沙池、幣篚，十二次各一。此籩、豆、簠、簋、登、爵、篚之數也。凡籩之設，居神位左，豆居右，登、簠、簋居中，俎居後，籩皆有巾，巾之繪以斧。

四曰酒齊。以太尊實泛齊，著尊實醴齊，犧尊實盎齊，山罍實三酒，皆有上尊。馬湩設於尊罍之前，注于器而冪之。設而不酌者，以象尊實醴齊，壺尊實沈齊，山罍二實三酒，皆有上尊，以祀昊天上帝。皇地祇亦如之。以著尊實泛齊，犧尊實醴齊，象尊實盎齊，山罍實清酒，皆有上尊。馬湩如前設之。設而不酌者，以犧尊實醍齊，壺尊實沈齊，山罍三實清酒，皆有上尊，以祀配帝。以太尊實泛齊，以著尊實醍齊，皆有上尊，九位同，以祀五帝、日月〔三〕、北極、天皇大帝。以象尊實醴齊，有上尊，十二次同，以祀内官。以壺尊實沈齊，有上尊，十二次同，以祀中官，以概尊實清酒，有上尊，十二次同，以祀外官。以散尊實昔酒，有上尊，十二次同，以祀衆星。凡五齊之上尊，必皆實明水。山罍之上尊，必皆實玄酒。散尊之上尊，亦實明水。

五曰牲齊庶器。昊天上帝蒼犢，皇地祇黄犢，配位蒼犢，大明青犢，夜明白犢，天皇大帝蒼犢，北極玄犢，皆一。馬純色一，鹿十有八，羊十有八，野豕十有八，兔十有二，蓋參以國禮。割牲爲七體。左肩臂臑兼代脇、長脇爲一體，右肩臂臑、代脇、長脇爲一體，右髀肫胳爲一體，脊連背膂短脇爲一體，膺骨臍腹爲一體，項脊爲一體，馬首報陽升烟則用之。毛血盛以豆，或青甆盤。饌未入置俎上，饌入徹去之。籩之實，魚鱐、糗餌、粉餈、棗、乾橑、形鹽、鹿脯、榛、桃、菱、芡、栗。豆之實，芹菹、韭菹、菁菹、筍菹、脾折菹、醓、食、魚醢、豚拍、鹿臡、醢醢、糝食。凡籩之用八者，無糗餌、粉餈、菱、栗。豆之用八者，無脾折菹、醓食、兔醢、糝食。用皆二者，籩以鹿脯、乾棗，豆以鹿臡、菁菹。用皆一者，籩以鹿脯，豆以鹿臡。凡簠、簋用皆二者，簋以黍、稷，簠以稻、粱〔四〕。用皆一者，簋以稷，簠以黍。實登以太羹。

六曰香祝。洗位正位香鼎一，香合一，香案一，祝案一，皆有衣。拜褥一，盥爵洗位一，罍一，洗一，白羅巾一，親祀匜二，盤二。地祇配位咸如之。香用龍腦沈香，祝版長各二尺四寸，闊一尺二寸，厚三分，木用楸柏。從祀九位，香鼎、香合、香案、綾拜褥皆九，褥各隨其方之色。盥爵洗位二，罍二，洗二，巾二。第一等，盥爵洗位二，罍二，洗二，巾二。第三等亦如之。內壝內，盥爵洗位一，罍一，洗一，巾一。內壝外亦如之。凡巾，皆有篚。從祀而下，香用沈檀降真，鼎用陶瓦。第二等十二次而下，皆紫綾拜褥十有二。親祀御版位一，飲福位及大小次盥洗爵洗版位各一，皆青質金書。亞獻、終獻飲福版位一，黑質黃書。御拜褥八，亞終獻飲福位拜褥一，黃道裀褥寶案二，黃羅銷金案衣，水火鑑。

七曰燭燎。天壇椽燭四，皆銷金絳紗籠。自天壇至內壝外及樂縣南通北道，絳燭三百五十，素燭四百四十，皆絳紗籠。御位椽，燭六，銷金絳紗籠。獻官椽燭四，雜用燭八百，粆盆二百二十，有架。黄桑條去膚一車，束之置燎壇，以焚牲首。

八曰獻攝執事。亞獻官一，終獻官一，攝司徒一，助奠官一，大禮使一，侍中二，門下侍郎二，禮儀使二，殿中監二，尚輦官二，太僕卿二，控馬官六，近侍官八，導駕官二十有四，典寶官四，侍儀官五，太常卿丞八，光禄卿丞二，刑部尚書二，禮部尚書二，奉玉幣官一，定撰祝文官一，書讀祝册官二，舉祝册官二，太史令一，御奉爵官一，奉匜盤官二，御爵洗官二，執巾官二，割牲官二，温酒官一，太官令一，太官丞一，良醖令丞二，廩犧令丞二，糾儀御史四，太常博士二，郊祀令丞二，太樂令一，大樂丞一，司尊罍二，亞終獻盥洗官二，爵洗官二，巾篚官二，奉爵官二，祝史四，太祝十有五，奉禮郎四，協律郎二，翦燭官四，禮直官管勾一，禮部點視儀衛官二，兵部清道官二，拱衛使二，大都兵馬使二，齋郎百，司天生二，看守粆盆軍官一百二十。

儀注之節，其目有十：

一曰齋戒。祀前七日，皇帝散齋四日於别殿，致齋三日，其二日於大明殿，一日於大次，有司停奏刑罰文字。致齋前一日，尚舍監設御幄於大明殿西序，東向。致齋之日，質明，諸衛勒所部屯門列仗。晝漏上水一刻，通事舍人引侍享執事文武四品以上官，俱公服，詣列殿奉迎。晝漏上水二刻，侍中版奏請中嚴，皇帝服通天冠、絳紗袍。晝漏上水三刻，侍中版奏外辦，皇帝結佩出別殿，乘輿華蓋繖扇侍衛如常儀，奏引至大明殿御幄，東向坐，侍臣夾侍如常。一刻頃，侍中前跪奏「臣某言，請降就齋」，俛伏，興。皇帝降座入室，解嚴，侍享執事官各還本司，宿衛者如常。凡侍祠官受誓戒于中書省，散齋四日，致齋三日。守壝門兵衛與大樂工人，具清齋一宿。光禄卿以陽燧取明火供爨，以方諸取明水實尊。

二曰告配。祀前二日，攝太尉與太常禮儀院官恭詣太廟，以一獻禮奏告太祖法天啟運聖武皇帝之室。寅刻，太尉以下公服自南神門東偏門入，至横街南，北向立定。奉禮郎贊曰「拜」，禮直官承傳曰「鞠躬」，曰「拜」，曰「興」，曰「拜」，曰「興」，曰「平立」。又贊曰「各就位」。禮直官詣太尉前曰「請詣盥洗位」。引太尉至盥洗位，曰「盥手」，曰「帨手」，曰「詣爵洗位」，曰「滌爵」，曰「拭爵」，曰「請詣酒尊所」，曰「酌酒」，曰「請詣神座前」，曰「北向立」，曰「稍前」，曰「搢笏」，曰「跪」，曰「上香」，曰「再上香」，曰「三上香」，曰「授幣」，曰「奠幣」，曰「執爵」，曰「祭酒」，曰「祭酒」，曰「三祭酒」。祭酒於沙池訖，曰「讀祝」。舉祝官搢笏，跪對舉祝版。讀祝官跪讀祝文畢，舉祝官奠祝版於案，執笏興，讀祝官俛伏，興。禮直官贊曰「出笏」，曰「俛伏，興」，曰「拜」，曰「興」，曰「拜」，曰「興」，曰「平立」，曰「復位」。司尊彝、良醞令從降復位，北向立。奉禮郎贊曰「拜」，禮直官承傳「再拜」畢，太祝捧祝幣降自太階，詣望瘞位。太尉以下俱詣坎位焚瘞訖，自南神門東偏門以次出。

三曰車駕出宮。祀前一日，所司備儀從内外仗，侍祠官兩行序立於崇天門外，太僕卿控御馬立於大明門外，諸侍臣及導駕官二十有四人，俱於齋殿前左右分班立俟。通事舍人引侍中，奏請中嚴，俛伏，興。皇帝服通天冠、絳紗袍。少頃，侍中版奏外辦，皇帝出齋室，即御座。羣臣起居訖，尚輦進輿，侍中奏請皇帝升輿，華蓋繖扇侍衛如常儀。導駕官導至大明門外，侍中進當輿前，跪奏請降輿乘馬，導駕官分左右步導。門下侍郎跪奏請進發，俛伏，興，前稱警蹕。至崇天門外，門下侍郎奏請權停。勑衆官上馬，侍中承旨稱「制可」，門下侍郎傳制稱「衆官上馬」，贊者承傳「衆官出欞星門外上馬」。門下侍郎奏請進發，前稱進蹕。華蓋繖扇儀仗與衆官分左右前引，教坊樂鼓吹不作。至郊壇南欞星門外，侍中傳制「衆官下馬」，贊者承傳「衆官下馬」。下馬訖，自卑而尊，與儀仗倒卷而北，兩行駐立。駕至欞星門，侍中奏請皇帝降馬，步入欞星門，由西偏門稍西。侍中奏請升輿。尚輦奉輿，華蓋繖扇如常儀。導駕官前導皇帝乘輿至大次前，侍中奏請降輿。皇帝降輿入就次，簾降，侍衛如式。通事舍人承旨，勑衆官各還齋次。尚食進饍訖，禮儀使以祝册奏請御署訖，奉出，郊祀令受之，各奠於坫。

四曰陳設。祀前三日，尚舍監陳大次於外壝西門之道北，南向。設小次於内壝西門之外道南，東同。設黄道裀褥，自大次至於小次，版位及壇上皆設之。所司設兵衛，各具器服，守衛壝門，每門兵官二員。外垣東西南櫺星門外，設蹕街清路諸軍，諸軍旗服各隨其方之色。去壇二百步，禁止行人。祀前一日，郊祀令率其屬掃除壇之上下。太樂令率其屬設登歌樂於壇上，稍南，北向。設宫縣二舞，位於壇南内壝南門之外，如式。奉禮郎設御版位於小次之前，東向。設御飲福位於壇上，午陛之西，亞終獻飲福位於午陛之東，皆北向。又設亞終獻、助奠門下侍郎以下版位壇下御版位之後，稍南東向，異位重行，以北爲上。又設司徒太常卿以下位於其東，相對北上，皆如常儀。又分設糾儀御史位於其東西二壝門之外，相向而立。又設御盥洗、爵洗位於内壝南門之内道西，北向。又設亞終獻、盥洗、爵洗位於内壝南門之外道西，北向。又設省牲饌等位，如常儀。未後二刻，郊祀令同太史令俱公服，升設昊天上帝位於壇上北方，南向，席以藁秸，加神席褥座。又設配位於壇上西方，東向，席以蒲越，加神席褥座。禮神蒼璧置於繅藉，青幣設于篚，正位之幣加燎玉，置尊所。俟告潔畢，權徹畢。祀日丑前重設。執事者實柴于燎壇，及設籩豆、簠簋、尊罍、匏爵、俎坫等事，如常儀。

五曰省牲器。祀前一日未後二刻，郊祀令率其屬掃除壇之上下，司尊罍、奉禮郎率祠祭局以祭器入設于位。郊祀令率執事者以禮神之玉，置於神位前。未後三刻，廩犧令與諸太祝、祝史以牲就位，禮直官分引太常卿、光禄卿丞、監祭、監禮官、太官令丞等詣省牲位，立定。禮直官引太常卿、監祭、監禮由東壝北偏門入，自卯陛升壇，視滌濯。司尊罍跪舉羃曰「潔」。告潔畢，俱復位。禮直官稍前曰「請省牲」。太常卿稍前，省牲畢，復位。次引廩犧令巡牲一匝，西向折身曰「充」。告充畢，復位。諸太祝俱巡牲一匝，復位。上一員出班，西向折身曰「腯」。告腯畢，復位。禮直官引太常卿、光禄卿丞、太官令丞、監祭、監禮詣省饌位，東西相向立。禮直官請太常卿省饌畢，退還齋所。廩犧令與諸太祝、祝史以次牽牲詣廚，授太官令。次引光禄卿、監祭、監禮等詣廚，省鼎鑊，視滌溉畢，還齋所。晡後一刻，太官令率宰人以鸞刀割牲，祝史各取血及左耳毛實於豆，仍取牲首貯於盤，用馬首。俱置於饌殿，遂烹牲。刑部尚書涖之，監實水納烹之事。

六曰習儀。祀前一日未後三刻，獻官諸執事各服其服，習儀于外壝西南隙地。其陳設、樂架、禮器等物，並如行事之儀。

七曰奠玉幣。祀日丑前五刻，太常卿設燭於神座，太史令、郊祀令各服其服，升設昊天上帝及配位神座，執事者陳玉幣於篚，置尊所。禮部尚書設祝册于案。光禄卿率其屬，入實籩豆、簠簋、尊罍如式。祝史以牲首盤設于壇，大樂令率工人二舞入就位。禮直官分引監祭禮、郊祀令及諸執事官、齋郎入就位。禮直官引監祭禮按視壇之上下，退復位。奉禮贊再拜，禮直官承傳，監祭禮以下皆再拜訖，又贊各就位。太官令率齋郎出詣饌殿，俟于門外，禮直官分引攝太尉及司徒等官入就位。符寶郎奉寶陳於宮縣之側，隨地之宜。太尉之將入也，禮直官引博士，博士引禮儀使，對立於大次前。侍中版奏請中嚴，皇帝服大裘衮冕。侍中奏外辦，禮儀使跪奏禮儀使臣某請皇帝行禮，俛伏，興。凡奏，一人贊，一人贊之。簾捲出次，禮儀使前道，華蓋繖扇如常儀。至西壝門外，殿中監進大圭，禮儀使奏請執大圭，皇帝執圭。華蓋繖扇停於門外。近侍官與大禮使皆後從皇帝入門，宮縣樂作。請就小次，釋圭，樂止。禮儀使以下分立左右。少頃，禮儀使奏有司謹具，請行事。降神樂作，《天成》之曲六成。太常卿率祝史捧馬首，詣燎壇升烟訖，復位。禮儀使跪奏請就版位，俛伏，興。皇帝出次，請執大圭，至位東向立，再拜。皇帝再拜，奉禮贊衆官皆再拜訖，奉玉幣官跪取玉幣於篚，立於尊所。禮儀使奏請行事，遂前導，宮縣樂作，由南壝西偏門入，詣盥洗位，北向立，樂止。搢大圭，盥手。奉匜官奉匜沃水，奉盤官奉盤承水，執巾官奉巾以進。盥帨手訖，執大圭，樂作，至午陛，樂止。升階，登歌樂作，至壇上，樂止。宮縣《欽成》之樂作，殿中監進鎮圭。殿中監二員，一員執大圭，一員執鎮圭。禮儀使奏請搢大圭，執鎮圭，請詣昊天上帝神位前，北向立。內侍先設繅席於地，禮儀使奏請跪奠鎮圭於繅席。奉玉幣官加玉於幣以授侍中，侍中西向跪進，禮儀使奏請奠玉幣。皇帝受奠訖，禮儀使奏請執大圭，俛伏，興，少退，再拜。皇帝再拜，興，平立。内侍取鎮圭授殿中監，又取繅藉置配位前。禮儀使前導，請詣太祖皇帝神位前，西向立，奠鎮圭及幣並如上儀。樂止。禮儀使前導，請還版位。登歌樂作，降階，樂止。宫縣樂作，殿中監取鎮圭、繅藉以授有司。皇帝至版位，東向立，樂止。請還小次，釋大圭。祝史奉毛血豆，升自午陛，以進正位，升自卯陛，以進配位。太祝各迎奠于神座前，俱退立尊所。

八曰進饌。皇帝奠玉幣還位，祝史取毛血豆以降，禮直官引司徒、太官令率齋郎奉饌入自正門，升殿如常儀。禮儀使跪奏請行禮，俛伏，興。皇帝出次。宫縣樂作。請執大圭，前導由正門西偏門入，詣盥洗位，北向立，樂止。搢圭盥手如前儀。執圭，詣爵洗位，北向立，搢圭。奉爵官跪取匏爵於篚，以授侍中，侍中以進皇帝，受爵。執罍官酌水洗爵，執巾官授巾拭爵訖，侍中受之，以授捧爵官。執圭，樂作，至午陛，樂止。升階，登歌樂作，至壇上，樂止。詣正位酒尊所，東向立，搢圭。捧爵官進爵，皇帝受爵。司尊者舉冪，侍中贊酌太尊之泛齊。以爵授捧爵官，執圭。宫縣樂作，奏《明成》之曲。請詣昊天上帝神座前北向立，搢圭跪，三上香，侍中以爵跪進皇帝。執爵，三祭酒，以爵授侍中。太官丞注馬湩於爵，以授侍中，侍中跪進皇帝。執爵，亦三祭之。今有蒲萄酒與尚醞馬湩，各祭一爵，爲三爵。以爵授侍中，執圭，俛伏，興，少退立。讀祝，舉祝官搢笏跪舉祝册，讀祝官西向跪讀祝文，讀訖，俛伏，興。舉祝官奠祝於案，奏請再拜。皇帝再拜，興，平立。請詣配位酒尊所，西向立。司尊者舉冪，侍中贊酌著尊之泛齊。以爵授捧爵官，執圭。請詣太祖皇帝神位前西向立，宮縣樂作。侍中贊搢圭跪、三上香、三祭酒及馬湩訖，贊執圭，俛伏興，少退立。舉祝官舉祝，讀祝官北向跪讀祝文，讀訖，俛伏，興。奠祝版訖，奏請再拜。皇帝再拜，興，平立。樂止。請詣飲福位北向立。登歌樂作。太祝各以爵酌上尊福酒，合置一爵以授侍中，侍中西向以進。禮儀使奏請再拜，皇帝再拜，興。奏請搢圭、跪受爵。祭酒啐酒以爵授侍中，侍中再以温酒跪進。禮儀使奏請受爵，皇帝飲福酒訖，侍中受虚爵，興，以授太祝。太祝又減神前胙肉加於俎，以授司徒。司徒以俎西向跪進皇帝，受以授左右。奏請執圭，俛伏，興，平立，少退。奏請再拜，皇帝再拜訖，樂止。禮儀使前導，還版位。登歌樂作，降自午陛，樂止。宮縣樂作，至位，東向立，樂止。請還小次，至次釋圭。文舞退，武舞進，宮縣樂作，奏《和成》之曲，樂止。禮直官引亞終獻官陞自卯陛，行禮如常儀，惟不讀祝，皆飲福而無胙俎。降自卯陛，復位。禮直官贊太祝徹籩豆。登歌樂作，奏《寧成》之曲，卒徹，樂止。奉禮贊賜胙，衆官再拜，在位者皆再拜。禮儀使奏請詣版位，出次執圭，至位東向，再拜。皇帝再拜。奉禮贊曰「再拜」，贊者承傳，在位者皆再拜。送神樂作，《天成》之曲一成，止。禮儀使奏禮畢，遂前導皇帝還大次。宮縣樂作，出門樂止，至大次釋圭。

九曰望燎。皇帝既還大次，禮直官引攝太尉以下監祭禮詣望燎位，太祝各捧篚詣神位前，進取燔玉、祝幣、牲俎並黍稷、飯籩、爵酒，各由其陛降詣燎壇，以祝幣、饌物置柴上，禮直官贊「可燎半柴」，又贊「禮畢」，攝太尉以下皆出。禮直官引監祭禮、祝史、太祝以下從壇南，北向立定，奉禮贊曰「再拜」，監祭禮以下皆再拜訖，遂出。

十曰車駕還宮。皇帝既還大次，侍中奏請解嚴。皇帝釋衮冕，停大次。五刻頃，所司備法駕，序立於櫺星門外，以北爲上。侍中版奏請中嚴，皇帝改服通天冠、絳紗袍。少頃，侍中版奏外辦，皇帝出次升輿，導駕官前導，華蓋繖扇如常儀。至櫺星門外，太僕卿進御馬如式。侍中前奏請皇帝降輿乘馬訖，太僕卿執御，門下侍郎奏請車駕進發，俛伏，興，退。車駕動，稱警蹕。至櫺星門外，門下侍郎跪奏曰「請權停，勅衆官上馬」，侍中承旨曰「制可」，門下侍郎傳制，贊者承傳。衆官上馬畢，導駕官及華蓋繖扇分左右前導。門下侍郎跪請車駕進發，俛伏，興。車駕動，稱警蹕。教坊樂鼓吹振作。駕至崇天門櫺星門外，門下侍郎跪奏曰「請權停，勅衆官下馬」，侍中承旨曰「制可」，門下侍郎俛伏，興，退傳制，贊者承傳。衆官下馬畢，左右前引入内，與儀仗倒卷而北駐立。駕入崇天門，至大明門外，降馬升輿以入。駕既入，通事舍人承旨勅，衆官皆退，宿衛官率衛士宿衛如式。

【校勘記】

〔一〕「奎宿」，「宿」字原重，據《元史》卷七二志第二十三《祭祀一》删。

〔二〕「燎玉」，原作「橑王」，據《元史》卷七二志第二十三《祭祀一》改。

〔三〕「日月」，原作「月月」，據《元史》卷七二志第二十三《祭祀一》改。

〔四〕「粱」，原作「梁」，據《元史》卷七二志第二十三《祭祀一》改。

新元史卷之八十三　志第五十

禮志三

郊祀下

攝祀之儀，其目有九：

一曰齋戒。祀前五日質明，奉禮郎率儀鸞局，設獻官諸執事版位於中書省。獻官諸執事位俱藉以席，仍加紫綾褥。初獻攝太尉設位於前堂階上，稍西，東南向。監察御史二位，一位在甬道上，西稍北，東向；一位在甬道上，東稍北，西向。監禮博士二位，各次御史，以北爲上。次亞獻官、終獻官、攝司徒位于其南。次助奠官，次太常太卿、太常卿、光禄卿，次太史令、禮部尚書、刑部尚書，次奉璧官、奉幣官、讀祝官、太常少卿、拱衛直都指揮使，次太常丞、光禄丞、太官令、良醖令、司尊罍，次廩犧令、舉祝官、奉爵官，次太官丞、盥洗官、爵洗官、巾篚官，次翦燭官，次與祭官。其禮直官分直于左右，東西相向。西設版位四列，皆北向，以東爲上；郊祀令、太樂令、太祝、祝史，次齋郎。東設版位四列，皆北向，以西爲上；郊祀、太樂丞、協律郎、奉禮郎、次齋郎、司天生。禮直官引獻官諸執事各就位。獻官諸執事俱公服，五品以上就服其服，六品以下皆借紫服。禮直局管勾進立於太尉之右，宣讀誓文曰：「某年某月某日，祀昊天上帝於圜丘，各揚其職。其或不敬，國有常刑。」散齋三日宿於正寢，致齋二日於祀所。散齋日，治事如故，不弔喪問疾，不作樂，不判署刑殺文字，不決罰罪人，不與穢惡事。致齋日，惟祀事得行，其餘悉禁。凡與祀之官已齋而闕者，通攝行事。讀畢，稍前，唱曰「七品以下官先退」，復贊曰「對拜」，太尉與餘官皆再拜，乃退。凡與祭者，致齋之宿，官給酒饌。守壝門兵衛及大樂工人，皆清齋一宿。

二曰告配。祀前二日，初獻官與太常禮儀院官恭詣太廟，奏告太祖皇帝本室，即還齋次。

三曰迎香。祝祀前二日，翰林學士赴禮部書寫祝文，太常禮儀院官亦會焉。書畢，於公廨嚴潔安置。祀前一日，質明，獻官以下諸執事皆公服，禮部尚書率其屬捧祝版，同太常禮儀院官俱詣闕廷，以祝版授太尉，進請御署訖，同香酒迎出崇天門外。香置于輿，祝置香案，御酒置輦樓，俱用金複覆之。太尉以下官比上馬，清道官率京官行於儀衛之先，兵馬司巡兵執矛幟夾道次之，金鼓又次之。京尹儀從左右成列前導，諸執事官東西二班行于儀仗之外，次儀鳳司奏樂，禮部官點視成列，太常儀院官導于香輿之前，然後控鶴舁輿案行，太尉等官從行至祀所。輿案由南櫺星門入，諸執事官由左右偏門入，奉安御香、祝版于香殿。

四曰陳設。祀前三日，樞密院設兵衛各具器服守衛壝門，每門兵官二員，及外垣東西南櫺星門外，設蹕街清路諸軍，諸軍旗服，各隨其方色。去壇二百步，禁止行人。祀前一日，郊祀令率其屬掃除壇上下。大樂令率其屬設登歌樂于壇上，稍南，北向。編磬一簴在西，編鐘一簴在東。擊鐘磬者，皆有坐机。大樂令位在鐘簴東，西向。協律郎位在磬簴西，東向。執麾者立於後。柷一，在鐘簴北，稍東。敔一，在磬簴北，稍西。搏拊二，一在柷北，一在敔北。歌工八人，分別列于午陛左右，東西相向坐，以北爲上，凡坐者皆藉以席加氈。琴一絃、三絃、五絃、七絃、九絃者，各二。瑟四，籥二，篪二，笛二，簫二，巢笙四，和笙四，閏餘匏一，九曜匏一，七星匏一，塤二，各分立于午陛東西樂榻上。琴瑟者分列于北，皆北向坐。匏竹者分立于琴瑟之後，爲二列重行，皆北向相對爲首。又設圜宮懸樂於壇南，内壝南門之外。東方、西方，編磬起北，編鐘次之。南方、北方，編磬起西，編鐘次之。又設十二鎛鐘於編懸之間，各依辰位，每辰編磬在左，編鐘在右，謂之一肆。每面三辰，共九架，四面三十六架。設晉鼓於懸内通街之東，稍南，北向。置雷鼓、單鼗、雙鼗各二柄於北懸之内，通街之左右，植四楹雷鼓於四隅，皆左鼙右應。北懸之内，歌工四列。内二列在通街之東，二列於通街之西。每列八人，共三十二人，東西相向立，以北爲上。柷一在東，敔一在西，皆在歌工之南。大樂丞位在北懸之外，通街之東，西向。協律郎位於通街之西，東向。執麾者立于後，舉節樂正立于東，副正立于西，並在歌工之北。樂師二員，對立于歌工之南。運譜二人，對立于樂師之南。照燭二人，對立于運譜之南，祀日分立於壇之上下，掌樂作、樂止之標準。琴二十七，設于東西懸内：一絃者三，東一，西二，俱爲第一列；三絃、五絃、七絃、九絃者各六，東西各四列；每列三人，皆北向坐。瑟十二，東西各六，共爲列，在琴之後坐。巢笙十、簫十、閏餘匏一在東，七星匏一、九曜匏一，皆在竽笙之側。竽笙十、籥十、篪十、塤八、笛十，每色爲一列，各分立于通街之東西，皆北向。又設文舞位于北懸之前，植四表于通街之東，舞位行綴之間。導文舞執衙仗舞師二員，執旌二人，分立于舞者行綴之外。舞者八佾，每佾八人，共六十四人，左手執籥，右手秉翟，各分四佾，立于通街之東西，皆北向。又設武舞，俟立位于東西縣外。導武舞執衙仗舞師二員，執纛二人，執器二十人，内單鼗二、單鐸二、雙鐸二、金鐃二、鉦二、金錞二，執扃者四人，扶錞二、相鼓二、雅鼓二，分立于東西縣外。舞者如文舞之數，左手執干，右手執戚，各分四佾，立于執器之外。俟文舞自外逸，則武舞自内進，就立文舞之位，惟執器者分立于舞人之外。文舞亦退於武舞俟立之位。太史令、郊祀令各公服，率其屬升設昊天上帝神座於壇上，北方，南向；席以藁秸，加褥座，置璧於繅藉，設幣於篚，置酌尊所。皇地祇神座，壇上稍東，北方，南向；席以藁秸，加褥座，置玉於繅藉，設幣於篚，置酌尊所。配位神座，壇上東方，西向；席以蒲越，加褥座，置璧於繅藉，設幣於篚，置酌尊所。設五方五帝、日、月、天皇大帝、北極等九位，在壇之第一等；席以莞，各設玉幣於神座前。設内官五十四位於圜壇第二等，設中官一百五十九位於圜壇第三等，設外官一百六位於内壝内，設衆星三百六十位於内壝外；席皆以莞，各設青幣於神座之首，皆内向。候告潔畢，權徹第一等玉幣，至祀日丑前重設。執事者實柴于燎壇，仍設葦炬于東西。執炬者東西各二人，皆紫服。奉禮郎率儀鸞局，設獻官以下及諸執事官版位，設三獻官版位於内壝西門之外道南，東向，以北爲上。次助奠位稍卻，次第一等至第三等分獻官，第四等、第五等分奠官，次郊祀令、太官令、良醞令、廩犧令、司尊罍，次郊祀丞、讀祝官、舉祝官、奉璧官、奉幣官、奉爵官、太祝、盥洗官、爵洗官巾、篚官、祝史，次齋郎，位于其後。每等異位重行，俱東向，北上。攝司徒位于内壝東門之外道南，與亞獻相對。次太常禮儀使、光禄卿、同知太常禮儀院事、太史令、分獻分奠官、僉太常禮儀院事、供衛直都指揮使、太常禮儀院同僉院判、光禄丞，位於其南，皆西向，北上。監察御史二位，一位在内壝西門之外道北，東向；一位在内壝東門之外道北，西向。博士二位，各次御史，以北爲上。設奉禮郎位于壇上稍南，午陛之東，西向；司尊罍位于尊所，北向。又設望燎位于燎壇之北，南向。設牲榜于外壝東門之外，稍南，西向；太祝、祝史位于牲後，俱西向。設省牲位于牲北；太常禮儀使、光禄卿、太官令、光禄丞、太官丞位于其北，太官令以下位皆少卻。監祭、監禮位在太常禮儀使之西，稍卻，南向。廩犧令位於牲西南，北向。又設省饌殿之南。太常禮儀使、光禄卿丞、太官令丞位在東，西向；監祭、監禮位在西，東向；俱北上。祠祭局設正配三位，各左十有二籩，右十有二豆，俱爲四行。登三，鉶三，簠簋各二，在籩豆間。登居神前，鉶又居前，簠左、簋右，居鉶前，皆藉以席。設牲首俎一，居中；牛羊豕俎七，次之。香案一，沙池、爵坫各一，居俎前。祝案一，設於神座之右。又設天地二位各太尊二、著尊二、犧尊二、山罍二於壇上東南，俱北向，西上。又設配位著尊一、犧尊二、象尊二、山罍二在二尊所之東，皆有坫，加勺冪，惟玄酒有冪無勺，以北爲上。馬湩三器，各設於尊所之首，加冪勺。又設玉幣篚二於尊所西，以北爲上。又設正位象尊二、壺尊二、山罍四于壇下午陛之西。又設地祇尊罍，與王位同，於午陛之東，皆北向，西上。又設配位犧尊二、壺尊二、山罍四在酉陛之北，東向，北上，皆有坫、冪，不加勺，設而不酌。又設第一等九位各左八籩，右八豆，登一，在籩豆間，簠、簋、各一，在登前，俎一，爵、坫各一在簠、簋前。每位太尊二、著尊二，於神之左，皆有坫，加勺、冪，沙池、玉幣篚各一。又設第二等諸神每位籩二，豆二，簠、簋各一，登一，俎一，於神座前。每陛間象尊二，爵、坫、沙池、幣篚各一，於神中央之座首。又設第三等諸神，每位籩、豆、簠、簋各一，俎一，於神座前。每陛間設壺尊一，爵尊二，爵、坫、沙池、幣篚各一，於神中央之座首。又設內壝內諸神，每位籩、豆各一，簠、簋各一，於神座前。每道間槩尊二，爵、坫、沙池、幣篚各一，於神中央之座首。又設內壝外衆星三百六十位，每位籩、豆、簠、簋、俎各一，於神座前。每道間散尊二，爵、坫、沙池、幣篚各一，於神中央之座前。自第一等以下，皆用匏爵洗滌訖，置於坫上。又設正配位各籩一，豆一，簠一，簋一，俎四，及毛血豆各一，牲首盤一。并第一等神位，每位俎二，於饌殿內。又設盥洗、爵洗於壇下，卯陛之東，北向，罍在洗東加勺，篚在洗西南肆，實以巾，爵洗之篚實以匏，爵加坫。又設第一等分獻官盥洗、爵洗位，第二等以下分獻官盥洗位，各於陛道之左，罍在洗左，篚在洗右，俱內向。凡司尊罍篚位，各于其後。

五曰省牲器，見親祀儀。

六曰習儀，見親祀儀。

七曰奠玉幣。祀日丑前五刻，太常卿率其屬，設椽燭於神座四隅，仍明壇上下燭、內外粆燎。太史令、郊祀令各服其服，陞，設昊天上帝神座，藁秸、席褥如前。執事者陳玉幣於篚，置於尊所。禮部尚書設祝版於案。光禄卿率其屬入實籩、豆、簠、簋。籩四行，以右爲上。第一行魚鱐在前，糗餌、粉餈次之。第二行乾棗在前，乾橑、形鹽次之。第三行鹿脯在前，榛實、乾桃次之。第四行菱在前，芡、栗次之。豆四行，以左爲上。第一行芹菹在前，筍菹、葵菹次之。第二行菁菹在前，韭菹、飽食次之。第三行魚醢在前，兎醢、豚拍次之。第四行鹿臡在前，醓醢、糝食次之。簠實以稻、粱，簋實以黍、稷，登實以大羹。良醞令率其屬入實尊、罍。太尊實以泛齊，著尊醴齊，犧尊盎齊，象尊醍齊，壺尊沈齊，山罍爲下尊，實以玄酒；其酒、齊皆以尚醴酒代之。太官丞設革囊馬湩于尊所。祠祭局以銀盒貯香，同瓦鼎設於案。司香官一員立於壇上。祝史以牲首盤，設於壇上。獻官以下執事官，各服其服，就次所，會于齊班幕。拱衛直都指揮使率控鶴，各服其服，擎執儀仗，分立于外壝内東西，諸執事位之後，拱衛使亦就位。大樂令率工人二舞，自南壝東偏門以次入，就壇上下位。奉禮郎先入就位。禮直官分引監察御史、監禮博士、郊祀令、太官令、良醞令、廩犧令、司尊罍、太官丞、讀祝官、舉祝官、奉玉幣官、太祝、祝史、奉爵官、盥爵洗官、巾篚官、齋郎，自南壝東偏門入，就位。禮直官引監祭、監禮，按視壇之上下祭器，糾察不如儀者。及其按視也，太祝先徹去蓋冪，按視訖，禮直官引監祭、監禮退復位。奉禮郎贊

「再拜」，禮直官承傳曰「拜」，監祭禮以下皆再拜。奉禮郎贊曰「各就位」，太官令率齋郎以次出詣饌殿，俟立於南壝門外。禮直官分引三獻官、司徒、助奠官、太常禮儀院使、光禄卿、太史令、太常禮儀院同知僉院、同僉、院判、光禄丞，自南壝東偏門，經樂縣内入就位。禮直官進太尉之左，贊曰「有司謹具，請行事」，退復位。宫縣樂作降神《天成》之曲六成，内圜鐘宫三成，黄鐘角、大簇徵、姑洗羽各一成。文舞《崇德》之舞。初樂作，協律郎跪，俛伏舉麾，興，工鼓柷，偃麾，戛敔而樂止。凡樂作、樂止，皆倣此。禮直官引太常禮儀院使率祝史，自卯陛陞壇，奉牲首降自午陛，由南壝正門經宫縣内，詣燎壇北，南向立。祝史奉牲首陞自南陛，置於户内柴上。東西執炬者以火燎柴，升烟燔牲首訖，禮直官引太常禮儀院使、祝史捧盤血，詣坎位瘞之。禮直官引太常禮儀院使、祝史各復位。奉禮郎贊「再拜」，禮直官承傳曰「拜」，太尉以下皆再拜訖，其先拜者不拜。執事者取玉幣於篚，立於尊所。禮直官引太尉詣盥洗位，宫縣樂奏黄鐘宫《隆成》之曲，至位北向立，樂止。搢笏、盥手、帨手訖，執笏詣壇，陞自午陛。登歌樂作大吕宫《隆成》之曲，至壇上，樂止。詣正位神座前，北向立，宫縣樂奏黄鐘宫《欽成》之曲，搢笏跪搢，三上香。執事者加璧於幣，西向跪，以授太尉，太尉受玉幣奠於正位神座前，執笏，俛伏，興，少退立，再拜訖，樂止。次詣皇地祇位，奠獻如上儀。次詣配位神主前，奠幣如上儀。降自午陛，登歌樂作，如升壇之曲，至位樂止。祝史奉毛血豆，入自南壝門詣壇，陞自午陛。諸太祝迎取於壇上，俱跪奠於神座前，執笏，俛伏，興，退立於尊所。

至大三年大祀，奠玉幣儀與前少異，今存之以備互考。祀日丑前五刻，設壇上及第一等神位，陳其玉幣及明燭，實籩、豆、尊、罍。樂工各入就位畢。奏禮郎先入就位。禮直官分引分獻官、監祭御史、監禮博士、諸執事、太祝、祝史、齋郎，入自中壝東偏門，當壇南重行西上，北向立定。奉禮郎贊曰「再拜」，分獻官以下皆再拜訖，奉禮贊曰「各就位」。禮直官引子丑寅卯辰巳陛道分獻官，詣版位，西向立，北上；午未申酉戌亥陛道分獻官，詣版位，東向立，北上。禮直官分引監祭禮點視陳設，按視壇之上下，糾察不如儀者，退復位。太史令率齋郎出俟。禮直官引三獻官并助奠等官入就位，東向立，司徒西向立。禮直官贊曰「有司謹具，請行事」，降神六成樂止。太常禮儀使率祝、史二員，捧馬首詣燎壇，升烟訖，復位。奉禮郎贊曰「再拜」，「三獻」，司徒等皆再拜訖，奉禮郎贊曰「諸執事者各就位」，立定。禮直官請初獻官詣盥洗位，樂作，至位，樂止。盥畢詣壇，樂作，陞自卯陛，至壇，樂止。詣正位神座前，北向立，樂作，搢笏跪，太祝加玉於幣，西向跪以授初獻，初獻受玉幣奠訖，執笏俛伏，興，再拜訖，樂止。次詣配位神座前立，樂作，奠玉幣如上儀，樂止。降自卯陛，樂作，復位，樂止。初獻將奠正位之幣，禮直官分引第一等分獻官詣盥洗位，盥畢，執笏各由其陛陞，詣各神位前，搢笏跪，太祝以玉幣授分獻官，奠訖，俛伏，興，再拜訖，還位。初，第一等分獻官將陞，禮直官分引第二等内壝内、内壝外分獻官盥畢，盥洗官俱從至酌尊所立定，各由其陛道詣各神首位前奠，並如上儀。退立酌尊所，伺候終獻酌奠，詣各神首位前酌奠。祝史奉正位毛血豆由午陛陞，配位毛血豆由卯陛陞，太祝迎於壇上，進奠於正配位神座前，太祝與祝史俱退於尊所。

八曰進熟。太尉既陞奠玉幣，太官令丞率進饌齋郎詣廚，以牲體設於盤，馬牛羊豕鹿各五盤，宰割體段，並用國禮。各對舉以行至饌殿，俟光禄卿出實籩、豆、簠、簋。籩以粉餈，豆以糝食，簠以粱，簋以稷。齋郎上四員，奉籩、豆、簠、簋者前行，舉盤者次之。各奉正配位之饌，以序立於南壝門之外，俟禮直官引司徒出詣饌殿，齋郎各奉以序從司徒入自南壝正門。配位之饌，入自偏門。宮縣樂奏黄鐘宮《寧成》之曲，至壇下，俟祝史進徹毛血豆訖，降自卯陛以出。司徒引齋郎奉正位饌詣壇，陞自午陛。太史令丞率齋郎奉配位及第一等之饌，陞自卯陛，立定。奉禮贊諸太祝迎饌，諸太祝迎于壇陛之間，齋郎各跪奠于神座前。設籩于糗餌之前，豆於醓醢之前，簠於稻前，簋於黍前。又奠牲體盤于俎上，齋郎出笏，俛伏，興。退立定，樂止。禮直官引司徒降自卯陛。太官令率齋郎從司徒亦降自卯陛，各復位。其第一等至内壝外之饌，有司陳設。禮直官贊，太祝搢笏，立茅苴於沙池，出笏，俛伏，興，退立于本位。禮直官引太尉詣盥洗位，宮縣樂作，奏黄鐘宮《隆成》之曲，至位北向立，樂止。搢笏、盥手、帨手訖，出笏詣爵洗位，北向立。搢笏，執事者奉匏爵以授太尉，太尉洗爵、拭爵訖，以爵授執事者。太尉出笏，詣壇，陞自午陛，一作卯陛。登歌樂作，奏黄鐘宮《明成》之曲，至壇上，樂止。詣酌尊所，西向立，搢笏，執事者以爵授太尉，太尉執爵，司尊罍舉冪，良醖令酌太尊之泛齊。凡舉冪、酌酒皆跪，以爵授執事者。太尉出笏，詣正位神座前，北向立，宮縣樂作，奏黄鐘宮《明成》之曲，文舞《崇德》之舞。太尉搢笏跪，三上香。執事者以爵授太尉，太尉執爵三祭酒於茅苴，以爵授執事者，執事者奉爵退，詣尊所。太官丞傾馬湩于爵，跪授太尉，亦三祭於茅苴，復以爵授執事者，執事者受虚爵以興。太尉出笏，俛伏，興，少退，北向立，樂止。舉祝官搢笏跪，對舉祝版，讀祝官搢笏跪，讀祝文。讀訖，舉祝官奠版于案，出笏興，讀祝官出笏，俛伏，興，宮縣樂奏如前曲。舉祝、讀祝官俱先詣皇地祇位前，北向立。太尉再拜訖，樂止。次詣皇地祇位，並如上儀，惟樂奏大吕宮。次詣配位，並如上儀，惟樂奏黄鐘宮，降自午陛，一作卯陛。登歌樂作如前降神之曲，至位，樂止。讀祝、舉祝官降自卯陛，復位。文舞退，武舞進，宮縣樂作，奏黄鐘宮《和成》之曲，立定，樂止。禮直官引亞獻官詣盥洗位，北向立。搢笏、盥手、帨手訖，出笏詣爵洗位，北向立。搢笏、執爵、洗爵、拭爵，以爵授執事者。出笏詣壇，陞自卯陛，至壇上酌尊所，東向一作西向。立。搢笏授爵執爵，司尊罍舉冪，良醖令酌著尊之醴齊，以爵授執事者。出笏，詣正位神座前，北向立。宮縣樂奏黄鐘宮《熙成》之曲，武舞《定功》之舞。搢笏跪，三上香，授爵執爵，三祭酒於茅苴，復祭馬湩如前儀，以爵授執事者。出笏，俛伏，興，少退立，再拜訖，次詣皇地祇位、配位，並如上儀訖，樂止，降自卯陛，復位。禮直官引終獻官詣盥洗位。盥手、帨手訖，詣爵洗位，授爵執爵，洗爵拭爵，以爵授執事者。出笏，陞自卯陛，至酌尊所，搢笏授爵執爵，良醖令酌犧尊之盎齊，以爵授執事者。出笏，詣正位神座前，北向立。宮縣樂作，奏黄鐘宮《熙成》之曲，武舞《定功》之舞。上香、祭酒、馬湩，並如亞獻之儀，降自卯陛。初終獻將陞壇時，禮直官分引第一等分獻官詣盥洗位，搢笏、盥手、帨手、滌爵、拭爵訖，以爵授執事者。出笏，各由其陛詣酌尊所，搢笏，執事者以爵授分獻官，執爵，酌太尊之泛齊，以爵授執事者。各詣諸神位前搢笏跪，三上香、三祭酒訖，出笏，俛伏，興，少退，再拜興，降復位。第一等分獻官將陞壇時，禮直官引第二等、第三等、内壝内、内壝外衆星位分獻官，各詣盥洗位，搢笏、盥手、帨手，酌奠如上儀訖，禮直官各引獻官復位，諸執事者皆退復位。禮直官贊太祝徹籩豆。登歌樂作大吕宮《寧成》之曲，太祝跪以籩豆各一，少移故處，卒徹，出笏，俛伏，興，樂止。奉禮郎贊曰「賜胙」，衆官再拜，禮直官承傳曰「拜」，在位者皆再拜，平，立定。送神宮縣樂作，奏圜鐘宮《天成》之曲一成止。

九曰望燎。禮直官引太尉，亞獻助奠一員，太常禮儀院使，監祭、監禮各一員等，詣望燎位。又引司徒，終獻助奠、監祭、監禮各一員，及太常禮儀院使等官，詣望瘞位。樂作，奏黄鐘宫《隆成》之曲，至位，南向立，樂止。上下諸執事各執篚進神座前，取燔玉及幣祝版。日月已上，齋郎以俎載牲體黍稷，各由其陛降，南行，經宫縣樂，出東，詣燎壇。陞自南陛，以玉幣、祝版，饌食致於柴上户内。諸執事又以内官以下之禮幣，皆從燎。禮直官贊曰「可燎」，東西執炬者以炬燎火半柴。執事者亦以地祇之玉幣、祝版、牲體、黍稷詣瘞坎。焚瘞畢，禮直官引太尉以下官以次由南壝東偏門出，禮直官引監祭、監禮、奉玉幣官、太祝、祝史、齋郎俱復壇南，北向立。奉禮郎贊曰「再拜」，禮直官承傳曰「拜」，監祭、監禮以下皆再拜訖，各退出。太樂令率工人二舞以次出。禮直官引太尉以下諸執事官至齊班幕前立，禮直官贊曰「禮畢」，衆官員揖畢，各退于次。太尉等官、太常禮儀院使、監禮展視胙肉酒醴，奉進闕庭，餘官各退。

祭告三獻儀，大德十一年所定。告前三日，三獻官、諸執事官，具公服赴中書省受誓戒。前一日未正二刻，省牲器。告日質明，三獻官以下諸執事官，各具法服。禮直官引監祭禮以下諸執事官，先入就位，立定。監祭禮點視陳設畢，復位，立定。太官令率齋郎出，禮直官引三獻司徒、太常禮儀院使、光禄卿入就位，立定。禮直官贊曰「有司謹具，請行事」，降神樂作，六成止。太常禮儀院使燔牲首，復位，立定。奉禮贊三獻以下皆再拜，就位。禮直官引初獻詣盥洗位，盥手訖，陞壇詣昊天上帝位前，北向立。搢笏跪，三上香，奠玉幣，出笏，俛伏，興，再拜訖，降復位。禮直官引初獻詣盥洗位，盥手訖，詣爵洗位，洗拭爵訖，詣酒尊所，酌酒訖，請詣昊天上帝神位前，北向，搢笏跪，三上香，執爵三祭酒於茅苴，出笏，俛伏，興，俟讀祝訖，再拜，平立。請詣皇地祇酒尊所。酌獻並如上儀，俱畢，復位。禮直官引亞獻，並如初獻之儀，惟不讀祝，降復位。禮直官引終獻，並如亞獻之儀，降復位。奉禮贊「賜胙」，衆官再拜，在位者皆再拜。禮直官引三獻司徒、太常卿、光禄卿、監祭禮等官，請詣望燎位，南向立定，俟燎玉幣祝版。禮直官贊「可燎」，禮畢。

祭告一獻儀，至元十二年所定。告前二日，郊祀令掃除壇壝内外，翰林國史院學士撰寫祝文。前一日，告官等各公服捧祝版，進請御署訖，同御香上尊酒如常儀，迎至祠所齋宿。告日質明前三刻，禮直官引郊祀令率其屬詣壇，鋪筵陳設如儀。禮直官二員引告官等各具紫服，以次就位，東向立定。禮直官稍前曰「有司謹具，請行事」，贊者曰「鞠躬」，曰「拜」，曰「興」，曰「拜」，曰「興」，曰「平身」。禮直官先引執事官各就位，次詣告官前曰「請詣盥爵洗位」。至位，北向立，曰「搢笏」，曰「盥手」，曰「帨手」，曰「洗爵」，曰「拭爵」，曰「出笏」，曰「詣酒尊所」，曰「搢笏」，曰「執爵」，曰「司尊者舉冪」，曰「酌酒」。良醞令酌酒，曰「以爵授執事者」，告官以爵授執事者。曰「出笏」，曰「詣昊天上帝、皇地祇神位前」。北向立，曰「稍前」，曰「搢笏」，曰「跪」，曰「上香」，曰「上香」，曰「三上香」，曰「祭酒」，曰「祭酒」，曰「三祭酒」，曰「以爵授捧爵官」，曰「出笏」，曰「俛伏，興」，曰「舉祝官跪」，曰「舉祝」，曰「讀祝官跪」，曰「讀祝」。讀訖，曰「舉祝官奠祝版於案」，曰「俛伏，興」。告官再拜，曰「鞠躬」，曰「拜」，曰「興」，曰「拜」，曰「興」，曰「平身」，引告官以下降復位。禮直官贊曰「再拜」，曰「鞠躬」，曰「拜」，曰「興」，曰「拜」，曰「興」，曰「平身」，曰「詣望燎位」，燔祝版半燎，告官以下皆退。瘞之其坎於祭所壬地，方深足以容物。

新元史卷之八十四　志第五十一

禮志四

宗廟上

宗廟祭享之禮，割牲、奠馬湩，以巫祝致辭，蓋蒙古舊俗也。世祖中統元年秋七月丁丑，設神位于中書省，用登歌樂，遣必闍赤致祭焉。必闍赤，譯言典書記者。十二月，初命製太廟祭器，法服。二年九月庚申朔，徙中書省，奉遷神主於聖安寺。辛巳，藏于瑞像殿。三年十二月癸亥，即中書省備三獻官，大禮使司徒攝祀事。禮畢，神主復藏瑞像殿。四年三月癸卯，詔建太廟于燕京。十一月丙戌，仍寓祀事於中書省，以親王合丹、塔察兒、王磐、張文謙攝事。

至元元年冬十月，奉安神主於太廟，初定太廟七室之制。皇祖、皇祖妣第一室，皇伯考、伯妣第二室，皇考、皇妣第三室，皇伯考、伯妣第四室，皇伯考、伯妣第五室，皇兄、皇后第六室，皇兄、皇后第七室。凡室以西爲上，以次而東。二年九月，初命滌養犧牲，取大樂工於東平，習禮儀。冬十月己卯，享于太廟，尊皇祖爲太祖。三年秋九月，始作八室神主，設祏室。冬十月，太廟成。丞相安童、伯顏言：「祖宗世數、尊謚廟號、配享功臣、增祀四世、各廟神主、七祀神位、法服祭器等事，皆宜以時定。」乃命平章政事趙璧等集議，上尊謚廟號，定爲八室。烈祖神元皇帝、皇曾祖妣宣懿皇后第一室，太祖聖武皇帝、皇祖妣光獻皇后第二室，太宗英文皇帝、皇伯妣昭慈皇后第三室，皇伯朮赤、皇伯妣別土出迷失第四室，皇伯考察合台、皇伯妣也速倫第三室、第四室皇伯考、妣，舊列皇考、妣之後，今更易。第五室，皇考睿宗景襄皇帝、皇妣莊聖皇后第六室，定宗簡平皇帝、欽淑皇后第七室，憲宗桓肅皇帝、貞節皇后第八室。十一月戊申，奉安神主于祏室，歲用冬，祀如初禮。

四年二月，初定一歲十二月薦新時物。六年冬，時享畢，十二月，命國師僧薦佛事于太廟七晝夜，始造木質金表牌位十有六，設大榻金椅奉安祏室前，爲太廟薦佛事之始。七年十月癸酉，勑宗廟祝文書以國字。來年，太廟牲牢勿用豢豕，以野豬代之，果品勿市，取之内園。八年八月，太廟殿柱朽。從張易言，告于列室而後修，奉遷栗主金牌位與舊神主于饌幕殿，工畢奉安。自是修廟皆如之。丙子，勑冬享勿用犧牛。

十二年五月，檢討張謙言：「昔者因修太廟，奉遷金牌位於饌幕殿，設金椅，其栗主與舊主牌位各存箱内，安置金椅下，禮有非宜。今擬金牌位遷于八室，其祏室栗主與舊主牌位，宜用綵輿遷納，置箱内爲宜。」七月，修太廟，將遷神主別殿，遣官告祭。九月丁丑，勑太廟牲復用牛。十月己未，遷金牌位于八室。太祝兼奉禮郎申屠致遠言：「竊見木主既成，又有金牌位，其日月山神主及中統初中書設祭神主，奉安無所。」博士議曰：「合存祏室栗主，舊置神主牌位，俱可隨時埋瘞。」太常少卿以聞，詔曰：「其與張仲謙諸老臣議行之。」十三年正月，以平宋，遣官告祭祖宗於上都之近郊。八月，以銅爵一、豆一獻於太廟。九月丙申，薦佛事于太廟，命即佛事處大祭。己亥，享于太廟，加薦羊、鹿、野豕。是歲，改作金主，太祖主曰「成吉思皇帝」，睿宗題曰「太上皇也可那顏」，皇后皆題名諱。

十四年正月，以白玉、碧玉、水晶爵六獻於太廟。八月乙丑，詔建太廟于大都。十五年五月，太常卿還自上都，議廟制，據博士言同堂異室非禮，以古今廟制畫圖貼説，令博士李天麟齎往上都，分議可否以聞：

一曰都宮別殿，七廟、九廟之制。《祭法》曰：「天子立七廟，三昭三穆，與太祖之廟而七。」諸侯、大夫、士降殺以兩。晉博士孫毓以謂：「外爲都宮，内各有寢廟，別有門垣。太祖在北，左昭右穆，以次而南。」是也。前廟後寢者，以象人君之居，前有廟而後有寢也。廟以藏主，以四時祭；寢有衣冠几杖象生之具，以薦新物。天子太祖百世不遷，宗亦百世不遷； 高祖以上，親盡則遞遷。 昭常爲昭，穆常爲穆，同爲都宮，則昭常在左，穆常在右，而外有以不失其序。 一世自爲一廟，則昭不見穆，穆不見昭，而内有以各全其尊。 必祫享而會於太祖之廟，然後序其尊卑之次。 蓋父子異宮，祖禰異廟，所以成「事亡如事存」之義。 然漢儒論七廟、九廟之數，其説有二。 韋玄成等以謂周之所以七廟者，以后稷始封，文王、武王受命而王，是以三廟不毁，與親廟四而七也。 如劉歆之説，則周自武王克商，以后稷爲太祖，即增立高圉、亞圉二廟於公叔、太王、王季、文王二昭二穆之上，已爲七廟矣。 至懿王時，始立文世室於三穆之上，至孝王時，始立武世室於三昭之上，是爲九廟矣。 然先儒多是劉歆之説。

二曰同堂異室之制。 後漢明帝遵儉自抑，遺詔無起寢廟，但藏其主於光武廟中更衣別室。 其後章帝又復如之，後世遂不敢加。 而公私之廟，皆用同堂異室之制。 先儒朱熹以謂至使太祖之位，下同孫子，而更僻處於一隅，無以見爲七廟之尊； 羣廟之神，則又上厭祖考，不得自爲一廟之主。 以人情論之，生居九重，窮極壯麗，而設祭一室，不過尋丈，甚或無地以容鼎俎，而陰損其數，子孫之心，於此宜亦有所不安矣。 且命士以上，其父子婦姑，猶且異處，謹尊卑之序，不相褻瀆。 况天子貴爲一人，富有四海，而祖宗神位數世同處一堂，有失人子「事亡如事存」之意矣。

是年，太廟常設牢醴外，益以羊、鹿、豖、蒲萄酒。勑常德府歲貢苞茅。

十六年八月丁酉，以江南所獲玉爵及坫四十九事，納于太廟。十七年十二月甲申，告遷于太廟。癸巳，承旨和禮霍孫，太常卿太出、禿忽思等，以祏室内栗主八位併日月山牌位、聖安寺木主俱遷。甲午，和禮霍孫、太常卿撒里蠻率百官奉安太祖、睿宗二室金主於新廟，遂大享焉。乙未，毁舊廟。

十八年二月，博士李時衍等議：「歷代廟制，俱各不同。欲尊祖宗，當從都宫别殿之制；欲崇儉約，當從同堂異室之制。」三月十一日，尚書段那海及太常禮官奏曰：「始議七廟，除正殿、寢殿、正門、東西門已建外，東西六廟不須更造，餘依太常寺新圖建之。」遂爲前廟、後寢，廟分七室。

是時，東平人趙天麟獻《太平金鏡策》，其議宗廟之制曰：「天子立七廟，在都城内之東南。太祖中位乎北，三昭在東，三穆在西。廟皆南向，主皆東向。都宫周於外，以合之牆，宇建於内，以别之門。堂、室、寢一一分方庭砌堂，除區區異地。山節藻棁，以示崇高；重簷列楹，以示嚴肅；斲礱其桷，以示麗而不奢；覆之用茅，以示儉而有節。此廟之制度也。祖功宗德，百世不易。親盡之廟，因親而祧。祧舊主於太祖之夾室，祔新主於南廟之室中。昭以取其向明，而自班乎昭〔一〕；穆以取其深遠，而常從其穆。穆祔而昭不動，昭祔而穆不遷。二世祧，則四世遷於二室，六世遷於四世，以八世祔昭之南廟。三世祧，則五世遷於三世，七世遷於五世，以九世祔穆之南廟。孫以子祔於祖，父孫可以爲王，父尸由其昭穆之同，非有尊卑之辨。故祧主既藏，祫則出，餘則否，祔廟貴新。易其簷，改其塗，此廟之祧祔也。散齋七日，致齋三日，牲牷肥腯，旨酒嘉栗，粢盛豐潔，器皿具備，祠宜羔豚膳膏，薌禴宜腒鱐膳膏，臊嘗宜犢麛膳膏，腥烝宜鱻羽膳膏。羶設守祧所掌之遺衣，陳奕世遞傳之宗器。王后及賓，禮成九獻，辟公卿士，奔執豆籩，此廟之時祭也。太祖廟主尋常東面，移昭南穆北而合食，就已毀未毀而制禮。四時皆陳，未毀而祭之，五年兼已毀而祭之，此廟之祫祭也。三年大祭，祭祖之所自出，以始祖配之，此廟之禘祭也。」其言皆援據古禮。世祖雖善其言，而不能盡用云。

二十一年三月丁卯，太廟正殿成，奉安神主。二十二年十二月丁未，皇太子薨。太常博士與中書翰林諸老臣議，宜加謚，立別廟奉祀。遂謚曰明孝太子，作金主。是月，丹太廟楹。二十三年九月，以太廟雨壞，遣官致告，奉安神主於別殿。二十五年五月，奉安神主於太廟。是年冬享，制用白馬一。三十年十月朔，皇太子祔于太廟。

三十一年，成宗即位，追尊皇考明孝太子爲皇帝，廟號裕宗。元貞元年冬十月癸卯，有事于太廟。中書省臣言：「去歲世祖、皇后、裕宗祔廟，以綾代玉册。今玉册、玉寶成，請納諸各室。」帝曰：「親饗之禮，祖宗未嘗行之。其奉册以來，朕躬祝之。」命獻官迎導入廟。大德元年十一月，太保月赤察兒等奏請廟享增用馬，制可。二年正月，特祭太廟，用馬一、牛一。羊、鹿、野豕、天鵝各七，餘品如舊，是爲特祭之始。四年八月，以皇妣、皇后祔。六年五月戊申，太廟寢殿災。

十一年，武宗即位，追尊皇考爲皇帝，廟號順宗。太祖室居中，睿宗西第一室，世祖西第二室，裕宗西第三室，順宗東第一室，成宗東第二室。追尊先元妃爲皇后，祔成宗室。睿宗、裕宗、順宗並未踐大位，入廟稱宗，而黜太宗、定宗、憲宗不在六室之列，又躋順宗於成宗之上，皆失禮之甚者也。

至大二年春正月乙未，以受尊號，恭謝太廟，是爲親祀之始。十月，以將加謚太祖、睿宗，擇日請太祖、睿宗尊謚于天，擇日請光獻皇后、莊聖皇后尊謚於廟，改金主，題寫尊謚廟號。十二月乙卯，親享太廟。奉玉册、玉寶。加上太祖聖武皇帝尊謚曰法天啟運，廟號太祖，光獻皇后曰翼聖。加上睿宗景襄皇帝曰仁聖，廟號睿宗，莊聖皇后曰顯懿。其舊主以櫝貯兩旁，自是主皆範金作之。先是，太廟皆遣官行事，帝復欲如之。大司徒李邦寧諫曰：「先朝非不欲親致享祀，誠以疾廢禮耳。今逢繼成之初，正宜開彰孝道，以率天下，躬祀太室，以成一代之典。循習故事，非臣所知也。」帝曰：「善。」即日備法駕宿齋宮，且命邦寧爲大司徒。三年，丞相三寶奴等言：「太祖祠祭用瓦尊，乞代以銀。」從之。四年閏七月，奉武宗神主，祔於太廟。

延祐七年六月，新作太祖幄殿。八月，祔仁宗及莊懿慈聖皇后於太廟。時議仁宗升祔，增置廟室。太常禮儀院下博士檢討歷代典故，移書禮部、中書集議曰：「古者天子祭七代，兄弟同爲一代，廟室皆有神主，增置廟室。」又議：「大行皇帝升祔太廟，七室皆有神主，增室不及。依前代典故，權於廟内止設幄座，面南奉安。今相視得第七室近南對室地位，東西一丈五尺，除設幄座外，餘五尺，不妨行禮。」乃結綵爲殿，置武宗室南，權奉神主焉。十月戊子，英宗將以四時躬祀太廟，命太常禮官與中書、翰林、集賢等官集議，帝覽其禮制曰：「此追遠報本之道也，毋以朕勞而有所損，其一遵典禮。」丙寅，中書以躬謝太廟儀注進。十一月丙子朔，帝御齋宫。丁丑，備法駕儀衛，躬謝太廟，至櫺星門駕止，有司進輦不御，步至大次，服衮冕端拱以竢。禮儀使請署祝，帝降御座正立書名。及讀祝，敕高贊御名。至仁宗室，輒歔欷流涕，左右莫不感動。退至西神門，殿中監受圭，出降没階乃授圭。甲辰，太常進時享太廟儀式。

至治元年正月乙酉，始命於太廟垣西北建大次殿。丙戌，始以四孟月時享，親祀太室。禮成，坐北建大次殿。丙戌，始以四孟月時享，親祀太室。帝服衮冕，以左丞相拜住亞獻，知樞密院事曲紐終獻。禮成，坐大次，謂羣臣曰：「朕纘承祖宗丕緒，夙夜祇慄，無以報稱，歲惟四祀，使人代之，不能致如在之誠，實所未安。自今以始，歲必親祀，以終朕身。」五月，中書省臣言：「以廟制事，集御史臺、翰林院、太常院臣議。謹按前代廟室，多寡不同。晉則兄弟同爲一室，正室增爲十四間。東西各一間。唐九廟，後增爲十一室。宋增室至十八，東西夾室各一間，以藏祧主。今太廟雖分八室，然兄弟爲世，止六世而已。世祖所建前廟後寢，往歲寢殿災。請以今殿爲寢，別作前廟十五間，中三間通爲一室，以奉太祖神主，餘以次爲室，庶幾情文得宜。謹上太常廟制。」帝曰：「善，期以來歲營之。」十二月，以受尊號，宜謝太廟。拜住言：「世祖議行一獻禮，武宗則躬行謝禮。」詔依武宗故事。

二年春正月丁丑，始陳鹵簿，親享太廟。丞相拜住奏建太廟前殿，議行祫禘配享之禮。三月二十三日，以新作太廟正殿，權止夏秋二祭。秋八月丙辰，太皇太后崩，太常院官奏：「國哀以日易月，旬有二日外，乃舉祀事。有司以十月戊辰，有事于太廟，取聖裁。」帝曰：「太廟禮不可廢，迎香去樂可也。」又言：「太廟興工未畢〔二〕，有妨陳宮縣樂，請止用登歌。」從之。

三年春三月戊申，祔昭獻元聖皇后於順宗室。夏四月六日，上都分省參議速速，以都堂旨，太廟夾室未有制度，再約臺院等官議定。博士議曰：「按《爾雅》曰『室有東西廂曰廟』，注：『夾室前堂。』同禮曰〔三〕『西夾南向』，注曰：『西廂夾室。』此東西夾室之正文也。賈公彦曰：『「室有東西廂曰廟」，其夾皆在序。』是則夾者，猶今耳房之類也。然其制度則未之聞。東晉太廟正室一十六間，東西儲各一間，共十有八。所謂儲者，非夾室與？唐貞觀故事，遷廟之主，藏於夾室西壁，南北三間。又宋哲宗亦嘗於東夾室奉安，後雖增建一室，其夾室仍舊。是唐、宋夾室，與諸室制度無大異也。五帝不相沿樂，三王不相襲禮。今廟制皆不合古，權宜一時。宜取今廟一十五間，南北六間，東西兩頭二間，準唐南北三間之制，壘至棟爲三間，壁以紅泥，以準東西序，南向爲門，如今室户之制，虚前以準廂，所謂夾室前堂也。雖未盡合於古，於今事爲宜。」六月，上都中書省以聞，帝從之。壬申，勅以太廟前殿十有五間，東西二間爲夾室，南向。秋七月辛卯，太廟落成。

已而國有大故，晉王即皇帝位。有司疑於昭穆之次，集羣臣議之。翰林學士吴澄議曰：「世祖混一天下，悉考古制，遵而用之。古者天子七廟，廟各有宫。太祖居中，左三廟爲昭，右三廟爲穆。神主各以次遞遷。其廟之宫，如今之中書六部。夫省部之設，仿於金、宋，豈宗廟次序，而不考古乎？」然有司急於行事，竟如舊次云。十二月戊辰，追尊皇考晉王爲皇帝，廟號顯宗，皇妣晉王妃爲皇后。庚午，盜入太廟，失仁宗及慈聖皇后神主。

壬申，重作仁廟二金主。丙午，御史趙成慶言：「太廟失神主，乃古今莫大之變。由太常禮官不恭厥職，宜正其罪，以謝宗廟，以安神靈。」制命中書定罪。泰定元年春正月甲午，奉安仁宗及慈聖皇后二神主。丁丑，御史宋本、趙成慶、李嘉賓言：「太廟失神主，已得旨，命中書定太常失守之罪。中書以爲事在太廟署令，而太常官屬居位如故。昔唐陵廟皆隸宗正，盜斫景陵門戟架，既貶陵令丞，而宗正卿亦皆貶黜。且神門戟架比之太廟神主，孰爲輕重？宜定其罪名，顯示黜罰，以懲不恪。」不報。

先是，博士劉致建議曰：

竊以禮莫大於宗廟。宗廟者天下國家之本，禮樂刑政之所自出也。唐、虞、三代而下，靡不由之。聖元龍興朔陲，積德累功，百有餘年，而宗廟未有一定之制。方聖天子繼統之初，定一代不刊之典，爲萬世法程，正在今日。周制：天子七廟，三昭、三穆，昭處於東，穆處於西，所以別父子親疎之序，而使不亂也。聖朝取唐、宋之制，定爲九世，遂以舊廟八室而爲六世，昭穆不分，父子並坐，不合《禮經》。新廟之制，一十五間，東西二間爲夾室，太祖室既居中，則唐、宋之制不可依，惟當以昭穆列之。父爲昭，子爲穆，則睿宗當居太祖之東，爲昭之第一世，世祖居西，爲穆之第一世。裕宗居東，爲昭之第二世，兄弟共爲一世，則成宗、順宗、顯宗三室皆當居西，爲穆之第二世。

武宗、仁宗二室皆當居東，爲昭之第三世。昭之后居左，穆之后居右，西以左爲上，東以右爲上也。苟或如此，則昭穆分明，秩然有序，不違《禮經》，可爲萬世法。若以累朝定制，依室次於新廟遷安，則顯宗躋順宗之上，順宗躋成宗之上。以禮言之，春秋閔公無子，庶兄僖公代立，其子文公遂躋僖公於閔公之上，史稱「逆祀」。及定公正其序，《書》曰「從祀先公」〔四〕。然僖公猶是有位之君，尚不可居故君之上，況未嘗正位者乎？國家雖曰以右爲尊，然古人所尚，或左或右，初無定制。古人右社稷而左宗廟，國家宗廟亦居東方。豈有建宗廟之方位既依《禮經》，而宗廟之昭穆反不應《禮經》乎？且如今朝賀或祭祀，宰相獻官分班而立，居西則尚左，居東則尚右。及行禮就位，則西者復尚右，東者復尚左矣。致職居博士，宗廟之事，所宜建明。然事大體重，宜從使院移書集議取旨。

四月辛巳，中書省臣言：「世祖皇帝始建太廟，太祖皇帝居中南向，睿宗、世祖、裕宗神主以次祔西室，順宗、成宗、武宗、仁宗以次祔東室。邇者集賢、翰林、太常諸臣言：『國朝建太廟遵古制。古尚左，今尊者居右爲少屈，非所以示後世。太祖皇帝居中南向，宜奉睿宗皇帝神主祔左一室，世祖祔右一室，裕宗祔睿宗室之左。顯宗、順宗、成宗兄弟也，以次祔世祖室之右。武宗、仁宗亦兄弟也，以祔裕宗室之左，英宗祔成宗室之右。』臣等以其議近是，謹繪室次爲圖以獻，惟陛下裁擇。」從之。五月戊戌，祔顯宗、英宗凡十室。

三年十二月，御史趙師魯以大禮未舉，言：「天子親祀郊廟，所以通精誠，迓福釐，生烝民，阜萬物，百王不易之禮也。宜講求故事，對越以格純嘏。」不報。四年，臺臣復以爲言，帝曰：「朕遵世祖舊制，其命大臣攝之。」

是年夏四月辛未，盜入太廟，失武宗神位及祭器，太常禮儀院官皆斥罷。壬申，重作武宗金主及祭器。甲午，奉安武宗神主。

致和元年正月，享太廟。御史鄒惟亨言：「時享太廟，三獻官舊皆勛戚大臣。而近以户部尚書爲亞獻，人既疏遠，禮難嚴肅。請仍舊制，以臺省院重臣爲亞獻。」從之。

天曆元年冬十月丁亥，毀顯宗室。詔時享改用仲月。十一月，帝宿齋服衮冕，享於太廟。

元統二年四月，親奉文宗神主祔於太廟，時寢廟未建，權於英宗室次結綵殿以奉安神主。御史臺言：「宜因升祔有事於太廟。」從之。是年，罷夏季時享。

後至元三年正月，祔寧宗神主於太廟。八月，京師地大震，太廟梁柱裂，各室牆壁盡壞，文宗神主及御牀皆碎。敕作文宗新主、玉册，依典禮祭告焉。十月，平章徹里帖木兒以星變，議減太廟四祭爲一，御史吕思誠等十九人劾之，不聽，竟罷冬享。自後二年、三年、四年一祭，以星變而減宗廟之祭享，其去恐懼修省之意遠矣。如徹里帖木兒者，宜科以擅議宗廟之罪，帝迺信用其言，何也？

至正三年，帝有事於南郊，告祭太廟。至寧宗室，問曰：「朕，寧宗兄也，當拜否？」太常博士劉聞對曰：「寧宗雖弟，其在位時，陛下爲之臣。春秋時，魯閔公，弟也，僖公，兄也。閔公先爲君，宗廟之祭，未聞僖公不拜。禮當拜。」從之。

十五年十月，以郊祀，命皇太子祭告太廟。二十年十二月詔：「太廟影堂祭祀，乃子孫報本之事。近以兵興歲歉，累朝四祭減爲春秋二祭，今宜復之。」然國事日棘，竟不能舉行舊典云。

六年六月，詔毁文宗室。是月，監察御史言：「嘗聞《五行傳》曰：『簡宗廟，廢祭祀，則水不潤下。』近年雨澤愆期，四方多旱，而歲減祀事，變更成憲，原其所致，恐有感召。欽惟國家四海乂安，百有餘年，列聖相承，典禮具備，莫不以孝治天下。古者宗廟四時之祭，皆天子親享，莫敢使有司攝也。蓋天子之職，莫大於禮，禮莫大於孝，孝莫大於祭。世祖皇帝自新都城，首建太廟，可謂知所本矣。《春秋》之法，國君即位，逾年改元，必行告廟之禮。伏自陛下即位以來，于今七年，未嘗躬詣太廟，似爲闕典。方今政化更新，並遵舊制，告廟之典，理宜親享。」時帝在上都，臺臣以聞，詔曰：「俟朕到大都行之。」

九月二十七日，中書省奏以十月初四日皇帝親祀太廟，制曰：「可。」前期，告示以太師、右丞相馬札兒台爲亞獻官，樞密知院阿魯禿爲終獻官，知院潑皮、翰林承旨老章爲助奠官，大司農愛牙赤爲七祀獻官，侍中二人，門下侍郎一人，大禮使一人，執劈正斧一人，禮儀使四人，餘各如故事。

凡大祭祀，尤貴馬湩。將有事，勑太僕寺挏馬官，奉尚飲者革囊盛送焉。其馬牲既與三牲同登于俎，而割奠之饌，復與籩豆俱設。將奠牲盤酹馬湩，則蒙古太祝升詣第一座，呼帝后神諱，以致祭年月日數、牲齋品物〔五〕，致其祝語。以次詣列室，皆如之。禮畢，則以割奠之餘，撒於南欞星門外，名曰抛撒茶飯。蓋以國禮行事，尤其所重也。

割奠之禮，初惟太常卿設之。桑哥爲初獻，乃有三獻等官同設之儀。博士議曰：「凡陳設祭品、實鐏罍等事，獻官皆不與也。獨此親設之，然後再升殿，恐非誠慤專一之道。且大禮使等官，尤非其職。」大樂署長言〔六〕：「割奠之禮，宜別撰樂章。」博士議曰：「三獻之禮，實依古制。若割肉，奠葡萄酒、馬湩，別撰樂章，是又成一獻也。」又議：「燔膋膟與今燒飯禮合，不可廢。形鹽、糗餌、粉餈、酏食、糝食，非古。雷鼓、路鼓、與播鼗之制不同。攝祀大禮使終夕豎立，無其義。」知禮者皆有取於其言。英宗初，博士又言：「今冬祭，即烝也，天子親祼太室〔七〕，功臣宜配享。」事亦弗果行。

廟制：至元十七年，新作于大都。前廟，後寢。正殿東西七間，南北五間，内分七室。殿陛二成三階。中曰泰階，西曰西階，東曰阼階。寢殿東西五間，南北三間，環以宫城，四隅重屋，號角樓。正南、正東、正西宫門三，門各五門，皆號神門，殿下道直東西神門曰横街，直南門曰通街，甓之。通街兩旁井二，皆覆以亭。宫城外，繚以崇垣。饌幕殿七間，在宫城南門之東，南向。齊班廳五間，在宫城之東南，西向。省饌殿一間，在東城東門少北，南向。初獻齋室，在宫城之東，東垣門内少北，西向。其南爲亞終獻、司徒、大禮使、助奠、七祀獻官等齋室，皆西向。雅樂庫在宫城西南，東向。法物庫、儀鸞庫在宫城之東北，皆南向。都監局在其東少南，西向。東垣之内，環築牆垣爲别院。内神廚局五間，在北，南向。井在神廚之東北，有亭。酒庫三間，在井亭南。西向。祠祭局三間，對神廚局，北向。院門西向。百官廚五間，在神廚院南，西向。宫城之南，復爲門，與中神門相值，左右連屋六十餘間，東掩齊班廚，西值雅樂庫，爲諸執事齋房。築崇墉以環其後，東西南開櫺星門三，門外馳道，抵齊化門之通衢。

至治元年，詔議增廣廟制。三年，别建大殿一十五間於今廟前，用今廟爲寢殿，中三間通爲一室，餘十間各爲一室，東西兩旁際牆各留一間，以爲夾室。室皆東西横闊二丈，南北入深六間，每間二丈。宫城南展後，鑿新井二於殿南，作亭。東南隅、西南隅角樓，南神門、東西神門，饌幕殿、省饌殿、獻官百執事齋室，中南門，齊班廳、雅樂庫、神廚、祠祭等局，皆南徙。建大次殿三間於宫城之西北，東西欞星門亦南徙。東西欞星門之内，鹵簿房四所，通五十間。

神主：至元三年，始命太保劉秉忠考古制爲之。高一尺二寸，上頂圜徑二寸八分，四厢合剡一寸一分。上下四方穿，中央通孔，徑九分，以光漆題尊謚於背上。匱趺底蓋俱方。底自下而上，蓋從上而下。底齊趺。方一尺，厚三寸。皆準元祐古尺圖。主及匱趺皆用栗木。匱趺並用元漆，設祏室以安奉。帝主用曲几，黄羅帕覆之。后主用直几，紅羅帕覆之。祏室，每室紅錦厚褥一，紫錦薄褥一，黄羅複帳一，龜背紅簾一，緣以黄羅帶飾。六年十二月十八日，國師奉旨造木質金表牌位十有六，亦號神主。設大榻金椅位，置祏室前。帝位於右，后位於左，題號其面，籠以銷金絳紗，其制如櫝。

祝有二：祝册：親祀用之。製以竹，每副二十有四簡，貫以紅絨絛。而用膠粉塗飾，背飾以絳金綺。藏以楠木縷金雲龍匣，塗金鎖鑰。韜以紅錦囊，蒙以銷金雲龍絳羅複。擬撰讀文、書祝、讀祝，皆翰林詞臣掌之。至大二年親祀，竹册長一尺二寸，廣一寸二分，厚三分。至治二年正月親祀，竹册八副，每册二十有四簡，長一尺一寸，廣一寸，厚一分二釐。

祝板：攝祀用之。製以楸木〔八〕，長二尺四寸，廣一尺二寸，厚一分。其面背飾以精潔楮紙。

祝文：至元時，享於太祖室，稱孝孫嗣皇帝臣某；睿宗室，稱孝子嗣皇帝臣某。天曆時，享自太祖至裕宗四室，皆稱孝曾孫嗣皇帝臣某；順宗室，稱孝孫嗣皇帝臣某；成宗至英宗三室，皆稱嗣皇帝臣某；武宗室，稱孝子嗣皇帝臣某。

幣：以白繒爲之，每段長一丈八尺。

牲齊庶品：大祀，馬一，用色純者，有副；牛一，其角握，其色赤，有副；羊，其色白；豕，其色黑；鹿。凡馬、牛、羊、豕、鹿牲體。每室七盤，單室五盤。太羹，每室三登，和羹，每室三鉶，籩之實，每室十有二品。豆之實，每室十有二品。凡祀，先期命貴臣率獵師取鮮獐鹿兔，以供脯臡醓醢。稻粱爲飯，每室二簠；黍稷爲飯，每室二簋。彝尊之實，每室十有一。明水玄酒，用陰鑑取水于月，與井水同，鬯用鬱金爲之。五齊三酒，醖於光禄寺。膟膋蕭蒿，至元十八年五月弗用，後遂廢。茅香以縮酒，至元十七年，始用沅州麻陽縣包茅。天鵝、野馬、塔剌不花、其狀如貛。野雞、鶬、黄羊、胡寨兒、其狀如鳩。湩乳、葡萄酒，以國禮割奠，皆列室用之。羊一，豕一，籩之實二栗、鹿脯，豆之實二菁菹、鹿臡。簠之實黍，簋之實稷，爵尊之實酒，皆七祀位各用之。薦新鮪、野彘，孟春用之。雁、天鵝，仲春用之。

葑韭、鴨雞卵，季春用之。冰、羔羊，孟夏用之。櫻桃，竹筍、蒲萄、羊，仲夏用之。瓜、豚、大麥飯、小麥麪，季夏用之。雛雞，孟秋用之。菱芡、栗、黄鼠，仲秋用之。梨、棗、黍、粱、鶖老，季秋用之。芝麻、兔、鹿、稻米飯，孟冬用之。麞、野馬，仲冬用之。鯉、黄羊、塔剌不花，季冬用之。至大元年春正月，皇太子言薦新增用影堂品物，羊羔、炙魚、饅頭、䭔子、西域湯餅、圜米粥、砂糖飯羹，每月用以配薦。

祭器：籩十有二，冪以青巾，巾繪綵雲。豆十有四，一實毛血，一實膟膋。登三，鉶三，有柶。簠二，簋二，有匕箸。俎七，以載牲體，皆有鼎。後以盤貯牲體，盤置俎上，鼎不用。香案一，銷金絳羅衣。銀香鼎一，銀香奩一，茅苴盤一，實以沙。已上並陳室内。燎爐一，實以炭。篚一，實以蕭蒿黍稷。祝案一，紫羅衣。置祝文于上，銷金絳羅覆之。雞彝一，有舟，鳥彝一，有舟，加勺；春夏用之。斝彝一，有舟；黄彝一，有舟，加勺；秋冬用之。虎彝一，有舟；蜼彝一，有舟，加勺；特祭用之。凡雞彝、斝彝、虎彝以實明水，鳥彝，黄彝、蜼彝以實鬯。犧尊二，象尊二，春夏用之。著尊二，壺尊二，秋冬用之。太尊二，山尊二，特祭用之。尊皆有坫勺，冪以白布巾，巾繪黼文。著尊二，山罍二，皆有坫加冪。已上並陳室外。壺尊二。太尊二，山罍四，皆有坫加冪，藉以莞席，並陳殿下，北向西上，設而不酌，每室皆同。通廊御香案一，銷金黄羅衣，銀香奩一，貯御祝香，銷金帕覆之，並陳殿中央。罍洗所罍二，洗二，一以供爵滌，一以供盥潔。篚二，實以璋瓚巾，塗金銀爵。七祀神位，籩二，豆二，簠一，簋一，俎一，爵一有坫，香案一，沙池一，壺尊二有坫加冪，七祀皆同。罍一、洗一、篚一，中統以來，雜金、宋祭器而用之。至治初，始造新器於江浙行省，其舊器悉置几閣。

【校勘記】

〔一〕「自班乎昭」，「自」字原脱，據本書卷一九三列傳第九十《趙天麟傳》補。

〔二〕「未畢」，原作「未必」，據《元史》卷七四志第二十五《祭祀三》改。

〔三〕「同禮」，《元史》卷七四志第二十五《祭祀三》同。按，所引文出《尚書·顧命》，疑當作「《周書》」，然《周禮注》中亦有引用，博士議所引或原作「《周禮》」。

〔四〕「從祀」，原作「從事」，《元史》卷七四志第二十五《祭祀三》同。據王圻《續文獻通考》卷一一一《宗廟考》及蘇天爵《國朝文類》卷一五引劉致《太廟室次議》改。

〔五〕「牲齋」，原作「牲齊」，《元史》卷七四志第二十五《祭祀三》、《續文獻通考》卷八二《宗廟考》同。王宗沐《宋元資治通鑑》卷五六《元紀四》作「齋」，據改。

〔六〕「大樂署長言」，「言」字原脱，據《元史》卷七四志第二十五《祭祀三》補。

〔七〕「祼」，原作「裸」，據《元史》卷七四志第二十五《祭祀三》改。

〔八〕「製」，原作「制」，《元史》卷七四志第二十五《祭祀三》同，《續文獻通考》卷八二《宗廟考》作「製」，據改。

新元史卷之八十五　志第五十二

禮志五

宗廟下

親祀時享儀，其目有八：

一曰齋戒。前祀七日，皇帝散齋四日於別殿，治事如故，不作樂，停奏刑名事，不行刑罰。致齋三日，惟專心祀事，其二日於大明殿，一日於大次。致齋前一日，尚舍監設御幄於大明殿西序[一]，東向。致齋之日，質明，諸衛勒所部屯列。晝漏下一刻，通事舍人引侍享執事文武四品以上官，俱公服詣別殿奉迎。二刻，侍中版奏請中嚴，皇帝服通天冠、絳紗袍。三刻，侍中版奏外辦，皇帝結佩出別殿，乘輿，華蓋繖扇侍衛如常儀，奉引至大明殿御幄，東向坐，侍臣夾侍如常。一刻頃，侍中前跪奏言請降就齋，俛伏，興。皇帝降座入室，侍享執事官各還所司，宿衛者如常。凡應祀官受誓戒於中書省。散齋四日，致齋三日。光禄卿鑑取明水、火。火以供爨，水以實尊。

二曰陳設。祀前三日，尚舍監陳大次於西神門外道北，南向。設小次於西階西，東向。設版位於西神門内，横街南，東向。設飲福位於太室尊彝所，稍東，西向。設黄道裀褥於大次前，至西神門，至小次版位西階及殿門之外。設御洗位於御版位東，稍北，北向。設亞終獻位於西神門内御版位稍南，東向，以北爲上，罍洗在其東北。設亞終獻飲福位於御飲福位後稍南，西向。陳設八寶黄羅案於西階西，隨地之宜。設享官宫縣樂、省牲位，諸執事公卿御史位，並如常儀。殿上下及各室，設簠、簋、籩、豆、尊、罍、彝、斝等器，並如常儀。

三曰車駕出宫。祀前一日，所司備法駕鹵簿於崇天門外。太僕卿率其屬備玉輅於大明門外。千牛將軍執刀於輅前，北向。其日質明，諸侍享執事官，先詣太廟祀所。諸侍臣直衛及導駕官於致齋殿前，左右分班立。通事舍人引侍中跪奏請中嚴，俛伏，興。皇帝服通天冠、絳紗袍。少頃，侍中版奏外辦，皇帝出齋室，即御座。羣臣起居訖，尚輦進輿，侍中奏請皇帝升輿。皇帝升輿，華蓋繖扇侍衛如常儀。導駕官前導至大明門外，侍中進當輿前，跪奏請皇帝降輿升輅。皇帝升輅，太僕執御，導駕官分左右步導。門下侍郎進當輅前，跪奏請車駕進發。車駕動，稱警蹕，千牛將軍夾而趨至崇天門外，門下侍郎跪奏請車駕少駐，勑衆官上馬。侍中承旨退，稱曰「制可」。門下侍郎退，傳制稱衆官上馬。贊者承傳勑衆官上馬。上馬訖，門下侍郎奏請勑車右升，侍中前承制，退稱曰「制可」。千牛將軍升訖，門下侍郎奏請車駕進發。車駕動，稱警蹕。符寶郎奉八寶與殿中監部從在黄鉞内，教坊樂前引，鼓吹不振作。將至太廟，禮直官引諸侍享執事官於廟門外，左右立班，奉迎駕至廟門，回輅南向。將軍降立於輅左，侍中於輅前奉稱侍中臣某請皇帝降輅，步入廟門。皇帝降輅導駕官前導，皇帝步入廟門稍西。侍中奏請皇帝升輿，尚輦奉輿，華蓋繖扇如常儀。皇帝乘輿至大次，侍中奏請皇帝降輿入就大次。皇帝入就次，簾降，宿衛如式。尚食進饍如儀。禮儀使以祝版奏御署訖，奉出，太廟令受之，各奠於坫，置各室祝桑上。通事舍人承旨，勑衆官各還齋次。

四曰省牲器。祀前一日，未後三刻，廩犧令丞、太官令丞、太祝以牲就位。禮直官引太常卿、光禄卿丞、監祭禮等官就位。禮直官請太常、監祭、監禮由東神門北偏門入，升自東階。每位視滌祭器，司尊彝舉冪曰「潔」。俱畢，降自東階。由東神門北偏門出，復位，立定。禮直官稍前曰「請省牲」，引太常卿視牲，退復位。次引廩犧令出班，巡牲一匝，西向折身曰「充」。諸太祝巡牲一匝，上一員出班西向折身曰「腯」，畢，俱復位。蒙古巫祝致詞訖，禮直官稍前曰「請詣省饌位」，引太常卿、光禄卿，監祭、監禮、光禄丞、大官令丞詣省饌位，東西相向立定，以北爲上。禮直官引太常卿詣饌殿内省饌，視饌訖，禮直官引太常卿置齋所。次引廩犧令、丞諸太祝以次牽牲詣廚，授太官令。次引光禄卿丞、監祭、監禮詣廚省鼎鑊，視滌溉訖，各還齋所。太官令帥宰人以鸞刀割牲，祝史各取毛血，每位共實一豆，以肝洗於鬱鬯及取膟膋，每位共實一豆，置於各位。饌室内，庖人烹牲。

五曰晨祼〔二〕。祀日丑前五刻，諸享陪位官各服其服。光禄卿、良醖令、太官令入，實籩、豆、簠、簋、尊、罍，各如常儀。太樂令率工人二舞，以次入。奉禮郎贊者先入就位。禮直官引御史，博士及執事者以次各入就位，並如常儀。禮直官引司徒以下官升殿，分香設酒，如常儀。禮直官引太常官、御史、博士升殿，視陳設，就位。復與太廟令、太祝、宮闈令升殿。太祝出帝主，宮闈令出后主訖，御史及以上升殿官於當陛近西，北向立。奉禮於殿上贊奉神主訖，奉禮曰「再拜」，贊者承傳，諸官及執事者皆再拜，各就位。禮直官引亞終獻等官，由南神門東偏門入，就位，立定。禮直官贊「有司謹具，請行事」。協律郎俛伏，興，舉麾，興，工鼓柷，宮縣樂作《思成》之曲，以黄鐘爲宮，大吕爲角，太簇爲徵，應鐘爲羽，作文武九成止。樂奏將終，通事舍人引侍中版奏，請中嚴。皇帝服衮冕，坐少頃，禮直官引博士，博士引禮儀使，對立於大次門外，當門北向。侍中奏外辦，禮儀使跪奏請皇帝行禮，俛伏，興，簾捲。符寶郎奉寶陳於西陛之西黄羅案上。皇帝出大次，博士、禮儀使前導，華蓋繖扇如儀，大禮使後從。至西神門外，殿中監跪進鎮圭，皇帝執圭，華蓋繖扇停於門外，近侍從入門。協律郎跪俛伏，興，舉麾，工鼓柷，宮縣《順成》之樂作。至版位東向，協律郎偃麾，工戛敔，樂止。引禮官分左右侍立，禮儀使前奏請再拜，皇帝再拜。奉禮曰「衆官再拜」，贊者承傳，凡在位者皆再拜。禮儀使奏請皇帝詣盥洗位，宮縣作樂，至洗位，樂止。内侍跪取匜，興，沃水。又内侍跪取盤，興，承水。禮儀使奏請搢鎮圭，皇帝搢圭。盥手訖，内侍跪取巾於篚，興，以進。帨手訖，皇帝詣爵洗位，奉瓚官以瓚跪進。皇帝受瓚，内侍奉匜沃水。又内侍跪，奉盤承水，洗瓚訖，内侍奉巾以進。皇帝拭瓚訖，内侍奠盤匜，又奠巾於篚，奉瓚官跪受瓚。禮儀使奏請執鎮圭，前導皇帝升殿，宮縣樂作，至西階下，樂止。皇帝升自西階，登歌樂作，禮儀使前導皇帝詣太祖室尊彝所，東向立，樂止。奉瓚官以瓚涖鬯，司尊者舉羃，侍中跪酌鬱鬯訖，禮儀使前導。入詣太祖神座前，北向立。禮儀使奏請搢鎮圭跪，奉瓚官西向立，以瓚跪進。禮儀使奏請執瓚，以鬯祼地。皇帝執瓚，以鬯祼地，以瓚授奉瓚官。禮儀使奏請執鎮圭，俛伏，興。皇帝俛伏，興，禮儀使前導出户外褥位。禮儀使奏請再拜。皇帝再拜訖，禮儀使前導詣每一室以下，祼鬯並如上儀。祼訖，禮儀使奏請還版位。登歌作樂，皇帝降自西階，樂止。宮縣樂作，至版位東向立，樂止。禮儀使奏請還小次，前導皇帝行，宮縣樂作。將至小次，禮儀使奏請釋鎮圭，殿中監跪受。皇帝入小次，簾降，樂止。

六曰進饌。皇帝祼將畢，光禄卿詣饌殿視饌，復位。太官令率齋郎詣饌幕，以牲體設於盤，各對舉以行，自南神門入。司徒出迎饌，宫縣樂作，奏無射宫《嘉成》之曲。禮直官引司徒、齋郎奉饌升自太階，由正門入。諸太祝迎於階上，各跪奠於神座前。齋郎執笏，俛伏，興，遍奠訖，樂止。禮直官引司徒、太官令率齋郎降自東階，各復位。饌之升殿也，太官丞率七祀齋郎奉饌，以序跪奠於七祀神座前，退從殿上齋郎以次復位。諸太官令率割牲官詣各室，進割牲體置俎上，皆退。

七曰酌獻。禮直官於殿上贊太祝立茅苴，禮儀使奏請詣盥洗位。簾捲，出次，宫縣樂作，殿中監跪進鎮圭，皇帝執鎮圭至盥洗位，樂止，北向立。禮儀使奏請搢鎮圭，執事者跪取匜，興，沃水。又跪取盤，承水。禮儀使奏請皇帝盥手，執事者跪取巾於篚，興，進。帨手訖，禮儀使奏請執鎮圭，請詣爵洗位，北向立。禮儀使奏請搢鎮圭，奉爵官以爵跪進。皇帝受爵，執事者奉匜沃水，奉盤承水。皇帝洗爵訖，執事者奉巾跪進。皇帝拭爵，執事者奠盤匜，又奠巾於篚，奉爵官受爵。禮儀使奏請執鎮圭，升殿。宫縣樂作，至西階下，樂止。升自西階。登歌樂作，禮儀使前導詣太祖室尊彝所，東向立，樂止。禮儀使奏請搢鎮圭，執爵，奉爵官以爵跪進。皇帝受爵，司尊者舉羃，良醖令跪酌犧尊之泛齊，以爵授執事者。禮儀使奏請執鎮圭，皇帝執圭，入詣太祖神位前，北向立。宮縣樂作，奏《開成》之曲。禮儀使跪奏請搢鎮圭跪，又奏請三上香。三上香訖，奉爵官以爵授進酒官，進酒官東向以爵跪進。禮儀使奏請執爵，三祭酒於茅苴，以虛爵授進酒官，進酒官以授奉爵官，奉爵官退立尊彝所。進酒官進取酒案上所奠玉爵馬湩，東向跪進，禮儀使奏請執爵祭馬湩。祭訖，以虛爵授進酒官，進酒官進奠神案上，退。禮儀使奏請執圭，俛伏，興，司徒搢笏跪於俎前，奉牲西向以進。禮儀使奏請搢鎮圭，皇帝搢圭，俯受牲盤，北向跪奠神案上。蒙古祝史致辭訖，禮儀使奏請執鎮圭興，前導出戶外褥位，北向立，樂止。舉祝官搢笏跪，對舉祝版，讀祝官北向跪，讀祝文訖，俛伏，興，舉祝官奠祝版訖，先詣次室。禮儀使奏請再拜，拜訖，禮儀使前導詣各室，各奏本室之樂。其酌獻、進牲、祭馬湩，並如第一室之儀。既畢，禮儀使奏請詣飲福位。登歌樂作，至位，西向立，樂止。登歌《釐成》之樂作，禮直官引司徒立於飲福位側。太祝以爵酌上尊飲福酒，合置一爵，以奉侍中。侍中受爵，奉以立。禮儀使奏請皇帝再拜。拜訖，奏請搢鎮圭跪。侍中東向以爵跪進，禮儀使奏請執爵，三祭酒，又奏請啐酒。啐酒訖，以爵授侍中。禮儀使奏請受胙，太祝以黍稷飯籩授司徒，司徒東向跪進。皇帝受，以授左右。太祝又以胙肉俎跪授司徒，司徒跪進。皇帝受，以授左右。禮直官引司徒退立。侍中再以爵酒跪進，禮儀使奏請皇帝受爵飲福。飲福訖，侍中受虛爵，興，以授太祝。禮儀使奏請執鎮圭，俛伏，興，又奏請再拜。拜訖，樂止。禮儀使前導還版位，登歌樂作，降自西階，樂止。宮縣樂作，至位樂止。禮儀使奏請還小次，宮縣樂作。將至小次，禮儀使奏請釋鎮圭，殿中監跪受。入小次，簾降，樂止。文舞退，武舞進。先是，皇帝酌獻訖，將至小次，禮直官引亞獻官詣盥洗位。盥洗訖，升自阼階，酌獻並如常儀。酌獻訖，禮直官引亞獻官詣東序，西向立。諸太祝各以酌罍福酒，合置一爵，一太祝捧爵進亞獻之左，北向立。亞獻再拜受爵，跪祭酒，遂啐飲。太祝進受爵，退，復於坫上。亞獻興，再拜，禮直官引亞獻官降復位。終獻如亞獻之儀。初終獻既升，禮直官引七祀獻官各詣盥洗位。搢笏盥帨訖，執笏詣神位，搢笏跪執爵，三祭酒，奠爵執笏，俛伏，興，再拜訖，詣次位，如上儀。終獻畢，贊者唱「太祝徹籩豆」。諸太祝進徹籩豆，登歌《豐成》之樂作，卒徹樂止。奉禮曰「賜胙」，贊者唱「衆官再拜」，在位者皆再拜。禮儀使奏請詣版位。簾捲，出次，殿中監跪進鎮圭。皇帝執圭行，宮縣樂作，至位樂止。送神《保成》之樂作，一成止。禮儀使奏請皇帝再拜，贊者承傳，凡在位者皆再拜。禮儀使前奏禮畢，前導皇帝還大次。宮縣《昌寧》之樂作，出門，樂止。禮儀使奏請釋鎮圭，殿中監跪受，華蓋繖扇引導如常儀。入大次，簾降。禮直官引太常卿、御史、太廟令、太祝、宮闈令升殿納神主，降就拜位。奉禮贊升納神主訖，再拜，御史以下諸執事者皆再拜，以次出。禮直官各引享官以次出，太樂令率工人二舞以次出，太廟令闔户以降，乃退。祝册藏於匱。

八曰車駕還宫。皇帝既還大次，侍中奏請解嚴。皇帝釋衮冕，停大次。五刻頃，尚食進膳。所司備法駕鹵簿，與侍祀官序立於太廟欞星門外，以北爲上。侍中版奏請中嚴，皇帝改服通天冠、絳紗袍。少頃，侍中版奏皇帝出次升輿，導駕官前導，華蓋繖扇如儀。至廟門外，太僕卿率其屬進金輅如式。侍中前奏請皇帝降輿升輅。升輅訖，太僕卿、門下侍郎奏請車駕進發，俛伏，興，退。車駕動，稱警蹕。至欞星門外，門下侍郎奏請車駕權停，勑衆官上馬。侍中承旨退稱曰「制可」，門下侍郎退傳制，贊者承傳。衆官上馬畢，門下侍郎奏請勑車右升。侍中承旨退稱「制可」，千牛將軍升訖，導駕官分左右前導，門下侍郎奏請車駕進發。車駕動，稱警蹕。符寶郎奉八寶與殿中監從，教坊樂鼓吹振作。駕至崇天門外垣欞星門外，門下侍郎奏請車駕權停，勑衆官下馬。贊者承傳，衆官下馬。車駕動，衆官前引入内石橋，與儀仗倒捲而北，駐立。駕入崇天門，至大明門外降駕，升輿以入。駕既入，通事舍人承旨勑衆官皆退，宿衛官率衛士宿衛如式。

親謝儀，其目有八：

一曰齋戒。前享三日，皇帝散齋二日於别殿，致齋一日於大次。應享官員受誓戒於中書省，如常儀。

二曰陳設，如前親祀儀。

三曰車駕出宫。前享一日，所司備儀從、内外仗，與應享之官兩行序立於崇天門外，太僕卿控御馬立於大明門外，諸侍臣及導駕官二十四人，俱於齋殿前左右分班立候。通事舍人引侍中跪奏請中嚴，俛伏，興。少頃，侍中版奏外辦，皇帝即御座。四品以上應享執事官起居訖，侍中奏請升輿。皇帝出齋殿，降自正階，乘輿，華蓋繖扇如常儀。導駕官前導至大明門外，侍中進當輿前，奏請降輿，乘馬訖，導駕官分左右步導。門下侍郎跪奏請進發，俛伏，興，前稱警蹕。至崇天門，門下侍郎奏請權停，勑衆官上馬。侍中承旨退，稱「制可」，門下侍郎退傳制，稱衆官上馬，贊者承傳。衆官出欞星門外，上馬訖，門下侍郎奏請進發，前稱警蹕，華蓋繖扇儀仗與衆官左右前引，教坊樂鼓吹不振作。至太廟欞星門外，紅橋南，贊者承傳衆官下馬。下馬訖，自卑而尊與儀仗倒卷而北，兩行駐立。駕至廟門，侍中奏請皇帝下馬，步入廟門。入廟門訖，侍中奏請升輿，尚輦奉輿，華蓋繖扇如常儀。導駕官前導，皇帝乘輿至大次前，侍中奏請降輿，皇帝降輿入就位，簾降，侍衛如式。尚食進膳，如常儀。禮儀使以祝册奏御署訖，奉出，太廟令受之，各奠於坫，置各室祝案上。通事舍人承旨，勑衆官各還齋次。

四曰省牲器，見前親祀儀。

五曰晨祼。享日丑前五刻，光禄卿、良醖令、太官令入實籩、豆、簠、簋、尊、罍，各如常儀。太樂令率工人二舞，以次入就位。禮直官引御史及執事者以次入就位。禮直官引太常卿、御史升殿點視陳設，退復位。禮直官引司徒等官詣各室，分香設酒如常儀。禮直官復引太常卿及御史、太廟令、太祝、宫闈令升殿，奉出帝后神主訖，各退降就拜位，立定。奉禮於殿上贊奉神主訖，奉禮贊曰「再拜」，贊者承傳，御史以下皆再拜訖，各就位。禮直官引攝太尉由南神門東偏門入就位，立定。協律郎跪，俛伏，舉麾，興，工鼓柷，宫縣樂作《思成》之曲以黄鐘爲宫，大吕爲角，太簇爲徵，應鐘爲羽，作文舞九成止。太尉以下皆再拜訖，禮直官引太尉詣盥洗位，宫縣樂作《肅寧》之曲，至位，樂止，北向立，搢笏，盥手，帨手，執笏詣爵洗位，北向立，搢笏，洗瓚，拭瓚，以瓚授執事者。執笏升殿，宫縣樂作，至阼階下，樂止。陞自阼階，登歌樂作，詣太祖尊彝所，西向立，樂止。執事者以瓚奉太尉，太尉搢笏執瓚。司尊者舉冪酌鬱鬯訖，太尉以瓚授執事者，執笏詣太祖神位，搢笏跪，三上香。執事者以瓚奉太尉，太尉執瓚以鬯祼地訖，以虚瓚授執事者，執笏俛伏，興，退出户外，北向再拜訖，次詣各室，並如上儀。禮畢，降自阼階，復位。

六曰進饌。太尉祼將畢，進饌如前儀。

七曰酌獻。太尉既升祼，禮直官引博士，博士引禮儀使至大次前，北向立。通事舍人引侍中詣大次前，版奏請中嚴，皇帝服衮冕。坐少頃，侍中奏外辦，禮儀使跪奏請皇帝行禮，俛伏，興。簾捲出次，禮儀使前導至西神門，華蓋繖扇停於門外，近侍從入，大禮使後從。殿中監跪進鎮圭，皇帝執圭入門，協律郎跪，俛伏，興，舉麾，宮縣《順成》之樂作，至版位東向立，樂止。引禮官分左右侍立，禮儀使奏請皇帝再拜。奉禮曰「衆官再拜」，贊者承傳，凡在位皆再拜。禮儀使奏請皇帝詣盥洗位，宮縣樂作，至位樂止。內侍跪取匜，興，沃水，又內侍跪取盤，承水。禮儀使奏請搢鎮圭，皇帝搢圭盥手。內侍跪取巾於篚，興，進。帨手訖，奉爵官以爵跪進。皇帝受爵，內侍奉匜沃水，又內侍奉盤承水。皇帝洗爵訖，內侍奉巾跪進。皇帝拭爵訖，內侍奠盤匜，又奠巾於篚，奉爵官受爵。禮儀使奏請執鎮圭，導升殿，宮縣樂作，至西階下樂止。升自西階，登歌樂作。禮儀使前導詣太祖室尊彝所，東向立，樂止。宮縣樂作，奏《開成》之曲，奉爵官以爵涖尊，執事者舉冪，侍中跪酌犧尊之泛齊，以爵授執事者。禮儀使前導，入詣太祖神位前，北向立。禮儀使奏請搢鎮圭，跪，又奏請三上香。上香訖，奉爵官以爵授進酒官，進酒官東向以爵跪進，禮儀使奏請執爵祭酒。執爵三祭酒於茅苴訖，以虛爵授進酒官，進酒官受爵以授奉爵官，退立尊彝所。進酒官進徹神案上所奠玉爵馬湩，東向跪進，禮儀使奏請執爵祭馬湩。祭訖，以虛爵授進酒官，進酒官進奠神案上訖，退。禮儀使奏請執圭，俛伏，興，司徒搢笏跪俎前，舉牲盤西向以進。禮儀使奏請搢鎮圭，皇帝搢圭，俯受牲盤，北向跪，奠神案上訖。禮儀使奏請執圭興，前導出户外褥位，北向立，樂止。舉祝官搢笏跪，對舉祝版。讀祝官北向跪，讀祝文訖，俛伏，興。舉祝官奠祝版訖，先詣次室。次蒙古祝史詣室前致辭訖，禮儀使奏請再拜。拜訖，禮儀使前導詣各室，奏各室之樂。其酌獻、進牲體、祭馬湩，並如第一室之儀。既畢，禮儀使奏請詣飲福位。登歌樂作，至位，西向立，樂止。宮縣《釐成》之樂作，禮直官引司徒立於飲福位側。太祝以爵酌上尊福酒，合置一爵，以奉侍中，侍中受爵奉以立。禮儀使奏請皇帝再拜。拜訖，奏搢鎮圭跪，侍中東向以爵跪進。禮儀使奏請執爵三祭酒，又奏請啐酒。啐訖，以爵授侍中。禮儀使奏請受胙，太祝以黍稷飯籩授司徒，司徒東向跪進。皇帝受，以授左右。太祝又以胙肉俎跪授司徒，司徒跪進。皇帝受，以授左右，禮直官引司徒退立。侍中再以爵酒跪進，禮儀使奏請皇帝受爵，飲福酒訖，侍中受虚爵，興，以授太祝。禮儀使奏請執鎮圭，俛伏，興，又奏請再拜。拜訖，樂止。禮儀使前導還版位。登歌樂作，降自西階，樂止。宮縣樂作，至位樂止。奉禮於殿上唱太祝徹籩豆。宮縣《豐寧》之樂作，卒徹，樂止。奉禮曰「賜胙」，贊者唱「衆官再拜」，在位者皆再拜，送神樂作《保成》之曲作一成，止。禮儀使奏請皇帝再拜，贊者承傳，在位者皆再拜。拜訖，禮儀使前奏禮畢，皇帝還大次。宮縣《昌寧》之樂作，出門，樂止。禮儀使奏請釋鎮圭，殿中監跪受，華蓋繖扇如常儀。入次，簾降。禮直官引太常卿、御史、太廟令、太祝、宫闈令升殿納神主訖，各降就位。贊者於殿上唱升納神主訖，奉禮曰「再拜」，御史以下諸執事者皆再拜訖，以次出。通事舍人禮直官各引享官以次出，太樂令率工人二舞以次出，太廟令闔户訖降乃退。祝版藏於匱。

八曰車駕還宫。皇帝既還大次，侍中奏請解嚴。皇帝釋衮冕，停大次。五刻頃，尚食進膳，如常儀。所司備儀從、内外仗，與從祀諸執事官兩行，序立於太廟櫺星門外。侍中版奏外辦，皇帝出次升輿，導駕官前導，華蓋繖扇如常儀。至廟門，太僕卿進御馬，侍中奏請皇帝降輿乘馬。乘馬訖，門下侍郎奏請進發，俛伏，興，退，前稱警蹕。至櫺星門外，門下侍郎奏請權停，勑衆官上馬。侍中承旨退稱曰「制可」，門下侍郎退傳制，贊者承傳，衆官上馬畢，導駕官及華蓋繖扇分左右前導，稱警蹕，教坊樂鼓吹振作。至崇天門櫺星門外，門下侍郎奏請權停，勑衆官下馬。贊者承傳，衆官下馬訖，左右前引入内石橋北，與儀仗倒捲而北，駐立。駕入崇天門，至大明門外降馬，升輿以入。駕既入，通事舍人承旨勅衆官皆退，宿衛官率衛士宿衛如式。

攝祀儀，其目有九：

一曰齋戒。享前三日，三獻官以下凡與祭員，皆公服受誓戒於中書省。是日質明，有司設金椅於省庭，一人執紅羅繖立於其左。奉禮郎率儀鸞局陳設版位，獻官諸執事位，俱藉以席，乃加紫綾褥。設初獻太尉位於省階少西，南向；大禮使位於其東，少南，西向；監祭御史位二，於通道之西，東向；監禮博士位二，於通道之東，西向；俱北上。設司徒亞終獻位於其南，北向，西上。次助奠七祀獻官，次太常卿、光禄卿、光禄丞、書祝官、讀祝官、太官令、良醖令、廩犧令、司尊彝、舉祝官、太官丞、廩犧丞、奉爵官、奉瓚官、盥爵官二、巾篚官、蒙古太祝、巫祝、點視儀衛、清道官及與祭官，依品級陳設，皆異位重行。太廟令、太樂令、郊社令、太祝位於通道之西，北向，東上。太廟丞、太樂丞、郊社丞、奉禮郎、協律郎、司天生位於通道之東，北向，西上。齋郎位於其後。贊者引行事等官，各就位，立定。次引初獻官立定。禮直官搢笏，讀誓文曰：「某年某月某日，享於太廟，各揚其職，其或不敬，國有常刑。」散齋二日，宿於正寢，致齋一日，宿於祠所。散齋日治事如故，不弔喪問病，不作樂，不判署刑殺文字，不決罰罪人，不與穢惡事。致齋日，惟享事得行，餘悉禁。凡與享之官，已齋而闕者，通攝行事。七品以下官先退，餘官再拜。禮直官贊「鞠躬」，「拜」，「興」，「拜」，「興」，「平身」，「禮畢」。守廟兵衛與太樂工人，俱清齋一宿。赴祝所之日，官給酒饌。

二曰陳設。享前二日，所司設兵衛於廟門，禁斷行人。儀鸞局設幄幔於饌殿，所司設三獻官以下行事執事官次於齋房之所。前一日,太樂令率其屬設宫縣之樂於庭中。東方、西方磬簴起北,鐘簴次之。南方、北方磬簴起西,鐘簴次之。設十二鎛鐘於編縣之間。各依辰位,樹建鼓於四隅。置柷敔於北縣之内,柷一在道東,敔一在道西。路鼓一在柷之東南,晉鼓一在其後,又路鼓一在柷之西南。諸工人各於其後。東方、西方,以北爲上。南方、北方,以西爲上。文舞在北,武舞在南,立舞表於酇綴之間。又設登歌之樂於殿上前楹間。玉磬一簴在西,金鐘一簴在東,柷一在金鐘北稍西,敔一在玉磬北稍東。搏拊二,一在敔北,一在柷北,東西相向。歌工次之,餘工各位於縣後。其匏竹者立於階間,重行北向,相對爲首。

享前一日,太廟令率其屬掃除廟庭之内外。樞密院軍官一員,率軍人剗除草穢,平治道路。又設七祀燎柴於廟門之外。又於室内鋪設神位於北牖下,當户南向。每位設黼扆一,紫綾厚褥一,薄褥一,莞席一,繅席二,虎皮次席二。時暄則用桃枝竹席,几在筵上。又設三獻官拜跪褥位二,一在室内,一在室外。學士院定撰祝册訖,書祝官於饌幕具公服書祝訖,請初獻官署御名訖,以授太廟令。又設祝案於室户外之右。又設三獻官位於殿下横街之南,稍西,東向。亞獻、終獻位稍卻,助奠七祀獻官又於其南。書祝官、讀祝官、舉祝官、太廟令、太官令、良醖令、廩犧令、太廟丞、太官丞位,又於其南。司尊彝、奉瓚官、奉爵官、盥洗巾篚、爵洗巾篚、蒙古太祝、蒙古巫祝、太祝、宫闈令及七祀司尊彝、盥洗巾篚，以次而南。又設大禮使位於南神門東偏門稍北，北向。又設齋郎位於其後，每等異位，重行，東向，北上。又設司徒位在北，太常卿稍卻。又設司徒、太常卿等位於横街之南，稍東，西向，與亞終獻相對。司徒位在北，太常卿稍卻。太常同知、光禄卿、僉院、同僉、院判、光禄丞、拱衛使，以次而南。又設監祭御史位二、監禮博士位二於横街之北，西向，以北爲上。又設協律郎位在宫縣樂簴西北，東向，大樂丞在樂簴之間。又設大樂令、協律郎位於登歌樂簴之間。又設牲榜于東神門外，南向。設太常卿位於牲位南向。監祭御史位在太常卿之左，太官令次之，光禄丞、太官丞又次之。廩犧令位在牲西南，廩犧丞稍却，俱北向，以右爲上。又設諸太祝位於牲東，西向，以北爲上。又設蒙古巫祝位於牲東南，北向。又設省饌位於省饌殿前，太常卿、光禄卿、光禄丞、太官令位於東，西向；監祭、監禮位於西，東向，皆北上。太廟令陳祝版於室右之祝案，又率祠祭局設籩、豆、簠、簋。每室左十又二籩，右十又二豆，俱爲四行。登三在籩豆之間，鉶三次之，簠二、簋二又次之。簠左簋右，俎七在簠簋之南，香案一次之，沙池又次之。又設每室尊罍于通廊，斝彝、黄彝各一。春夏用雞彝、鳥彝，犧尊二、象尊二。秋冬用著尊、壺尊，著尊二、山罍二，以次在本室南之左，皆加勺冪。爲酌尊所，北向，西上。彝有舟坫冪。又設壺尊二、太尊二、山罍四，在殿下階間，俱北向。望室户之左，皆有坫加羃，設而不酌。凡祭器，皆藉以席。又設七祀位於横街之南道東，西向，以北爲上。席皆以莞。設神版位，各於座首。又設祭器，每位左二籩，右二豆，簠一、簋一在籩豆間，俎一在籩前，爵坫一次之，壺尊二在神位之西，東向，以北爲上，皆有坫勺羃。又設三獻盥洗、爵洗在通街之西，横街之南，北向。罍在洗西加勺，篚在洗東，皆實以巾。爵洗仍實以瓚，爵加盤坫，執罍篚者各位于後。又設七祀獻官盥洗位於七祀神位前，稍北。罍在洗西，篚在洗東，實以巾。又實爵於坫。執罍篚者各位於後。

三曰習儀。享前二日，三獻以下諸執事官員赴太廟習儀。次日早，各具公服乘馬赴東華門，迎接御香至廟省牲。

四曰迎香。享前一日，有司告諭坊市，灑掃經行衢路，祗備香案。享前一日質明，三獻官以下及諸執事官，各具公服，六品以下官皆借紫服，詣崇天門下。太常禮儀院官一員奉御香。一員奉酒，二員奉馬湩，自内出。監祭、監禮、奉禮郎、太祝分兩班前導。控鶴五人，一人執繖，從者四人，執儀仗在前行。至大明門，由正門出，教坊大樂作。至崇天門外，奉香、酒、馬湩者安置於輿，導引如前。行至外垣櫺星門外，百官上馬，分兩班行於儀仗之外，清道官行於儀衛之先，兵馬司之兵夾道次之，金鼓又次之，京尹儀從又次之，教坊大樂爲一隊次之。控鶴拏手各服其服，執儀仗左右成列次之，拱衛使居其中。儀鳳司細樂又次之。太常卿與博士、御史導於輿前，獻官、司徒、大禮使、助奠官從入至殿下，獻官奉香、酒、馬湩升自東階，入殿内通廊正位安置。禮直官引獻官降自東階，由東神門北偏門出，釋服。

五曰省牲器，見親祀儀。

六曰晨祼。祀日丑前五刻，太常卿、光禄卿、太廟令率其屬設燭於神位，遂同三獻官、司徒、大禮使等每室一人，分設御香酒醴，以金玉爵斝，酌馬湩、蒲萄尚醞酒奠於神案。又陳籩豆之實，籩四行，以右爲上。第一行魚鱐在前，糗餌、粉餈次之。第二行，乾橑在前，乾棗、形鹽次之。第三行。鹿脯在前，榛實、乾桃次之。第四行，菱在前，芡、栗次之。豆四行，以左爲上。第一行，芹菹在前，筍菹、葵菹次之。第二行，菁菹在前，韭菹、䬁食次之。第三行，魚醢在前，兔醢、豚拍次之。第四行，鹿臡在前，醓醢、糝食次之。簠實以稻粱，簋實以黍稷，登實以太羹，鉶實以和羹，尊彝、斝彝實以明水。黄彝實以鬱鬯，犧尊實以泛齊。象尊實以醴齊，著尊實以盎齊，山罍實以三酒，壺尊實以醍齊，太尊實以沈齊。凡齊之上尊實以明水，酒之上尊實以元酒，其酒齊皆以上醞代之。又實七祀之祭器，每位左二籩。栗在前，鹿脯次之。右二豆，菁菹在前，鹿臡次之。簠實以黍，簋實以稷，壺尊實以醍齊，其酒齊亦以上醞代之。陳設訖，獻官以下行事執事官，各服其服，會於齊班廳。

禮直官引太常卿、監祭、監禮、太廟令、太祝、宮闈令、諸執事官、齋郎，自南神門東偏門入就位，東西相向立定。候監祭、監禮按視殿之上下，徹去蓋羃，糾察不如儀者，退復位。禮直官引太常卿、監祭、監禮、太廟令、太祝、宮闈令陞自東階，詣太祖室。蒙古太祝起帝主神羃，宮闈令起后主神羃。次詣每室，並如常儀。畢，禮直官引太常卿以下諸執事官，當橫街間，重行，以西爲上，北向立定。奉禮郎贊曰「奉神主訖，再拜」，禮直承傳，太常卿以下皆再拜訖。奉禮郎又贊曰「各就位」，禮直官引諸執事官各就位，次引太官令率齋郎由南神門東偏門以次出。贊者引三獻官、司徒大禮使、七祀獻官、諸行事官，由南神門東偏門入，各就位，立定。禮直官進於初獻官之左，贊曰「有司謹具，請行事」，退復位。協律郎跪，俛伏，興，舉麾，興，工鼓柷，宮縣樂奏《思成》之曲九成，文舞九變。奉禮郎贊再拜，在位者皆再拜。奉禮又贊諸執事者各就位，禮直官引奉瓚、奉爵、盥爵、洗巾篚執事官各就位，立定。禮直官引初獻官詣盥洗位，宮縣樂作無射宮《肅寧》之曲，至位北向立定。搢笏，盥手，帨手，執笏詣爵洗位，至位北向立定。搢笏、執瓚、洗瓚、拭瓚，以瓚授執事者，執笏，樂止。登歌樂作，奏夾鐘宮《肅寧》之曲，陞自東階，樂止。詣太祖酌尊所，西向立，搢笏，執事者以瓚授初獻官，執瓚。司尊彝跪舉羃，良醞令跪酌黄彝鬱鬯，初獻以瓚授執事者。執笏詣太祖神位前，北向立，搢笏跪，三上香。執事者以瓚授初獻，初獻執瓚以鬯灌於沙池，以瓚授執事者，執笏，俛伏，興，出室户外，北向立。再拜訖，詣每室祼鬯如上儀。俱畢，禮直官引初獻降自東階，登歌樂作，奏夾鐘宫《肅寧》之曲。復位，樂止。

七曰饋食。初獻既祼，如前進饌儀。

八曰酌獻。太祝立茅苴于盤。禮直官引初獻詣盥洗位，宫縣樂作，奏無射宫《肅寧》之曲，至位北向立，搢笏、盥手、帨手，執笏詣爵洗位。至位，搢笏、執爵、洗爵、拭爵。以爵授執事者，執笏，樂止。登歌樂作，奏夾鐘宫《肅寧》之曲，陞自東階，樂止。詣太祖酒尊所，西向立，搢笏執爵。司尊彝搢笏跪舉冪，良醖令搢笏跪酌犧尊之泛齊，以爵授執事者，執笏。宫縣樂作，奏無射宫《開成》之曲，詣太祖神座前，北向立，稍前，搢笏跪，三上香。執爵，三祭酒於茅苴，以爵授執事者，執笏，俛伏，興，平立。請出室户外，北向立，樂止，俟讀祝。舉祝官搢笏跪，對舉祝版，讀祝官跪讀祝文。讀訖，舉祝官奠祝版于案，執笏，興，讀祝官俛伏，興。禮直官贊再拜訖，次詣每室，酌獻如上儀，各奏本室之樂。獻畢，宫縣樂止。降自東階，登歌樂作，奏夾鐘宫《肅寧》之曲。初獻復位，立定。文舞退，武舞進，宫縣樂作，奏無射宫《肅寧》之曲。舞者立定，樂止。禮直官引亞獻詣盥洗位，至位北向立，搢笏、執爵、洗爵、拭爵，以爵授執事者。陞自東階，詣太祖酌尊所，西向立，搢笏，執爵。司尊彝搢笏跪舉冪，良醖令搢笏跪酌象尊之醴齊，以爵授執事者，執笏。宫縣樂作，奏無射宫《肅寧》之曲。詣太祖神座前，北向立，稍前，搢笏跪，三上香，執爵，三祭酒於茅苴，以爵授執事者，執笏俛伏，興，平立，請出室户外，北向立。再拜訖，次詣每室，酌獻並如上儀。獻畢，樂止，降自東階，復位立定。禮直官引終獻，如亞獻之儀，唯酌著尊之盎齊。禮畢，降復位。初終獻將行，贊者引七祀獻官詣盥洗位，搢笏，盥手，帨手訖，執笏詣酒尊所，搢笏，執爵，酌酒，以爵授執事者，執笏詣首位神座前，東向立，稍前，搢笏跪執爵，三祭酒于沙池，奠爵于案，執笏，俛伏，興。少退立，再拜訖，每位並如上儀。俱畢，七祀獻官俟終獻官降復位，立定。

九曰祭馬湩。終獻酌獻將畢，禮直官分引初獻亞獻官、司徒、大禮使、助奠官、七祀獻官、太常卿、監祭、監禮、太廟令丞、蒙古庖人、巫祝等陞殿。每室獻官一員，各立於户外，太常卿、監祭、監禮以下立於其後。禮直官引獻官詣神座前，蒙古庖人割牲體以授獻官。獻官搢笏跪奠于帝主神位前，次奠于后主神位前訖，出笏退就拜位，搢笏跪。太廟令取案上先設金玉爵斝馬湩、蒲萄尚醞酒，以次授獻官，獻官皆祭於沙池。蒙古巫祝致辭訖，宫縣樂作同進饌之曲。初獻出笏就拜興，請出室户外，北向立。俟衆獻官畢立，禮直官通贊曰「拜」，「興」，凡四拜。監祭、監禮以下從拜，皆作本朝跪禮。拜訖，退，登歌樂作，降階，樂止。太祝徹籩、豆，登歌樂作，奏夾鐘宫《豐寧》之曲。奉禮贊「賜胙」，贊者承傳，衆官再拜興。送神樂作，奏黄鐘宫《保成》之曲，一成而止。太祝各奉每室祝版，降自太階望瘞位。禮直官引三獻、司徒、大禮使、助奠、七祀獻官、太常卿、光禄卿、監祭、監禮視燔祝版，至位坎北南向跪，以祝版奠於柴，就拜，興。俟半燎，禮宜官贊「可瘞」，禮直官引三獻以下及諸執事者、齋郎等，由南神門東偏門出至揖位，圓揖。樂工二舞以次從出。三獻之出也，禮直官分引太常卿、太廟令、監祭、監禮，蒙古太祝、宫闈令及各室太祝，陞自東階，詣太祖神座前，陞納神主，每室如儀。俱畢，降自東階，至横街南，北向西上立定。奉禮贊曰「陞納神主訖，再拜」，贊者承傳，再拜訖，以次出。禮畢，三獻官、司徒、大禮使、太常禮儀院使、光禄卿等官，奉胙進於闕庭。駕幸上都，則以驛赴奉進。

攝行告謝儀：告前三日，三獻官以下諸執事官，各具公服赴中書省受誓戒。告前一日，未正一刻，省牲器。至期，質明，三獻官以下諸執事者各服法服，禮直官引太常卿、監祭御史、監禮博士、五令諸執事官先入就位。禮直官引監祭、監禮點視陳設畢，復位。禮直官引太常卿、監祭、監禮、太廟令、太祝、宫闈令奉遷各室神主訖，降自横街，北向立定。禮直官引三奉禮郎贊「再拜」，在位官皆再拜訖，奉禮郎贊「各就位」，訖，太官令、齋郎出。禮直官引三獻、司徒、光禄卿、捧瓚、爵盥、爵洗官入就位，立定。禮直官贊「有司謹具，請行事」，降神樂作，九成止。奉禮郎贊「再拜」，三獻以下再拜訖，奉禮郎贊「諸執事者，各就位」，立定。

禮直官引初獻詣盥洗位，盥手，詣爵洗位，洗瓚。詣第一室酒尊所，酌鬱鬯。詣神座前，北向跪，搢笏三上香，奠幣執瓚。以鬯灌於沙池，執笏，俛伏，興。出室户外，再拜訖，次詣各室，並如上儀。俱畢，降復位。司徒率齋郎進饌，如常儀。奠畢，降復位。禮直官引初獻詣盥洗位，盥手，詣爵洗位，洗爵。詣第一室酒尊所，酌酒。詣神座前，北向搢笏跪，三上香，執爵三祭酒於茅苴，以爵授執事者，執笏，俛伏，興，出室户外，北向立。俟讀祝官讀祝文訖，再拜。詣每室，並如上儀。俱畢，降復位。禮直官引亞獻官盥手，洗爵，酌獻，並如初獻儀，惟不讀祝。俱畢，降復位。禮直官引終獻，並如亞獻儀。俱畢，復位。太祝徹籩、豆，奉禮郎贊賜胙，衆官再拜。在位官皆再拜訖，禮直官引三獻官、司徒、太常卿、監祭、監禮視焚祝版幣帛，禮直官贊「可瘞」。禮畢，太常卿、監祭、監禮升納神主訖，降自横階。奉禮郎贊「再拜」，在位官皆再拜訖，退。

薦新儀：至日質明，太常禮儀院官屬赴廟所，皆公服俟于次。太廟令率其屬升殿，開室户，不出神主，設籩豆俎、酒醴、馬湩及室户内外褥位。又設盥洗位于階下，少東，西向。奉禮郎率儀鸞局設席褥版位于横街南，又設盥盆巾帨二所於齊班幕前。凡與祭執事官皆盥手訖，太常官詣神廚點視神饌。執事者奉所薦饌物，各陳饌幕内。太常官以下入就位，東西重行，北向立定。禮直官贊「皆再拜」，「鞠躬」，「拜」，「興」，「拜」，「興」，「平立」，「各就位」。禮直官引太常次官一員，率執事者出詣饌所，奉饌入自正門，升自太階，奠各室神位前。執事者進時食，院官搢笏受而奠之。禮直官引太常禮儀使詣盥洗位，盥手，帨手。升殿詣第一室神位前，搢笏，執事者注酒于杯，三祭酒，又注馬湩于杯，亦三祭之。奠杯于案。出笏，就拜興，出室户外，北向立，再拜。每室俱畢，降復位，執事者皆降。禮直官贊「再拜」，「鞠躬」，「拜」，「興」，「拜」，「興」，「平立」。餘官率執事者升徹饌，出殿闔户。禮直官引太常官以下俱出東神門外，圓揖。

國俗，每歲太廟四祭，用司禋監官一員，名蒙古巫祝。當省牲時，法服，同三獻官升殿，詣室户告腯，還至牲所，以國語呼累朝帝后名諱而告之。明旦，三獻禮畢，獻官、御史、太常卿、博士復升殿，分詣各室。蒙古博兒赤跪割牲，太僕卿以朱漆盂奉馬乳酌奠。巫祝以國語告神訖，太祝奉祝幣詣燎位，獻官以下復版位載拜，禮畢。

每歲，九月内及十二月十六日以後〔三〕，於燒飯院中，用馬一、羊三、馬湩、酒醴、紅織金幣及裏絹各三匹。命蒙古達官一員，偕蒙古巫覡，掘地爲坎以燎肉，仍以酒醴、馬湩雜燒之。巫覡以國語呼累朝御名而祭焉。

神御殿，舊稱影堂。所奉祖宗御容，皆紋綺局織錦爲之。大德十一年，敕丞相脱脱、平章禿堅帖木兒：「成宗及貞慈静懿皇后御影，依大天壽萬寧寺内御容織之。南木罕太子及妃，晉王及妃，依帳殿内小影織之。」

延祐七年，敕平章伯帖木兒，選巧工及傳神李肖巖。依世祖御容之制，畫仁宗及莊懿慈聖皇后，高九尺五寸，闊八尺。至治三年太傅朵歹、左丞善生、院使明理董阿進呈太皇太后、英宗御容，令畫畢，復織之。天曆二年，敕平章董阿、同知儲政院阿木腹：「朕令畫皇妣、皇后御容，可令諸色府達魯花赤阿咱、杜總管、蔡總管、李肖巖提調速畫之。」其繪畫用物：土粉五斤，明膠五斤，回回青八兩，回回胭脂八兩，回回胡麻一斤，心紅三斤，泥金一兩二錢，黄子紅一斤，官粉三斤，紫八兩，雞子五十枚，生石青十一斤，鴉青暗花紵絲八十尺，五色絨八兩，大紅銷紅朽花羅四十尺，紅絹四十尺，紫梅花羅七尺，紫檀軸一，椴木額條一，白銀六兩。

影堂所在：世祖帝后，大聖壽萬安寺，裕宗帝后亦在焉。順宗帝后，大普慶寺，仁宗帝后亦在焉。成宗帝后，大天壽萬寧寺。武宗及二后，大崇恩福元寺，爲東西二殿。明宗帝后，大天源延聖寺。英宗帝后，大永福寺。也可皇后，大護國仁王寺。泰定帝敕奉北安王塑像於高梁寺，即護國仁王寺也。至元七年建，大德五年奉安昭睿順聖皇后御容，故以北安王祔祀焉。世祖、武宗影堂，皆藏玉册十有二牒，玉寶一鈕。仁宗影堂，藏皇太子玉册十有二牒，皇后玉册十有二牒，玉寶一鈕。英宗影堂，藏皇帝玉册十有二牒，玉寶一鈕，皇太子玉册十有二牒。凡帝后册、寶，以匣匵金鎖鑰藏於太廟，此其分置者。

其祭器，則黄金缾斝盤盂之屬以十數，黄金塗銀香合椀楪之屬以百數，銀壺釜盃匜之屬稱是。玉器、水晶、瑪瑙之器爲數不同，有玻璃瓶、琥珀勺。世祖影堂有真珠簾，又皆有珊瑚樹、碧甸子山之屬。

其祭之日：常祭每月初一日、初八日、十五日、二十三日，節祭元日、清明、蕤賓、重陽、冬至、忌辰。

其祭物，常祭以蔬果，節祭忌辰用牲。祭官便服，行三獻禮。加薦用羊羔、炙魚、饅頭、䭔子、西域湯餅、圜米粥、沙糖飯羹。

泰定二年，亦作顯宗影堂于大天源延聖寺，天曆元年廢。舊有崇福、殊祥二院，奉影堂祀事，乃改爲泰禧院。二年，又改爲太禧宗禋院，秩二品。既而復以祖宗所御殿尚稱影堂，更號神御殿。殿皆製名以冠之：世祖曰元壽，昭睿順聖皇后曰睿壽，南必皇后曰懿壽，裕宗曰明壽，成宗曰廣壽，順宗曰衍壽，武宗曰仁壽，文獻昭聖皇后曰昭壽，仁宗曰文壽，英宗曰宣壽，明宗曰景壽。且命學士擬其祭祀儀注，今闕。

又有玉華宮孝思殿，在真定。世祖中統二年七月，命道士王道歸於真定，建道觀，賜名玉華宮，以忌日享祀太上皇、皇太后御容。本路官吏祭奠，太常博士按《宋會要》定其儀。所司前期置辦茶飯、香果。質明，禮直官、引獻官與陪位官以下，並公服入廟庭，西向立。俱再拜訖，引獻官詣殿正階下再拜，升階至案前褥位，三上香，三奠酒訖，就拜，興。又再拜訖，引獻官復位，與陪位官以下俱再拜，退。仁宗皇慶二年秋八月庚辰，命大司徒田忠良詣真定致祭，依歲例給御香酒並犧牲物錢中統鈔一百錠。延祐四年，始用登歌樂，行三獻禮。舊志云皇慶二年。彼此牴牾，未詳孰是。

七年，太常博士言：「原廟之制，隆古未聞。謹案《尚書》『黷於祭祀，時謂弗欽』，《春秋》之義：父不祭於支庶之宅〔四〕，君不祭於臣僕之家。聖朝建立七廟，崇奉孝享，可謂至矣。而睿宗皇帝神御別在真定路玉華宮，竊維有功德於天下者，莫如太祖、世祖。太祖不聞有原廟。世祖神御奉安大聖壽萬安寺，歲時差官，以家人禮祭供，不用太常禮樂。今玉華宮原廟列在郡國，又非隆興降誕之地，主者以臣僕之賤，供奉御容，非禮之甚。伏望稽前漢故事，致隆太廟。玉華宮照京師諸寺影堂例，止命有司以時祭供。罷遣太常禮樂，非獨聖朝得典禮之正，抑且有司無褻瀆之煩，禮官免失禮之責矣。」議上，帝從之，勑歲時本處依舊禮致祭。

其太祖、太宗、睿宗御容在翰林者，至元十五年十一月，命承旨和禮霍孫寫太祖御容。十六年二月，復命寫太上皇御容，與太宗舊御容，俱置翰林院，院官春秋致祭。二十四年二月，翰林院言舊院屋敝，新院屋纔六間，三朝御容宜於太常寺安奉，後仍遷新院。至大四年，翰林院移署舊尚書省，有旨月祭。中書平章完澤等言：「祭祀非小事，太廟歲一祭，執事諸臣受戒誓三日乃行事，今此輕易非宜。舊置翰林院御容，春秋二祭，不必增益。」從之。至治三年，遷置普慶寺，祀禮廢。泰定二年八月，中書省臣言當祭如故，乃命承旨斡赤齋香酒至大都，同省臣祭于寺。四年，造影堂於石佛寺，未及遷。至順元年七月，即普慶寺祭如故事。二年，復祀於翰林國史院。後至元六年，翰林院言：「三朝御容祭所甚隘，兼歲久屋漏，於石佛寺新影堂奉安爲宜。」中書省臣奏：「此世祖定制，當仍其舊。」從之。

【校勘記】

〔一〕「西序」，原作「西序」，據《元史》卷七四志第二十五《祭祀三》改。

〔二〕「晨祼」，原作「晨祼」，下文「五曰晨祼」之「祼」同誤，據《元史》卷七四志第二十五《祭祀三》及《續文獻通考》卷八二《宗廟考》改。

〔三〕「九月」，原作「九九」，據《元史》卷七七志第二十八《祭祀六》改。

〔四〕「支庶之宅」，「之宅」二字原脱，蘇天爵《國朝文類》卷一五引元永貞《真定玉華宫罷遣太常禮樂議》、王圻《續文獻通考》卷一一一引亦脱。按《漢書》卷七三《韋賢傳》及《通典》卷四七、《通志》卷一〇一所引有「之宅」二字，據補。

新元史卷之八十六　志第五十三

禮志六

社稷　先農

元之秩祀，天子親遣使致祭者三：曰社稷，曰先農，曰宣聖。有司常祀者五：曰社稷，曰宣聖，曰岳瀆，曰風師雨師，曰三皇。皆以社稷爲首。至元七年十二月，有詔歲祀太社太稷。二十年，詔以春秋仲月上戊祭社稷。至延祐六年，始改用中戊。二十九年，建社稷壇。三十年七月，始用御史中丞崔彧言，於和義門少南，得地四十畝，爲壝垣，近南爲二壇，壇高五尺，方廣五丈。社東稷西，相去約五丈。社壇土用青、赤、白、黑四色，依方位築之，中間實以常土，上以黃土覆之。築必堅實，依方面以五色泥飾之。四面當中，各設一陛道。其廣一丈，亦各依方色。稷壇一如社壇之制，壇南植松一株，惟土不用五色，其上四周純用一色黃土。壇皆北向，立北墉於社壇之北，以塼爲之，飾以黃泥。瘞坎二於稷壇之北，少西，深足容物。

二壇周圍壝垣，以塼爲之，高五丈，廣三十丈，四隅連飾。內壝垣櫺星門四所。外垣櫺星門二所，每所門三，列戟二十有四。外壝內北垣下屋七間，南望二壇，以備風雨，曰望祀堂。堂東屋五間，連厦三間，曰齊班廳。廳之南，西向屋八間，曰獻官幕。又南，西向屋三間，曰院官齋所。又其南屋十間，自北而南，曰祠祭局，曰儀鸞庫，曰法物庫，曰都監庫，曰雅樂庫。又其南，北向屋三間，曰百官廚。外垣南門西壝垣西南，北向屋三間，曰大樂署。其西，東向屋三間，曰樂工房。又其北，北向屋一間，曰饌幕殿。又北，南向屋三間，曰饌幕。又北稍東，南向門一間。院內南，南向屋三間，曰神廚。東向屋三間，曰酒庫。近北少卻，東向屋三間，曰犧牲房。井有亭。望祀堂後自西而東，南向屋九間，曰執事齋郎房。自北折而南，西向屋九間，曰監察執事房。此壇壝次舍之所也。

社主用白石，長五尺，廣二尺，剡其上如鐘。於社壇近南，北向，埋其半於土中。稷不用主。后土氏配社，后稷氏配稷。神位版二，用栗，素質黑書。社樹以松，於社稷二壇之南各一株。此作主樹木之法也。

祝版四，以楸木爲之。各長二尺四寸，闊一尺二寸，厚一分。文曰：「維年月日，嗣天子敬遣某官某，敢昭告于太社之神。」配位曰「后土之神」。稷曰「太稷之神」，配位曰「后稷之神」。玉幣：社、稷皆黝圭一，繅藉，瘞玉一，以黝石代之，玄幣一。配位皆玄幣一，各長一丈八尺。此祝文玉幣之式也。

牛一，其色黝，其角握，有副，羊四，野豕四。籩之實皆十，無糗餌、粉餈。豆之實亦十，無酏食、糝食。簠簋之實皆四，鉶之實和羹五，齊皆以尚醞代之。香用沈龍涎。神席一，緣以黑綾，褥方七尺四寸。太尊、著尊、犧尊、山罍各二，有坫加勺冪。象尊，壺尊、山罍各二，有坫冪，設而不酌。籩、豆各十有一，其一設於饌幕。鉶三，簠三，簋三，其一設於饌幕。俎八，其二設於饌幕。盤一，毛血豆一，爵一，有坫，沙池一，玉幣篚一，木柶一，勺一，香鼎一，香盒一，香案一，祝案一，皆有衣。紅髹器一，以盛馬湩。盥洗位二，罍二，洗二。白羅巾四，實以篚。朱漆盤五。已上社、稷皆同。配位有象尊，無太尊。設而不酌者，無象尊，餘皆與正位同。此牲齊祭器之等也。

饌幕、省饌殿、香殿，黃羅幕三，黃羅額四，黃絹帷一百九十五幅，獻攝版位三十有五，紫綾拜褥百，蒲、葦席各二百，木鐙籠四十，絳羅鐙衣百一十，紅挑鐙十，剪燭刀二。鐵糽盆三十有架，黃燭二百，雜用燭二百，麻糽三百，松明、清油各百斤。此饌幕板位燭燎之用也。

初獻官一，亞獻官一，終獻官一，攝司徒一，助奠官二，太常卿一。光禄卿一，廩犧令一，太官令一，巾篚官四。祝史四，監祭御史二，監禮博士二，司天監二，良醞令一，奉爵官一，司尊罍二，盥洗官二，爵洗官一，太社令一，太社丞一，太樂令一，太樂丞一，協律郎二，奉禮郎二，讀祝官一，舉祝官二。奉幣官四，剪燭官二，太祝七，齋郎四十有八，贊者一，禮直官三。與祭官無定員。此獻攝執事之人也。

三十一年八月，初祀社稷，用堂上樂，歲以爲常。凡祭之日，以春秋二仲月上戊。延祐六年，用中戊。

其儀注之節有六：

一曰迎香。前一日，有司告諭坊市，灑掃經行衢路，設香案。至日質明，有司具香酒樓轝，三獻官以下及諸執事官各具公服，五品以下官、齋郎等皆借紫，詣崇天門。三獻官及太常禮儀院官入，奏祝及御香、尚尊酒，馬湩自内出。監祭御史、監禮博士、奉禮郎、太祝分左右兩班前導。控鶴五人，一人執繖，四人執儀仗，由大明門正門出。教坊大樂作。至崇天門外，奉香酒、馬湩者各安置於輿，導引如儀。至紅門外，百官乘馬分班行於儀仗之外。清道官行於儀衛之先，兵馬司巡兵夾道次之，金鼓又次之，京尹儀從左右成列又次之，教坊太樂一隊次之。控鶴、弩手各服其服，執儀仗左右成列次之。拱衛使行其中，儀鳳司細樂又次之。太常卿與博士御史導於輿前，獻官、司徒、助奠官從於輿後。若駕幸上都，三獻官以下及諸執事官則詣健德門外，皆具公服於香輿前北向立，異位重行。俟奉香酒官驛至，太常官受而奉之，各置於輿。禮直官贊「班齊」，「鞠躬」，「再拜，興」，「平立」。班首稍前搢笏跪，衆官皆跪。三上香，出笏就拜，興，平立，退，復位，北向立，鞠躬，再拜，興，平立。衆官上馬，分班前導如儀。至社稷壇北神門外，皆下馬，分左右入自北門，序立如儀。太常卿、博士、御史前導，獻官、司徒、助奠等官後從。至望祀堂下，三獻奉香、酒、馬湩陞階，置於堂中黄羅幕下。禮直官引三獻官以次而出，各詣齋次，釋服。

二曰齋戒。前期三日，質明，有司設三獻官以下行事執事官位於中書省。大尉南向，監祭御史位二於其西，東向，監禮博士位二於其東，西向，俱北上。司徒、亞獻、終獻位於其南，北向。次助奠，稍卻。次太常卿、光禄卿、太官令、司尊彝、良醖令、太社令、廩犧令、光禄丞、太樂令、太社丞。次讀祝官、奉爵官、太祝、祝史、奉禮郎、協律郎、司天生、諸執事齋郎。每等異位重行，俱北向，西上。贊者引行事執事官各就位，立定。禮直官引太尉、初獻就位，讀誓曰：「某年某月某日上戊日，祭於太社太稷，各揚其職。其或不敬，國有常刑。」散齋二日，宿於正寢，致齋一日於祠所。散齋日治事如故，不弔喪問疾，不作樂，不判署刑殺文字，不決罰罪人，不與穢惡事。致齋日，惟祭事得行，其餘悉禁。凡與祭之官已齋而闕者，通攝行事。七品以下官先退，餘官對拜。守壝門兵衛與大樂工人，俱清齋一日。行禮官前期習儀於祠所。

三曰陳設。前期三日，所司設三獻以下行事執事官次於齋房之内，及設饌幕四於西神門之外，稍南，西向，北上。今有饌幕殿在西壝門外，近北，南向，陳設如儀。前祭二日，所司設兵衛，各以其方色器服守衛壝門，每門二人，每隅一人。大樂令帥其屬設登歌之樂於兩壇上，稍北，南向。磬簴在東，鐘簴在西，柷一在鐘簴南稍東，敔一在磬簴南稍西。搏拊二，一在柷南，一在敔南，東西相向。歌工次之，餘工位在縣後。其匏竹者位於壇下，重行南向，相對爲首。太社令帥其屬掃除壇之上下，爲瘞坎二於壬地，方深足以容物，南出陛。前祭一日，司天監、太社令帥其屬升，設太社、太稷神座各於壇上，近南，北向。設后土神座於大社神座之左，后稷神座於太稷神座之左，俱東向。席皆以莞，裀褥如幣之色，設神位板各於座首。奉禮郎設三獻官位於四神門之内道南，亞獻、終獻位稍却。司徒位道北，太常卿、光禄卿之位稍却。司天監、光禄丞又次之。太社令、太官令、良醞令、廩犧令、太社丞、讀祝官、奉爵官、太祝以次位於其北，諸執事者及祝事、齋郎位於其後。每等異位重行，俱東向，南上。又設監祭御史位二，監禮博士位二，於太社壇子陛之東北，俱東向，南上。設奉禮郎位於稷壇之西北隅，贊者位於東北隅，俱東向。協律郎位二，於各壇上樂簴東北，俱南向。太樂令位於兩壇樂簴之間，南向，司尊彝位於酌尊所，俱南向。設望瘞位於坎之南，北向。又設牲榜於西神門外，東向。諸太祝位於牲西，祝史次之，東向。太常卿、光禄卿、太官令位在南，北向，東上。監祭、監禮位於太常卿之東稍却，俱北向，東上。廩犧令位於牲東北，南向。又設禮饌於牲東，設省饌於禮饌之北，今有省饌殿設位於其北，東西相向，南上。太常卿、光禄卿、太官令位於西，東向，監祭、監禮位於東，西向，俱南上。禮部設板案各於神位之側，司尊彝、奉禮郎帥執事者設玉幣篚於酌尊所。次設籩豆之位，每位各籩十、豆十、簠二、簋二、鉶三、俎五、盤一。又各設籩一、豆一、簠一、簋一、俎三於饌幕内。毛血别置一豆。設尊罍之位，社稷正位各太尊二、著尊二、犧尊二、山罍二，於壇上西陛之西北隅，南向，東上。設配位各著尊二、犧尊二、象尊二、山罍二，在正位酒尊之西，俱南向，東上。又設正位各象尊二、壺尊二、山罍二，于壇下子陛之東，南向，東上。配位各壺尊二、山罍二，在西陛之南，西向，南上。又設洗位二，于各壇子陛之西北，南向。篚在洗東北肆，執罍篚者各位於其後。

祭日丑前五刻，司天監、太社令各服其服，帥其屬升。設正配位神位版於壇上。又陳玉幣，正位禮神之玉一，兩圭有邸，置於匣。正配位幣皆以玄，各長一丈八尺，陳於篚。太祝取瘞玉加於幣，實於篚，瘞玉以玉石爲之，及禮神之玉各置於神座前。光禄卿帥其屬，入實籩豆簠簋。每位籩三行，以右爲上。第一行，乾橑在前，乾棗、形鹽、魚鱐次之。第二行，鹿脯在前，榛實、乾桃次之。第三行，菱在前，芡、栗次之。豆三行，以左爲上。第一行，芹菹在前，筍菹、葵菹、菁菹次之。第二行，韭菹在前，魚醢、兔醢次之。第三行，豚拍在前，鹿臡、醓醢次之。簠實以稻粱。簋實以黍稷，鉶實以羹。良醞令帥其屬，入實尊罍。正位太尊爲上，實以泛齊，著尊實以醴齊，犧尊實以盎齊，象尊實以醍齊，壺尊實以沈齊，山罍實以三酒。配位著尊爲上，實以泛齊，犧尊實以醴齊，象尊實以盎齊，壺尊實以醍齊，山罍實以三酒。凡齊之上尊實以明水，酒之上尊實以玄酒，酒齊皆以尚醞代之。太常卿設燭於神座前。

四曰省牲器。前期一日午後八刻，諸衛之屬禁止行人。未後二刻，太社令帥其屬掃除壇之上下。司尊彝、奉禮郎帥執事者，以祭器入設於位。司天監、太社令升，設神位版及禮神之玉幣如儀。俟告潔畢，權徹，祭日重設。未後二刻，廩犧令與諸太祝，祝史以牲就位，禮直官、贊者分引太常卿、監祭、監禮、太官令於西神門外省牲位，立定。禮直官引太常卿，贊者引監祭、監禮，入自西神門，詣太社壇，自西陛升，視滌濯於上，執事者皆舉冪曰「潔」。次詣太稷壇，如太社之儀訖，降復位。禮直官稍前曰「告潔畢，請省牲」，引太常卿稍前省牲訖，退復位。次引廩犧令出班巡牲一匝，東向折身曰「充」，復位。諸太祝俱巡牲一匝。上一員出班東向折身曰「腯」，復位。禮直官稍前曰「省牲畢，請就省饌位」，引太常卿以下各就位，立定。省饌畢，還齋所。廩犧令與太祝、祝史以次牽牲詣廚，授太官令。次引光禄卿以下詣廚省鼎鑊，視滌溉畢，乃還齋所。晡後一刻，太官令帥宰人以鸞刀割牲，祝史以豆取血，各置於饌幕。祝史又取瘞血貯於盤，遂烹牲。

五曰奠玉幣。祭日丑前五刻，三獻官以下行事執事官，各服其服。有司設神位版，陳玉幣，實籩豆簠簋尊罍。俟監祭、監禮按視壇之上下，及徹去蓋冪。未時二刻，太樂令帥工人入，奉禮郎、贊者入就位，禮直官、贊者入就位。禮直官贊者分引監祭、監禮，諸太祝、祝史、齋郎及諸執事官，自西神門南偏門入，當太社壇北墉下，重行南向立，以東爲上。奉禮曰「再拜」，贊者承傳，監祭、監禮以下皆再拜。次贊者分引各就壇上下位，祝史奉盤血，太祝奉玉幣，由西階升壇，各於尊所立。次引監祭、監禮按視壇之上下，糾察不如儀者，退復位。質明，禮直官、贊者各引三獻以下行禮執事官入就位，皆由西神門南偏門以入。禮直官進初獻之左，曰「有司謹具，請行事」，退復位。協律郎跪，俛伏，舉麾，興，工鼓柷，樂作八成，偃麾，戛敔樂止。禮直官引太常卿瘞血于坎訖，復位，祝史以盤還饌幕，以俟奉毛血豆。奉禮曰「衆官再拜」，在位者皆再拜。又贊諸執事者各就位，禮直官、贊者分引執事官各就壇上下位。諸太祝各取玉幣於篚，立於尊所。禮直官引初獻詣太社壇盥洗位，樂作，至位南向立，樂止。搢笏，盥手，帨手，執笏詣壇，樂作。升自北陛，至壇上，樂止。詣太社神座前，南向立，樂作，搢笏，跪。太祝加玉於幣，東向跪，以授初獻。初獻受玉幣奠訖，執笏，俛伏，興。少退，再拜訖，樂止。禮直官引初獻降自北陛，詣太稷壇盥洗位，樂作，至位樂止。盥洗訖，升壇奠玉幣，並如太社后土之儀。奠畢，降自北陛，樂作，復位樂止。初獻奠玉幣將畢，祝史各奉毛血豆立於西神門外，俟奠玉幣畢，樂止。祝史奉正位毛血入自中門，配位毛血入自偏門。至壇下，正位者升自北陛〔一〕，配位者升自西陛，諸太祝迎取於壇上，各進奠於神位前，太祝、祝史俱退立於尊所。

六曰進熟。初獻既奠玉幣，有司先陳鼎入於神廚。各在於鑊右。太官令出，帥進饌者詣廚。以匕升羊豕於鑊，各實於一鼎，冪之。祝史以扃對舉鼎，有司執匕以從，各陳於饌幕內。俟光禄卿出，帥其屬實籩豆簠簋訖，乃去鼎之扃冪，匕加於鼎。太官令以匕升羊豕，各載於俎，俟初獻還位，樂止。禮直官引司徒出詣饌所，帥進饌者各奉正配位之饌，太官令引以次自西神門入。正位之饌入自中門，配位之饌入自偏門。饌初入門，樂作，饌至陛，樂止。祝史俱進，徹毛血豆，降自西陛以出。正位之饌升自北陛，配位之饌升自西陛，諸太祝迎取於壇上，各跪奠於神座前訖，俛伏，興。禮直官引司徒、太官令及進饌者，自西陛各復位。諸太祝還尊所，贊者曰「太祝立茅苴於沙池。」禮直官引初獻官詣太社壇盥洗位，樂作，至位南向立，樂止。搢笏，盥手，帨手，執笏詣爵洗位，至位南向立，搢笏，洗爵，拭爵，以爵授執事者，執笏詣壇，樂作，升自北陛，至壇上，樂止。詣太社酌尊所，東向立，執事者以爵授初獻，初獻搢笏執爵，司尊者舉羃，良醞令跪酌太尊之泛齊，樂作。初獻以爵授執事者，執笏詣太社神座前，南向立，搢笏跪。執事者以爵授初獻，初獻執爵三祭酒，奠爵，執笏，俛伏，興，少退立，樂止。舉祝官跪，對舉祝版。讀祝官西向跪，讀祝文。讀訖，俛伏，興，舉祝官奠祝版於案，興。初獻再拜訖，樂止。次詣后土氏酌尊所，東向立。執事者以爵授初獻，初獻搢笏執爵，司尊彝舉羃，良醞令跪酌著尊之泛齊，樂止。初獻以爵授執事者，執笏詣后土神座前，西向立，搢笏跪。執事者以爵授初獻，初獻執爵三祭酒，奠爵訖，執笏俛伏興，少退立，樂止。舉祝官跪，對舉祝版。讀祝官南向跪，讀祝文。讀訖，俛伏，興，舉祝官奠祝版於案，興。初獻再拜訖，樂止。降自北陛，詣太稷壇盥洗位，樂作，至位樂止。盥洗升獻，並如太社后土之儀。降自北陛，樂作，復位，樂止。讀祝、舉祝官亦降復位。亞獻詣兩壇盥洗升獻，並如初獻之儀。終獻盥洗升獻，並如亞獻之儀。終獻奠獻畢，降復位，樂止，執事者亦復位。太祝各進徹籩豆，樂作，卒徹，樂止。奉禮曰「賜胙，衆官再拜」。贊者承傳，在位者皆再拜訖，送神樂作，一成止。禮直官進初獻之左，曰「請詣望瘞位」，御史、博士從，樂作，至位北向立，樂止。初在位官將拜，諸太祝各執篚進於神座前，取瘞玉及幣，齋郎以俎載牲體并黍稷爵酒，各由其陛降，置於坎訖，贊者曰「可瘞」，東西各二人置土半坎。禮直官進初獻之左，曰「禮畢」，禮直官各引獻官以次出。禮直官引監祭、太祝以下執事官，俱復於壇北壝下，南向立定。奉禮曰「再拜」，監祭以下皆再拜訖，出，祝史、齋郎及工人以次出。祝版燔於齋所。光禄卿、監祭、監禮展視酒胙訖，乃退。

其告祭儀：告前三日，三獻官以下諸執事官各具公服赴中書省受誓戒。告前一日，省牲器，告日質明，三獻官以下諸執事各服其服，禮直官引監祭、監禮以下諸執事官入自北壝下，南向立定。奉禮郎贊曰「再拜」。在位官皆再拜訖，奉禮郎贊曰「各就位」，「立定」。監祭、監禮視陳設畢，復位立定。禮直官引三獻、司徒、太常卿、光禄卿入就位，立定。禮直官贊「有司謹具，請行事」。降神樂作，八成止。太常卿瘞血，復位立定。奉禮郎贊「再拜」。皆再拜訖，禮直官引初獻官詣盥洗位，盥手訖，詣社壇正位神座前南向，搢笏跪，三上香，奠玉幣，執笏，俛伏，興。再拜訖，詣配位神座前西向，搢笏跪，三上香，奠幣，執笏，俛伏，興。再拜訖，詣稷壇盥洗位，盥手訖，升壇，並如上儀。俱畢，降復位。司徒率齋郎進饌，奠訖，降復位。禮直官引初獻官詣盥洗位，盥手訖，詣爵洗位，洗爵訖，詣酒尊所酌酒訖，詣社壇神位座前，南向立，搢笏跪，三上香，執爵，三祭酒於茅苴，爵授執事者，執笏，俛伏，興。俟讀祝官讀祝文訖，再拜興，詣酒尊所酌酒訖，詣配位神座前，西向，搢笏跪，三上香，執爵。三祭酒於茅苴，爵授執事者，執笏，俛伏，興。俟讀祝文訖，再拜，興，詣稷壇盥洗位，盥手，洗爵，酌獻，並如上儀。俱畢，降復位。禮直官引亞獻，並如初獻之儀，惟不讀祝。俱畢，降復位。禮直官引終獻，並如亞獻之儀。俱畢，降復位。太祝徹籩豆訖，奉禮郎贊「賜胙」。衆官再拜訖，禮直官引三獻、司徒、太常卿詣瘞坎位，南向立定。禮直官贊「可瘞」，禮畢出。禮直官引監祭、監禮、太祝、齋郎至北墉下，南向立定。奉禮贊「再拜」，皆再拜訖，出。

至郡縣之社稷：至元十年八月甲辰朔，頒諸路立社稷壇壝儀式。十六年春三月，中書省下太常禮官，定郡縣社稷壇壝祭器制度、祀祭儀式，圖寫成書，名《至元州郡通禮》。

二十五年八月，浙東海右道廉訪司監治官王博文獻議曰：「社稷起於上古，祀共工氏之子勾龍爲社，厲山氏之子柱爲稷。至商湯，因旱遷社，以周棄代之。成周之制，天子立五社，諸侯三社，皆以勾龍配社，周棄配稷。社壇在東，稷壇在西。天子用太牢，諸侯用少牢，皆黝色。幣用黑，日用甲。王服絺冕，樂用太簇歌應鐘舞咸池，用三獻。後漢建武中，立大社稷。二月八日及臘日一歲三祠，皆用太牢。郡縣置社稷，太守令長侍祠。魏立二社、一稷。梁以二十五家爲社，春秋祠，水旱禱祈祠。隋開皇初，用戊日。至唐，社以勾龍配，稷以后土配。亡宋因唐舊制，社壇廣五尺，高四尺，以五色土爲之。稷壇在西，如社之制。社以石爲主，形如鐘，長五尺，方二尺，剡其上象天方，其下象地，埋其半於地。其垣飾以方色，屋用三門四十戟，其中植槐。元符二年，郡縣壇社方二丈五尺，高三尺四，出陛主高二尺五寸，方一尺餘，如舊制，一壝二十五步。紹興式，社以后土勾龍氏配，稷以后稷氏配。先儒之説，謂社稷皆土祇，有生育之功，勾龍、周棄能平水土，故用爲后土及田正之神。又曰社爲土地之神，稷爲五穀之神，故報而祭之。祭法當依漢、唐制，郡縣各用羊一、豕一，先瘞血首，餘以骨體薦。黑幣二、樽二，籩、豆各八，簠、簋各一，俎八。每歲仲春、仲秋戊日黎明，郡縣官各三獻，以公服從事。」

至元貞二年冬，太常寺始議准，置壇於城西南，二壇方廣視太社、太稷殺其半。壺尊二，籩豆皆八，而無樂。牲用羊豕，餘皆與太社、太稷同。三獻官以州長貳爲之。

先農之祀，始自至元九年二月，命祭先農如祭社之儀。七年六月，立籍田大都東南郊，至是，始祭先農。十四年二月戊辰，祀先農東郊。十五年二月戊午，祀先農，以蒙古胄子代耕籍田。二十一年二月丁亥，又命翰林學士承旨撒里蠻祀先農於籍田。

武宗至大三年夏四月，從大司農請，建農、蠶二壇。博士議：「二壇之式與社稷同，縱廣一十步，高五尺，四出陛，外壝相去二十五步，每方有櫺星門。今先農、先蠶壇位在籍田內，若內外壝，恐妨千畝，其外壝勿築。」是歲，命祀先農如社稷，禮樂用登歌，日用仲春上丁。後或用上辛，或甲日。祝文曰：「維某年月日，皇帝敬遣某官，昭告于帝神農氏。」配神曰「于后稷氏」。祀前一日未後，禮直官引三獻、監祭、監禮以下省牲饌如常儀。祀日丑前五刻，有司陳鐙燭，設祝幣，太官令帥其屬入實籩豆尊罍。丑正，禮直官引先班入就位，立定，次引監祭、監禮按視壇之上下，糾察不如儀者。畢，退復位，東向立。奉禮曰「再拜」，贊者承傳，再拜訖。奉禮又贊「諸執事者各就位」，禮直官各引執事官各就位，立定。次引三獻官并與祭等官以次入就位，西向立。禮直官於獻官之右，贊「請行事」，樂作三成止。奉禮贊「再拜」，在位者皆再拜。太祝跪取幣於篚，立於尊所。禮直官引初獻官詣盥洗位，北向立，盥手，帨手畢，升自東階，詣神位前北向立，搢笏跪。三上香，受幣奠幣，執笏，俛伏，興，少退。再拜訖，降復位，立定。太官令率齋郎設饌於神位前畢，俛伏，興，退，復位。禮直官引初獻再詣盥洗位，北向立，盥手，帨手，詣爵洗位，洗爵，拭爵，詣酒尊所酌酒畢，詣正位神位前北向立。搢笏跪，三上香，三祭酒於沙池，爵授執事者，執笏，俛伏，興，北向立。俟讀祝畢，再拜，興。次詣配位酒尊所，酌酒訖，詣神位前東向立。搢笏跪，三上香，三祭酒於沙池，爵授執事者，執笏，俛伏，興，東向立。俟讀祝畢，再拜，退復位。次引亞終獻行禮，並如初獻之儀，惟不讀祝，退復位，立定。禮直官贊徹籩豆，樂作，卒徹，樂止。禮贊「賜胙」，衆官再拜贊者承傳，在位者皆再拜訖，樂作送神之曲，一成止。禮直官引齋郎升自東階，太祝跪取幣祝，齋郎捧俎載牲體及籩豆簠簋，各由其階至坎位，北向立。俟三獻畢，至立定。各跪奠訖，執笏，俛伏，興。禮直官贊「可瘞」，乃瘞。焚瘞畢，三獻以次詣耕地所，耕訖而退。此其儀也。

先蠶之祀未聞。

【校勘記】

〔一〕「北陛」，原作「北陞」，據《元史》卷七六志第二十七《祭祀五》改。

新元史卷之八十七　志第五十四

禮志七

宣聖廟　闕里廟　郡縣宣聖廟　嶽鎮海瀆　嶽鎮海瀆常祀　風師雨師　七祀　三皇廟　武成王廟　前代帝王廟　周公廟　名山大川忠臣義士祠　泉州神女　功臣祠　城隍　國俗祭祀

宣聖廟：太祖始置於燕京。

中統二年，詔：「先聖廟，國家歲時致祭，諸儒月朔釋奠，宜洒掃清潔。今後禁約諸官員使臣及管工匠官，毋得於廟內褻瀆，違者罪之。」三年，重修宣聖廟成。

至元十年二月，中書省議准：「衣冠所以彰貴賤，表誠敬，況國家大禮，先聖先師，不必援釋老二家之例。凡預執事官員及陪位諸儒，自當謹嚴儀禮以行。其事除執事官已各依品級製造公服外，陪位諸儒自備襴帶唐巾，以行釋奠之禮。」

大德十年，建文宣王廟於京師，行釋奠禮，牲用太牢。

至大元年秋七月，加號先聖曰「大成至聖文宣王」。

延祐三年秋七月，詔釋奠於先聖。以顔子、曾子、子思、孟子配享。封孟子父爲邾國公，母爲邾國宣獻夫人。皇慶二年六月，以許衡從祀，又以先儒周惇頤、程顥、程頤、張載、邵雍、司馬光、朱熹、張栻、吕祖謙從祀。

至順元年，以漢儒董仲舒從祀。齊國公叔梁紇加封啟聖王；魯國太夫人顔氏，啟聖王夫人；顔子，兖國復聖公；曾子，郕國宗聖公；子思，沂國述聖公；孟子，鄒國亞聖公；河南伯程顥，豫國公；伊陽伯程頤，洛國公。是年十一月，兖國復聖公新廟落成。元統二年，改封顔子考曲阜伯爲杞國公，謚文裕；妣齊姜氏爲杞國夫人，謚端獻夫人；戴氏兖國夫人，謚貞素。又以益都鄒縣牧地三十頃給常祀。

至正十九年，以先儒楊時、李侗、胡安國、蔡沈、真德秀從祀，俱贈太師。追封時，吴國公，侗，越國公；安國，楚國公；沈，建國公；德秀，福國公。二十二年，追謚朱熹父爲獻靖，改封熹齊國公。

其祝幣之式：祝版三，各一尺二寸，廣八寸，木用楸梓柏，文曰：「維年月日，皇帝敬遣某官等，致祭於大成至聖文宣王。」於先師曰：「維年月日，某官等致祭於某國公。」幣三，用絹，各長一丈八尺。

其牲齊器皿之數：牲用牛一、羊五、豕五。以犧尊實泛齊，象尊實醴齊，皆三，有上尊；加羃，有勺，設堂上。太尊實泛齊，山罍實醴齊，有上尊。著尊實盎齊，犧尊實醴齊，象尊實沈齊，壺尊實三酒，皆有上尊，設堂下。盥洗位，在阼階之東。以象尊實醴齊，有上尊，加羃有勺，設於兩廡近北。盥洗位在階下近南。籩十，豆十，簠二，簋二，登三，鉶三，俎三，有毛血豆，正配位同。籩、豆皆二，簋一，簠一，俎一，從祀皆同。凡銅之器六百八十有一：宣和爵坫一，豆二百四十有八，簠、簋各一百一十有五，登六，犧尊、象尊各六，山尊二，壺尊六，著尊、太尊各二，罍二，洗二，龍杓二十有七，坫二十有八，爵一百一十有八。竹木之器三百八十有四：籩二百四十有八，篚三，俎百三十有三。陶器三，瓶二，香爐一。籩巾二百四十有一，簠簋巾二百四十有八，俎巾百三十有三，黄巾蒙單十。

其樂登歌。

其日用春秋二仲月上丁，有故改用中丁。

其釋奠之儀：

省牲：前期一日晡時，三獻官，監祭官各具公服，詣省牲所阼階，東西向立，以北爲上。少頃，引贊者，引三獻官，監祭官巡牲一匝，北向立，以西爲上。侍禮牲者折身曰「充」，贊者曰「告充」，畢，禮牲者又折身曰「腯」，贊曰「告腯」，畢，贊者復引三獻官、監祭官詣神廚，視滌溉畢，還齋所，釋服。

釋奠：是日丑前五刻，初獻官及兩廡分奠官二員，各具公服於幕次，諸執事者具儒服，先於神門外西序東向立，以北爲上。明贊、承傳贊先詣殿庭前再拜畢，明贊升露階東南隅西向立，承傳贊立於神門階東南隅西向立。掌儀先引諸執事者各司其事，引贊者引初獻官、兩廡分奠官點視陳設。引贊者進前曰「請點視陳設」。至階，曰「升階」。至殿簷下，曰「詣大成至聖文宣王神位前」。至位，曰「北向立」。點視畢，曰「詣兗國公神位前」。至位，曰「東向立」。點視畢，曰「詣鄒國公神位前」。至位，曰「西向立」。點視畢，曰詣「東從祀神位前」。至位，曰「東向立」。點視畢，曰「詣西從祀，神位前」。至位，曰「西向立」。點視畢，曰「詣酒尊所」。曰「西向立」。點視畢，曰「詣三獻爵洗位」。至階，曰「降階」。至位，曰「北向立」。點視畢，曰「詣三獻官盥洗位」。至位，曰「北向立」。點視畢，曰「請就次」。

方初獻，點視時，引贊二人各引東西廡分奠官曰「請詣東西廡神位前」。至位東曰東，西曰西。向立。點視畢，曰「詣先儒神位前」。至位，曰「南向立」。點視畢，曰「退詣酒尊所」。至酒尊所，東西向立。點視畢，曰「退詣分奠官爵洗位。」至位，曰「南向立」。點視畢，曰「請就次」。西廡分奠官點視畢，引贊曰「請詣望瘞位」。至位，曰「北向立」。點視畢，曰「請就次」。初獻官釋公服，司鐘者擊鐘，初獻以下各服其服，齊班於幕次。

掌儀點視班齊，詣明贊報知，引禮者引監祭官、監禮官就位。進前曰「請就位」。至位，曰「就位，西向立」。明贊唱曰「典樂官以樂工進，就位」，承傳贊曰「典樂官以樂工進，就位」。明贊唱曰「諸執事者就位」，承傳贊曰「諸執事者就位」。明贊唱曰「諸生就位」，承傳贊曰「諸生就位」，引班者引諸生就位。明贊唱曰「陪位官就位」，承傳贊曰「陪位官就位」，引班者引陪位官就位。明贊唱曰「獻官就位」，承傳贊曰「獻官就位」，引贊者進前曰「請就位」。至位，曰「西向立」。明贊唱曰「闢户」，俟户闢，迎神之曲九奏。

樂止，明贊唱曰「初獻官以下皆再拜」，承傳贊曰「鞠躬」，「拜」，「興」，「拜」，「興」，「平身」。明贊唱曰「諸執事者各司其事」。俟執事者立定，明贊唱曰「初獻官奠幣」。引贊者進前曰「請詣盥洗位」。盥洗之樂作，至位，曰「北向立」。搢笏，盥手，帨手，出笏，樂止。及階，曰「升階」。升殿之樂作。樂止，入門，曰「詣大成至聖文宣王神位前」。至位，曰「就位，北向立，稍前」。奠幣之樂作。搢笏跪，三上香，奉幣者以幣授初獻。初獻受幣奠訖，出笏就拜，興，平身，少退，再拜，鞠躬，拜，興，拜，興，平身。曰「詣兗國公神位前」。至位，曰「就位，東向立」。奠幣如上儀。曰「詣鄒國公神位前」。至位，曰「就位，西向立」。奠幣如上儀。樂止，曰「退復位」。及階，降殿之樂作。樂止，至位，曰「就位，西向立」。

俟立定，明贊唱曰「禮饌官進俎」。奉俎之樂作，乃進俎。樂止，進俎畢。明贊唱曰

「初獻官行禮」，引贊者進前曰「請詣盥洗位」。盥洗之樂作，至位，曰「北向立」。搢笏，盥手，帨手，出笏。請詣爵洗位，至位，曰「北向立」。搢笏，執爵，滌爵，拭爵，以爵授執事者，如是者三，出笏。樂止，曰「請詣酒尊所」。及階，升殿之樂作，曰「升階」。樂止，至酒尊所，曰「西向立」。搢笏，執爵，舉冪，司尊者酌犧尊之泛齊，以爵授執事者，如是者三，出笏。曰「詣大成至聖文宣王神位前」。至位，曰「就位，北向立」。酌獻之樂作，稍前，搢笏跪，三上香，執爵三祭酒，奠爵，出笏，樂止。祝人東向跪讀祝，祝在獻官之左。讀畢，興，先詣左配位，南向立。引贊曰「就拜」，「興」，「平身」，「少退」，「再拜」，「鞠躬」，「拜」，「興」，「拜」，「興」，「平身」。曰「詣兗國公神位前」。至位，曰「就位，東向立」。酌獻之樂作。樂止，讀祝如上儀。曰「詣鄒國公神位前」。至位，曰「就位，西向立」。酌獻之樂作。樂止，讀祝如上儀。曰「退復位」。至階，降殿之樂作。樂止，至位，曰「就位，西向立」。

俟立定，明贊唱曰「亞獻官行禮」。引贊者進前曰「請詣盥洗位」。至位，曰「北向立」。搢笏，盥手，出笏。請詣爵洗位，至位，曰「北向立」。搢笏，執爵，滌爵，拭爵，以爵授執事者，如是者三，出笏。請詣酒尊所，曰「西向立」。搢笏，執爵，舉冪，司尊者酌象尊之醴齊。以爵授執事者，如是者三，出笏。曰「詣大成至聖文宣王神位前」。至位，曰「就拜，北向立」。酌獻之樂作。稍前，搢笏跪，三上香，執爵三祭酒，奠爵出笏，就拜，興，平身，少退，鞠躬，拜，興，拜，興，平身。曰「詣兗國公神位前」。至位，曰「東向立」。酌獻如上儀。曰「詣鄒國公神位前」。至位，曰「西向立」。酌獻如上儀。樂止，曰「退復位」。及階，曰「降階」。至位，曰「就位，西向立。」

明贊唱曰「終獻官行禮」，引贊者進前曰「請詣盥洗位」，至位，曰「北向立」。搢笏，盥手，帨手，出笏。請詣爵洗位，至位，曰「北向立。」搢笏，執爵，滌爵，拭爵，以爵授執事者，如是者三，出笏。請詣酒尊所。至階，曰「升階」。至酒尊所，曰「西向立」。搢笏，執爵舉冪，司尊者酌象尊之醴齊，以爵授執事者，如是者三，出笏。曰「詣大成至聖文宣王神位前」。至位，曰「就位，北向立，稍前」。酌獻之樂作。搢笏跪，三上香，執爵三祭酒，奠爵，出笏，就拜，興，平身，少退，鞠躬，拜，興，拜，興，平身。曰「詣兗國公神位前」。至位，曰「東向立」。酌獻如上儀。曰「詣鄒國公神位前」。至位，曰「西向立」。酌獻如上儀。樂止，曰「退復位」。及階，曰「降階」。至位，曰「就位，西向立」。

俟終獻，將升階，明贊唱曰「分獻官行禮」。引贊者分引東西從祀分獻官進前曰「詣盥洗位」。至位，曰「北向立」。搢笏，盥手、帨手，出笏。詣爵洗位，至位，曰「北向立」。搢笏執爵滌爵，拭爵，以爵授執事者，出笏。詣酒尊所。至階，曰「升階」。至酒尊所，曰「西向立」。搢笏，執爵舉冪，司尊者酌象尊之醴齊，以爵授執事者，出笏。詣東從祀神位前。至位，曰「就位，東向立，稍前」。搢笏跪，三上香，執爵三祭酒，奠爵，出笏，就拜，興，平身，少退，鞠躬，拜，興，拜，興，平身，退，復位。及階，曰「降階」。至位，曰「就位，西向立」。

引西從祀分獻官同上儀，唯至神位前東向立。俟十哲分獻官離位，明贊唱曰「兩廡分奠官行禮」。引贊者進前曰「詣盥洗位」。至位曰「南向立」。搢笏，盥手，帨手，出笏，詣爵洗位。至位，曰「南向立」。搢笏，執爵，滌爵，拭爵，以爵授執事者，出笏，曰「詣東廡酒尊所」。及階，曰「升階」。至酒尊所，曰「北向立」。搢笏，執爵，舉冪，酌象尊之醴齊，以爵授執事者，出笏，詣東廡神位前。至位，曰「東向立，稍前」。搢笏跪，三上香，執爵三祭酒，奠爵，出笏，就拜，興，平身，稍退，鞠躬，拜，興，拜，興，平身，退，復位。至階，曰「降階」。至位，曰：「就位，西向立」。

引西廡分奠官同上儀，唯至神位前，東向立作西向立。俟終獻十哲，兩廡分奠官同時復位。明贊唱曰「禮饌者徹籩豆」。徹豆之樂作，禮饌者跪，移先聖前籩豆，略離席，樂止。明贊唱曰「諸執事者退復位」。俟諸執事者至版位立定，送神之樂作。明贊唱曰「初獻官以下皆再拜」，承傳贊曰「鞠躬」，「拜」，「興」，「拜」，「興」，「平身」。樂止，明贊唱曰：「祝人取祝，幣人取幣，詣瘞坎」。俟徹祝幣者出殿門，北向立。望瘞之樂作，明贊唱曰「三獻官詣望瘞位」，引贊者進前曰「請詣望瘞位」。至位，曰「就位，北向立」。曰「可瘞」。埋畢，曰

「退，復位」。至殿庭前，候樂止，明贊唱曰「典樂官以樂工出就位」。明贊唱曰：「闔户」。又唱曰「初獻官以下退詣圓揖位」，引贊者引獻官退詣圓揖位。至位，初獻在西，亞終獻及分獻以下在東，陪位官東班在東，西班在西。

俟立定，明贊唱曰「圓揖」。禮畢，退復位，引贊者各引獻官詣幕次更衣。其飲福受胙，除國學外，諸處仍依常制。

闕里之廟：始自太宗九年，令先聖五十一代孫襲爵衍聖公元措修之，官給其費。而代祠之禮，則始於武宗。牲用太牢，禮物別給白金一百五十兩，綵幣表裏各十有三疋。四年冬，復遣祭酒劉賡往祀，牲禮如舊。延祐之末，泰定、天曆初載，皆循是典，錦幣雜彩有加焉。

郡縣宣聖廟：中統二年夏六月，詔：「宣聖廟及所在書院，有司歲時致祭，月朔釋奠。」八月丁酉，命開平守臣釋奠於宣聖廟。成宗即位，詔：「曲阜林廟，上都、大都、諸路府州縣邑廟學、書院，贍學土地及貢士莊，以供春秋二丁、朔望祭祀，修完廟宇。」自是天下郡邑廟學，無不完葺，釋奠悉如舊儀。

嶽、鎮、海瀆代祀。自中統二年始。凡十有九處，分五道。後乃以東嶽、東海、東鎮、北鎮爲東道，中嶽、淮瀆、濟瀆、北海、南嶽、南海、南鎮爲南道，北嶽、西嶽、后土、河瀆、中鎮、西海、西鎮、江瀆爲西道。既而又以驛騎迂遠，復爲五道，道遣使二人，集賢院奏遣漢官，翰林院奏遣蒙古官，出璽書給驛以行。中統初，遣道士，或副以漢官。至元十七年，立河瀆廟於河中。又敕建西海神廟於河中，春秋致祭，一視河瀆禮。二十一年，黄河清，遣官致祭。二十八年正月，帝謂中書省臣曰：「五嶽四瀆祠事，朕宜親往，道遠不可。大臣如卿等又有國務。宜遣重臣代朕祠之，漢人選名儒及道士習祀事者。」

其禮物，則每處歲祀銀香合一，重二十五兩，五嶽組金幡二、鈔五百貫，四瀆織金幡二、鈔二百五十貫，四海、五鎮銷金幡二、鈔二百五十貫，至則守臣奉詔使行禮。皇帝登寶位，遣官致祭，降香幡合如前禮，惟各加銀五十兩，五嶽各中統鈔五百貫，四瀆、四海、五鎮各中統鈔二百五十貫。或他有禱，禮亦如之。

其封號，至元二十八年春二月，如上東嶽爲天齊大生仁聖帝，南嶽司天大化昭聖帝，西嶽金天大利順聖帝，北嶽安天大貞玄聖帝，中嶽中天大寧崇聖帝。加封江瀆爲廣元順濟王，河瀆靈源弘濟王，淮瀆長源溥濟王，濟瀆清源善濟王，東海廣德靈會王，南海廣利靈孚王，西海廣潤靈通王，北海廣澤靈祐王。成宗大德二年二月，加封東鎮沂山爲元德東安王，南鎮會稽山爲昭德順應王，西鎮吴山爲成德永靖王，北鎮醫巫閭山爲貞德廣寧王，中鎮霍山爲崇德應靈王，敕有司歲時與嶽瀆同祀。是年，詔諸王駙馬毋擅祀嶽瀆。先是，元年六月，諸王也兒干遣使乘驛祀嶽瀆，命追其驛券，仍切責之，因有是命。至正十一年四月，加封河瀆神爲靈源神祐弘濟王，仍重建河瀆廟。

嶽、鎮、海、瀆常祀：至元三年夏四月，定歲祀嶽、鎮、海、瀆之制。正月，東嶽、鎮、海、瀆，土王日，祀泰山於泰安州，沂山於益都府界。立春日，祀東海於萊州界，大淮於唐州界。三月，南嶽鎮、海、瀆。立夏日，遥祭衡山。土王日，遥祭會稽山，皆於河南府界。立夏日，遥祭南海、大江於萊州界。六月，中嶽、鎮，土王日，祀嵩山於河南府界，霍山於平陽府界。七月，西嶽、鎮、海、瀆，土王日，祀華山於華州界，吴山於隴縣界。立秋日，遥祭西海、大河於河中府界。十月，北嶽、鎮、海、瀆，土王日祀恒山於曲陽縣界，醫巫閭於遼陽廣寧路界。立冬日，遥祭北海於登州界，濟瀆於濟源縣。祀官以所在守土官爲之。既有江南，乃罷遥祭。

時東平人趙天麟獻《太平金鏡策》，其論山川祭祀曰：「臣聞天子祭天地及天下之名山大川，諸侯祭社稷及名山大川之在其地者，大夫祭五祀，士祀宗廟，庶人祭祖考於寢。上得兼下，下不得僭上，皆有制以節之。今國家秩祀，既有禮部、太常寺、侍儀司以備其節文，又詔所在官司歲時致祭五嶽四瀆名山大川，歷代聖帝明王忠臣節士之載於祀典者，皆其宜也。竊見小民不安常典，妄祀明神，其類甚多，不可枚舉。夫東嶽者，天子告成之地，東方藩牧當祀之山。今乃有倡優之輩、貨殖之徒，每年春季，四方雲聚，有不遠千里而來者，干越禮典。褻瀆神明，亦已甚矣。伏望陛下申明前詔，使天下郡縣官各祭名山大川，聖帝明王忠臣節士之在其地者。凡下民當祭之神，則聽之。如非祀典所當祀而祀者，禁之，無令妄瀆。如是則巫風寢息，且亦富民之一助也。」

風、雨、雷師之祀：自至元七年十二月，大司農請於立春後丑日，祭風師於東北郊；立夏後申日，祭雷、雨師於西南郊。仁宗延祐五年，乃即二郊定立壇壝之制，其儀注闕。

七祀：曰户、司命、竈、中霤、門、厲、行。附祀神位於廟庭中街之東西向，其分爲四時之祭，並與宋同。宋制，立春祭户、祭司命，立夏祭竈，季夏土王日祭中霤，立秋祭門、祭厲，立冬祭行。惟中霤特祭則徧設之。各位籩、豆各二，簠、簋各一，尊二，俎二。

三皇廟：至元十二年，立伏羲、女媧、舜、湯等廟於河中、絳州、洪洞、趙城。元貞元年，初命郡縣通祀三皇，如宣聖釋奠禮。太皞伏羲氏以勾芒氏之神配，炎帝神農氏以祝融氏之神配，軒轅黃帝氏以風后氏、力牧氏之神配。黃帝臣俞跗以下十人，姓名載于醫書者，從祀兩廡。有司歲春秋二季行事，而以醫師主之。至正九年，江西湖東道廉訪使文殊奴言：「三皇廟每歲春秋祀事，命太醫官主祭，典禮未稱。請如國子學春秋釋奠，遣中書省臣代祀，一切禮儀仿其制。」中書付禮部集禮官定議以聞，制可，命太常司定三皇祭禮，工部範祭器，江淮行省製雅樂器。十年九月，致祭。宣徽院供禮饌，光祿勳供內醖，太府供金帛，廣源庫供香炬，大興府尹供犧牲，中書省奏擬三獻官以次定諸執事。前一日，內降御香，三獻官以下公服，備大樂儀仗，迎香至開天殿習祭儀。翰林院官具祝文曰：「皇帝敬遣某官某致祭。」

武成王：立廟於樞密院公堂之西，以孫武子、張良、管仲、樂毅、諸葛亮以下十人從祀。每歲春秋仲月上戊，以羊一、豕一、犧尊、象尊、籩、豆、俎、爵，樞密院遣官，行三獻禮。

前代帝王廟：堯帝廟在平陽。中統五年建。至元二十四年勅春秋二仲上丙日祀帝堯廟。舜帝廟，河東、山東濟南歷山、濮州、湖南道州皆有之。禹廟在河中龍門。中統三年賜名建極宫。至元元年七月，龍門禹廟成，命侍臣持香致敬，有祝文。十二年二月，立伏羲、女媧、舜、湯等廟於河中解州、洪洞、趙城。十五年四月，修會川縣盤古祠，祀之。二十四年閏二月，勑春秋二仲丙日，祀帝堯廟。致和元年，禮部移太常送博士議，舜、禹之廟合依堯祠故事，每歲春秋仲月上旬卜日，有司蠲潔致祭，官給祭物。至順元年三月，從太常奉禮郎薛元德言，彰德路湯陰縣北故羑里城周文王祠，命有司奉祀如故事。

周公廟：在鳳翔府岐山之陽。天曆二年六月，以岐陽廟爲岐陽書院，設學官，春秋釋奠周文憲王如孔子廟儀。凡有司致祭先代聖君名臣，皆有牲無樂，其祭器不用籩、簠、簋，儀非酌獻者，有司便服行禮，三上香，奠酒。

凡名山大川、忠臣義士之祠：所在有司祭之。其祀典之可考者：太祖十七年三月，封崑崙山爲玄極王，大鹽池爲惠濟王。至元四年，封昔木土山爲武定山〔一〕，其神曰武定公，泉爲靈淵，其神曰靈淵侯。泰定四年十月，改封建德路烏龍神爲忠顯靈澤普休孚惠王。致和元年四月，改封蒙山神爲嘉惠昭應王，洞庭神爲忠惠順利靈濟昭佑王。至元十四年，回水窩淵聖廣源王加封善佑崇山靈濟照應王；加封廣惠安邱雹泉靈霈侯〔二〕，追封靈霈公〔三〕。十六年，進封桑乾河洪濟公爲顯應洪濟公。十五年，封伯夷爲昭義清惠公，叔齊爲崇讓仁惠公。二十一年，加封衛輝路永清河神爲洪濟威惠王。大德三年，加解州鹽池神惠康王曰廣濟，資寶王曰永澤；浙西鹽官州海神曰靈威弘祐公；吴大夫伍員曰忠孝威惠顯聖王。延祐三年，敕衛輝、昌平修殷比干、唐狄仁傑祠。五年，加封楚大夫屈原爲忠節清烈公。泰定元年，加封廣德路山神張真人曰普濟寧國路山神，廣惠王曰福祐。二年，遣使祀武當、龍虎二山。置諫議書院於昌平，祀唐劉蕡。至正十八年，加封蕡文節昌平王。天曆元年，加封漢關羽爲顯靈義勇武安英濟王。至治二年，封蜀漢諸葛亮爲威烈神顯仁濟王，封唐柳州刺史柳宗元爲文惠昭靈公，加封唐司徒顔真卿爲貞烈文忠公。令有司歲時致祭。二年，命加謚漢長沙王芮爲長沙文惠王。至順元年，加封秦蜀郡太守李冰爲聖德廣裕英惠王，其子二郎神爲英烈昭惠靈顯仁裕王，賜伯夷叔齊廟額曰「聖清」。後至元元年，封微子爲仁靖公，箕子爲仁獻公，比干爲仁顯忠烈公；加封漢張飛爲武義忠顯英烈靈惠助順王。又封徽州土神汪華爲照忠廣仁武烈靈顯王，封真定滹沱河神爲昭佑靈源侯。三年，封晉郭璞爲靈應侯，封晉周處爲英義武惠正應王。五年，加封孝女曹娥爲慧感靈孝昭順純懿夫人。

泉州神女靈惠夫人：至元十五年，加號護國明著靈惠協己善慶顯濟天妃。天曆元年，加號護國庇民廣濟福惠明著天妃，賜廟號曰靈慈，直沽、平江，周涇、泉、福、興化等處皆有廟。皇慶以來，歲遣使齎香遍祭，金幡一，合銀一錠，付平江官漕司及本府官，用柔毛酒醴便服行事。祝文云：「維年月日，皇帝特遣某官等致祭於護國庇民廣濟福惠明著天妃。」

功臣祠：至大四年，立淮安忠武王伯顏廟於杭州，春秋二仲月次戊致祭，祀以少牢，用籩、豆、簠、簋，行酌獻禮，若魏國文正公許衡廟在大名，河南王阿朮廟在揚州。皇慶元年，又命河南行省建丞相阿朮祠堂。延祐五年，敕杭州守臣歲時致祭。至治二年，賜祭田二十頃。東平忠憲王安童廟在東平，順德忠獻王哈剌哈孫廟在順德、武昌者，皆歲時致祭。後至元六年，建太師木華黎祠堂。是年，又立阿嘍罕、伯顏祠堂，皆家廟，官爲建之者。

城隍廟：至元五年建於上都。七年，大都路建廟，封神曰祐聖王。天曆二年八月，加王及夫人號曰護國保寧。

國俗祭祀：每歲十二月下旬擇日於西鎮國寺内牆下，灑掃平地，太府監供綵幣，中尚監供細氈鍼線，武備寺供弓箭、環刀，束稈草爲人形一，爲狗一，剪雜色綵段爲之腸胃，選達官世家之貴重者交射之。非别速、札剌爾、乃蠻、忙古、台列班、塔達、珊竹、雪泥等氏族，不得與列。射至糜爛，以羊酒祭之。祭畢，帝后及太子嬪妃併射者，各解所服衣，俾蒙古巫覡祝讚之。祝讚畢，遂以與之，名曰脱災。國俗謂之射草狗。

每歲十二月十六日以後，選日，用白黑羊毛爲線，帝后及太子，自頂至手足，皆用羊毛線纏繫之，坐于寢殿。蒙古巫覡念咒語，奉銀槽貯火，置米糠于其中，沃以酥油，以其煙薰帝之身，斷所繫毛線，納諸槽内。又以紅帛長數寸，帝手裂碎之，唾之者三，併投火中。即解所服衣帽付巫覡，謂之脱舊災、迎新福云。

世祖至元七年，以帝師八思巴之言，於大明殿御座上置白傘蓋一，頂用素段，泥金書梵字於其上，謂鎮伏邪魔護安國刹。自後每歲二月十五日，於大殿啟建白傘蓋佛事，用諸色儀仗社直，迎引傘蓋，周遊皇城内外，云與衆生祓除不祥，導迎福祉。歲正月十五日，宣政院同中書省奏，請先期中書奉旨移文樞密院，八衛撥傘鼓手一百二十人，殿後軍甲馬五百人，擡舁監壇漢關羽神轎軍及雜用五百人。宣政院所轄宫寺三百六十所，掌供應佛像、壇面、幢幡、寶蓋、車鼓、頭旗三百六十壇，每壇擎執擡舁二十六人，鈸鼓僧一十二人。大都路掌供各色金門大社一百二十隊，教坊司雲和署掌大樂鼓、板杖鼓、篳篥、龍笛、琵琶、箏、纂七色，凡四百人。興和署掌妓女雜扮隊戲一百五十人，祥和署掌雜把戲男女一百五十人，儀鳳司掌漢人、回回、河西三色細樂，每色各三隊，凡三百二十四人。凡執役者，皆官給鎧甲袍服器仗，俱以鮮麗整齊爲尚，珠玉金繡，裝束奇巧，首尾排列三十餘里，都城士女聚觀。禮部官點視諸色隊仗，刑部官巡綽喧鬧，樞密院官分守城門，而中書省官一員總督視之。先二日，於西鎮國寺迎太子遊四門，舁座塑像，具儀仗入城。十四日，帝師率梵僧五百人，於大明殿内建佛事。至十五日，恭請傘蓋於御座，奉置寶輿，諸儀衛隊仗列於殿前，諸色社直暨諸壇面列於崇天門外，迎引出宮。至慶壽寺，具素食，食罷起行，從西宫門外垣海子南岸，入厚載紅門，由東華門過延春門而西。帝及后妃、公主於五德殿門外，搭金脊五殿綵樓而觀覽焉。及諸隊仗社直送金傘還宫，復恭置御榻上。帝師僧衆作佛事，至十六日罷散。歲以爲常，謂之游皇城。或有因事而輟，尋復舉行。夏六月中，上都亦如之。

【校勘記】

〔一〕「武定山」，原作「武成山」，據《元史》卷六本紀第六《世祖三》改。本書《世祖本紀二》作「武定山」不誤。

〔二〕「雹泉靈霈侯」，「泉」原作「衆」，「霈」原作「沛」，據《元史》卷九本紀第九《世祖六》改。

〔三〕「追封」，原作「加封」，據《元史》卷九本紀第九《世祖六》改。

新元史卷之八十八　志第五十五

禮志八

朝儀始末　元正受朝　皇帝即位受朝　皇帝上尊號受朝　太皇太后上尊號受朝　皇太后上尊號受朝　太皇太后加上尊號受朝同前儀　攝行告廟　國史院進先朝《實録》表章定制　外路迎拜詔赦及送宣授宣命官

元初，凡遇稱賀，則羣臣皆集帳殿前，無尊卑之班。執法官厭其喧雜，揮杖逐之，去而復集。世祖即位，翰林學士承旨王磐兼太常卿，恐貽笑外國，請立朝儀。至元六年春正月甲寅，太保劉秉忠、大司農孛羅奉詔，使趙秉温、史杠訪前代知禮儀者，肄習朝儀。既而秉忠奏曰：「一人習之，雖知之莫能行也。」詔許用十人。遂徵儒生周鐸、劉允中、尚文、岳忱、關思義、侯祐賢、蕭琬、徐汝嘉，從亡金故老烏古倫居貞、完顏復昭、完顏從愈、葛從亮、于伯儀，及國子祭酒許衡、太常卿徐世隆，稽諸古典，參以時宜，沿情定制而肄習之，百日而畢。

秉忠復奏曰：「無樂以相須，則禮不備。」詔搜訪舊教坊樂工，得杖鼓色楊皓、笛色曹楫、前行色劉進、教師鄭忠，依律運譜，被諸樂歌。六月而成，陳于萬壽山便殿，帝聽而善之。

秉忠及翰林、太常奏曰：「今朝儀既定，請備執禮員。」詔丞相安童、大司農孛羅擇蒙古宿衛士可習容止者二百餘人，肄之期月。七年春二月，奏以丙子觀禮。前期一日，布綿蕝金帳殿前，帝及皇后臨觀于露階，禮文樂節，悉無遺失。冬十有一月戊寅，秉忠等奏請建官典朝儀，帝命與尚書省論定以聞。

八年春二月，立侍儀司，以忽都于思、也先乃爲左右侍儀，奉御趙秉温爲禮部侍郎兼侍儀司事，周鐸、劉允中爲左右侍儀使，尚文、岳忱爲左右直侍儀事，關思義、侯佑賢爲左右侍儀副使，蕭琬、徐汝嘉爲僉左右侍儀事，烏古倫居貞爲承奉班都知，完顏復昭爲引進副使，葛從亮爲侍儀署令，于伯儀爲尚衣局大使。夏四月，侍儀司奏請製内外仗，如歷代故事，從之。秋七月，内外仗成。遇八月帝生日，號曰天壽聖節，用朝儀自此始。

泰定元年十二月，敕内外百官：「凡行朝賀等禮，雨雪，免朝服。」至順四年，中書省言：「凡朝賀，遇雨，請便服行禮。」從之。元統二年十月朔，正内外官朝會儀班次，一依品位。時監察御史蘇天爵言：「邇年以來，朝儀雖設班位品秩，率越班行。均爲衣紫，從五與正五雜居；共曰服緋，七品與六品齊列。下至八品、九品，莫不皆然。夫既踰越班次，遂致行列不端，因忘肅敬之心，殊失朝儀之禮。今後朝賀行禮，聽讀詔赦，先儘省部院臺正從二品衙門，次諸司局院，各驗執事，辨官序，列正從班次。如有踰越品秩，差亂位序者，同失儀論，以懲不恪。」從之。自至元以後，至是復正朝會班次焉。

元正受朝。前期三日，習儀于聖壽萬安寺。或大興教寺。前二日，陳設于殿庭。至期大昕，侍儀使引導從護尉，各服其服，入至寢殿前，捧牙牌跪報外辦，內侍入奏，出傳制曰「可」。侍儀使俛伏，興。皇帝出閤陞輦，鳴鞭三。侍儀使拜通事舍人，分左右，引擎執護尉、劈正斧中行，導至大明殿外。劈正斧直正門北向立，導從倒卷序立，惟扇置于錡。侍儀使導駕時，引進使同內侍官，引宮人擎執導從，入至皇后宮庭，捧牙牌跪報外辦。內侍入啓，出傳旨曰「可」，引進使俛伏，興。皇后出閤陞輦，引進使引導從導至殿東門外，引進使分退立於至堊塗之次，引導從倒卷出。俟兩宮升御榻，鳴鞭三，劈正斧退立於露階東。司晨報時雞唱畢，尚引引殿前班，皆公服，分左右入日精、月華門。就起居位，相向立。通班舍人唱曰「左右衛上將軍兼殿前都點檢臣某以下起居」，尚引唱曰「鞠躬」，曰「平身」，引至丹墀拜位，知班報班齊。宣贊唱曰「拜」，通贊贊曰「鞠躬」，曰「拜」，曰「興」，曰「拜」，曰「興」，曰「都點檢稍前」。宣贊報曰「聖躬萬福」，通贊贊曰「復位」，曰「拜」，曰「興」，曰「拜」，曰「興」，曰「平身」，曰「搢笏」，曰「鞠躬」，曰「三舞蹈」，曰「跪左膝，三叩頭」，曰「山呼」，曰「山呼」，曰「再山呼」，凡傳「山呼」，控鶴呼譟應和曰「萬歲」，傳「再山呼」，應曰「萬萬歲」。後仿此。曰「出笏」，曰「就拜」，曰「興」，曰「拜」，曰「興」，曰「拜」，曰「興」，曰「平立」，宣贊唱曰「各恭事」。兩班點檢、宣徽將軍分左右陞殿，宿直以下分立殿前，尚廐分立仗南，管旗分立大明門南楹。

俟后妃、諸王、駙馬以次賀獻禮畢，典引引丞相以下，皆公服，入日精、月華門，就起居位。通班唱曰「文武百僚、開府儀同三司、録軍國重事、監修國史、右丞相具官無常。臣某以下起居」，典引贊曰「鞠躬」，曰「平身」，引至丹墀拜位。知班報班齊，宣贊唱曰「拜。」通贊贊曰「鞠躬」，曰「拜」，曰「興」，曰「拜」，曰「興」，曰「平身」，曰「搢笏」，曰「鞠躬」，曰「三舞蹈」，曰「跪左膝，三叩頭」，曰「山呼」，曰「山呼」，曰「再山呼」，曰「出笏」，曰「就拜」，曰「興」，曰「拜」，曰「興」，曰「拜」，曰「興」，曰「平身」。侍儀使詣丞相前請進酒，雙引升殿。前行樂工分左右，引登歌者及舞童、舞女，以次升殿門外露階上。登歌之曲各有各，音中本月之律。先期，儀鳳司運諸翰林院譔辭肄之。丞相至宇下褥位立，侍儀使分左右北向立。俟前行色曲將半，舞旋列定，通贊唱曰「分班」，樂作。侍儀使引丞相由南東門入，宣徽使奉隨至御榻前。丞相跪，宣徽使立於東南，曲終。丞相祝贊曰：「溥天率土，祈天地之洪福，同上皇帝、皇后億萬歲壽。」宣徽使答曰：「如所祝。」丞相俛伏，興，退詣進酒位。尚醖官以觴授丞相，丞相搢笏捧觴，北向立，宣徽使復位。前行色降，舞旋至露階上。教坊奏樂，樂舞至第四拍，丞相進酒，皇帝舉觴。宣贊唱曰「殿上下侍立臣僚皆再拜」，通贊贊曰「鞠躬」，曰「拜」，曰「興」，曰「拜」，曰「興」，曰「平身」。丞相三通酒畢，以觴授尚醖官，出笏，侍儀使雙引自南東門出，復位，樂止。至元七年進酒儀：班首至殿前褥位立，前行進曲，尚醖官執空盞，自正門出，授班首。班首搢笏執空盞，由正門入，至御榻前跪。俟曲終，以盞授尚醖官，出笏祝贊。宣徽使曰「諾」，班首俛伏，興。班首，宣徽使由南東門出，各復位。班首以下舞蹈山呼五拜，百官分班，教坊奏樂。尚醖官進酒，殿上下侍立臣僚皆再拜。三進酒畢，班首降至丹墀。至元十八年十二月二十八日，改今儀。

通贊贊曰「合班」。禮部官押進奏表章，禮物二案至橫階下，宣禮物舍人進讀禮物目，至第二重階。進俟讀表章官等，翰林國史院屬官一人。至宇下齊跪。宣表目舍人先讀中外百司表目，翰林院官讀中書省表畢，皆俛伏，興，退，降第一重階下立。俟進讀禮物舍人陞階，至宇下，跪讀禮物目畢，俛伏，興，退。同降至橫階，隨表章西行，至右樓下，侍儀仍領之，禮物東行至左樓下，太府受之。宣贊唱曰「拜」，通贊贊曰「鞠躬」，曰「拜，」曰「興」，曰「平身」，曰「搢笏」，曰「鞠躬」，曰「三舞蹈」，曰「跪左膝，三叩頭」，曰「山呼」，曰「山呼」，曰「再山呼」，曰「出笏」，曰「就拜」，曰「興」，曰「拜」，曰「興」，曰「拜」，曰「興」，曰「平立」。僧、道，耆老、外國蕃客，以次而賀。

禮畢，大會諸王宗親、駙馬、大臣，宴饗殿上，侍儀使引丞相等陞殿侍宴。凡大宴，馬不過一，羊雖多，必以獸人所獻之鮮及脯鱐，折其數之半。預宴之服，衣服同制，謂之質孫。宴饗樂節，見宴樂篇。四品以上，賜酒殿上。典引引五品以下，賜酒于日精、月華二門之下。宴畢，鳴鞭三。侍儀使導駕，引進使導后，還寢殿，如來儀。

天壽聖節受朝，如元正儀。前期一日，內外文武百官躬詣寺觀，啟建祝延聖壽萬安道場，至期滿散。其日質明，朝臣詣闕稱賀，外路官員率同僚、儒生、鄉老、僧、道、軍人結彩香案，呈舞百戲，夾道祇迎，就寺觀望闕至香案下，設官屬褥位。班立，先再拜。班首前跪，上香，舞蹈，叩頭，三呼萬歲，就拜，興，再拜。禮畢，捲班就公所設宴而退。大德七年，中書省議，遇聖節元日，臣子之禮但當以敬爲主，依照至元八年奏准儀式行禮。合用樂人，止就本處。在城者，無得於他處勾集及樁配諸行户百姓人等粧扮。社直所據筵會，一切所需之物，官吏自備，並不得取斂於民。元貞二年，定軍官准與民官一體行禮。

郊廟禮成受賀，如元正儀。

皇帝即位受朝。前期三日，習儀于萬安寺。前二日，陳設于殿庭。前一日，設宣詔位于闕前。至期大昕，侍儀使引導從護尉，各服其服。至皇太子寢閣前，捧牙牌跪報外辦。

内侍傳旨曰「可」，侍儀使俛伏，興。皇太子出閤，侍儀使前導。由崇天門入，陞大明殿。引進使引導從至皇太子妃閤前，跪報外辦。内侍出傳旨曰「可」，引進俛伏，興，前導由鳳儀門入。俟諸王以國禮扶皇帝登寶位畢，鳴鞭三。尚引引點檢以下，皆公服，入就起居位。起居贊拜，如元正朝儀。兩班點檢、宣徽將軍、宿直、尚廐、管旗，各恭事。侍后妃、諸王、駙馬以次賀獻禮畢，參議中書省事四人，以篚奉詔書，由殿左門入，至御榻前。參議中書省事跪奏詔文，俛伏，興，以詔受典瑞使押寶畢，置于篚，對舉由正門出，樂作，至闕前，以詔置于案。文武百僚各公服就位北向立。侍儀使稱有制，宣贊唱曰「拜」，通贊贊曰「鞠躬」，曰「拜」，曰「興」，曰「拜」，曰「興」，曰「平身」，曰「班首稍前」。典引引班首至香案前。通贊贊曰「跪」，曰「在位官皆跪」，司香贊曰「搢笏」，通贊贊曰「上香」，曰「上香」，曰「三上香」，曰「出笏」，曰「就拜」，曰「興」，曰「復位」，宣贊唱曰「拜」，通贊贊曰「鞠躬」，曰「拜」，曰「興」，曰「拜」，曰「興」，曰「平身」。侍儀使以詔授左司郎中，郎中跪受，同譯史稍西，陞木榻，東向宣讀。通贊贊曰「在位官皆跪」，讀詔，先以國語宣讀，隨以漢語譯之。讀畢，降榻，以詔授侍儀使，侍儀使置于案。通贊贊曰「就拜」，曰「興」，曰「拜」，曰「興」，曰「拜」，曰「興」，曰「搢笏」，曰「鞠躬」，曰「三舞蹈」，曰「跪左膝，三叩頭」，曰「山呼」，曰「山呼」，曰「再山呼」，曰「出笏」，曰「就拜」，曰「興」，曰「拜」，曰「興」，曰「拜」，曰「興」，曰「平立」。典引引丞相以下皆公服入起居位。起居拜舞。祝頌進酒，獻表，賜宴，並同元正受朝儀。宴畢，鳴鞭三，侍儀使導駕，引進使導后，入寢殿，如來儀。次日，以詔頒行。

皇帝上尊號受朝。前期二日，儀鸞司設大次于大明門外，又設進册案于殿内御座前之西，受寶案于其東，設受册案于御座上之西，受寶案于其東。侍儀司設册案于香案南，寶案又于其南。禮儀使位于前，册使、册副位于廷中，北面，引册、奉册、舉册、讀册、捧册官位于右，引寶、奉寶、舉寶、讀寶、捧寶官位于左，以北爲上。百官自金玉府迎册、寶，奉安中書省，如常儀。

前期一日，右丞相率公卿朝服，儀衛音樂，導册寶二案出自中書，至闕前，控鶴舁案，方輿中道。册使等奉隨入大次内，方輿舁案。侍儀使引册使以下，由左門以出，百官趨退。

至期大昕，右丞相以下百官，各公服集闕廷，儀仗護尉就位。侍儀使、禮儀使引導從導皇帝陞大明殿，引進使引導從導皇后陞殿。尚引引殿前班入起居位，起居山呼拜舞畢，宣贊唱曰「各恭事」。皇太子、諸王、后妃、公主，以次陞殿，鳴鞭三。侍儀使、引册、引寶導册寶由正門入，樂作。奉册使、右丞相率册官由右門入，奉寶使、御史大夫率寶官由左門入，至殿下。置册案于香案南，寶案又奠于其南，樂止。侍儀使、引册使以下就起居位，典引引羣臣入就位。通班舍人唱曰「文武百僚具官臣某以下起居」，典引贊曰「鞠躬」，曰「平身」。引至丹墀拜位，宣贊唱曰「拜」，通贊贊拜，舞蹈，山呼，如常儀。畢，承奉班都知唱曰「奉册使以下進上册寶」。侍儀司引册使以下進就位，樂作。掌儀贊曰「奉册寶官稍前，搢笏，捧册寶。」侍儀使前導，由中道升正階，立于下。俟奉册使諸册官由右階隮，奉寶使諸寶官由左階隮畢俱由左門入，奉册、寶至御榻褥位前，册西、寶東。樂止，掌儀贊曰「奉册寶官稍前，以册寶跪置于案」，曰「出笏」，曰「就拜」，曰「興」，曰「平身」，曰「復位」，曰「奉册使以下皆跪」，曰「舉册官興，俱至案前跪」，曰「搢笏，取册于匣，置于盤，對舉」，曰「讀册官興，俱至案前跪」，曰「讀册」。讀册官稱「臣某謹讀册」。讀畢，舉册官納册于匣，興，以授典瑞使，出笏，立于册案西南，典瑞使置于受册案。掌儀贊曰「舉寶官興，俱至案前跪」，曰「搢笏，取寶于盝，對舉」，曰「讀寶官興，俱至案前跪」，曰「讀寶」。讀寶官稱臣某謹讀寶。讀畢，舉寶官納寶于盝，興，以授典瑞使，出笏，立于寶案東南，典瑞使置于受寶案。掌儀贊曰「奉册使以下皆就拜」，曰「興」，曰「平身」。參議中書省事四人，以篚奉詔書，由殿左門入，至御榻前跪讀詔文，如常儀。授典瑞使押寶畢，置于篚，對舉，由正門出，至丹墀北，置于詔案，册使以下由南東門出，就位聽詔，如儀。儀鸞使四人，舁進册寶案，由左門出。

侍儀使引班首由左階隮，前行色樂作，至宇下，樂止，舞旋至露階立。班首入殿，宣徽使奉隨，班首跪，宣徽使西北向立。班首致詞曰：「册寶禮畢，願上皇帝、皇后萬萬歲壽。」宣徽使應曰：「如所祝。」樂作。通贊唱曰：「分班。」進酒畢，班首由南東門出，降階，復位，樂止。通贊唱曰「合班」，奏進表章禮物，贊拜，舞蹈，山呼，錫宴，並如元正之儀。

至常朝朝參儀，元一代無之。至元中，監察御史馬祖常言：「百官朝見奏事，古有常儀。今國家有天下百年，典章文物屢復古制，惟朝儀之典不講，實爲闕漏。且夫羣臣奏對之時，御史執簡，史官執筆，縉紳佩玉，儼然左右。則雖有懷奸利、乞官爵者，亦不敢公出諸口。如蒙聞奏，命中書省會集文翰衙門官員講究，參酌古今之宜，或三日、二日一常朝，則治道昭明，生民之福也。」祖常雖有此議，未見施行。

太皇太后上尊號受朝。前期二日，儀鸞司設進發册寶案于大明殿御座之前。掌謁設進册寶案于太皇太后殿座榻前，設受册寶案于座榻上，並册西、寶東。侍儀司設册使副位于廷中，北面，册官位右。寶官位左，禮儀使位于前，以北爲上。太皇太后殿廷亦如之。

至期大昕，羣臣皆公服，叙位闕前。侍儀使、禮儀使、引册使，引册，奉册、舉册、讀册、捧册官，由月華門入。侍儀使、禮儀使，引册副，引寶、奉寶、舉寶、讀寶、捧寶官，由日精門入。至露階下，依板位立。侍儀使捧牙牌入至寢殿前，跪報外辦，内侍入奏，出傳制曰「可」，侍儀使俛伏，興。皇帝出閤升輦，鳴鞭三。入大明殿，陞御座，鳴鞭三。司晨報時雞鳴畢，侍儀使、禮儀使、引册使以下陞自東階，由左門入，至御榻前，相向立。掌儀贊曰「奏中嚴」，侍儀使捧牙牌跪奏曰「中嚴」，又贊曰「就拜」，曰「興」，「平身」，曰「復位」，曰「禮儀使稍前跪」，曰「册使以下皆跪」。禮儀使奏請進發太皇太后册寶，掌儀贊曰「就拜」，曰「興」，曰「平身」，曰「復位」，曰「内謁者稍前」，曰「搢笏，奉册寶上進」，曰「册使副、捧册寶官稍前」，曰「搢笏」，曰「内謁者詭進册寶」。皇帝興，以册授册使。册使跪受，興，以授捧册官，出笏。以寶授册副，册副跪受，興，以授捧寶官，出笏。侍儀使、禮儀使、引册、引寶官，導册寶由正門出，册使以下奉隨至階下。掌儀贊曰「以册寶置于案」，曰「出笏，復位」。方輿舁行，樂作。侍儀使、禮儀使、引册、引寶前導，册使以下奉隨，至興聖宫前，奠案，樂止。侍儀使以導從入至太皇太后寢殿前，跪報外辦。掌謁入啓，出傳旨曰「可」，侍儀使俛伏，興。侍儀使、掌謁前導太皇太后陞殿。導太皇太后時，侍儀使入至大明殿，跪奏册寶至興聖宫，請行禮。駕興，鳴鞭三，侍儀使前引導從至興聖宫，陞御座。侍儀使出，至案所，樂作。方輿入，至露階下奠案。册使副立于案前，册官東向，寶官西向。方輿分退，立于兩廡，樂止。尚引引殿前班入起居位，相向立，起居拜舞，如元正儀。禮畢，宣贊唱曰

「各恭事」，贊引册使以下退至起居位。通班舍人唱曰「攝某官具官或太尉，具官無常。臣某以下起居」，引贊贊曰「鞠躬」，曰「平身」，進入丹墀，知班唱曰「班齊」，宣贊唱曰「拜」，通贊贊曰「鞠躬」，曰「拜」，曰「興」，曰「拜」，曰「興」，曰「平身」，宣贊唱曰「各恭事」，進至案前，依位立。宣贊唱曰「太尉以下進上册寶」，掌儀贊曰「捧册前官稍前，搢笏，捧册寶」。侍儀使引册寶官前導，册使奉隨，至御榻，進册寶案前，掌儀唱曰「跪」，捧册寶官不跪，曰「以册寶置于案」，曰「捧册寶官出笏復位」，曰「太尉以下皆跪」，曰「讀、舉册寶官興，俱至案前跪」。掌儀贊曰「舉册官搢笏，取册于匣，置于盤，對舉」。曰「讀册」，讀册官稱臣某謹讀册。讀畢，舉册官納册于匣。掌儀贊曰「出笏」，曰「舉寶官搢笏，取寶于盝，對舉」，曰「讀寶」。讀寶官稱臣某謹讀寶。讀畢，舉讀官納寶于盝。掌儀贊曰「出笏」，曰「就拜」，曰「興」，曰「平身」，曰「衆官皆興」，曰「復位」，曰「太尉、司徒、奉册寶官稍前」，曰「捧册寶官稍前」，曰「搢笏」，曰「捧册寶上進」，曰「皇帝躬授太皇太后册寶」。太皇太后以寶册授内掌謁，内掌謁置于案。皇帝興，進酒。太皇太后舉觴飲畢，皇帝復御座畢。掌儀贊曰「衆官皆復位」，侍儀使、引册使以下，分左右，出就位。皇帝率皇后及后妃、公主降丹墀，北面拜賀，陞殿。皇太子及諸王拜賀，陞殿。典引引百官入就起居位，通班舍人唱曰「文武百僚具官臣某以下起居」，曰「鞠躬」，曰「平身」，引至丹墀拜位，知班報班齊，宣贊唱曰「拜」，通贊贊曰「鞠躬」，曰「拜」，曰「興」，曰「拜」，曰「興」，曰「平身」。侍儀使詣班首前請進酒，雙引至殿宇下褥位立，俟舞旋列定，通贊唱曰「分班樂作」。侍儀使引班首由南東門入，宣徽使奉隨，至御榻前，班首跪，曲終。班首祝贊曰「册寶禮畢，臣等不勝欣抃，願上太皇太后、皇帝億萬歲壽」。宣徽使應曰「如所祝」。班首俛伏，興，退詣退酒位。以下並同元正儀。

皇太后上尊號受朝，同前儀。

太皇太后加上尊號受朝，同前儀。

攝行告廟。如受尊號，上太皇太后、皇太后册寶，册立皇后、皇太子，凡國家大典禮，皆告宗廟。前期二日，太廟令掃除内外，翰林國史院學士譔寫祝文。前一日，告官等致齋一日。其日，告官等各服紫服，奉祝版，進請御署訖，差控鶴用紅羅銷金案擡舁，覆以黄羅帕，並奉御香、御酒，如常儀，迎至祝所齋宿。告日質明前三刻，禮直官引太廟令率其屬入廟殿，開室，陳設如儀，禮直官引告官等，各服紫服以次入就位，東向立定。禮直官稍前贊曰「有司謹具，請行事」。贊者曰「再拜」，在位者皆再拜。禮直官先引執事者各就位，次引告官詣盥洗、爵洗位，北向立。搢笏，盥手，帨手，洗爵，拭爵訖，執笏，請詣酒尊所，搢笏，執爵。司尊者舉冪，良醖令酌酒，以爵授奉爵官，執笏。詣太祖室，再拜，執事者奉香，告官搢笏跪。三上香，執爵三祭酒，以虚爵授奉爵官，執笏，俛伏，興。舉祝官搢笏跪，對舉祝版，讀祝官跪讀祝文訖，奠祝於案。執笏俛伏，興。禮直官、贊告官再拜畢，每室並如上儀。告畢，引告官以下降，復位。再拜訖，詣望瘞燔祝，再拜，半燎，告官以下皆退。

國史院進先朝《實録》。是日大昕，諸司官具公服，立于光天門外。侍儀使引《實録》案以入，監修國史以下奉隨，至光天殿前，分班立。皇帝陞御座，宣贊唱曰「拜」。通贊贊曰「鞠躬」，曰「拜」，曰「興」，曰「拜」，曰「興」，曰「平身」。待制四人奉《實録》，陞自午階，監修國史以下奉隨，至御前香案南立，衆官降，復位。應奉翰林文字陞，至《實録》前，跪讀表，讀畢，俛伏，興，復位。翰林學士承旨陞，至御前，分班立，俟御覽畢，降復位。宣贊唱曰「監修國史以下皆再拜」。通贊贊曰「鞠躬」，曰「拜」，曰「興」，曰「拜」，曰「興」，曰「平身」。待制陞，取《實録》，降自午階，置于案，由光天門以出，音樂儀從前導，還國史院，置于堂上。通贊贊曰「鞠躬」，曰「拜」，曰「興」，曰「拜」，曰「興」，曰「平身」，曰「搢笏」，曰「上香」，曰「上香」，曰「三上香」，曰「出笏」，曰「就拜」，曰「興」，曰「拜」，曰「興」，曰「拜」，曰「興」，曰「平立」。百僚趨退。

表章定制。諸上表並爲楷書，每幅六行或七行，後一幅或三行或五行，每行不限字數。第一幅前，用帖黄。押下邊用信。其在下上進，謹封，字上用印。上表者，表以紅羅夾複箋，以梅紅羅單複封裹，外路仍盛以鎖鑰全表匣〔一〕，飾以螭。

表章迴避字樣：極、盡、歸、化、忘、亡、忘、望同。播、晏、征、祚同。靄、哀、愛同。奄、昧、駕、遐、仙、斯、司、四、死同。病、苦、没、泯、滅、凶、禍、傾、頹、毁、偃、僕同。壞、破、晦、刑、傷、孤、墜、墮、服、布、孝、短、夭、折、災、要同。困、危、亂、暴、虐、昏、迷、遇、耋、過、改、替、敗、廢、寢、殺、絶、忌、憂、切、激、切、辱、詧，係舊式。患、衰、囚、往、棄、喪、戾、空、陷、厄、艱、忽、除、掃、擯、奸同。缺、落、典、憲、法、典字近用不駁。奔、崩、推、殄、隕、慕、稿、出、祭、奠、饗、享同。鬼、狂、藏、怪、漸、愁、夢、幻、弊、疾、遷、塵、亢、蒙、隔、離、去、辭、追、考、板、蕩、荒、右、逆、師、剥、革、睽、違、尸同。挽、升、退、换、移、非字近用不駁。暗、了、休、罷、覆、弟、斷、收、誅、厭、諱、恤、罪、辜、愆、土、别、逝、誓同。衆、陵。土字近用不駁。右一百六十餘字，其餘可以類推。

外路迎拜詔赦及送宣授宣命官〔二〕。凡元日外路拜表，拜表日質明，望闕置香案，並設官屬褥位。叙班立定，禮生贊拜，在位官皆再拜，司吏捧表跪授班首，班首跪受，以授所差人。所差人跪受訖，班首起立，禮生贊拜，在位官皆再拜訖，退。

凡外路迎拜詔赦，送詔赦官到，先遣人報班首，即率僚屬吏從人等，備儀從、音樂、香輿詣郭外迎接。見送詔赦官，即於道側下馬，所差官亦下馬，取詔赦置於輿中。班首詣香輿前上香訖。所差官上馬，在輿後。班首以下皆上馬後從，鳴鉦鼓作樂前導。至公所，從正門入，所差官下馬，執事者先於庭中望闕設詔赦案及香案並褥位，又設所差官褥位在案之西，又設床於案之西南。所差官取詔赦置於案，綵輿、香輿皆退。所差官稱「有制」，贊「班首以下皆再拜」，班首稍前跪，上香訖，復位所，再拜。所差官取詔赦授知事，知事跪受，上名，司吏二員齊捧詔赦，同陞宣讀，在位皆跪。所讀訖，詔赦置於案，知事等復位，班首以下皆再拜，舞蹈，叩頭，三稱萬歲。官吏叩頭中間，公吏等相應高聲三呼萬歲。就拜，興，又拜。拜訖，班首以下與所差官相見於行前，禮畢，所差官行，班首率僚屬公吏，皆樂送至城門外而退。

凡送宣授宣命官，使者先遣人報知。受宣官率僚屬吏從等，備儀從、音樂、綵輿。二官并別司長官二員，所在府州取索排辦音樂并綵輿、香輿。詣郭外迎接。望見使者，即于道側下馬，使者亦下馬，取宣置綵輿中，受宣官詣香輿前，上香訖，退，遣人覆知使者，爲未受宣命，未敢參見。使者在輿後，受宣官次行，皆上馬從後，鳴鉦鼓，作樂前導，至所居。如閑居官，即使者入館遣往報，受宣官令人傳語取覆。給宣之日，先於本宅隨即排辦，仍報所在京府州郡，差知禮數人，并合用案褥等物。其京府州郡須合應付隨本官往處館，導引所居處，如本家無音樂、儀從者，更不排辦。皆從正門入，使者下馬，報事者先於庭中望闕設宣命案、極香案并褥位。使者褥位在宣案之西。使者取宣於綵輿，捧置案上。案上仍設衣褥。綵輿及香輿皆退。使者就褥位立，受宣官就望闕位立定。禮生贊「再拜，稍前跪，上香，又再拜」，使者稱「有制賜卿宣命」，受宣命官又再拜跪，使者取宣於案，以授受宣官。受訖置於懷，就一拜，興，稍退，恭閱宣命訖，復置於懷。就褥位再拜，舞蹈，叩頭，就拜，興，又再拜。受宣官近使者前，跪問「聖躬萬福」，使者躬答曰「聖躬萬福」，受宣官起，使者與受宣官及諸僚屬相見於所前，禮畢。

凡受勅，其日受勅官具公服，就公所望闕設香案，褥位。如閑居官，就本宅正所。送勅官立於香案之西，受勅官詣褥位立定。禮生贊「再拜」訖，搢笏，跪上香。送勅官奉勅以授受勅官。受勅官受勅置於懷，出笏，就拜，興，復再拜，禮畢，與所差官相見。

【校勘記】

〔一〕「鎖鑰全表匣」，疑當作「金鎖鑰表匣」。本書《禮志四》祝册「藏以楠木縷金雲龍匣，涂金鎖鑰」，《禮志五》「凡帝后册寶，以匣匱金鎖鑰藏於太廟」，《元史》卷七四志第二十五《祭祀三》及卷七五志第二十六《祭祀四》同。

〔二一〕「詔赦」，原作「詔獻」，據本卷目録及拜柱《通制條格》卷八改。

新元史卷之八十九　志第五十六

禮志九

謚法

至元三年，追謚成吉思以下諸汗，是爲上尊謚之始。

三十一年，世祖崩。夏四月甲午，成宗即位，丙午，右丞相完澤及文武百官議上大行皇帝尊謚。壬寅，爲壇於都城南七里。甲辰，遣司徒兀都帶、平章政事不忽木、左丞張九思率百官請謚於南郊。五月戊午，遣攝太尉兀都帶奉册上尊謚、廟號及國語尊稱。是日，完澤等議同上先皇后弘吉剌氏尊謚。凡歷代上先帝、先后尊謚者，皆如之。

至羣臣賜謚，則始於中統二年賜金翰林修撰魏璠謚靖肅，補闕李大節謚貞肅。至大二年，定内外官三品以上者許請謚，若勛戚大臣賜謚不在此例。《太常因革禮》次謚法於諸神祀之下，今仍之。

君謚

神：一民無爲曰神，應變無方曰神，能妙萬物曰神，聖不可知曰神，道化宣民曰神，顯仁藏用曰神。

聖：極深研幾曰聖，窮理盡性曰聖，窮神知化曰聖，能享上帝曰聖，兼采衆謀曰聖，裁成天地曰聖，百姓與能曰聖，備物成器曰聖，備道全美曰聖。

文：經緯天地曰文，齒德博聞曰文，修德來遠曰文，德洽四國曰文，徽柔懿恭曰文，聖謚丕顯曰文，化成天下曰文，純穆不已曰文。

武：克定禍亂曰武，禁暴戢兵曰武，克有天下曰武，睿智不殺曰武，恤民除害曰武。

成：經德秉哲曰成，民和神福曰成，政立民安曰成，持盈守成曰成，道兼聖智曰成。

康：安樂撫民曰康，能安兆民曰康，俊民用章曰康，久膺多福曰康。

獻：聰明睿智曰獻，嚮惠德元曰獻，智質有聖曰獻。

懿：愛民質淵曰懿，體元居中曰懿，德浸光大曰懿。

章：法度大明曰章。

穆：布德執義曰穆，尊賢敬德曰穆，德政應和曰穆。

敬：威儀悉備曰敬，齊莊中正曰敬，全善典法曰敬，畏天愛民曰敬。

元：主善行德曰元，行義悅民曰元，體仁長人曰元。

昭：聖德嗣服曰昭，德業升聞曰昭，智能察微曰昭。

景：耆意大圖曰景，布義行剛曰景，繇義而成曰景，德行可仰曰景。

孝：協時肇享曰孝，博施被物曰孝，繼志述事曰孝，教刑四海曰孝，德通神明曰孝。

宣：施而無私曰宣，重光奠麗曰宣，義問周達曰宣。

平：布綱治紀曰平，治而無倦曰平，布德均政曰平，無黨無偏曰平，治過如砥曰平。

桓：闢土服遠曰桓。

莊：威而不猛曰莊，端恪臨民曰莊。

僖：質淵學諫曰僖。

肅：剛德克就曰肅。

惠：慈仁好與曰惠，能安四方曰惠，子愛困窮曰惠，儉以厚下曰惠。

安：寬裕和平曰安，所寶惟賢曰安，兆民賴廣曰安，中心宅仁曰安，修己寧民曰安。

明：照臨四方曰明，譖愬不行曰明，聖能作則曰明，無幽不察曰明，任賢使能曰明，令聞不已曰明，奉若天道曰明，孝法天下曰明，奉養有節曰明，遏惡揚善曰明，視能致遠曰明。

定：安民法故曰定，安民大慮曰定，仁能一衆曰定，嗣成武功曰定。

簡：易從有功曰簡，平易無疵曰簡，至德臨下曰簡。

隱：不顯尸國曰隱。

翼：思慮深遠曰翼，小心事天曰翼。

襄：闢土有德曰襄。

哀：德之不建曰哀。

烈：秉德事業曰烈，海外有截曰烈，業成無競曰烈，丕承聖謨曰烈。

威：蠻夷率服曰威，信賞必罰曰威，德威可畏曰威。

愍：禍亂力作曰愍，使民悲傷曰愍，在國罹憂曰愍。

靈：亂而不損曰靈，好事鬼神曰靈，極知神事曰靈。

幽：壅遏不達曰幽，違禮亂常曰幽，暴民殘義曰幽。

厲：殺戮不辜曰厲。

德：修文來遠曰德，睿智日新曰德，尊賢親親曰德，忠和純淑曰德。

質：中正無邪曰質，恬淡無爲曰質。

靖：虛己鮮言曰靖，緝熙宥密曰靖，式典安民曰靖。

順：慈和徧服曰順，德合帝則曰順，受天百禄曰順。
思：追悔前過曰思。
憲：賞善罰姦曰憲，刑政四方曰憲，聖能法天曰憲。
仁：利澤萬世曰仁，大德好生曰仁，率性安行曰仁。
義：除去天地之害曰義，理財正辭曰義，仁能制命曰義，能成其志曰義。
禮：奉義順則曰禮。
智：察言知人曰智。
欽：克慎成憲曰欽。
戴：典禮不愆曰戴，愛民好治曰戴。
懷：慈仁短折曰懷，民思其惠曰懷。
荒：好内怠政曰荒，内外淫亂曰荒，昏亂紀度曰荒，狎侮五常曰荒。
惑：以欲忘道曰惑，淫溺喪志曰惑，婦言是用曰惑。
夷：失禮基亂曰夷。
后妃謚
文：克嗣徽音曰文，慈惠愛民曰文，德美才秀曰文。

成：夙夜警戒曰成，曲直赴禮曰成，仁化純禮曰成。

康：温良好學曰康，壽考且寧曰康，保民迪吉曰康，務德不争曰康。

獻：賢德有成曰獻。

懿：温柔聖善曰懿，柔克有光曰懿。

章：其言有文曰章，上下無私曰章。

穆：德化肅和曰穆。

敬：夙夜警戒曰敬，戒懼無違曰敬，戒尊師傅曰敬。

元：體仁内恕曰元，仁明道合曰元。

昭：容儀翼美曰昭，德禮不愆曰昭，高朗令終曰昭。

孝：慈惠愛親曰孝，尊仁安義曰孝，先意承志曰孝，能奉祭祀曰孝，敬慎所安曰孝。

宣：聖善周聞曰宣，能布全德曰宣。

平：執事有制曰平，分不求多曰平。

莊：履正志和曰莊，端一克成曰莊，齊戒中禮曰莊。

僖：小心畏忌曰僖，見善用長曰僖。

恭：執心決斷曰恭，能執婦道曰恭。

惠：淑質受諫曰惠，恩能及下曰惠。

安：務德不争曰安，莊敬盡禮曰安，敬而有禮曰安。

明：獨見先知曰明，内治和禮曰明。

定：踐行不爽曰定，審於事情曰定，德操純固曰定。

簡：一德不懈曰簡。

正：其儀不忒曰正，精爽齋肅曰正，内外賓服曰正，誠心格非曰正，莊以率下曰正，息邪距詖曰正。

隱：遠拂不成曰隱。

哀：遭難已甚曰哀。

烈：光有大功曰烈，安民有功曰烈。

勤：服勞無怨曰勤，能修其官曰勤。

貞：履正中饋曰貞，守數難犯曰貞，幽閒專一曰貞，恒德從一曰貞。

靈：死見鬼能曰靈，不勤成名曰靈。

幽：淫德滅國曰幽。

厲：挾邪違正曰厲，長舌階禍曰厲。

節：巧而好度曰節，能固所守曰節，恭儉中禮曰節，好廉自克曰節，直道不撓曰節，臨義不奪曰節。

德：富貴好禮曰德，仁而有化曰德，憂國進賢曰德。

質：直心靡他曰質。

靖：柔德教衆曰靖，寬樂全終曰靖。

順：和比於禮曰順，柔德承天曰順，德性寬柔曰順，淑慎其身曰順，德容如玉曰順。

憲：行善可記曰憲。

忠：讓賢盡誠曰忠，危身奉上曰忠，中能應外曰忠。

仁：功施於民曰仁，屈己逮下曰仁。

禮：奉義順則曰禮，善自防閑曰禮。

欽：威儀悉備曰欽。

良：順理習善曰良，温敬寡言曰良，孝悌成性曰良，小心敬畏曰良。

微：元德充美曰微。

柔：順德麗貞曰柔，至順法坤曰柔。

荒：縱樂無度曰荒。

惑：心志多窮曰惑。
戾：不悔前過曰戾，不思順受曰戾。
臣謚
文：博聞多見曰文，敬直慈惠曰文，勤學好問曰文，修治班制曰文，與賢同升曰文。
武：除亂靖難曰武，帥衆以順曰武，折衝禦侮曰武，赴敵無避曰武，闢土斥境曰武。
成：通達强立曰成，不忘久要曰成，佐相克忠曰成，德備禮樂曰成，德見於行曰成。
康：寬裕和平曰康，敬而有禮曰康，保衛社稷曰康，造道自行曰康，動而無妄曰康。
獻：博聞多能曰獻，智能翼君曰獻，學于古訓曰獻。
懿：文德充實曰懿，秉彝好德曰懿，尚能不争曰懿。
章：温克令儀曰章，敬慎高明曰章。
穆：申情見貌曰穆，敬和在位曰穆。
敬：夙夜將事曰敬，陳善閉邪曰敬，死不忘君曰敬，難而不避曰敬，受命不遷曰敬，衆方克就曰敬。
元：宣慈惠和曰元。
昭：明德有功曰昭，德音孔宣曰昭。

孝：秉德不回曰孝，思愛忘勞曰孝，從命不忿曰孝，富貴不驕曰孝，能守祭祀曰孝。
宣：俊達有德曰宣，力施四方曰宣。
平：政以行辟曰平，執事有制曰平，分不求多曰平。
桓：克敵服遠曰桓，壯以有力曰桓。
莊：執德不矜曰莊。
僖：小心敬慎曰僖。
恭：好德不怠曰恭，貌敬行祇曰恭。
惠：寬裕不苛曰惠，柔質慈民曰惠，遺愛在民曰惠，分人以財曰惠，利而不費曰惠。
安：好和不爭曰安。
明：總集殊異曰明，能視致遠曰明，誠身自知曰明，守静知常曰明。
定：以勞定國曰定，克綏邦家曰定。
簡：仕不躁進曰簡，能行直道曰簡。
隱：懷情不盡曰隱。
襄：執心克剛曰襄，協贊有成曰襄。
哀：處死非義曰哀。

毅：致果殺敵曰毅，勇而近仁曰毅。

勇：持義不撓曰勇，以義死事曰勇，臨事屢斷曰勇，勝敵壯志曰勇，臨難不懼曰勇。

壯：勝敵克亂曰壯，死於原野曰壯，好力致勇曰壯，屢行征伐曰壯，武而不遂曰壯，武德剛毅曰壯，非禮弗履曰壯。

克：愛民作刑曰克，勝敵得俊曰克，勝己自私曰克。

勤：能修其官曰勤，廣業不怠曰勤，勤行世業曰勤，好學力行曰勤。

貞：大慮克就曰貞，直追不撓曰貞，清白守節曰貞，内外用情曰貞，不隱幽屏曰貞，圖國荒死曰貞，名實不爽曰貞，事君無猜曰貞，固節幹事曰貞。

愍：佐國逢難曰愍，危身奉上曰愍。

幽：暴民殘義曰幽。

白：涅而不淄曰白，致慮忘機曰白。

德：剛塞簡廉曰德，寬栗擾義曰德，直温强義曰德，輔世長民曰德，富貴好禮曰德。

匡：輔弼王室曰匡，以法正國曰匡，彌縫災害曰匡，正君之過曰匡。

質：名實不爽曰質，言行相應曰質。

靖：仁敬鮮言曰靖。

順：慈仁和民曰順，克將君美曰順。

憲：文武可法曰憲。

堅：磨而不磷曰堅。

忠：臨患不忘國曰忠，慮國忘家曰忠，殺身報國曰忠，廉方公正曰忠，世篤勤勞曰忠，善則推君曰忠，死衛社稷曰忠，以德匡君曰忠，以孝事君曰忠，安不擇事曰忠，中能應外曰忠。

仁：畜義豐功曰仁，殺身成志曰仁，克己復禮曰仁，寬信敏惠曰仁，功施於民曰仁，愛仁利物曰仁。

義：推功尚善曰義，以禮節行曰義，取而不貪曰義，行禮不疚曰義，見利能讓曰義，以公滅私曰義，制事得宜曰義。

禮：躬儉中節曰禮，審節而和曰禮，著誠去僞曰禮。

智：敬而不忘曰智，尊明勝患曰智，擢芒折廉曰智，擇任而往曰智，能治大官曰智，臨事不惑曰智，知言知默曰智。

直：守道如矢曰直，言行不邪曰直，質而中正曰直，正人之曲曰直，折獄在中曰直，孝弟成性曰直，小心敬事曰直。

信：思難不越官曰信，周仁承命曰信，立言可復曰信，守禮不違曰信。

欽：肅敬而承上曰欽。

良：謀猷歸美曰良。

類：勤施無私曰類，不忝前哲曰類。

度：心能制義曰度，進退可軌曰度，守法緯民曰度，從容有常曰度，禮儀次善曰度。

戴：典禮不衍曰戴，愛人好禮曰戴。

懷：仁敬短折曰懷，執義去位曰懷。

荒：内外淫亂曰荒。

慤：誠以致志曰慤。

新元史卷之九十　志第五十七

禮志十

冊立皇后　冊立皇太子　品官以下婚禮　禡牙祭旗鼓　大喪　品官丁憂　品官以下喪禮　品官以下墓田之制

冊立皇后之禮。前期二日，儀鸞司設發冊寶案于大明殿御座前稍西，設發寶案稍東，掌謁設香案于皇后殿前。設冊案于殿内座榻前稍西，寶案稍東，設受冊案于座榻上稍西，設受寶案于稍東。侍儀司設板位，冊使副位于廷中，北面，冊官位于右，寶官位于左，禮儀使位于冊案前，主節位于太尉左。皇后殿廷亦如之。

至期大昕，引贊叙太尉以下于闕廷，各公服。侍儀使、禮儀使、引冊使、引冊、奉冊、舉冊、讀冊、捧冊官，由月華門入。侍儀使、禮儀使、引冊副，引寶、奉寶、舉寶、讀寶、捧寶官，由日精門入。至露階下，依板位立。侍儀使捧牙牌入至寢殿前，跪報外辦。内侍入奏，出傳制曰「可」，侍儀使俛伏，興。皇帝出閤升輦，鳴鞭三。侍儀使引導從導皇帝入大明殿、陞御座，鳴鞭三。司晨報時雞唱畢，尚引引殿前班入起居位，起居、贊拜、舞蹈、山呼，如儀。宣贊唱曰「各恭事」。引贊引册使以下入就位，掌儀舍入引承奉班都知、侍儀使、禮儀使、主節、捧册、捧寶官，升自左階，由南東門入，至御座前，分左右相向立。掌儀贊曰「禮儀使稍前跪」，曰「太尉以下皆跪」。禮儀使跪奏請進發皇后册寶。掌儀贊曰「就拜」，曰「興」，曰「平身」，曰「太尉以下皆興」，曰「復位」。掌儀贊曰「内謁者稍前」，曰「搢笏」，曰「捧册寶跪進皇帝」，曰「以册寶授捧册寶官」，捧册寶官跪受，興。掌儀贊曰「主節官搢笏持節」，禮儀使引節導册寶由正門出，至露階，南向立。禮儀使稱有制，承奉班都知唱曰「太尉以下皆再拜」，通贊曰「鞠躬」，曰「拜」，曰「興」，曰「拜」，曰「興」，曰「平身」。禮儀使宣制曰「命太尉某等持節授皇后册寶」，通贊贊曰「鞠躬」，曰「拜」，曰「興」，曰「拜」，曰「興」，曰「平身」。降至露階下，依次就位。掌儀唱曰「以册寶置于案」，曰「出笏」，曰「復位」。方輿舁以行，樂作。侍儀使、禮儀使引太尉及册寶官。奉隨至皇后宫庭奠案，樂止。掌儀唱曰「捧册寶官稍前，搢笏」。捧册寶使、太尉以下奉隨由正階隮，至案前。掌儀贊曰「以册寶置于案」，曰「出笏」，曰「復位」。侍儀使稍前跪報外辦，内侍入啟，出傳旨曰「可」，侍儀使俛伏，興。

皇后出閤，詣褥位，太尉稱制遣臣某等恭授皇后册寶。内侍贊禮曰「跪」，掌儀贊曰「太尉以下皆跪」。内侍贊皇后曰「上香」，曰「上香」，曰「三上香」，曰「拜」，曰「興」，曰

「拜」，曰「興」。掌儀贊曰「太尉以下皆興」。皇后陞殿，立于座榻前。承奉班都知唱曰「太尉以下進册寶」，掌儀唱曰「捧册寶官稍前，搢笏」。捧册寶由正門至殿內，掌儀贊曰「以册寶跪至于案」，曰「捧册寶官出笏」，「興」，「復位」，曰「太尉以下皆跪」，曰「舉册官興，至案前跪」，曰「搢笏，取册于匣，置于盤，對舉」，曰「讀册官興，至案前跪」，曰「讀册」。讀册官稱臣某謹讀册，讀畢，納册于匣。掌儀贊曰「出笏，舉寶官興，至案前跪，搢笏，取寶于盝，對舉」，曰「讀寶官興，至案前跪」，曰「讀寶」。讀寶官稱臣某謹讀寶。讀畢，納寶于盝。掌儀贊曰「出笏」，曰「太尉以下皆就拜」，曰「興」，曰「平身」。捧册寶官以册寶授太尉，太尉以授掌謁，掌謁以册寶置于受册寶案。掌儀唱曰「太尉以下跪」，曰「衆官皆跪」。太尉致祝辭曰：「册寶禮畢，伏願皇后與天同算」。司徒應曰：「如所祝」。就拜，興，平身。太尉進酒，樂作。皇后飲畢，樂止。禮儀使引節引主節由正門以出。侍儀使引太尉以下，由左門至階下，北面立。承奉班都知唱曰「太尉以下皆再拜」，通贊曰「鞠躬」，曰「拜」，曰「興」，曰「拜」，曰「興」，曰「平立」。侍儀使引太尉以下還詣皇帝御座前，跪奏曰「奉制授皇后册寶，謹以禮畢」。就拜，興，由左門出，降詣旁折位。

侍儀使引導從導皇后詣大明殿前謝恩，掌謁贊曰「拜」，曰「興」，曰「拜」，曰「興」。侍儀使分退，掌謁導皇后升御座。典引引丞相以下入起居位，起居贊拜如儀。侍儀使詣右丞相前請雙酒，雙引陞殿，至宇下褥位立。侍儀使分左右北向立，俟前行色曲將半，舞旋列定，通贊唱曰「分班」，樂作。侍儀使引右丞相由南東門入，宣徽使奉隨至御榻前，右丞相跪，宣徽使立于東南。曲終，右丞相祝贊曰：「册寶禮畢，臣等不勝慶抃，同上皇帝、皇后萬萬歲壽」。宣徽使應曰「如所祝」。右丞相俛伏，興，退詣進酒位。進酒、進表章禮物、贊拜、僧道賀獻、大宴殿上，並如元正儀。宴畢，鳴鞭三。侍儀使導駕，引進使導后。還寢殿，如來儀。凡后妃妊身將及月辰，則移居於外氈帳。若誕皇子，則賜百官以金銀采段，謂之撒荅海。

册立皇太子之禮。前期三日，右丞相率百僚至金玉局册寶案前，舍人贊曰「鞠躬」，曰「拜」，曰「興」，曰「拜」，曰「興」，曰「平身」，曰「班首稍前」，曰「跪」，曰「在位官皆跪」，曰「搢笏」，曰「上香」，曰「上香」，曰「三上香」，曰「出笏」，曰「就拜」，曰「興」，曰「拜」曰「興」，曰「拜」，曰「興」，曰「平身」。侍儀使、舍人分引羣臣。儀衛音樂導至中書省，正位安置。

前期二日，儀鸞司設發册案于大明殿御座西，發寶案于東。典寶官設香案于太子殿前階上，設册案于西，寶案于東；又設受册案于殿内座榻之西，受寶案于東。侍儀司設板位，太尉、册使副位于大明殿廷，太尉位居中，册官位于右，寶官位于左，禮儀使位于前。主節官位于太尉之左。太子殿廷亦如之，樂位布置亦如之。右丞相率百僚朝服，至中書省册寶案前，叙立定。舍人贊曰「鞠躬」，曰「拜」，曰「興」，曰「拜」，曰「興」，曰「平身」，曰「班首稍前」，曰「跪」，曰「搢笏」，曰「在位官皆跪」，曰「上香」，曰「上香」，曰「三上香」，曰「出笏」，曰「就拜」，曰「興」，曰「拜」，曰「興」，曰「拜」，曰「興」，曰「平身」。舍人分引羣臣，儀衛導從，音樂傘扇，導至闕前。控鶴舁案，方輿官舁之，由中道入崇天門，册使以下奉隨至露階下。方輿官置册案于西，寶案于東，分退立于兩廡。册使副北面，引册官、舉册官、讀册官、捧册官位于册案西，東向。引寶官、舉寶官、讀寶官、捧寶官位于寶案東，西向。掌儀舍人贊曰「捧册官稍前」，曰「搢笏」，曰「捧册」。又贊曰「捧寶官稍前」，曰「搢笏」，曰「捧寶」。侍儀使、引進使、引册官、引寶官前導。捧册寶官次之，册使副以下奉隨陞大明殿午階，由正門入，至進發册寶案前，册使副北面立。引册寶、引寶官、舉册官、舉寶官以下，分左右夾册寶案立。掌儀贊曰「以册寶置于案」，曰「出笏」，曰「復位」，侍儀使引奉册使以下由左門出，百辟趨退。

至期大昕，引贊引册使以下，皆公服，叙位于闕廷。侍儀使導從皇帝出閤，鳴鞭三，陞大明殿，登御座。尚引引殿前班入起居位，起居贊拜如儀，宣贊唱曰「各恭事」。引贊引册使以下入就位，掌儀舍人引承奉班都知，侍儀使，禮儀使〔一〕，主節郎、捧册捧寶官，升自左階，由左門入，至御座前，分左右立，掌儀贊曰「禮儀使稍前」，曰「跪」，曰「衆官皆跪」。禮儀使奉請發皇太子册寶，掌儀唱曰「就拜」，曰「興」，曰「平身」，曰「衆官皆興」，曰「復位」，曰「内謁者稍前」，曰「搢笏」，曰「捧册寶跪進皇帝」，曰「以册寶授捧册寶官」，捧册寶官跪受，興。掌儀贊曰「主節郎搢笏持節」，禮儀使引節導册寶由正門以出，至露階南向立。禮儀使稱「有制」，承奉班都知唱曰「太尉以下皆再拜」，掌儀贊曰「鞠躬」，曰「拜」，曰「興」，曰「拜」，曰「興」，曰「平身」。禮儀使宣制曰「上命太尉等持節授皇太子册寶」，掌儀贊曰「鞠躬」，曰「拜」，曰「興」，曰「拜」，曰「興」，曰「平身」。禮儀使引節導册寶，降至露階下，依次就位。掌儀贊曰「以册寶置于案」，曰「出笏」，曰「復位」。方輿舁以行，樂作。侍儀使、禮儀使、主節前導，册使以下奉隨由正門出。至闕前，方輿奠案，控鶴舁以行。至皇太子殿廷，控鶴奠案，方輿舁以行。入至露階下奠案，方輿退，樂止。册使以下以次立，掌儀贊曰「捧册寶官稍前，搢笏，捧册寶」。侍儀使引節，主節導册寶以行，册使以下由正階隮，節立于香案之西。掌儀贊曰「捧册寶官跪，以册寶置于案」，曰「出笏」，曰「興」，曰「就位」。右庶子跪報外備，内侍入啟，出傳旨曰「可」，右庶子俛伏，興。

皇太子出閤，立于香案前，掌儀贊曰「皇太子跪」，曰「上香」，曰「上香」，曰「三上香」，曰「拜」，曰「興」，曰「拜」，曰「興」。太尉前稱「制遣臣某等恭授皇太子册寶」，復位。掌儀贊曰「皇太子拜」，曰「興」，曰「拜」，曰「興」。請皇太子詣褥位，南向立。曰「皇太子跪」，曰

「諸執事官皆跪」，曰「舉册官興，至案前」，曰「跪」，曰「讀册」。讀畢，曰「納册于匣」，曰「出笏」。掌儀唱曰「舉寶官興，至案前」，曰「跪」，曰「讀寶」。讀畢，曰「納寶于盝」，曰「出笏」，曰「舉册寶官、讀册寶官皆興」，復位。掌儀贊曰「太尉進授册寶」，侍儀使引太尉、司徒至册寶案前，搢笏，以册寶跪進。皇太子恭受，以授左右庶子，左右庶子搢笏跪受。掌儀贊曰「皇太子興，册使以下皆興」，右庶子捧册，左庶子捧寶，導皇太子入殿。右庶子奠册于授册案，左庶子奠寶于受寶案。引節引主節立于殿西北，引贊引太尉以下降階復位，北向立。承奉班都知唱曰『太尉以下皆再拜」，掌儀贊曰「鞠躬」，曰「拜」，曰「興」，曰「拜」，曰「興」，曰「平身」。樂作，侍儀使詣太尉前請進酒，太尉入至殿内，進酒畢，降復位，樂止。

侍儀使、禮儀使、主節導太尉以下還詣大明殿御座前，跪奏曰：「奉制授皇太子册寶，謹以禮畢」。俛伏，興，降詣位。侍儀使、左右庶子導皇太子詣大明殿御座前謝恩，右庶子贊曰「拜」，曰「興」，曰「拜」，曰「興」。進酒。又贊曰「拜」，曰「興」，曰「拜」，曰「興」。降殿，還府。侍儀使詣右丞相前請進酒，雙引陞殿，至宇下褥位立，侍儀使分左右，北向立。俟前行色曲將半，舞旋列定。通贊唱曰「分班」，樂作。侍儀使、右丞相由南東門入，宣徽使奉隨至御榻前。右丞相跪，宣徽使立于東南。曲終，右丞相祝贊曰：「皇太子册寶禮畢，臣等不勝慶抃，同上皇帝、皇后萬萬歲壽。」宣徽使應曰：「如所祝。」右丞相俛伏，興，退詣進酒位。進酒、進表章禮物、贊拜[二]，如元正儀。駕興，鳴鞭三。侍儀使導駕還寢殿，如來儀。

皇太子還府，陞殿。典引引羣臣入就起居位，通班自班西行至中道，唱曰「具官某以下起居」，典引贊曰「鞠躬」，曰「平身」。進就拜位，宣贊唱曰「拜」，通贊贊曰「鞠躬」，曰「拜」，曰「興」，曰「拜」，曰「興」，曰「平身」。侍儀使詣班首前請進酒，雙引由左階至殿宇下褥位立，侍儀分左右，北向立。俟前行色曲將半，舞旋列定，通贊唱曰「分班」。班首入自左門，右庶子隨至座前。班首跪，右庶子立于東南。俟曲終，班首致祝詞曰[三]：「册寶禮畢，願上殿下千秋之壽。」右庶子應曰「如所祝」，班首俛伏，興，退至進酒位，搢笏，捧觴，北向立，右庶子退復位。俟舞旋至露階，樂舞至第四拍，班首進酒。宣贊唱曰「文武百僚皆再拜」，通贊贊曰「鞠躬」，曰「拜」，曰「興」，曰「拜」，曰「興」，曰「平身」。班首自東門出，復位，樂止。通贊唱曰「合班」。中書押進箋及禮物案至横階下，進讀箋官由左階隮，進讀禮物官至階下。俟進讀箋官至宇下，先讀箋目，次讀箋。讀畢，俛伏，興，降至階下。進讀禮物官升階，至宇下，跪讀禮物狀畢，俛伏，興，退，同讀箋官至横階，隨箋案西行，至右廡下，禮物案東行，至左廡下，各付所司。宣贊唱曰「拜」，通贊贊曰「鞠躬」，曰「拜」，曰「興」，曰「拜」，曰「興」，曰「平立」。右庶子導皇太子還閤。

品官以下婚姻之禮。至元八年，禮部議准，條件凡七：

一曰議婚。身及主婚者無期以上喪服，及可成婚。先使媒氏通言，女氏許之，然後納采。

二曰納采。係今之下定也。主人具書，夙興，奉以告祠堂。人之大倫，於禮爲重，宜告廟而後行，示不忘祖也。使子弟爲使者，如女氏，主人出見，使者奉書以告於祠堂，出以復書授使者，遂禮之。使者復命，婚主告於祠堂，或婚主親往納采者聽。

三曰納幣。係今之下財也。具書遣使如女氏，授書，女氏復書，禮賓使者覆命，如納采儀。已定筵會，以男家爲主會，請女氏諸親爲客。先入坐，男家至門外陳列幣物，令媒氏通報女氏主人，出門迎接，相揖。俟女氏先入，男家以次隨幣而入，舉酒請納幣。飲酒受幣訖，女氏主人回禮。婚家飲酒畢，主人待客如常禮，許婚氏女子出見。

四曰親迎。前期一日，女氏使人張陳婚室。質明，壻家設位於室中，女家設次於外，主人告於祠堂，遂醮其子，而命之親迎。壻出乘馬至女家，俟於次。女家主人告於祠堂，遂醮其女而命之。主人出迎，壻入，納雁。姻家奉女登車，壻乘馬先行歸。車至，導婦以入。壻、婦交拜，就飲食畢，壻出復入，脱服獨出，主人禮贊。

五曰婦見舅姑。明日夙興，婦見舅姑，次見諸尊長者。若婦家，則饋於舅姑，舅姑享之。

六曰廟見。三日，主人以婦見於祠堂。

七曰壻見婦之父母。受壻拜禮。次見婦黨，諸婦親家禮壻如常儀。若召贅之家，仍依時俗現行之禮。

蒙古軍禮之僅見者。憲宗二年七月，命皇弟忽必烈征大理，諸王禡牙西行。七年六月，謁太祖行宮，祭旗鼓。八年十一月，令皇弟忽必烈禡牙於開平西北。其禡牙之禮與祭旗鼓之禮均未聞。遼景宗將伐宋，命巫者祠兵神及祭旗鼓。蓋遼、金舊制，蒙古襲而用之。

凡帝后有疾度危殆，不可愈，則移居於外氈帳房。有不諱，則就殯殮其中。葬後，每日用羊二次，燒飯以爲祭，至四十九日而後已。其帳房則以頒賜近臣云。

宮車晏駕。棺用香楠木，中分爲二，刳肖人形，其廣狹長短，僅至容身而已。殮用貂皮襖、皮帽，其靴韈、繫腰、盒鉢，俱用白粉皮爲之。殉以金壺瓶二，盞一，椀碟匙筯各一。

殮訖，用黄金爲箍四條以束之。乘輿用白氈青緣納失失爲簾，覆棺亦以納失失爲之。前行，用蒙古巫媪一人，衣新衣，騎馬，牽馬一匹，以黄金飾鞍轡，籠以納失失，謂之金靈馬。日三次，用羊奠祭。至所葬陵寢，取開穴時所起之土成塊，依次排列之。棺既下，復依次掩覆之。有餘土，則遠置他所。送葬官三員，居五里外，日一次，燒飯祭之〔四〕，三年然後返。

品官丁憂。蒙古及色目人不行三年之喪，漢人、南人則行之。大德八年，詔：「三年之喪，古今通制。除應當怯薛人員、征戍軍官外，其餘官吏，父母喪亡，丁憂終制，方許叙仕。奪情起復者不拘此例。」九年，中書省奏：「聽從官吏丁憂。」至大四年，詔：「官吏並許終制，以厚風俗。朝廷奪情起復，蒙古、色目人、管軍官，不拘此例。」延祐五年，監察御史許有壬言：「聖朝以孝治天下，考稽典禮，除蒙古、色目各從本俗，其餘居官著爲丁憂之制，將以美教化、厚人倫，爲治之要道也。所謂奪情起復者，蓋有道德可以範世，謀猷可以經國，天心簡畀，人望素服；又邊臣、宿將，可任重寄。似此必用之人，謂之起復，誰曰不然？其或碌碌凡庸，如馮翼霄，才無過於常人，行每乖於清議，徒以諛佞憸邪，亦復冒膺起復，實玷風教，宜明白奏聞。除上所知識必用之人，取自聖裁，其餘人員，並遵舊制。」時不肖者多假借起復，以圖榮進，故有壬言之。寧國萬户府言：「本府知事孫顯，父母俱没，係遷轉之員，與軍官不同，理合丁憂。」監察御史言：「切恐其餘管軍衙門首領官，亦有似此托爲軍職，不得丁憂者，傷風敗俗，深爲不便。宜偏行照會，如有違犯，斷罪降叙。」刑部議從之。至正初，監察御史烏古孫良楨，以國俗父母死無憂制，又父死則妻從母，兄弟死則收其妻，上言：「綱常皆出於天而不可變。議法之吏乃言國人不拘此例，諸國人各從本俗。是漢人、南人當守綱常，國人、諸國人不必守綱常也。名曰優之，實則陷之；外若尊之，内寔侮之。推其本心，所以待國人者，不若漢人、南人之厚也。請下禮官、有司，及右科進士在朝者會議。自天子至於庶人，皆從禮制，以成列聖未遑之典，明萬世不易之道。」奏上，不報。

品官以下喪禮。至元七年，中書省議：「民間殯葬，除紙錢外，紙糊房子、金錢、人馬，并綵帛、衣服、帳幕等物，應截日盡行禁斷。」從之。二十一年，定品官遇有婚喪，止依品秩，合得儀從送迎外，禁斷。無官百姓人等，不得僭越。至大三年，皇太子令旨，禁教坊司樂人送殯。延祐元年，江南行台御史王奉訓言：「伏以父母之喪三年，天下之通喪也。死斂葬祭，莫不有禮。《禮》曰：『披髮』『徒跣』，『居於倚廬』，『寢苫枕塊』，『哭泣無時〔五〕』。『歠粥，朝一溢米，夕一溢米。』又曰：『始死，充充如有窮〔六〕；既殯，瞿瞿如有求而弗得；既葬，皇皇如有望而弗至。』經曰：『食旨不甘，聞樂不樂。』此孝子哀感之情。既斂既葬，祭以其時。期而小祥，又期大祥，三年禫祭。『霜露既降』，『春雨既濡』，『悽愴』『怵惕』，『如將見之』。此孝子終身所不忘，豈拘於三年哉？去古日遠，風俗日薄。近年以來，江南尤甚。父母之喪，小斂未畢，茹葷飲酒，略無顧忌。至於送殯，管絃歌舞，導引靈柩，焚葬之際，張筵排晏，不醉不已。泣血未乾，享樂如此。昊天之報，其安在哉！興言及此。誠可哀憫。請今後除蒙古、色目合從本俗，其餘人等居喪送殯，不得飲食動樂。違者諸人首告得實，示衆斷罪。所在官司申禁不禁者，罪亦如之。不惟人子有所懲勸，抑亦風俗少復淳古。」中書省議從之。

延祐二年，定喪服各從本俗。禮部議：「方今喪服未有定制，除蒙古、色目人各從本俗，其餘依鄉俗，以麻布爲之。江淮習俗，有戴布幞頭、布袍爲禮者，禁之。」

喪禮圖

五服之圖

斬衰三年　齊衰　五服年月
高祖
曾祖
祖
父
母

族曾祖父　族祖父　族父　族兄弟

曾祖父母　祖父母　伯叔父母　堂兄弟

從祖姑　姑　姊妹　姪

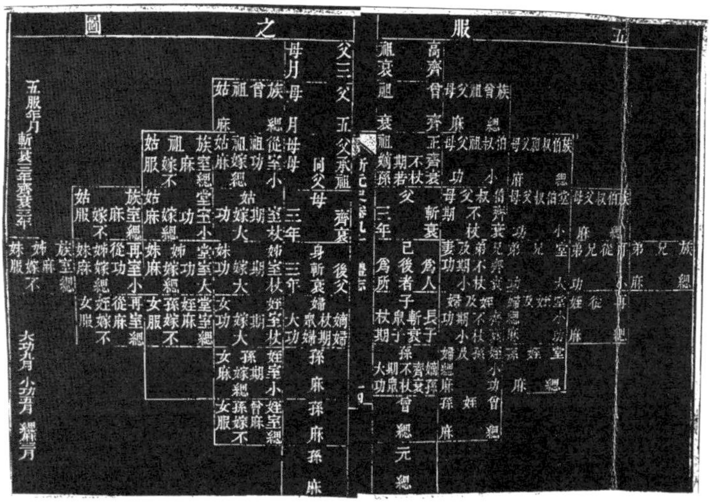

五服之圖

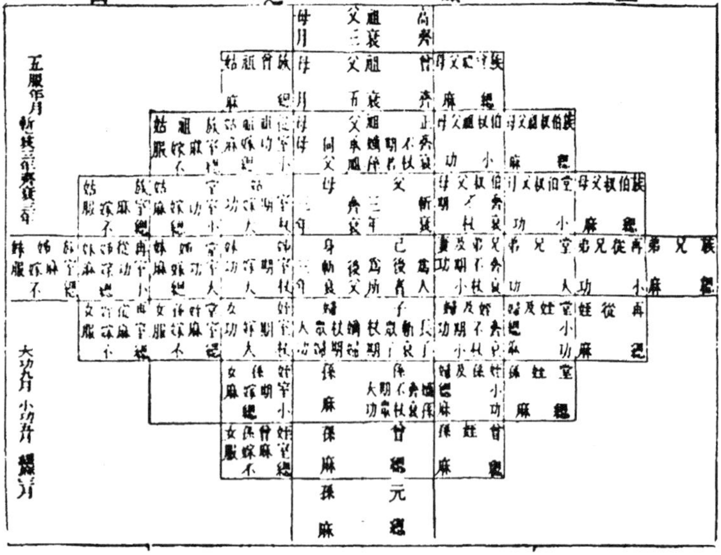

外族服

姑舅兄弟　姑之子爲外兄弟，舅之子爲內兄弟

	外祖父母 小功	
母兄弟妻 小功	妻父母 緦麻	母姊妹 小功
姑舅兄弟 緦麻	妻 周年	兩姨兄弟 緦麻
甥 緦麻	壻 緦麻	甥婦 緦麻
	外孫 緦麻　外孫婦 緦麻	

兩姨兄弟　謂從母之親兄弟姊妹

三殤服

殤者男女未成人而死可哀傷男女已娶嫁許者皆不為殤也

十九至十六為長殤　十五至十二為中殤　十三至八歲為下殤

堂叔　長三月

叔　長九月　中七月　下五月

父

姑　長九月　中七月　下五月

堂姑　長三月

堂兄弟　長五月

兄弟　長九月　中七月　下五月

己身

姊妹　長九月　中七月　下五月

堂姊妹　長五月

母兄弟　長三月

姪　長九月　中七月　下五月

子女　長九月　中七月　下五月

姪女　長九月　中七月　下五月

母姊妹　長三月

姪孫　長五月

嫡孫　曾同　長九月　中七月　下五月

姪孫女　長三月

衆孫　長九月　男女同　中下三月

殤哭之以日易月　期哭之十三日　大功哭之九日

小功哭之五日　緦麻哭之三日　未生三月者不哭

女嫁爲本族服

婦人出嫁各降本服一等

		高祖父母 緦麻		
		曾祖父母 小功		
	祖姊妹 適人無服	祖父母 期年	祖父兄 緦麻	
堂父姊妹 適人無服	父姊妹 在室大功	父母	伯叔父母 大功	父堂兄弟 緦麻
堂姊妹 適人無服	姊妹 在室大功	己身	兄弟 大功	堂兄弟 小功
堂姪女 緦麻	姪女 在室大功	外祖父母 緦麻	姪 大功	堂姪 緦麻

三父八母服

同居繼父 謂之無大功之親，從母適齊衰不杖期；入所適者亦無大功之親

不同居繼父 謂先同今異居者齊衰三月，元不同居則無服

從繼母嫁 繼母嫁而子從之育者齊衰杖期，若不從或人繼母出無父服

養母 養同宗及遺棄子齊衰三年同親母

嫡母 妾生子喚父正室曰嫡母齊衰三年

繼母 父再娶母齊衰三年同親母

慈母 妾無子妾子無母而父命之為子齊衰三年

嫁母 父亡母改嫁適人者齊衰杖期，母為子乃齊衰不杖期

出母 父在而離棄被出之者齊衰杖期，母為子乃齊衰不杖期

乳母 小年乳哺已者緦麻三月

庶母 妾所生子喚曰庶母緦麻三月

三父八母服

同居繼父
謂之繼大功之親從母適齊衰不杖期人所適者亦無大功之親

不同居繼父
謂先同今異居者齊衰三月凡不同居則自服

從繼母嫁
繼母嫁而子從之者齊衰杖期若人從成

人繼母出何父服

慈母
妾母[illegible]去[illegible][illegible]引令父命之為子者[illegible]三年

繼母
父再娶者齊衰三年同親母

嫡母
妾生子喚父正室曰嫡母齊衰三年

養母
養同宗及遺棄子齊衰三年同親母

出母
父在而離棄被出之者齊衰杖期母為子乃齊衰不杖期

嫁母
父亡母改嫁適人者齊衰杖期母為子乃齊衰不杖期

庶母
妾所生子喚曰[illegible]母緦麻三月

乳母
小年乳哺己者緦麻三月

服族之　　　　　夫爲黨妻

				祖父	夫之				
				母	高				
				緦					
		曾祖	夫父	祖父	夫之	父	曾伯叔	夫之	
		姑	母	曾	父祖	母			
		無服	麻	緦					
	堂祖	夫父	祖	夫母	父	大			伯叔
	姑	母	姑			舅			父
	無服	麻	緦	功					
從祖	夫姑	堂	夫姑	親	夫姑	年三	齊		伯叔
姊妹	妹	姊	妹	姊		衰			兄弟
無服	麻	緦	功	小	夫	圭			
族姊妹	從堂	夫姊	堂	夫姪	女	年三	斬		兄弟之
無服	服無	麻	緦	功	小	衰			子
	女姪	堂	夫姪	女		嫡	杖	期	
	麻	緦	功	小	年周	婦			
		女姪	堂	夫孫	曾	孫	大		
		麻	緦	功		緦			
			女孫	曾	夫	曾			
			麻	緦		孫			
						元			
						孫			

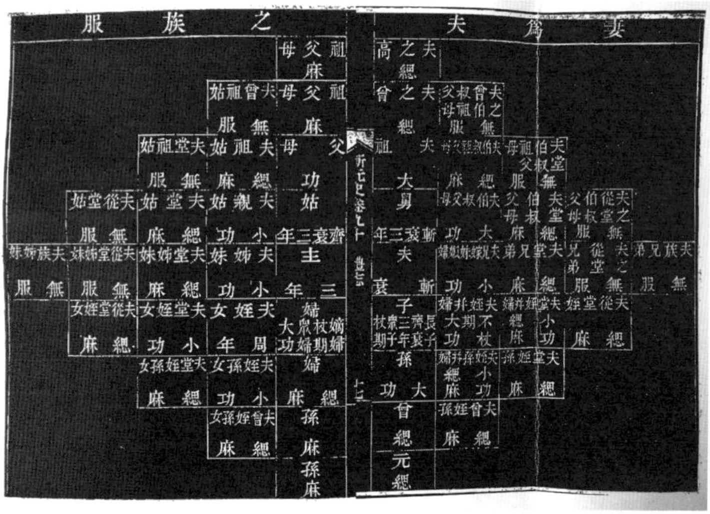

妻為夫之族服

				夫之高祖父母 緦麻				
			夫曾祖姑 無服	夫之曾祖父母 緦麻	夫之曾伯叔祖父母 無服			
		夫堂祖姑 無服	夫祖姑 緦麻	夫祖父母 大功	夫伯叔祖父母 緦麻	夫堂伯叔祖父母 無服		
	夫從堂姑 無服	夫堂姑 緦麻	夫親姑 小功	舅 斬衰三年 姑 齊衰三年	夫伯叔父母 大功	夫堂伯叔父母 緦麻	夫之從堂伯叔父母 無服	
夫族姊妹 無服	夫從堂姊妹 無服	夫堂姊妹 緦麻	夫姊妹 小功	夫 斬衰三年	夫兄弟姊妹 小功	夫堂兄弟 緦麻	夫之從堂兄弟 無服	夫族兄弟 無服
	夫從堂姪女 緦麻	夫堂姪女 小功	夫姪女 周年	子 長子齊衰三年 眾子杖期 婦 嫡婦杖期 眾婦大功	夫姪 不杖期 姪婦 大功	夫堂姪 小功 姪婦 緦麻	夫從堂姪 緦麻	
		夫堂姪孫女 緦麻	夫姪孫女 小功	孫 大功 孫婦 緦麻	夫姪孫 小功 姪孫婦 緦麻	夫堂姪孫 緦麻		
			夫曾姪孫女 緦麻	曾孫 緦麻	夫曾姪孫 緦麻			
				元孫 緦麻				

品官以下墓田之制。一品，地九十步。二品，八十步。三品，七十步。四品，六十步。五品，五十步。六品，四十步。七品以下，二十步。庶人，九步。庶人墓田，四面距心各九步，四圍相距共十八步。至元八年，禁墓上不得造房舍。

至大元年，袁州路録事司照略案牘涂全周呈：「江南流俗以侈靡爲孝。凡有喪葬，大其棺槨，厚其衣衾，廣其宅兆，備存珍寶之器物。亦有將寶鈔藉尸斂利，習以成風。非惟顯失古制，於法似亦未合。每見厚葬之家，不發掘於不肖子孫，則開鑿於强竊盜賊，令死者暴露骸骨，良可痛憫。擬請嚴爲禁治，今後喪家，除衣衾棺槨依禮舉葬外，不許輒用金銀、寶玉、器玩裝殮。違者以不孝論。」中書省議從之。泰定二年，山東道廉訪使許師敬請頒族葬制，禁用陰陽相地邪説。時同知密州事楊仲益撰《周制國民族葬昭穆圖》，師敬韙其言，奏請頒行天下焉。

【校勘記】

〔一〕「禮儀使」，原作「侍儀使」，據《元史》卷六七志第十八《禮樂一》改。

〔二〕「贊拜」，原作「贊曰」，據《元史》卷六七志第十八《禮樂一》改。

〔三〕「祝詞」，原作「祝祠」，據《元史》卷六七志第十八《禮樂一》改。
〔四〕「燒飯」，原作「澆飯」，據《元史》卷七七志第二十七《祭祀六》改。
〔五〕「無時」，原作「於時」，據《禮記·問喪》改。
〔六〕「充充如有窮」，「充充」二字原脱，據《禮記·檀弓上》補。

新元史卷之九十一　志第五十八

樂志一

元之樂制，雅樂施於郊廟，宴樂施於朝廷之燕享。雅樂之制有三：曰樂器，曰樂章，曰樂舞。宴樂之制有二：曰樂器，曰樂儀。然所謂雅樂，本宋之《大晟樂》，乃方士魏漢津所造者。善乎！吴淵穎之言也：

「太常所用樂，本《大晟》之遺法也。自東都不守，大樂氏奉其樂器北入燕都。燕都喪亂，又徙汴、蔡。汴、蔡陷没，而東平嚴侯獨得其故樂部人。國初，徵樂於東平，太常徐公典樂，奏於日月山，乞增宫縣、登歌、文武二舞，令舊工教習，以備大禮。故樂户子孫猶世籍河南，僅能肄其鐘鼓鏗鏘，不復究其義矣。吾因考求前代之樂，自和峴以下更六七人，而議論莫之有定。前日之宿縣者，未幾則倏已改鑄，或云樂失之清，或云樂過於濁，工冶卒且深厭其爐韛鼓鑄之勞，則或和銅齊以濟之。當軒臨視，雖以老師宿儒，終不能必悟其銅齊之輕重，而徒論其銅律之清濁也。迨夫崇寧之世，魏漢津乃以蜀一黥卒，造《大晟樂府》，遂頒行於天下。蓋謂古之制樂者，惟黄帝、禹得樂之正，何則？聖人之禀賦，上與天地陰陽爲一體，聲爲律，身爲度。故黄帝、禹之製樂，實自其身得之。臣請以聖主中指三節三寸定黄鐘之律，中指之徑圍又據而定爲度量權衡。樂以是制，則臣將見其合天地之正，備陰陽之和，而得夫金石清濁之宜矣。當是時，惟丞相蔡京神其説，先鑄帝鼐成，復造金石鐘虡，雕鏤刻畫，蓋極後世之選已。然以帝之指尺長，而樂律遂高，雖漢津亦自知之。嘗私謂其弟子任宗堯曰：『律高則聲過哀，而國亂是不久矣。』嗚呼！漢津所製，豈復有加於和峴諸人所論之樂哉？然且至今沿襲相承，未聞有所改作。樂固不可以草創苟且而遽定也，雖然，崇寧之樂亦可變矣。蓋古之論樂者，一曰古雅樂，二曰俗部樂，三曰胡部樂。古雅樂更秦亂而廢，漢世惟采荆楚燕代之謳，稍協律吕以合八音之調，不復古矣。晉、宋、六朝以降，南朝之樂多用吴音，北國之樂僅襲北俗。及隋平江左，魏三祖清商等樂存者什四，世謂爲華夏正聲，蓋俗樂也。至是，沛國公鄭譯復因龜兹人白蘇祇婆善胡琵琶，而翻七調，遂以制樂。故今樂家猶有大石、小石、大食、般涉等調。大食等國本在西域，而般涉即是般贍，華言羽聲，隋人且以是爲太羽矣。由是觀之，漢世徒以俗樂定雅樂，隋氏以來則以胡樂定雅樂。唐至玄宗，胡部坐俗部立。樂工肄樂，坐技不通，然後爲立技；立技不精，然後使教雅樂。天下後世不復知古雅樂之正聲矣。自唐歷宋，大抵皆然。當《大晟樂》書之行教坊，色長張倶曾制《大樂玄機賦》，論七音，六十律、八十四調，本不脱乎龜兹，白蘇祇婆之舊。正行四十大曲，常行小令四部絃管，此非胡與俗之雜行者乎？宜雅樂之未易遽復也。古來律曆二事，更相爲用，太史郭公一嘗定曆，誠曠世所未有。予謂宜依古法，緹室葭灰，隨月候氣。天地之中氣既應，則鐘律之中聲當無有不應者。要在久而後驗，樂固不可以草創苟且而遽定也。嗚呼！崇寧之樂亦可變矣，吾又安得夫伶倫、榮援之徒而與之論樂哉！」

制樂始末

太祖入河西，徵西夏舊樂用之，其制未詳。太宗十年十一月，孔子五十一代孫衍聖公元措來朝，金之太常卿也。奏言：「今禮樂散失，金太常舊臣及禮册、樂器尚有存者，乞收録。」於是詔各處管民官，如有亡金知禮樂舊人，可并其家屬徒赴東平，令元措領之。十一年，元措奉命至燕京，得金掌樂許政、掌禮王節及樂工翟剛等九十二人。十二年夏四月，始命製登歌樂，肄習于曲阜宣聖廟。六皇后稱制三年，太常用許政所舉大樂令苗蘭詣東平，指授工人，造琴十張，一絃、三絃、五絃、七絃、九絃者各二。憲宗二年三月五日，命東平萬户嚴忠濟立局，製冠冕、法服、鐘磬、筍簴、儀物肄習。五月十三日，召太常禮樂人赴日月山。八月七日，郎中姚樞及魏祥卿、徐世隆等，以樂工李明昌、許政、吴德、段楫、寇忠、杜延年、趙德等五十餘人，見于行宫。帝問制作禮樂之始，世隆對曰：「堯、舜之世，禮樂興焉。」時明昌等各執鐘、磬、笛、簫、篪、塤、巢笙，於帝前奏之。曲終，復合奏之，凡三終。十一日，始用登歌樂祀昊天上帝于日月山。祭畢，命驛送樂工還東平。按《舊史·徐世隆傳》，世祖遣使至東平取登歌樂，世隆典領以行。未詳孰是。

三年，世祖居潛邸，命勾當東平府公事宋周臣兼領大樂禮官、樂工等人，常令肄習，仍令萬户嚴忠濟依已降旨存恤。六年夏五月，世祖次灤州，下教命嚴忠濟督宋周臣以所得禮樂舊人肄習，宜如故事勉行之，毋忽。冬十有一月，命樂工老不堪任事者，以子孫代之，不足者以他户補之。

中統元年春正月，命宣撫廉希憲等，召太常禮樂人至燕京。夏六月，命許唐臣等制樂器、公服、法服。秋七月十一日，用新製雅樂，享祖宗于中書省。禮畢，賜預祭官及禮樂人百四十九人鈔有差。八月，命太常禮樂人復還東平。二年秋九月，敕太常少卿王鏞領東平樂工，常加督視肄習，以備朝廷之用。初，大司農姚樞奏：「曲阜有太常雅樂，憲宗嘗命東平守臣輩其工人樂器，至日月山上，親臨觀之，飭東平守臣員缺充補，無輟講習。今請以東平府詳議官王鏞兼充禮樂提舉。」詔以鏞特兼太常少卿。三年，復命鏞教習大樂。

至元元年冬十有一月，括金樂器散在寺觀民家者。先是，括到燕京鐘、磬等器，凡三百九十有九事，下翟剛辨驗給價。至是，大興府又以所括鐘、磬樂器十事來進。太常因言：「亡金散失樂器，若止於燕京拘括，似爲未盡。合於各路各觀民家括之，庶省鑄造。」于是奏檄各道宣慰司，括到鐘三百六十有七，磬十有七，錞一，送于太常。又中都、宣德、平灤、順天、河東、真定、西京、大名、濟南、北京、東平等處，括到大小鐘、磬五百六十有九。其完者，景鐘二，鎛鐘十六，大聲鐘十，中聲鐘一，小聲鐘二十有七，編鐘百五十有五，編磬七。其不完者，景鐘四，鎛鐘二十有三，大聲鐘十有三，中聲鐘一，小聲鐘四十五，編鐘二百五十有一，編磬十有四。

三年，初用宮縣、登歌樂、文武二舞于太廟。先是，東平萬户嚴光範奏：「太常登歌樂器樂工已完，宮縣樂、文武二舞未備，凡用人四百一十二。請以東平漏籍户充之，合用樂器，官爲置備。」制可，命中書省臣議行。於是中書命左三部、太常寺、少府監，於興禪寺置局，委官楊天祐，太祝郭敏董其事，大樂正翟剛辨驗音律，充收受樂器官。丞相耶律鑄又言：「今製宮縣大樂，內編磬十有二簴，宜於諸處選石材爲之。」太常寺以新撥宮縣樂工、文武二舞四百一十二人，未習其藝，遣大樂署命許政往東平教之。大樂署言：「堂上下樂舞官員及樂工，合用衣服、冠冕、靴履等物，乞行製造。」中書禮部移準太常博士，議定制度，下所屬製造。

宮縣樂器既成[一]，大樂署郭敏開坐名數以上：編鐘、磬三十有六簴，樹鼓四，建鞞、應同一座。晉鼓一，路鼓二，鼗鼓二，相鼓二，雅鼓二，柷一，敔一，笙二十有七，巢和竽。塤八，篪、簫、籥、笛各十，琴二十有七，瑟十有四，單鐸、雙鐸、鐃、錞、鉦、麾、旌、纛各二。補鑄編鐘百九十有二，靈璧石磬如其數。省臣言：「太廟殿室向成，宮縣樂器咸備，請徵東平樂工赴京師肄習，以俟享廟。」從之。秋七月，新樂服成，樂工至自東平，敕翰林院定撰八室樂章。按中統四年至至元三年，皆以太祖爲第一室，故僅有七室樂章。是年始追尊烈祖爲第一室，故有八室也。大樂署編運舞節，俾肄習之。

冬十有一月，有事于太廟，宮縣、登歌樂，文武二舞咸備。其迎送神曲曰《來成》之曲，送神或作《保成》。烈祖曰《開成》之曲，太祖曰《武成》之曲，太宗曰《文成》之曲，皇伯考赤朮曰《弼成》之曲，皇伯考察合帶曰《協成》之曲，睿宗曰《明成》之曲，定宗曰《熙成》之曲，憲宗曰《威成》之曲。初獻、升降曰《肅成》之曲，司徒奉俎曰《嘉成》之曲，文舞退，武舞進曰《和成》之曲，亞終獻、酌獻曰《順成》之曲，徹豆曰《豐成》之曲。文舞曰《武定文綏之舞》，武舞曰《內平外成之舞》。第一成象滅王罕，二成破西夏，三成克金，四成收西域、定河南，五成取西蜀、平南詔，六成臣高麗、交趾。詳見樂舞篇。

十有二月，籍近畿儒户三百八十四人爲樂工。先是，召用東平樂工凡四百一十二人，中書以東平地遠，惟留其户九十有二，餘盡遣還，復入民籍。

六年，詔太保劉秉忠與許衡、徐世隆等起朝儀。秉忠奏曰：「無樂以相須，則禮不備。」詔搜訪舊教坊樂工，得杖鼓色楊皓，笛色曹植，前行色劉進，教師鄭忠。依律運譜，被諸樂歌，六月而成。陳於萬壽山便殿，帝聽而善之。明年二月，秉忠奏以丙子觀禮。前期一日，布綿蕝金帳殿前，帝與皇后臨觀，禮文樂節悉無遺失。

十一年秋八月，製内庭曲舞。中書以上皇帝册寶，下太常大樂署編運無射宫《大寧》等曲，及上壽曲譜。當時議殿庭用雅樂，後不果用。十一月，增樂工八百人隸教坊司，是年，敕中都路建習樂堂，使樂工肄業其中。

四年，太常寺言：「自古帝王功成作樂，各有名，盛德形容，於是乎在。伏覩皇上踐阼以來，留心至治，聲名文物，思復承平之舊。首敕有司，脩完登歌、宫縣、八佾樂舞，以備郊廟之用。若稽古典，宜有徽稱。謹案歷代樂名。黄帝曰《咸池》、《龍門》、《大卷》，少昊《大淵》，顓頊《六莖》，高辛《五英》、唐堯《大咸》、《大章》，虞舜《大韶》，夏禹《大夏》，商湯《大濩》、周武《大武》。降及近代，咸有厥名。宋總名曰《大晟》，金總名曰《大和》。今採輿議，權以數名，伏乞詳定。曰《大成》：按《尚書》『簫韶九成，鳳凰來儀』，《樂記》曰『王者功成作樂』，《詩》云『展也大成』；曰《大明》：按《白虎通》言『如唐堯之德，能大明天人之道』；

曰《大順》：《易》曰『天之所助者順』，又曰：『順乎天而應乎人』；曰《大同》：《樂記》曰『樂者爲同，禮者爲異』，《禮運》曰『大道之行也，故人不獨親其親，不獨子其子，是之謂大同』；曰《大豫》：《易》曰『豫順以動，故天地如之』，《象》曰『雷出地奮，豫。先王以作樂崇德，殷薦之上帝，以配祖考』。」中書省遂定名曰《大成之樂》。

乃上表稱賀，表曰：「離日中天，已覩文明之化；豫雷出地，又聞正大之音。神人以和，祖考來格。欽惟皇帝陛下，潤色洪業，游意太平，爰從龍邸之潛，久敬鳳儀之奏。及登寶位，申命鼎司，謂雖陳堂上之登歌，而尚闕庭前之佾舞。方嚴禋祀，當備聲容，屬天語之一宣，迺春官之畢會。臣等素無學術，徒有汗顏，聿求舊署之師工，仍討累朝之典故。按圖索器，永言和聲，較鐘律於積黍之中，續琴調於絶絃之後。金而模，石而琢，簴斯豎，筍斯横。合八音而克諧，閲三歲而始就。列文武兩階之干羽，象帝王四面之宫庭。一洗哇淫之聲，可謂盛大之舉。既完雅器，未錫嘉名。蓋聞軒、昊以來，俱有《咸》、《雲》之號。《莖》、《英》、《章》、《韶》以象德，《夏》、《濩》、《武》、《勺》以表功。洪惟國朝，誕受天命，地大物鉅，人和歲豐。宜符古記之文，稱曰《大成之樂》。漢庭聚議，作章敢望於一夔；舜殿鳴絃，率舞願觀於百獸。」

十三年，以近畿樂户多逃亡，僅得四十有二，復徵用東平樂工。十六年冬十月，命太常卿忽都于思召太常樂工。是月十一日，大樂令完顏椿等以樂工見于香閣，文郎魏英舞迎神黄鐘宫曲，武郎安仁舞亞獻無射宫曲。十八年冬十月，昭睿順聖皇后將祔廟，製昭睿順聖皇后室曲舞。

十九年，王積翁奏請徵亡宋雅樂器至京師，置於八作司。

二十年冬閏十有一月，太常卿忽都于思奏：「大樂見用石磬，聲律不協。稽諸古典，磬石莫善於泗濱，女真未嘗得此。今泗在封疆之内，宜取其石以製磬。」從之。選審聽音律大樂正趙榮祖及識辨磬材石工牛全，詣泗州採之。得磬璞九十，製編磬二百三十，命大樂令陳革等料簡，應律者百有五。二十一年，大樂署言：「宜付本署收掌。」中書命八作司與之，鑄鐘二十有七，編鐘七百二十有三，特磬二十有二，編磬二十有八，鐃六，單鐸、雙鐸各五，鉦、錞各八。

是年，復括江南樂工。明年正月，徙江南樂工八百家於京師。

二十三年，忽都于思又奏：「太廟樂器，編鐘、笙、匏，歲久就壞，音律不協。」遂補編鐘八十有一，合律者五十，造笙匏三十有四。舊紀作二十六年事，誤也。二十九年四月，太常太卿香山請采石增製編磬，遣孔鑄馳驛往泗州，得磬璞五十八，製磬九十。大樂令毛莊等審聽之，得應律磬五十有八，於是編磬始備。

三十年夏六月，初立社稷，命大樂許德良運製曲譜，翰林國史院譔樂章。其降送神曰《鎮寧》之曲，初獻、盥洗、升壇、降壇、望瘞位皆《肅寧》之曲，正配位奠玉幣曰《億寧》之曲，司徒奉俎徹豆曰《豐寧》之曲，正配位酌獻曰《保寧》之曲，亞終獻曰《咸寧》之曲。按祭社稷、先農及大德六年祀天地五方帝，樂章皆用金舊名。釋奠宣聖，亦因宋不改。詳樂章篇。三十一年，世祖、裕宗祔廟，命大樂署編運曲譜舞節，翰林定譔樂章，世祖室曰《混成》之曲，裕宗室曰《昭成》之曲。是年，初祀社稷，用堂上樂，歲以爲常。

大德六年三月，合祀昊天上帝、皇地祇、五方帝於南郊，撰定樂章。降神奏《乾寧》之曲，初獻、盥洗奏《肅寧》之曲，初獻，升降奏《肅寧》之曲，奠玉幣奏《億寧》之曲，迎俎奏《豐寧》之曲，酌獻奏《嘉寧》之曲，亞終獻奏《咸寧》之曲，徹俎奏《豐寧》之曲，送神奏《鎮寧》之曲，望燎奏《肅寧》之曲。

大德九年，新建郊壇既成，命大樂署編運曲譜舞節，翰林譔樂章。十一月二十八日，祀圜丘用之。其迎送神曰《天成》之曲，初獻奠玉幣曰《欽成》之曲，酌獻曰《明成》之曲，登降曰《隆成》之曲，亞終酌獻曰《和成》之曲，奉饌徹豆曰《寧成》之曲，望燎如登降。惟用黄鐘宫。文舞曰《崇德之舞》，武舞曰《定功之舞》。

十年，命江浙行省製造宣聖廟樂器，以宋舊樂工施德仲審較應律，運至京師。秋八月，用于廟祀宣聖。先令翰林新譔樂章，命樂工習之。降送神曰《凝安》之曲，初獻、盥洗、陞殿、降殿、望瘞皆《同安》之曲，奠幣曰《明安》之曲，奉俎曰《豐安》之曲，酌獻曰《成安》之曲，亞終獻曰《文安》之曲，徹豆曰《娱安》之曲。蓋舊曲也，新樂章不果用。時樂師皆江南人，肄業生徒則河北人，情性不相能。國子博士虞集親教之，然後成曲焉。

十一年，武宗即位，祭告天地，命大樂署編運皇地祇酌獻大吕宫一曲及舞節，翰林譔樂章。無名曲。九月，順宗、成宗二室祔廟，下大樂署編運曲譜舞節，翰林譔樂章。順宗室曰《慶成》之曲，成宗室曰《守成》之曲。

至大二年，親享太廟。皇帝入門奏《順成》之曲，盥洗、升殿用至元中初獻升降《肅成》之曲，亦曰《順成》之曲，出入小次奏《昌寧》之曲，迎神用至元中《來成》之曲，改曰《思成》，初獻、攝太尉盥洗、升殿奏《肅寧》之曲，酌獻太祖室仍用舊曲，名《開成》。《開成》本至元中烈祖曲名，其詞則太祖舊曲也。睿宗室仍用舊曲，改名《武成》，此亦至元中太祖曲名，其詞則「神祖創業」以下仍舊。皇帝飲福、登歌奏《釐成》之曲，新製曲。文舞退、武舞進，仍用舊曲，改名《肅寧》，舊名《和成》，其詞「天生五材，孰能去兵」以下是也。亞終獻、酌獻仍用舊曲，改名《肅寧》，舊名《順成》，其詞「幽明精禋」以下是也。徹豆曰《豐寧》之曲，舊名《豐成》，詞語亦異。送神曰《保成》之曲，皇帝出廟庭亦曰《昌寧》之曲。《太常集禮》曰：「樂章據孔思逮本録之。國朝樂皆用『成』字，凡有『寧』字者，金曲也。國初，禮樂章之事，悉用前代舊工，循習故常，遂有用其舊者。亦有不用其詞，而冒以舊號者，如郊祀先農等樂是也。」按至元四年，已改《和成》、《順成》、《豐成》之名，而至大中反改從金舊，必無此理。此承孔思逮之誤也。舊志第三卷至大樂章，「文舞退，武舞進，奏《肅成》之曲，亞終酌，奏《肅成》之曲」，注：「孔本作《肅寧》。可證。」思逮誤以「肅成」爲「肅寧」也。

冬十有二月，始製先農樂章，以太常登歌樂祀之。先是，有命祀先農以登歌樂，如祭社稷之制。大樂署言「禮祀先農如社」，遂録祭社林鐘宮《鎮寧》等曲以上，蓋金曲也。三年冬十月，置曲阜宣聖廟登歌樂。初，宣聖五十四代孫左三部照磨思逮言：「闕里宣聖祖廟，釋奠行禮久闕，祭服登歌之樂，未蒙寵賜。如蒙移咨江浙行省，於各處贍學祭餘子粒內，製造登歌樂器及祭服，以備祭祀，庶盡事神之禮。」中書允其請，移文江浙製造。至是，樂器成，運赴闕里用之。十有一月，敕以二十三日冬至，祀昊天上帝于南郊，配以太祖，令大樂署運製配位及親祀曲譜舞節，翰林譔樂章。皇帝出入中壝黃鐘宮曲二，盥洗黃鐘宮曲一，陞殿登歌大吕宮曲一，酌獻黃鐘宮曲一，飲福登歌大吕宮曲一，出入小次黃鐘宮曲一。皆無曲名。四年夏六月，武宗廟祔，命樂正謝世寧等編曲譜舞節，翰林侍講學士張士觀譔樂章，曲名《威成》之曲。

皇慶二年秋九月，用登歌樂祀太上皇睿宗。于真定玉華宮。自是，歲用之。至延祐七年九月，敕議玉華宮歲享睿宗登歌大樂，太常博士言：「影堂用太常禮樂，非是。」十月，罷之。舊志作三月，今從本紀。延祐五年，命各路府宣聖廟置雅樂，選擇習古樂師教肄生徒，以供春秋祭祀。六年秋八月，議置三皇廟樂，不果行。七年，仁宗祔廟，命樂正劉瓊等編運酌獻樂譜舞節，翰林譔樂章，曲名曰《歆成》之曲。

至治元年正月，始以四孟月時饗親祀，太室備宮縣、登歌二舞。二年冬十月，用登歌樂于太廟。以修廟工役未畢，妨陳宮縣，止用登歌。泰定元年，英宗祔廟，下大樂署編運樂譜舞節，翰林譔樂章，曲曰《獻成》之曲。文宗天曆二年，明宗祔廟，下大樂署編運樂譜舞節，翰林定譔樂章，曲曰《永成》之曲。至順元年十月，始祀昊天上帝於南郊，以太祖皇帝配，備宮縣、登歌二舞。元統二年，文宗祔廟，行三獻禮，樂用宮縣。至正十年九月，始祭三皇廟，命翰林譔樂章。

登歌樂器

金部：編鐘一簴，鐘十有六，範金爲之，筍簴橫曰筍，植曰簴。皆雕繪樹羽，塗金雙鳳五，中列博山，崇牙十有六，縣以紅絨組。簴趺青龍籍地，以緑油卧梯二，加兩跗焉。筍兩端金螭首，銜鍮石璧翣，五色銷金流蘇，絛以紅絨維之。鐵杙者四，所以備欹側。在太室以礙地甓，因易以石麟。簴額識以金飾篆字。擊鐘者以茱萸木爲之，合竹爲柄。凡鐘未奏，覆以黄羅；雨，覆以油絹。磬亦然。元初，鐘用宋、金舊器，其識曰「大晟」、「大和」、「景定」者是也。後增製，兼用之。

石部：編磬一簴，磬十有六，石爲之。縣以紅絨紃，簴趺狻猊。拊磬者，以牛角爲之。餘筍簴、崇牙、樹羽、壁翣、流蘇之制，並與鐘同。元初，磬亦用宋、金舊器。至元中，始采泗濱靈壁石爲之。

絲部：琴十，一絃、三絃、正絃、七絃、九絃者各二。六皇后監國三年，始造。斲桐爲面，梓爲底，冰絃，木軫，漆質，金徽。長三尺九寸。首闊五寸二分，通足中高二寸七分，旁各高二寸。尾闊四寸一分，通足中高二寸，旁各高一寸五分。俱以黄綺夾囊貯之。琴卓髹以緑。瑟四。其制，底面皆用梓木，面施采色，兩端繪錦。長七尺。首闊尺有一寸九分，通足中高四寸，旁各高三寸。尾闊尺有一寸七分，通足中高五寸，旁各高三寸五分。朱絲爲絃，凡二十有五，各設柱，兩頭有孔，疏通相連，以黄綺夾囊貯之。架四，髹以緑，金飾鳳首八。

竹部：簫二，編竹爲之。每架十有六管，闊尺有六分。黑槍金鸞鳳爲飾，鍮石釘鉸，以黄紃絨維於人項，左右復垂紅絨絛結。架以木爲之，高尺有二寸，亦號排簫，韜以黄囊。籥二，斷竹爲之。長尺有四寸，七孔，亦號長笛。纏以朱絲，垂以紅絨絛結，韜以黄囊。篪二，制如笛，三孔。纏以朱絲，垂以紅絨絛，韜以黄囊。箎二，髹色如桐葉，七孔。纏以朱絲，垂以紅絨絛結，韜以黄囊。

匏部：巢笙四，和笙四，七星匏一，九曜匏一，閏餘匏一，皆以斑竹爲之。玄髹底，置管匏中，施簧管端，參差如鳥翼。大者曰巢笙，次曰和笙，管皆十九，簧如之。十三簧者曰閏餘匏。九簧者曰九曜匏，七簧者曰七星匏。皆韜黄囊。

土部：塤二，陶土爲之。圍五寸半，長三寸四分，形如稱錘。六孔，上一，前二，後三。韜以黄囊。

革部：搏拊二，制如鼓而小，中實以糠，外髹以朱，繪以緑雲，繫以青絨絛。兩手用之，或搏或拊，以節登歌之樂。

木部：柷一，以桐木爲之，狀如方桶，繪山於上，髹以粉，旁爲圓孔，納椎於中，椎以杞木爲之。撞之以作樂。敔一，製以桐木，狀如伏虎，彩繪爲飾，背有二十七鉏鋙刻，下承以槃。用竹長二尺四寸，破爲十莖，其名曰籈，櫟其背以止樂。

宫縣樂器

金部：鎛鐘十有二簴，簴一鐘，制視編鐘而大，依十二辰位特縣之，亦號辰鐘。筍簴朱髹，塗金，彩繪飛龍，趺東青龍，西白虎，南赤豸，北玄麟。素羅五色流蘇。餘制並與編鐘同。編鐘十有二簴，簴十有六鐘，制見《登歌》。此下樂器制與《登歌》同者，皆不重載。按至元元年，中都等處括到亡金樂器，其完者景鐘二，此北宋崇寧中所鑄者〔二〕，惟不知何以有二也。

石部：編磬十有六簴，簴十有二磬，制見《登歌》。筍簴與鎛鐘同。

絲部：琴二十有七，至元三年造。二絃者三，三絃、五絃、七絃、九絃者各六。瑟十有二。按古制，琴惟五絃、七絃。宋太宗加爲九絃，又作兩儀琴二絃，更有一絃、三絃，皆非古。《大晟樂》罷一、三、九弦不用，又並七弦罷之。後俱復用。元沿襲宋制，不改。

竹部：簫十，籥十，篪十，笛十。

匏部：巢笙十。竽十，竹爲之。與巢笙皆十九簧，惟指法各異。七星匏一，九曜匏一，閏餘匏一。土部：塤八。

革部：晉鼓一，長六尺六寸，面徑四尺，圍丈有二尺，穹隆者居鼓面三之一。穹徑六尺六寸三分寸之一，面繪雲龍爲飾，其皋陶以朱髹之。下承以彩繪趺座，並鼓高丈餘，在郊祀者，鞔以馬革。按晉鼓，古所以鼓金奏，建於軍。宋制晉鼓爲樂節，乃李照之失，元誤沿其制也。樹鼓四，每樹三鼓，其制高六尺六寸，中植以柱，曰建鼓。柱末爲翔鷺，下施小圓輪。又爲重斗，方蓋，並繚以彩繪。四角有竿，各垂璧翣流蘇。下以青狻猊四爲趺。建旁挾二小鼓，曰鞞，曰應，樹樂縣之四隅。踏床、鼓桴，並髹以朱。按建、鞞、應三鼓同一座，亦沿宋制之誤。雷鼓二，制如鼓而小，鞔以馬革，特其柄播之，旁耳自擊。郊祀用之。雷鼗二，亦以馬革鞔之，爲大小鼓三，交午貫之以柄。郊祀用之。路鼓二，制如雷鼓，惟非馬革，祀宗廟用之。路鼗二，其制爲大小二鼓，午貫之，旁各有耳，以柄摇之，耳往還自擊，不以馬革。祀宗廟用之。

木部：柷一，敔一。

節樂之器

麾一：製以絳繒，長七尺，畫升龍於上，以金塗龍首朱杠縣之，樂長執之，舉以作樂，偃以止樂。

照燭二：以長竿置絳羅籠於其末，然燭於中，夜暗，麾遠難辨，樂正執之，舉以作樂，偃以止樂。

文舞器

纛二：制若旌幢，高七尺，杠首刻象牛首，下施朱繪蓋爲三重，以導文舞。

籥六十有四：木爲之，象籥之制，舞人所執。

翟六十有四：木柄，端刻龍首，飾以雉羽，綴以流蘇，舞人所執。

武舞器

旌二：制如纛，杠首栖以鳳，以導武舞。

干六十有四：木爲之，加以彩繪，舞人所執。

戚六十有四：制若劍然，舞人所執。《禮記》注。「戚，斧也。」今制與古異。

金錞二：範銅爲之，中虚，鼻象狻猊，木方趺。二人舉錞，築於趺上。

金鉦二：制如銅槃，縣而擊之，以節樂。

金鐃二：制如火斗，有柄，以桐爲匡，疏其上如鈴，中有丸。執其柄而摇之，其聲鐃鐃然，用以止鼓。

單鐸、雙鐸各二：制如小鐘，上有柄，以金爲舌，用以振武舞。兩鐸通一柄者，號曰雙鐸。

雅鼓二：制如漆筩，鞔以羊革，旁有兩紐，工人持之，築地以節舞。

相鼓二：制如搏拊，以韋爲表，實之以糠，拊其兩端，以相樂舞節。

鼗鼓二。

舞表

表四：木杆，鑿方石樹之，用以識舞人之兆綴。

樂縣

凡郊祀、宗廟，用宫縣三十六虡，登歌二虡。祀前一日，宿懸於庭中，東方、西方設十二鎛鐘，各依辰位。編鐘處其左，編磬處其右。黄鐘之鐘起子位，在通街之西。蕤賓之鐘起午位，在通街之東。每辰三虡，謂之一肆。十有二辰，凡三十六虡。樹建鞞應於四隅，左柷右敔，設縣中之北。歌工次之，三十二人，重行相向而坐。凡工坐者，高以杌，地以氈。巢笙次之，簫次之，竽次之，籥次之，篪次之，塤次之，長笛又次之。夾街之左右，瑟翼柷敔之東西，在前行，路鼓、路鼗次之。郊祀則雷鼓、雷鼗。閏餘匏在簫之東，七星匏在西，九曜匏次之。一絃琴三，列路鼓之東西，東一，西二。三絃、五絃、七絃、九絃皆六，次之。晉鼓一，處縣中之東南，以節樂。又設登歌樂於殿之前楹。殿陛之旁，設樂牀，二樂工列於上。搏拊二，歌工六，柷一，敔一，在門內，相向而坐。鐘一虡，在前楹之東，一絃、三絃、五絃、七絃、九絃琴五，次之，瑟二，在其東。笛一、籥一、篪一，在琴之南。巢笙、和笙各二，次之。塤一，在笛之南。閏餘匏、排簫各一，次之，皆西上。磬一虡，在前楹之西。一絃、三絃、五絃、七絃、九絃琴五，次之。瑟二，在其西。一笛、一籥、一篪，在一瑟之南。巢笙、和笙各二，次之，塤一，在笛之南。七星匏、九曜匏、排簫各一，次之，皆東上。舊志「前楹西五琴」之下，奪二十三字，據王圻《續文獻通考》補。攝祀設宮縣之樂於庭中，東方、西方，磬虡起北，鐘虡次之。南方、北方磬虡起西，鐘虡次之。設十二鎛鐘於編縣之間，各依辰位。樹建鼓於四隅。置柷敔於北縣之內。柷一在道東，敔一在道西。路鼓一，在柷之東南。晉鼓一，在敔後。又路鼓一，在柷之西南。諸工人各於其後。東方、西方，以北爲上，南方、北方，以西爲上。文舞在北，武舞在南，立舞表於兆綴之間。又設登歌之樂於殿上前楹間。玉磬一虡，在西，金鐘一虡，在東。柷一，在玉磬北，稍東。搏拊二，一在敔北，一在柷北，東西相向。歌工次之，餘工各位於縣後，其匏竹者，立於階間，重行北向，相對爲首。

【校勘記】

〔一〕「宫縣」，原作「官縣」，據《元史》卷六八志第十九《禮樂二》改。

〔二〕「北宋」，原作「北京」，據《續文獻通考》卷一〇九《樂考》改。

新元史卷之九十二　志第五十九

樂志二

郊祀樂章

成宗大德六年，合祭天地五方帝樂章。

降神，奏《乾寧》之曲，六成：

圜鐘宫三成

惟皇上帝，監德昭明。祀考承天，治底隆平。孝思維則，禋祀薦誠。神其降格，萬福來并。

黄鐘角一成詞同前。

太簇徵一成詞同前。

姑洗羽一成詞同前。

初獻盥洗，奏《肅寧》之曲：

黃鍾宮

明水在下，鐘鼓既奏。有孚顒若，陟降左右。辟公之處，多士祼將。吉蠲以祭，其帝其饗。

初獻升降，奏《肅寧》之曲：

大呂宮

禋祀孔肅，盥薦初升。「薦」，《續通考》作「洗」。攝齊恭敬，以薦惟馨。肅雝多士，來格百靈。降福受釐，萬世其承。

奠玉幣，奏《億寧》之曲：舊志闕，據《續通考》補。

大呂宮

宗祀配饗，肇舉明禋。嘉玉既設，量幣斯陳。惟德格天，惟誠感神。於萬斯年，休命用申。

迎俎，奏《豐寧》之曲：

黃鍾宮

有碩斯俎，有滌斯牲。鸞刀屢奏，血膋載升。禮崇繭栗，氣達尚腥。上帝臨止，享于克誠。

酌獻，奏《嘉寧》之曲：

大吕宫

崇崇泰畤，穆穆昊穹。神之格思，肹蠁斯通。儀尊載列，黄流在中。酒既和止，萬福攸同。

亞獻，奏《咸寧》之曲：

黄鐘宫

六成既闋，三獻云終。神具醉止，穆穆雍雍。和風慶雲，賁我郊宫。受兹祉福，億載無窮。

獻終詞同前。

徹籩豆，奏《豐寧》之曲：

大吕宫

禋祀既備，神具宴娭。籩豆有楚，廢徹不遲。多士駿奔，樂且有儀。乃錫純嘏，永佐丕基。

送神，奏《億寧》之曲：

圜鍾宮

殷祀既畢，靈馭載旋。禮洽和應，降福自天。動植咸若，陰陽不愆。明明天子，億萬斯年。

黄鍾宮

望燎，奏《豐寧》之曲：

享用百禮，《舊志》作「享申」，乃字誤。慶洽百靈。奠玉高壇，燔柴廣庭。祥光達曙，燦若景星。神之降福，萬國咸寧。

大德九年以後，定擬親祀樂章：

皇帝入中壝：出入小次。

黄鍾宮

赫赫有臨，洋洋在上。克配皇祖，於穆來饗。肇此大禋，乾文弘朗。被衮圓丘，巍巍元象。

皇帝盥洗：

黄鍾宮

翼翼孝思，明德洽禮。功格元穹，有光帝始。著我精誠，潔兹薦洗。幣玉攸奠，永集嘉祉。

皇帝升壇：降同。

大吕宫

天行惟健，盛德御天。日月龍章，筍簴宫縣。藁鞂尚明，禮璧蒼圜。神之格思，香升燔煙。

降神，奏《天成》之曲：

圜鐘宫三成

烝哉皇元，丕承帝眷。報本貴誠，于郊殷薦。藁鞂載陳，雲門六變。神之格思，來處來燕。

黄鐘角一成

太簇徵一成

姑洗羽一成詞並同前。

初獻盥洗，奏《隆成》之曲：

黄鐘宫

肇禋南郊，百神受職。齊潔惟先，匪馨于稷。迺沃迺盥，祠壇是陟。上帝監觀，其儀不忒。

初獻升壇，降同。奏《隆成》之曲：

大吕宫

於穆圜壇，陽郊奠位。孔惠孔時，吉蠲爲饎。降登祇若，百禮既至。願言居歆，允集熙事。

奠玉幣，正配位同。奏《欽成》之曲：

黄鐘宫

謂天蓋高，至誠則格。克祀克禋，駿奔百辟。制幣斯陳，植以蒼璧。神其降康，俾我來益。

司徒捧俎，奏《寧成》之曲：

黄鐘宫

我牲既潔，我俎斯實。笙鏞克諧，籩豆有飶。神來宴娭，歆兹明德。永賜繁禧，如幾如式。

昊天上帝位酌獻，奏《明成》之曲：

黄鐘宫

於昭昊天，臨下有赫。陶匏薦誠，聲聞在德。酌言獻之，上靈是格。降福孔偕，時萬時億。

皇地祇位酌獻：

大吕宫

至哉坤元，與天同德。函育羣生，玄功莫測。合饗圜壇，舊典時式。申錫無疆，聿寧皇國。

大祖位酌獻：

黄鐘宫

禮大報本，郊定天位。皇皇神祖，反始克配。至德難名，玄功宏濟。帝典式敷，率育攸暨。

皇帝飲福：

大吕宫

特牲享誠，備物循質。上帝居歆，百神受職。皇武昭宣，孝祀芬苾。萬福攸同，下民陰騭。

皇帝出入小次：

黄鐘宫

惟天惟大，惟仁饗帝。舊志作「惟帝」，乃字誤，據《續通考》改。以配祖考，肅貸靈祉。定極崇功，永我昭事。升中于天，象物畢至。

文舞崇德之舞。退，武舞定功之舞。進，奏《和成》之曲：

黄鐘宫

羽籥既竣，載揚玉戚。一弛一張，匪舒匪棘。八音克諧，萬舞有奕。永觀厥成，純嘏是錫。

亞終，奏《和成》之曲：

黄鐘宫

有嚴郊禋，恭陳幣玉。大糦是承，載祇載肅。上帝居歆，馨香既飫。惠我無疆，介以景福。

徹籩豆，奏《寧成》之曲：

大吕宫

三獻攸終，六樂斯徧。既右饗之，徹其有踐。洋洋在上，默默靈眷。明禋告成，於皇錫羡。

送神，奏《天成》之曲：

圜鐘宮

神之來歆，如在左右。神保聿歸，靈斿先後。恢恢上圜，無聲無臭。日監孔昭，思皇多祐。

望燎，奏《隆成》之曲：

黄鐘宮

熙事備成，禮文郁郁，柴煙聿升舊志誤「柴」爲「紫」。靈光下燭。神人樂康，永膺戩穀。祚我丕年，景命有僕。

皇帝出中壝：

黄鐘宮

泰壇承光，寥廓玄曖。暢我揚明，饗儀惟大。九服敬宣，望教無外。皇拜天祐，照臨斯届。

宗廟樂章

中統四年至至元三年，七室樂章。《太常集禮藁》云：「此係卷牘所載。」

太祖第一室：

天垂靈顧，地獻中方。帝力所拓，神武莫當。陽谿昧谷，咸服要荒。昭孝明禋，神祖皇皇。

太宗第二室：

和林勝域，天邑地宮。四方賓貢〔一〕，南北來同。百司分置，胄教肇崇。潤色祖業，德仰神宗。

睿宗第三室：

珍符默授，疇昔自天。爰生聖武，寶祚開先。霓旌迴狩，龍駕遊仙。追遠如生，皇慕顒然。

皇伯考术赤第四室：

威武鷹揚，家位克當。從龍遠拓，千萬里疆。誕總虎旅，駐壓西方。航海梯山，東西來王。

皇伯考察合帶第五室：

雄武軍威，滋多歷年。深謀遠略，協贊惟專。流沙西域，餞日東邊。百國畏服，英聲赫然。

定宗第六室：

三朝承休，恭己優游。欽繩祖武，其德聿脩。帝賚錫壽，德澤期周。躅饎惟薌，祈饗于幽。

憲宗第七室：

龍躍潛居，風雲會通。知民病苦，軫念宸衷。夔門之旅，繼志圖功。俎豆敬祭，華儀孔隆。

至元三年至十七年，八室樂章。《太常集禮》云：「周馭所藏《儀注》所録舞節同。」

迎神，奏《來成之曲》，九成：至大迎神曲詞同，但改《來成》爲《思成》。

黄鐘宫三成

齊明盛服，翼翼靈眷，禮備多儀，樂成九變。烝烝孝心，若聞且見。肸蠁端臨，來寧來燕。

大吕角二成詞同黄鐘。

太簇徵二成詞同黄鐘。

應鐘羽二成詞同黄鐘。

初獻盥洗，奏《肅成》之曲：再詣盥洗同。至大以後，名《順成》之曲，詞律同。

無射宫

天德維何，如水之清。維水内耀，配彼天明。以滌以濯，犧象光晶。孝思維則，式薦忱誠。

初獻升殿，登歌樂奏《肅成》之曲：降同。

夾鐘宫

祀事有嚴，太官有恤。陟降靡違，禮容翼翼。籩豆旅陳，鐘磬翕繹。於昭吉蠲，神保是格。

司徒捧俎，奏《嘉成》之曲：別本所録親祀樂章詞同。

無射宫

色純體全，三犧五牲。鸞刀屢奏，毛炰胾羹。神具厭飫，聽我磬聲。居歆有永，胡考之寧。

烈祖第一室，奏《開成》之曲：按前此以太祖爲第一室，故僅有七室樂章。是年，始追尊烈祖爲第一室，故定撰八室樂章。

無射宫

於皇烈祖，積厚流長。大勳未集，燮伐用張。篤生聖嗣，奄有多方。錫我景福，萬世無疆。

太祖第二室，奏《武成》之曲：

無射宮

天扶昌運，混一中華。爰有真人，奮起龍沙。際天開宇，亘海爲家。肇脩禋祀，萬世無涯。

太宗第三室，奏《文成》之曲：

無射宮

纂成前烈，底定丕圖。禮文簡省，禁網寬疎。還風太古，躋世華胥。三靈順協，四海無虞。

皇伯考朮赤第四室，奏《弼成》之曲：

無射宮

神支挺秀，右壤疏封。創業艱難，相我祖宗。叙親伊邇，論功亦崇。春秋祭祀，萬世攸同。

皇伯考察合帶第五室，奏《協成》之曲：

無射宮

玉牒朞親，神支懿屬。論德疏封，展親分玉。相我祖宗，風櫛雨沐。昔同其勞，今共茲福。

睿宗第六室，奏《明成》之曲：

無射宫

神祖創業，爰著戎衣。聖考撫軍，代行天威。河南底定，江北來歸。貽謀翼子，奕葉重輝。

定宗第七室，奏《熙成》之曲：

無射宫

嗣承丕祚，略洽重熙。堂構既定，垂拱無爲。邊庭閑暇，田里安綏。歆茲禋祀，萬世攸宜。

憲宗第八室，奏《威成》之曲：

無射宫

羲馭未出，螢爝騰光。大明麗天，羣陰披攘。百神受職，四海寧康。愔愔靈韶，德音不忘。

文舞武定文綏之舞。退，武舞内平外成之舞。進，奏《和成》之曲：別本所録親祀樂章詞同。

無射宫

天生五材，孰能去兵？恢張弘業〔二〕，我祖天聲。干戈曲盤，濯濯厥靈。於赫七德，展也大成。

亞獻行禮，奏《順成》之曲：終獻詞律同。

無射宫

幽通神明，所重精禋。清宫肅肅，百禮具陳。九韶克諧，八佾兟兟。靈光昭答，天休日申。

徹籩豆，登歌樂奏《豐成》之曲：

夾鐘宫

豆籩苾芬，金石鏘鏗。禮終三獻，樂奏九成。有嚴執事，進徹無聲。神保聿歸，萬福來寧。

送神，奏《來成》之曲：或作《保成》。

黄鐘宫

神主在室，神靈在天。禮成樂闋，舊志作「闋」，字誤。神返幽元。降福冥冥，百順無愆。於皇孝思，于萬斯年。

至元十八年冬十月，世祖皇后祔廟，酌獻樂章。《太常集禮》云：「卷牘所載。」

黃鐘宮舊志奪去，據《續通考》補。

徽柔懿哲，温默靖恭。範儀宮闈，任姒同風。敷天寧謐，内助多功。淑德祔廟，萬世昌隆。

親祀禘祫樂章。未詳年月。《太常集禮》云：「別本所録。」以時考之，疑至元三年以前擬用，詳見《制樂始末》。

皇帝入門，宮縣奏《順成》之曲：

無射宮

熙熙雍雍，六合大同。維皇有造，典禮會通。金奏王夏，祇款神宮。感格如響，嘉氣來叢。

皇帝陞殿，奏《順成》之曲：

夾鐘宮按：至大升殿詞律同。

皇明燭幽，沿時制作。宗廟之威，降登時若。趨以采茨，聲容有恪。曰藝曰文，監茲衎樂。

皇帝詣罍洗，宮縣奏《順成》之曲：《太常集禮》云：「至元四年用此曲，名曰《肅成》。」至大以後用此詞律同。

無射宮

酌彼行潦，維挹其清。潔齊以祀，祀事昭明。肅肅辟公，沃盥乃升。神之至止，歆于克誠。

皇帝詣酌尊所，宮縣奏《順成》之曲：

無射宮

靈庭愔愔，乃神攸依。文爲在禮，載斟匪祈。皇皇穆穆，玉佩聲希。列侯百辟，濟濟威儀。

迎神，宮縣奏《思成》之曲。至元四年，名《來成》之曲，詞律同。

司徒捧俎，宮縣奏《嘉成》之曲。至元四年，詞律同。

酌獻始祖，宮縣奏《慶成》之曲：

無射宮

啟運流光，幅員既長。敬恭祀事，鬱鬯芬薌。德以舞象，功以歌揚。式歌且舞，神享是皇。

諸廟奏《熙成》、《昌成》、《鴻成》、《樂成》、《康成》、《明成》等曲。詞闕。

文舞退，武舞進，宮縣奏《肅成》之曲。至元四年，名《和成》之曲，詞律同。

亞終獻，宮縣奏《肅成》之曲。至元四年，名《順成》之曲，詞律同。

皇帝飲福，登歌奏《釐成》之曲：

夾鐘宫

誠通恩降，靈慈昭宣。左右明命，六合大全。啐飲椒馨，純嘏如川。皇人壽穀，億萬斯年。

徹豆，登歌奏《豐成》之曲：

夾鐘宫

三獻九成，禮畢樂闋。于豆于登，于焉靖徹。多士密勿，樂且有儀。能事脱穎，孔惠孔時。

送神，奏《保成》之曲：

黄鐘宫

雲車之來，不疾而速。風馭言還，闐其怳惚。神心之欣，孝孫之禄。燕翼無疆，景命有僕。

武宗至大以後，親祀樂章。《太常集禮》云：「孔思逮本所録。」

皇帝入門，奏《順成》之曲。別本，親祀禘祫樂章，詞律同。

皇帝盥洗，奏《順成》之曲。至元四年，名《肅寧》之曲，詞律同。

皇帝升殿，登歌樂奏《順成》之曲。別本，親祀樂章，詞律同。

皇帝出入小次，奏《昌寧》之曲：《太常集禮》云：「此金曲，思逮取之。」詳見《制樂始末》。案《金史·禮志》載此曲：「肅肅來止」作「有來肅肅」，「成儀孔彰」作「禮儀卒度」，「神之休之」作「孔時孔惠」。

無射宮

於皇神宮，象天清明。肅肅來止，相維公卿。威儀孔彰，君子攸寧。神之休之，綏我思成。

迎神，奏《思成》之曲：至元四年，名《來成》之曲，詞律同。

黃鐘宮三成

齊明盛服，翼翼靈眷。禮備多儀，樂成九變。烝烝孝心，若聞且見。肹蠁端臨，來寧來燕。

大呂角二成

太簇徵二成

應鐘羽二成詞並同上。

初獻盥洗，奏《肅成》之曲。別本，親祀樂章，名《順成》之曲，詞律同。

初獻升殿，降同。登歌樂奏《肅寧》之曲。至元四年，名《肅成》之曲，詞律同。按凡用「寧」字者，皆沿金曲之名，未改正也。此曲在至元時已名《清成》，至此反稱《肅寧》。後徹豆一曲，在至元亦稱《豐成》，至此復稱《豐寧》，皆孔本之誤。

太祖第一室，奏《開成》之曲。至元四年，名《武成》之曲，詞同。

睿宗第二室，奏《武成》之曲。至元四年，名《明成》之曲，詞同。

世祖第三室，奏《混成》之曲：

無射宮

於昭皇祖，體健乘乾。龍飛應運，盛德光前。神功耆定，澤被垓埏。詒厥孫謀，億千萬年。

裕宗第四室，奏《昭成》之曲：

無射宮

天啟深仁，須世而昌。追惟顯考，敢後光揚。徽儀肇舉，禮備音鏘。皇靈監止，降釐無疆。

顯宗第五室，奏《德成》之曲。按文宗毀顯宗廟室，故舊志闕第五室，今據下文泰定十室樂舞補。

無射宮

樂章闕。

順宗第六室，奏《慶成》之曲：

無射宮

龍潛于淵，德昭于天。承休基命，光被紘埏。洋洋如臨，籩豆牲牷。惟明惟馨，皇祚綿延。

成宗第七室，奏《守成》之曲：

無射宮

天開神聖，繼世清寧。澤深仁溥，樂協韶英。宗枝嘉會，氣和惟馨。繁禧來格，永被皇靈。

武宗第八室，奏《威成》之曲：

無射宮

紹天鴻業，繼世隆平。惠孚中國，威靖邊庭。厥功惟茂，清廟妥靈。歆兹明祀，福禄來成。

仁宗第九室，奏《歆成》之曲：

無射宮

紹隆前緒，運啟文明。深仁及物，至孝躬行。惟皇建極，盛德難名。居歆萬祖，福禄崇成。

英宗第十室，奏《獻成》之曲：

無射宮

神聖繼作，式是憲章。誕興禮樂，躬事烝嘗。翼翼清廟，煒有耿光。于千萬年，世仰明良。

皇帝飲福，登歌樂奏《釐成》之曲：

夾鐘宮

穆穆天子，禋祀太宮。禮成樂備，敬徹誠通。神胥樂止，錫之醇醲。天子萬世，福禄無窮。

文舞退，武舞進。奏《肅成》孔本作《肅寧》。之曲。至元四年，名《和成》之曲，詞律同。

亞終獻行禮，宮縣奏《肅成》之曲。至元四年，名《順成之曲》，詞律同。

撤籩豆，登歌樂奏《豐寧之曲》。至元四年，名《豐成》之曲，詞律同。

送神，奏《保成》之曲。至元四年，名《來成》之曲，詞律同。

皇帝出廟廷，奏《昌寧》之曲。按此亦沿孔本之誤。

無射宮

緝熙維清，吉蠲至誠。上儀具舉，明德薦馨。已事而竣，歡通三靈。先祖是皇，來燕來寧。

文宗天曆三年，明宗祔廟，酌獻，奏《永成》之曲：

無射宮

猗那皇明，世贊神武。敬天弗違，時潛時旅。龍斾在塗，言受率土。不遐有臨，永錫多暇。

社稷樂章

降神，奏《鎮寧》之曲：

林鐘宮二成

以社以方，國有彝典。大哉元德，基祚綿遠。農功萬世，於焉報本。顯相默佑，降監壇墠。

太簇角二成

錫民地利，厥功甚溥。昭代典禮，清聲律吕。穀旦于差，洋洋來下。相此有年，根本日固。

姑洗徵二成

平厥水土，百穀用成。長扶景運，宜歆德馨。五祀爲大，千古舉行。感通肸蠁，登歌鎮寧。

南宮羽二成

幣齊虔脩，粢盛告備。倉庾坻京，緊維之賜。按：「緊維」疑當作「緊誰」。崇壇致恭，幽光孔邇。享于精誠，休祥畢至。

太簇宮

初獻盥洗，奏《肅寧》之曲。當作《肅成》之曲，此沿孔思逮本之誤。

禮備樂陳，辰良日吉。挹彼樽罍，馨哉黍稷。濯溉揭虔，維巾及幕。萬年嚴祀，蹌蹌受職。

初獻升壇，奏《肅寧》之曲：

應鐘宮

春祈秋報，古今彝章。民天是資，神靈用彰。功崇禮嚴，人阜時康。雍雍爲儀，燔芬苾香。

正酌位奠玉幣，奏《億寧》之曲：

太簇宮

地祇饗德，稽古美報。幣帛斯陳，圭璋式繅。載烈載燔，肴羞致告。雨暘時若，丕圖永保。

司徒捧俎，奏《豐寧》之曲：

太簇宮

我稼既同，羣黎徧德。我祀如何，牲牷孔碩。有翼有嚴，隨方布色。報功求福，其儀不忒。

正位酌獻，奏《保寧》之曲：

太簇宮

異世同德，於皇聖昭。降茲嘉祥，衛我大寶。生乃蒸民，侔德覆幬。厥作課將，有相之道。

配位酌獻，奏《保寧》之曲：

太簇宮

以御田祖，皇家秩祀。有民人焉，盍究本始？惟叙惟脩，誰實介止？酒旨且多，盛德宜配。

亞終獻，奏《咸寧》之曲：

太簇宫

以引以翼，來處來燕。豆籩牲牢，有楚有踐。庸答神休，神亦錫羨。土穀是依，成此疇獻。

徹豆，奏《豐寧》之曲：

應鐘宫

文治脩明，相成田功。功爲特殊，儀爲特隆。終如其初，誠則能通。明神毋忘，時和歲豐。

送神，奏《鎮寧》之曲：

林鐘宫

不屋受陽，國所崇敬。以興來歲，苞秀堅穎。雲軿莫駐，神其諦聽。景命有僕，與國同永。

望瘞位，奏《肅寧》之曲：

太簇宫

雅奏肅寧，繁釐降格。篚厥玄黄，丹誠烜赫。肇祀以歸，瞻言咫尺。萬年攸介，丕承帝德。

先農樂章

降神，奏《鎮寧》之曲：

林鐘宮二成

民生斯世，食爲之天。恭惟大聖，盡心於田。仲春劭農，明祀吉蠲。馨香感神，用祈豐年。

太簇角二成

耕種務農，振古如兹。爰粒烝庶，功德茂垂。降嘉奏艱，國家攸宜。所依惟神，庸潔明粢。

姑洗徵二成

俶載平疇，農功肇敏。千耦耕耘，同徂隰畛。田祖丕靈，爲仁至盡。豐歲穰穰，延洪有引。

南宫羽二成

羣黎力耕，及兹方春。維時東作，篤我農人。我黍既華，我稷宜新。由天降康，永賴明神。

初獻盥洗，奏《肅寧》之曲：

太簇宫

洞酌行潦，真足爲薦。奉兹潔清，神在乎前。分作甘霖，沾溉芳甸。愼于其初，誠意攸見。

初獻升壇，奏《肅寧》之曲：

應鐘宫

有椒其馨，維多且旨。式愼爾儀，降登庭止。黍稷稻粱〔三〕，民無渴饑。神嗜飲食，永綏嘉祉。

正配位奠玉幣，奏《億寧》之曲：

太簇宫

奉幣維恭，前陳嘉玉。聿昭盛儀，肅雝純穆。南畝深耕，麻麥禾菽。用祈三登，膺受多福。

司徒捧俎，奉《豐寧》之曲：

太簇宫

奉牲孔嘉，登俎豐備。地官駿奔，趨進光輝。肥碩蕃孳，歆此誠意。有年斯今，均被神賜。

正位酌獻，奏《保寧》之曲：

太簇宮

寶壇巍煌，神應如響。備腯咸有，牲體苾芳。洋洋如在，降格來享。秉誠罔怠，羣生瞻仰。

配位酌獻，奏《保寧》之曲：

太簇宮

酒清斯香，牲碩斯大。且列觴俎，精意先會。民命維食，稗莠毋害。我倉萬億，神明攸介。

亞終獻，奏《咸寧》之曲：

太簇宮舊志闕，據《續通考》補。

至誠攸感，肸蠁潛通〔四〕。百穀嘉種，爰降時豐。祈年孔夙，稼穡爲重。俯歆醴齊，載揚歌頌。徹豆，奏《豐寧》之曲：

應鐘宮

有來雍雍，存誠敢匱？廢徹不遲，靈神攸嗜。孔惠孔時，三農是宜。眉壽萬歲，穀成丕乂。

送神，奏《鎮寧》之曲：

林鐘宮

君蒿悽愴，萬靈來唉。靈神具醉，聿吉旋歸。歲豐時和，風雨應期。皇圖萬年，永膺洪禧。

望瘞位，奏《肅寧》之曲：

無射宮舊志闕，據《續通考》補。

禮成文備，歆受清祀。加牲兼幣，陳玉如儀。靈馭言旋，面陰昭瘞。集兹嘉祥，常致豐歲。

宣聖樂章因宋舊曲不改。

迎神，奏《凝安》之曲：

黄鐘宫三成

大哉宣聖，道尊德崇。《宋志》作「德尊」。維持王化，斯文是宗。典祀有常，精純並隆。神其來格，於昭盛容。

大吕角二成

生而知之，有教無私。成均之祀，威儀孔時。惟兹初丁，潔我盛粢。永言其道，萬世之師。

大簇徵二成

巍巍堂堂，其道如天。清明之象，應物而然。時維上丁，備物薦誠。維新禮典，樂諧中聲。

應鐘羽二成

聖王生知，闡乃儒規。詩書文教，萬世昭垂。良日惟丁，靈承丕爽。《宋志》作「不爽」，是也。此疑字誤。揭此精虔，神其來享。

初獻盥洗，奏《同安》之曲：

姑洗宮

右文興化，憲古師經。明祀有典，吉日惟丁。豐犧在俎，雅奏在庭。周迴陟降，福祉是膺。

初獻陞殿，奏《同安》之曲。降同。

南呂宮

誕興斯文，經天緯地。功加于民，實千萬世。笙鏞和鳴，粢盛豐備。肅肅降登，歆兹秩祀。

奠幣，奏《明安》之曲：

南吕宫

自生民來，誰底其盛？惟王神明，度越前聖。粢幣具成，禮容斯稱。黍稷惟馨，《宋志》作「非馨」。惟神之聽。

捧俎，奏《豐安》之曲：

姑洗宫

道同乎天，人倫之至。有享無窮，其興萬世。既潔斯牲，粢明醑旨。不懈以忱，神之來塈。

大至成聖文宣王位酌獻，奏《成安》之曲：

南吕宫

大哉聖王，實天生德。作樂以崇，時祀無斁。清酤惟馨，嘉牲孔碩。薦羞神明，庶幾昭格。

兖國復聖公位酌獻，奏《成安》之曲：

南吕宫

庶幾屢空，淵源深矣。亞聖宣猷，百世宜祀。吉蠲斯辰，昭陳尊簋。旨酒欣欣，神其來止。

郕國宗聖公酌獻，奏《成安》之曲：

南呂宮

心傳宗恕，一以貫之。爰述大學，萬世訓彝。惠我光明，尊聞行知。繼聖迪後，是享是宜。

沂國述聖公酌獻，奏《成安》之曲。按宗聖、述聖二曲，宋樂章無，皆新增。

南呂宮

公傳自曾，孟傳自公。有嫡緒承，允得其宗。提綱開蘊，乃作《中庸》。侑于元聖，億載是崇。

鄒國亞聖公酌獻，奏《成安》之曲：

南呂宮

道之由興，於皇宣聖。維公之傳，人知趨正。與饗在堂，情文斯稱。萬年承休，假哉天命。

亞獻，奏《文安》之曲。終獻同。

姑洗宮

百王宗師，生民物軌。瞻之洋洋，神其寧止。酌彼金罍，惟清且旨。登獻惟三，於嘻成禮。

飲福受胙。與盥洗同，惟國學釋奠親祀用之，攝事則不用，外路州縣並皆用之。

徹豆，奏《娱安》之曲：

南吕宫

犧象在前，豆籩在列。以享以薦，既芬既潔。禮成樂備，人和神悦。祭則受福，率尊無越。

送神，奏《凝安》之曲：

黄鐘宫

有嚴學宫，四方來崇。恪恭祀事，威儀雍雍。歆兹惟馨，飆馭回復。明禋斯畢，咸膺百福。

望瘞。與盥洗同。

右釋奠樂章，皆宋人舊曲，惟增郕國、沂國酌獻之曲。按延祐三年，始增子思、孟子配享，今樂章有郕、沂二公酌獻之詞，則此十六樂章乃延祐三年所定。又元朝有撰易樂曲而未及用者，今并附于後。

迎神，奏《文明》之曲：

天縱之聖，集厥大成。立言垂教，萬世準程。廟庭孔碩，尊俎既盈。神之格思，景福來併。

盥洗，奏《昭明》之曲：

神既寧止，有孚顒若。盥洗在庭，載盥載濯。匪惟潔修，亦新厥德。對越在兹，敬恭惟則。

陞殿，奏《景明》之曲：降同。

大哉聖功，薄海内外。禮隆秩宗，光垂昭代。陟降在庭，攝齊委佩。莫不肅雝，洋洋如在。

奠幣，奏《德明》之曲：

圭衮尊崇，佩紳列侑。籩豆有楚，樂具和奏。式陳量幣，駿奔左右。天睠斯文，緊神之佑。

文宣王酌獻，奏《誠明》之曲：

惟聖監格，享于克誠。有樂在縣，有碩斯牲。奉醴以告，嘉薦惟馨。綏以多福，永底隆平。

兖國公酌獻，奏《誠明》之曲：
潛心好學，不違如愚。用舍行藏，乃與聖俱。千載景行，企厥步趨。廟食作配，祀典弗渝。
郕國公酌獻。闕
沂國公酌獻。闕
鄒國公酌獻，奏《誠明》之曲：
洙泗之傳，學窮性命。力距楊墨，以承三聖。遭時之季，孰識其正。高風仰止，莫不肅敬。
亞獻，奏《靈明》之曲。終獻同。
廟成奕奕，祭祀孔時。三爵具舉，是饗是宜。於昭聖訓，示我民彝。紀德報功，配于兩儀。
送神，奏《慶明》之曲：
禮成樂備，靈馭其旋。濟濟多士，不懈益虔。文教兹首，儒風是宣。佑我闕
三皇廟樂章
降神，奏《咸成》之曲：

黄鍾宫三成

於皇三聖，神化無方。繼天立極，垂憲百王。聿崇明祀，率由舊章。靈兮來下，休有烈光。

降神，奏《賓成》之曲：

大吕宫二成

帝德在人，日用不知。神之在天，矧可度思。辰良日吉，蕆事有儀。感以至誠，尚右享之。

降神，奏《顧成》之曲：

太簇徵二成

大道之行，肇自古先。功烈所加，何千萬年。是尊是奉，執事孔虔。神哉沛兮，泠風駊然。

降神，奏《臨成》之曲：

應鍾羽二成

雅奏告成，神斯降格。妥安有位，清廟奕奕。肸蠁潛通，豐融烜赫。我其承之，百世無斁。

初獻盥洗，奏《蠲成》之曲：

姑洗宮

靈斿戾止，式燕以寧。吉蠲致享，惟寅惟清。挹彼注兹，沃盥而升。有孚顒若，交于神明。

初獻升殿，奏《恭成》之曲：

南吕宫

齋明盛服，恪恭命祀。洋洋在上，匪遠具邇。左右周旋，陟降庭止。式禮莫愆，用介多祉。

奠幣，奏《祇成》之曲：

南吕宫

駿奔在列，品物咸備。禮嚴載見，式陳量幣。惟兹篚實，肅特忱意。靈兮安留，成我熙事。

初獻降殿。與升殿同。

捧俎，奏《闕〔五〕成》之曲：

姑洗宮

我祀如何，有牲在滌。既全且潔，爲俎孔碩。以將以享，其儀不忒。神其迪嘗，純嘏是錫。

初獻盥洗。與前同。

初獻升殿。與前同。

大皞伏羲氏位酌獻，奏《闕成》之曲；

南呂宫

五德之首，巍巍聖神。八卦有作，誕開我人。物無能稱，玄酒在尊。歆監在茲，惟德是親。

炎帝神農氏位酌獻，奏《闕成》之曲：

南呂宫

耒耜之利，人賴以生。鼓腹含哺，帝力難名。欲報之德，黍稷匪馨。眷言顧之，享于克誠。

黄帝有熊氏位酌獻，奏《闕成》之曲：

南呂宫

爲衣爲裳，法乾效坤。三辰順序，萬國來賓。典祀有常，多儀具陳。純精啚達，匪藉彌文。

配位酌獻，奏《闕成》之曲：

南吕宫

三聖儼臨，孰侑其食。惟爾有神，同功合德。丕擁靈休，留娱嘉席。歷世昭配，永永無極。

初獻降殿。與前同。

亞獻，奏《闕成》之曲。終獻同。

姑洗宫

綏節安歌，載升貳觴。禮成三終，申薦令芳。凡百有職，罔敢怠遑。神具醉止，欣欣樂康。

徹豆，奏《闕成》之曲：

南吕宫

籩豆有踐，殷薦亶時。禮文疏洽，廢徹不遲。慎終如始，進退無違。神其祚我，綏以繁釐。

送神，奏《闕成》之曲：

黃鍾宮

夜如何其，明星煌煌。靈逝弗留，飈舉雲翔。瞻望靡及，德音不忘。庶回景貺，發爲禎祥。

姑洗宮

望瘞，奏《闕成》之曲：

工貺致告，禮備樂終。加牲兼幣，訖薶愈恭。精神斯罄，惠澤無窮。儲休錫美，萬福來崇。

【校勘記】

〔一〕「四方賓貢」一句，原注曰「闕」，按武英殿本《元史》卷六九志第二十《禮樂三》、萬曆刻本王圻《續文獻通考》卷一五六《樂考》原缺，道光本《元史》據《經世大典》補入，從補。

〔二〕「弘」，原作「宏」，避諱字。《元史》卷六九志第二十《禮樂三》、王圻《續文獻通考》卷一五六《樂考》做「弘」，《續文獻通考》作「洪」，蘇天爵《國朝文類》作「鴻」。今從《元史》。

〔三〕「稻粱」，原作「稻梁」，據《元史》卷六九志第二十《禮樂三》及蘇天爵《國朝文類》卷二一改。

〔四〕「肸」，原作「盻」，據《元史》卷六九志第二十《禮樂三》改。

新元史卷之九十三　志第六十

樂志三

郊祀樂舞　宗廟樂舞　泰宗十室樂舞

郊祀樂舞

郊祀降神文舞，崇德之舞。《乾寧之曲》六成。

圜鐘宮三成。始聽三鼓。一聲鐘，一聲鼓，凡三作。後倣此。一鼓，稍前，開手立；二鼓合手，退後；三鼓，相顧蹲。三鼓畢，間聲作。二聲鐘，一聲鼓。一鼓，稍前，舞蹈，二鼓，舉左手，收，左揖；三鼓，舉右手，收，右揖；四鼓，高呈手；五鼓，兩兩相向蹲；六鼓，稍前，開手立；七鼓，退後，俛伏，八鼓，舉左手，收，左揖；九鼓，舉右手，收，右揖；十鼓，稍前，開手立；十一鼓，合手，退後，躬身；十二鼓，伏，興，仰視；十三鼓，舞蹈，相向立；十四鼓，復立，交籥，正蹲；十五鼓，躬身，受。終聽三鼓。止。

黃鐘角一成。始聽三鼓。一鼓，稍前，舞蹈。二鼓，合手，退後。三鼓，相顧蹲。三鼓畢，間聲作。一鼓，稍前，舞蹈。二鼓，高呈手。三鼓，兩兩相向蹲。四鼓，舉左手，收，左揖。五鼓，舉右手，收，右揖。六鼓，稍前，開手。七鼓，復立，正揖。八鼓，兩兩相向，交籥，正蹲。九鼓，復位立。十鼓，稍前，開手立。十一鼓，合手，退後，躬身。十二鼓，伏，興，仰視。十三鼓，舉左手，收，開手，正蹲。十四鼓，舉右手，收，開手，正蹲。十五鼓，躬身，受。終聽三鼓。止。

太簇徵一成。始聽三鼓。一鼓，稍前，開手立。二鼓，合手，退後。三鼓，相顧蹲。三鼓畢，間聲作。一鼓，稍前，舞蹈。二鼓，復位，躬身。三鼓，高呈手。四鼓，舉左手，收，左揖。五鼓，舉右手，收，右揖。六鼓，兩兩相向，交籥，正蹲。七鼓，復位，躬身。八鼓，舞蹈，相向立。九鼓，復位，俛伏。十鼓，舉左手，收，左揖。十一鼓，舉右手，收，右揖。十二鼓，伏，興，仰視。十三鼓，舞蹈，相向立。十四鼓，復位，交籥，正蹲。十五鼓，躬身，受。終聽三鼓。止。

姑洗羽一成。始聽三鼓。一鼓，稍前，開手立。二鼓，合手，退後。三鼓，相顧蹲。三鼓畢，間聲作。一鼓，稍前，舞蹈。二鼓，復位，正揖。三鼓，高呈手。四鼓，推左手，收，左揖。五鼓，推右手，收，右揖。六鼓，兩兩相向，交籥，正蹲。七鼓，復位，俛伏。八鼓，舞蹈，相向立。九皷，復位，躬身。十皷，伏，興，仰視。十一皷，舉左手，收，左揖。十二皷，舉右手，收，右揖。十三皷，舞蹈，相向立。十四皷，復位，交籥，正蹲。十五皷，躬身，受。終聽三皷。止。

昊天上帝位酌獻文舞。崇德之舞。《明成之曲》，黄鐘宮一成。始聽三皷。一皷稍前，開手立。二皷，合手，退後。三皷，相顧蹲。三皷畢，間聲作。一皷，稍前，舞蹈，相向立。二皷，復位，相顧蹲。三皷，復位，開手立。四皷，合手，正揖。五皷，舉左手，收，左揖。六皷，舉右手，收，右揖。七皷，兩兩相向，交籥，正蹲。八皷，復位，正揖。九皷，稍前，開手立。十皷，退後，俛伏。十一皷，稍前，開手立。十二皷，推左手，收。十三皷，推右手，收。十四皷，三叩頭，拜舞。十五皷，躬身，受。終聽三皷。止。

皇地祇酌獻，大吕宮一成。始聽三皷。一皷，稍前，開手立。二皷，合手，退後。三皷，相顧蹲。三皷畢，間聲作。一皷，稍前，舞蹈，相向立。二皷，復位，正揖。三皷，舉左手，收，左揖。四皷，舉右手，收，右揖。五皷，高呈手。六皷，兩兩相向，交籥，正蹲。七皷，復位，俛伏。八皷，舞蹲，相向立。九皷，復位，躬身。十皷，交籥，正蹲。十一皷，兩兩相向，開手，正蹲。十二皷，伏，興，仰視。十三皷，舞蹈，相向立。十四皷，三叩頭，拜舞。十五皷，躬身，受。終聽三皷。止。

太祖位酌獻，黄鐘宫一成。始聽三鼗。一鼗，稍前，開手立。二鼗，合手，退後。三鼗，相顧蹲。三鼗畢，間聲作。一鼗，稍前，舞蹈。二鼗，復位，正揖。三鼗，舉左手，收，左揖。四鼗，舉右手，收，右揖。五鼗，高呈手。六鼗，兩兩相向，交籥，正蹲。七鼗，復位，俛伏。八鼗，舞蹈，相向立。九鼗，復位，躬身。十鼗，交籥，正蹲。十一鼗，兩兩相向，開手，正蹲。十二鼗，伏，興，仰視。十三鼗，合手，正揖。十四鼗，叩頭，拜舞。十五鼗，躬身，受。終聽三鼗。止。

亞獻、酌鐘武舞，定功之舞。黄鐘宫一成。始聽三鼗。一鼗，稍前，開手立。二鼗，合手，退後，按腰立。三鼗，相顧蹲。三鼗畢，間聲作。一鼗，稍前，左右揚干戚。二鼗，退後，相顧蹲。三鼗，舉左手，收。四鼗，舉右手，收。五鼗，左右揚干戚，相向立。六鼗，復位，相顧蹲。七鼗，呈干戚。八鼗，復位，按腰立。九鼗，刺干戚。十鼗，復位，推左手，收。十一鼗，推右手，收。十二鼗，稍前，開手立。十三鼗，左右揚干戚。十四鼗，復位，按腰，相顧蹲。十五鼗，躬身，受。終聽三鼗。止。

終獻武舞，黄鐘宫一成。始聽三鼗。一鼗，稍前，開手立。二鼗，合手，退後，按腰立。三鼗，相顧蹲。三鼗畢，間聲作。一鼗，稍前，左右揚干戚。二鼗，退後，高呈手。三鼗，復位，相顧蹲。四鼗，左右揚干戚，相向立。五鼗，復位，舉左手，收。六鼗，舉右手，收。七皷，面向西，開手，正蹲。八皷，呈干戚。九皷，復位，按腰立。十皷，刺干戚。十一皷，兩兩相向立。十二皷，復位，左右揚干戚。十三皷，退後，相顧蹲。十四皷，三叩頭，拜舞。十五皷，躬身，受。終聽三皷。止。

宗廟樂舞

宗廟，世祖至元三年八室時享文舞。武定文綏之舞。降神，《來成》之曲九成。

黄鐘宫三成，始聽三皷。一皷，稍前，開手立。二皷，退後，合手。三皷，相顧蹲。三皷畢，間聲作。一皷，稍前，舞蹈，次合手而立。二皷，正面高呈手，住。三皷，退後，收手蹲。四皷，正面躬身，興身立。五皷，推左手，右相顧，左揖。六皷，皆推右手，左相顧，右揖。七皷，稍前，正面開手立。八皷，舉左手，右相顧，左揖。九皷，舉右手，左相顧，右揖。十皷，稍退後，俛身而立。十一皷，稍前，開手立。十二皷，合手，退後，相顧蹲。十三皷，稍進前，舞蹈。十四皷，退後，合手，相顧蹲。十五皷，正面躬身〔一〕，受。終聽三皷。止。

大吕角二成，始聽三皷。一皷，稍前，開手立。二皷，退後，合手。三皷，相顧蹲。三皷畢，間聲作。一皷，稍進前，舞蹈，合手立。二皷，舉左手，住，收右足。三皷，舉右手，住，收左足。四皷，兩兩相向而立。五皷，稍前，高呈手，住。六皷，舞蹈，退後立。七皷，稍前，開手立。八皷，合手，退後蹲。九皷，面歸佾立。十皷，推左手，收右足，推右手，收左足。十一皷，舉左手，收右足，舉右手，收左足。十二皷，稍進前，正面仰視。十三皷，稍退後，相顧蹲。十四皷，合手，俛身立。十五皷，正面躬身，受。終聽三皷。止。

太簇徵二成，始聽三皷。一皷，稍前，開手立。二皷，退後，合手。三皷，相顧蹲。三皷畢，間聲作。一皷，稍進前，舞蹈，次合手立。二皷，俛身而正面揖。三皷，稍進前，高呈手立。四皷，收手，正面蹲。五皷，舉左手，住，收右足。六皷，舉右手，收左足，收手〔二〕。七皷，兩兩相向而立。八皷，稍前，高仰視。九皷，稍退，收手蹲。十皷，舉左手，住而蹲。十一皷，舉右手，收手而蹲。十二皷，正面歸佾，舞蹈。十三皷，俛身，正揖。十四皷，交籥翟，相顧蹲。十五皷，正面躬身，受。終聽三皷。止。

應鐘羽二成。始聽三皷。一皷，稍前，開手立。二皷，退後，合手。三皷，相顧蹲。三皷畢，間聲作。一皷，稍進前，舞蹈，次合手立。二皷，兩兩相向立。三皷，舉左手，收右足，左揖。四皷，舉右手，收左足，右揖。五皷，歸佾，正面立。六皷，稍進前，高呈手，住。七皷，收手，稍退，相顧蹲。八皷，兩兩相向立。九皷，稍前，開手蹲。十皷，退後，合手對揖〔三〕。十一皷，正面歸佾立。十二皷，稍進前，舞蹈，次合手立。十三皷，垂左手而右足應。十四皷，垂右手，而左足應。十五皷，正面躬身，受。終聽三皷。止。

烈祖第一室文舞，《開成》之曲，無射宮一成。始聽三皷。一皷，稍前，開手立。二皷，稍退，合手。三皷，相顧蹲。三皷畢，間聲作。一皷，稍進前，舞蹈，合手立。二皷，稍退，俛身，開手立。三皷，垂左手，住，收右足。四皷，垂右手，收左足。五皷，左側身相顧，左揖。六皷，右側身相顧，右揖。七皷，正面躬身，興身立。八皷，兩兩相向，合手立。九皷，相顧，高呈手，住。十皷，收手，舞蹈。十一皷，舞左而收手立。十二皷，舞右而收手立。十三皷，揚左手，相顧蹲。十四皷，揚右手，相顧蹲。十五皷，稍前，正面躬身，受。終聽三皷。止。

太祖第二室文舞，《武成》之曲，無射宫一成。始聽三皷。一皷，稍前，開手立。二皷，退後，合手。三皷，相顧蹲。三皷畢，間聲作。一皷，稍前，舞蹈，次合手立。二皷，正面高呈手，住。三皷，兩兩相向而對揖。四皷，正面歸佾，舞蹈，次合手立。五皷，稍前，開手蹲，收手立。六皷，稍退，合手蹲，收手立。七皷，舉左手而左揖。八皷，舉右手而右揖。九皷，推左手，住而正蹲。十皷，推右手正蹲。十一皷，開手執籥翟，正面俯視。十二皷，垂左手，收右足。十三皷，垂右手，收左足。十四皷，稍前，正面仰視而立。十五皷，稍前，正面躬身，受。終聽三皷。止。

太宗第三室文舞，《文成》之曲，無射宫一成。始聽三皷。一皷，稍前，開手立。二皷，退後，合手。三皷，相顧蹲。三皷畢，間聲作。一皷，稍進前，舞蹈。二皷，兩相向而高呈手立。三皷，稍前，開手立，相顧蹲。四皷，退後，合手立，相顧蹲。五皷，垂左手而右足應。六皷，垂右手而左足應。七皷，推左手〔四〕，住，左揖。八皷，推右手，住，右揖。九皷，稍前，仰視，正揖。十皷，舉左手，住，收右足。十一皷，舉右手，住，收左足。十二皷，稍前，舞蹈。十三皷，稍前，開手而相顧立。十四皷，退後，合手立。十五皷，稍前，正面躬身，受。終聽三皷。止。

皇伯考朮赤第四室文舞，《弼成》之曲，無射宫一成。始聽三皷。一皷，稍前，開手立。二皷，退後，合手。三皷，相顧蹲。三皷畢，間聲作。一皷，稍進前，舞蹈。二皷，合手，俛身，相顧蹲。三皷，正面高呈手，住。四皷，稍前，舞蹈，次合手立。五皷，垂左手，右相顧，收手立。六皷，垂右手；左相顧，收手立。七皷，稍前，高仰視，收手正面立。八皷，再退，高執籥翟，相顧蹲。九皷，舞蹈，次合手而立。十皷，舉左手，住，收右足。十一皷，舉右手，住，收左足。十二皷，稍前，開手立，收手蹲。十三皷，稍前，退後，合手立。十四皷，俛身，合手而立。十五皷，稍前，正面躬身，受。終聽三皷。止。

皇伯考察合台第五室文舞，《協成》之曲，無射宫一成。始聽三皷。一皷，稍前，開手立。二皷，退後，合手。三皷，相顧蹲。三皷畢，間聲作。一皷，稍進前，舞蹈。次合手立。二皷，開手，相顧蹲。三皷，合手，相顧蹲。四皷，稍前，高呈手，住。五皷，舉左手，右相顧，左揖。六皷，舉右手，左相顧，右揖。七皷，推左手，住，收右足。八皷，推右手，收左足。九皷，稍前，舞蹈，次合手立。十皷，開手正蹲，收，合手立。十一皷，稍前，正面仰視立。十二皷，交籥翟，相顧蹲。十三皷，各盡舉左手而住。十四皷，各盡舉右手，收手立。十五皷，稍前，正面躬身，受。終聽三皷。止。

睿宗第六室文舞，《明成》之曲，無射宫一成，始聽三皷。一皷，稍前，開手立。二皷，退後，合手。三皷，相顧蹲。三皷畢，間聲作。一皷，稍前，舞蹈。二皷，稍前，開手立。三皷〔五〕，退後，合手立。四皷，垂左手，相顧蹲。五皷，垂右手，相顧蹲。六皷，稍前，正面仰視立。七皷，舞左手，住，收右足，收手。八皷，舞右手，住，收左足，收手。九皷，兩相向，合手而立。十皷，推左手，推右手。十一皷，皆舉左右手。十二皷，正面高呈手立。十三皷，退後，合手，俛身。十四皷，開手，高呈籥翟，相顧蹲。十五皷，正面稍前，躬身，受。終聽三皷。止。

定宗第七室文舞《熙成》之曲，無射宫一成。始聽三皷。一皷，稍前，開手立。二皷，退後，合手。三皷，相顧蹲。三皷畢，間聲作。一皷稍前，舞蹈。二皷，兩相向，高呈手立。三皷，垂左手，而右足應。四皷，垂右手，而左足應。五皷，稍前，開手立，相顧蹲。六皷，退後，合手立，相顧蹲。七皷，舉左手，住，收右足。八皷，舉右手，住，收左足。九皷，推左手，左揖。十皷，推右手，右揖。十一皷，稍前，舞蹈。十二皷，退後，正揖。十三皷，稍前，開手，相顧立。十四皷，退後，合手立。十五皷，稍前，正面躬身，受。終聽三皷。止。

憲宗第八室文舞《威成》之曲，無射宮一成。始聽三皷。一皷，稍前，開手。二皷，退後，合手。三皷，相顧蹲。三皷畢，間聲作。一皷，進前，舞蹈，次合手立。二皷，高呈手，住。三皷，舉左手，右顧。四皷，舉右手，左顧。五皷，推左手，右揖。六皷，推右手，左揖。七皷，兩相向，交籥翟，立。八皷，正面歸佾，合手立。九皷，稍前，舞蹈，收手立。十皷，退後，正揖。十一皷，俛身，正面揖。十二皷，高仰視。十三皷，垂左手。十四皷，垂右手。十五皷，正面躬身，受。終聽三皷。止。

亞獻武舞內平外成之曲。《順成》之曲，無射宮一成，始聽三皷。一皷，側身，開手。二皷，合手。三皷，相顧蹲。三皷畢，間聲作。一皷，皆稍進前，舞蹈，次按腰立。二皷，按腰相顧蹲。三皷，左右揚干戚，收手按腰。右以象滅王罕。四皷，稍退，舞蹈，按腰立。五皷，兩兩相向，按腰立。六皷，歸佾，開手，蹲。七皷，面西，收手按腰立。八皷，側身擊干戚，收手立。右以象破西夏。九皷，正面歸佾，躬身，次興身立。十皷，稍進前，舞蹈，次按腰立。十一皷，左右推手，次按腰立。十二皷，跪左膝，疊手，呈干戚，住。右以象克金國。十三皷，收手按腰，興身立。十四皷，兩相向而相顧蹲。十五皷，正面躬身，受。終聽三鼗。止。

終獻武舞《順成》之曲，無射宫一成。始聽三鼗。一鼗，側身，開手立。二鼗，合手，按腰。三鼗，相顧蹲。三鼗畢，間聲作。一鼗稍進前，舞蹈，次按腰立。二鼗，開手，正面蹲，收手按腰。三鼗，面西，舞蹈，次按腰立。四鼗，面南，左手揚干戚，收手按腰。五鼗，側身擊干戚，收手按腰立。右以象收西域、定河南。六鼗，兩兩相向立。七鼗，歸佾，正面開手蹲，收手按腰。八鼗，東西相向，躬身，受。右以象收西蜀、平南詔。九鼗，歸佾，舞蹈，退後，次按腰立。十鼗，推左右手，躬身，次興身立。十一鼗，進前舞蹈，次按腰立。右以象臣高麗、服交趾。十二鼗，兩兩相向，按腰蹲。十三鼗，歸佾，左右揚手，按腰立。十四鼗，正面開手，俯視。十五鼗，收手，按腰躬身，受。終聽三鼗。止。

泰定十室樂舞

泰定十室迎神文舞《思成》之曲。

黄鐘宫三成。始聽三鼗。一鼗，稍前，開手立。二鼗，合手，退後。三鼗，相顧蹲。三鼗畢，間聲作。一鼗，稍前，舞蹈。二鼗，高呈手。三鼗，舉左手，收，左揖。四鼗，舉右手，收，右揖。五鼗，退後，相顧蹲。六鼗，兩兩相向立。七鼗，復位，俛伏。八鼗，舉左手，開手，正蹲。九鼗，舉右手，開手，正蹲。十鼗，稍前，開手立。十一鼗，合手，退後，躬身。十二皷，伏，興，仰視。十三皷，舞蹈，相向立。十四皷，復位，交籥，正蹲。十五皷，躬身，受。終聽三皷。止。

大吕角二成。始聽三皷。一皷，稍前，舞蹈。二皷，合手，退後。三皷，相顧蹲。三皷畢，間聲作。一皷，稍前，舞蹈。二皷，舉左手，收，左揖。三皷，舉右手。收，右揖。四皷，高呈手。五皷，兩兩相顧蹲。六皷，稍前，開手立。七皷，復位，正揖。八皷，兩兩相向，交籥，正蹲。九皷，復位，正揖。十皷，舉左手，收，左揖。十一皷，舉右手，收，右揖。十二皷，伏，興，仰視。十三皷，舞蹈，相向立。十四皷，復位，立。十五皷，躬身，受。終聽三皷。止。

太簇徵二成。始聽三皷。一皷，稍前，開手立。二皷，合手，退後。三皷，相顧蹲。三皷畢，間聲作。一皷，稍前，舞蹈。二皷，復位，躬身。三皷，高呈手。四皷，兩兩相向，交籥，正蹲。五皷，復位，立。六皷，舞蹈，相向立。七皷，舉左手，收，左揖。八皷，舉右手。收，右揖。九皷，稍前，舞蹈。十皷，退後，俛伏。十一皷，稍前，開手立。十二皷，推左手，收。十三皷，推右手，收。十四皷，三叩頭，拜舞。十五皷，躬身，受。終聽三皷。止。

應鐘羽二成。始聽三皷。一皷，稍前，開手立。二皷，合手，退後。三皷，相顧蹲。三皷畢，間聲作。一皷，稍前，舞蹈。二皷，復位，正揖。三皷，高呈手。四皷，稍前，開手立。

五鼓，退後，躬身。六鼓，推左手，收。七鼓，推右手，收。八鼓，舞蹈，相向立。九鼓，復位，躬身。十鼓，交籥，正蹲。十一鼓，兩兩相向，開手，正蹲。十二鼓，舉左手，收，左揖。十三鼓，舉右手，收，右揖。十四鼓，三叩頭，拜舞。十五鼓，躬身，受。終聽三鼓。止。

初獻酌獻太祖第一室文舞《開成》之曲。無射宮一成。始聽三鼓。一鼓，稍前，開手立。二鼓，合手，退。三鼓，相顧蹲。三鼓畢，間聲作。一鼓，稍前，舞蹈，相向立。二鼓，復位，正揖。三鼓，推左手，收。四鼓，推右手，收。五鼓，三叩頭，拜舞。六鼓，兩兩相向，交籥，正蹲。七鼓，復位立。八鼓，稍前，舞蹈。九鼓，復位，俛伏。十鼓，高呈手，正揖。十一鼓，兩兩相向蹲。十二鼓，復位，開手立。十三鼓，合手，正揖。十四鼓，伏，興，仰視。十五鼓，躬身，受。終聽三鼓。止。

睿宗第二室文舞《武成》之曲。無射宮一成。始聽三鼓。一鼓，稍前，開手立。二鼓，合手，退後。三鼓，相顧蹲。三鼓畢，間聲作。一鼓，稍前，舞蹈。二鼓，復位，正揖。三鼓，高呈手。四鼓，稍前，開手立。五鼓，退後，躬身。六鼓，舉左手，收，左揖。七鼓，舉右手，收右揖。八鼓，舞蹈，相向立。九鼓，復位立。十鼓，推左手，收。十一鼓，推右手，收。十二鼓，伏，興，仰視。十三鼓，兩兩相向蹲。十四鼓，復位，交籥，正蹲。十五鼓，躬身，受。終聽三鼓。止。

世祖第三室文舞《混成》之曲。無射宫一成。始聽三皷。一皷，稍前，開手立。二皷，合手，退後。三皷，相顧蹲。三皷畢，間聲作。一皷，稍前，舞蹈。二皷，高呈手。三皷，交籥，正蹲。四皷，兩兩相向，開手，正蹲。五皷，伏，興，仰視。六皷，舉左手，收，左揖。七皷，舉右手，收，右揖。八皷，退後，躬身。九皷，稍前，開手立。十皷，舉左手，收，左揖。十一皷，舉右手，收，右揖。十二皷，高呈手，正揖。十三皷，舞蹈，相顧蹲。十四皷，三叩頭，拜舞。十五皷，躬身，受。終聽三皷。止。

裕宗第四室文舞《昭成》之曲。無射宫一成。始聽三皷。一皷，稍前，開手立。二皷，合手，退後。三皷，相顧蹲。三皷畢，間聲作。一皷，稍前，舞蹈。二皷，退後，高呈手。三皷，舉左手，收，左揖。四皷，舉右手，收，右揖。五皷，稍前，開手立。六皷，退後，躬身。七皷，兩兩相向，交籥，正蹲。八皷，伏，興，仰視。九皷，推左手，收，左揖。十皷，推右手，收，右揖。十一皷，稍前，舞蹈。十二皷，退後，相顧蹲。十三皷，高呈手。十四皷，三叩頭，拜舞。十五皷，躬身，受。終聽三皷。止。

顯宗第五室文舞《德成》之曲。無射宫一成。始聽三皷。一皷，稍前，開手立。二皷，合手，退後。三皷，相顧蹲。三皷畢，間聲作。一皷，稍前，舞蹈。相向立。二皷，復位，正揖。三皷，舉左手，收。四皷，舉右手，收。五皷，伏，興，仰視。六皷，兩兩相向立。七皷，復位，交籥，正蹲。八皷，退後，躬身。九皷，稍前，開手立。十皷，舉左手，收，左揖。十一皷，舉右手，收，右揖。十二皷，高呈手。十三皷，復位，正蹲。十四皷，三叩頭，拜舞。十五皷，躬身，受。終聽三皷。止。

順宗第六室文舞《慶成》之曲。無射宮一成。始聽三皷。一皷，稍前，開手立。二皷，合手，退後。三皷，相顧蹲。三皷畢，間聲作。一皷，稍前，舞蹈。二皷，復位，相顧蹲。三皷，稍前，開手立。四皷，合手，正揖。五皷，舉左手，收，左揖。六皷，舉右手，收，右揖。七皷，兩兩相向，交籥，正蹲。八皷，復位立。九皷，稍前，開手立。十皷，伏，興，仰視。十一皷，舉左手，收，相顧蹲。十二皷，舉右手，收，相顧蹲。十三皷，高呈手，正揖。十四皷，三叩頭，拜舞。十五皷，躬身，受。終聽三皷。止。

成宗第七室文舞《守成》之曲。無射宮一成。始聽三皷。一皷，稍前，開手立。二皷，合手，退後。三皷，相顧蹲。三皷畢，間聲作。一皷，稍前，舞蹈。二皷，退後，躬身。三皷，舉左手，收，左揖。四皷，舉右手，收，右揖。五皷，伏，興，仰視。六皷，兩兩相向，交籥，正蹲。七皷，復位，正揖。八皷，高呈手。九皷，舉左手，收，左揖。十皷，舉右手，收，右揖。十一皷，開手立。十二皷，合手，正揖。十三皷，稍前，舞蹈。十四皷，三叩頭，拜舞。十五皷躬身，受。終聽三皷。止。

武宗第八室文舞《威成》之曲。無射宮一成。始聽三鼗。一鼗，稍前，開手立。二鼗，合手，退後。三鼗，相顧蹲。三鼗畢，間聲作。一鼗，稍前，舞蹈。二鼗，復位，正揖。三鼗，高呈手。四鼗，稍前，開手立。五鼗，退後，躬身。六鼗，舉左手，收，左揖。七鼗，舉右手，收，右揖。八鼗，舞蹈，相向立。九鼗，復位立。十鼗，舉左手，收，左揖。十一鼗，舉右手，收，右揖。十二鼗，伏，興，仰視。十三鼗，兩兩相向立。十四鼗，復位，交籥，正蹲。十五鼗，躬身，受。終聽三鼗。止。

仁宗第九室文舞《歆成》之曲。無射宮一成。始聽三鼗。一鼗，稍前，開手立。二鼗，合手，退後。三鼗，相顧蹲。三鼗畢，間聲作。一鼗，稍前，舞蹈，相向立。二鼗，復位，正揖。三鼗，高呈手。四鼗，推左手，收。五鼗，推右手，收。六鼗，稍前，開手立。七鼗，退後，躬身。八鼗，兩兩相向立。九鼗，復位，交籥，正蹲。十鼗，舉左手，收，左揖。十一鼗，舉右手，收，右揖。十二鼗，稍前，舞蹈。十三鼗，復位，正揖。十四鼗，伏，興，仰視。十五鼗，躬身，受。終聽三鼗。止。

英宗第十室文舞《獻成》之曲。無射宮一成，始聽三鼗。一鼗，稍前，開手立。二鼗，合手，退後。三鼗，相顧蹲。三鼗畢，間聲作。一鼗，稍前，舞蹈，相向立。二鼗，舉左手，收，左揖。三鼗，舉右手，收，右揖。四鼗，高呈手。五鼗，伏，興，仰視。六鼗，兩兩相向蹲。七鼓，退後，俛伏。八鼓，復位，交籥，正蹲。九鼓，稍前，開手立。十鼓，復位，躬身。十一鼓，稍前，舞蹈。十二鼓，復位，正揖。十三鼓，舞蹈，兩兩相向立。十四鼓，三叩頭，拜舞。十五鼓，躬身，受。終聽三鼓。止。

亞獻武舞《肅寧》之曲。無射宮一成。始聽三鼓。一鼓，稍前，開手立。二鼓，合手，退後，按腰立。三鼓，相顧蹲。三鼓畢，間聲作。一鼓，稍前，左右揚干戚。二鼓，退後，相顧蹲。三鼓，高呈手。四鼓，左右揚干戚。五鼓，呈干戚。六鼓，復位，按腰立。七鼓，刺干戚。八鼓，兩兩相向，開手，正蹲。九鼓，復位，舉左手，收。十鼓，舉右手，收。十一鼓，稍前，開手立。十二鼓，退後，按腰立。十三鼓，左右揚干戚，相向立。十四鼓，復位，按腰相顧蹲。十五鼓，躬身，受。終聽三鼓。止。

終獻武舞《肅寧》之曲。無射宮一成。始聽三鼓。一鼓，稍前，開手立。二鼓，合手，退後，按腰立。三鼓，相顧蹲。三鼓畢，間聲作。一鼓，稍前，左右揚干戚。二鼓，退後，高呈手。三鼓，舉左手，收。四鼓，舉右手，收。五鼓，面向西，開手，正蹲。六鼓，復位，左右揚干戚。七鼓，躬身，受。八鼓，呈干戚。九鼓，復位，按腰立。十鼓，刺干戚。十一鼓，兩兩相向立。十二鼓，復位，按腰立。十三鼓，退後，相顧蹲。十四鼓，三叩頭，拜舞。十五鼓，躬身，受。終聽三鼓。止。

天曆三年新製樂舞。

明宗酌獻武舞《永成》之曲。無射宮一成，始聽三鼓。一鼓，合手，稍前，開手立。二鼓，退後立。三鼓，相顧蹲。三鼓畢，間聲作。一鼓，向前，舞蹈，相向立。二鼓，復位。三叩頭，拜舞。三鼓，兩兩開手，正蹲。四鼓，復位，俛伏。五鼓，交籥，正蹲。六鼓，伏，興，仰視。七鼓，躬身。八鼓，稍前，開手立。九鼓，復位，正揖，高呈手。十鼓，舉左手，收，左揖。十一鼓，舉右手，收，右揖。十二鼓，正揖。十三鼓，兩兩交籥，相揖。十四鼓，復位。十五鼓，躬身，受。終聽三鼓。止。

禮前一日，宿縣於庭中，立四表於橫街之南，稍東，設舞位於縣北。文郎左執籥，右秉翟。武郎左執干，右執戚。皆六十四人。享日，與工人先入就位。舞師二人，執纛二人，引文舞分立於表南舞，及執籥者俟立於宮縣之左右。器：鼗二，雙鐸一，單鐸二，鐃二，鐘二，二器用六人。鉦二，相鼓二，凡二十人。文舞進，舞師二人，執旌二人，引武舞進，立其處。文舞還立於縣間。

凡宗廟之樂，九成，舞九變。黃鐘之宮三成，三變。大呂之角二成，二變。太簇之徵二成，二變。應鐘之羽二成，二變。圜丘之樂六成，舞六變。夾鐘之宮三成，三變。黃鐘之角一成，一變。太簇之徵一成，一變。姑洗之羽一成，一變。

舞師四人皆執梃，執纛二人，執旌二人，祭則前舞，以爲舞容。舞人從南表向第一，爲一成，則一變。從第二至第三，爲二成。從第三至北第四表，爲三成。舞人各轉身南向於北表之北，還從第一至第二，爲四成。從第二至第三，爲五成。從第三至南第一表，爲六成。若八變者，更從南北向第二，爲第七成。又從第二至第三，爲八成。若九變者，又從第三至北第一，爲九成。

【校勘記】

〔一〕「正面」，原作「稍面」，據《元史》卷七〇志第二十一《禮樂四》改。

〔二〕「收左足收手」，原倒作「收收左足手」，據《元史》卷七〇志第二十一《禮樂四》乙正。

〔三〕「合手對揖」，原倒作「合對手揖」，據《元史》卷七〇志第二十一《禮樂四》乙正。

〔四〕「推」，原作「揖」，《元史》卷七〇志第二十一《禮樂四》同，據王圻《續文獻通考》卷一五九《樂考》改。

〔五〕「三皷」，原倒作「皷三」，據《元史》卷七〇志第二十一《禮樂四》乙正。

新元史卷之九十四　志第六十一

樂志四

大樂職掌　宴樂之器　樂隊

大樂職掌

大樂署，令一人，丞一人，掌郊社、宗廟之樂。凡樂，郊社、宗廟，則用宮縣，工二百六十有一人；社稷，則用登歌，工五十有一人。二樂用工三百一十有二人，代事故者五十人。前祭之月，召工習樂及舞。祀前一日，宿縣於庭中。東方、西方，設十二鎛鐘，各依辰位。編鐘處其左，編磬處其右。黃鐘之鐘起子位，在通街之西。蕤賓之鐘居午位，在通街之東。每辰三簴，謂之一肆，十有二辰，凡三十六簴。樹建鞞，應於四隅，左柷右敔，設縣中之北。歌工次之，三十二人，重行相向而坐。巢笙次之，簫次之，竽次之，籥次之，篪次之，塤次之，長笛又次之。夾街之左右，琵翼柷敔之東西，在前行。路鼓、路鼗次之。郊祀則雷鼓、雷鼗。閏餘匏在簫之東，七星匏在西，九曜匏次之。一絃琴，列路鼓之東西，東一，西二。三絃、五絃、七絃、九絃次之。晉鼓一，處縣中之東南，以節樂。一絃琴三，五絃以下皆六。凡坐者，高以杌，地以氈。立四表於横街之南，少東。設舞位於縣北。文郎左執籥，右秉翟；武郎左執干，右執戚；皆六十有四人。享日，與工人先入就位。舞師二人，執纛二人，引文舞分立於表南。武舞及執器者，俟立於宫縣之左右。器：鼗二，雙鐸二，單鐸二，鐃二，錞二，二錞，六人。鉦二，相鼓二，雅鼓二，凡二十人。文舞退，舞師二人、執旌二人，引武舞進，立其處。文舞還立於縣側。又設登歌樂於殿之前楹，殿陛之旁，設樂床一，樂工列於上。搏拊二，歌工六，柷一，敔一，在門内，相向而坐。鐘一簴，在前楹之東。一絃、三絃、五絃、七絃、九絃琴五，次之。瑟二，在其東。笛一，籥一，篪一在琴之南，巢笙、和笙各二，次之。塤一，在笛之南。閏餘匏、排簫各一，次之，皆西上。磬一簴，在前檻之西。一絃、三絃、五絃、七絃、九絃琴五，次之。塤一，在笛之南。七星匏、九曜匏、排簫各一，次之，皆東上。凡宗廟之樂九成，舞九變。黄鐘之宫，三成，三變。大吕之角，二成，二變。太簇之徵，二成，二變。應鐘之羽，二成二變。圜丘之樂六成，舞六變。夾鐘之宫，三成，三變。黄鐘之角，一成，一變。太簇之徵，一成，一變。姑洗之羽，一成，一變。社稷之樂八成：林鐘之宫二成，太簇之角二成，姑洗之徵二成，南吕之羽二成。

凡有事於宗廟，大樂令位于殿楹之東，西向；丞位於縣北，通街之東，西向。以肅樂舞。

協律郎二人，掌和律呂，以合陰陽之聲。陽律六：黄鍾子，太簇寅〔一〕，姑洗辰，蕤賓午，夷則申，無射戌。陰呂六：大呂丑，夾鍾卯，仲呂巳，林鍾未，南呂酉，應鍾亥。文之以宮、商、角、徵、羽、變宮、變徵，播之以金、石、絲、竹、匏、土、革、木。凡律管之數，九九相乘，八十一以爲呂；三分去一，五十四以爲徵；三分益一，七十二以爲商；三分去一，四十八以爲羽；三分益一，六十四以爲角。如黄鍾爲宮，則林鍾爲徵，太簇爲商，南呂爲羽，姑洗爲角，應鍾爲變宮，蕤賓爲變徵，是爲七聲十二律，還相爲宮，爲八十四調。凡大祭祀，皆法服。一人立於殿楹之西，東向；一人立於縣北通街之西，東向；以節樂。堂上者主登歌，堂下者主宮縣。凡樂作，則跪，俛伏，舉麾以興，工鼓柷以奏；樂止則偃麾，工戛敔而樂止。今執麾者代執之，協律郎特拜而已。

樂正二人，副二人，掌肆樂舞、展樂器、正樂位。凡祭，二人立於殿内，二人立於縣間，以節樂。殿内者視獻者奠獻用樂作止之節，以笏示照燭，照燭舉偃以示堂下。若作登歌，則以笏示柷敔而已。縣間者示堂上照燭。及引初獻，照燭動，亦以笏示柷敔。

樂師一人，運譜一人，掌以樂教工人。凡祭，立於縣間，皆北上，相向而立。

舞師四人，皆執挺，挺，牙杖也。執纛二人，執旌二人，祭則前舞以爲舞容。舞人從南表向第一表，爲一成，則一變。從第二至第三，爲二成。從第三至北第四表，爲三成。舞人各轉身南向於北表之北，還從第一至第二，爲四成。從第二至第三，爲五成。從第三至南第一表，爲六成。若八變者，更從南北向第二，爲七成。又從第二至第三，爲八成。若九變者，又從第三至北第一，爲九變。

執麾一人，從協律郎以麾舉偃而節樂。

照燭二人，掌執籠燭而節樂。凡樂作止，皆舉偃其籠燭。一人立於堂上門東，視殿内獻官禮節，麾燭以示縣間。一人立於堂下縣間，俟三獻入導初獻至位，立於左。初獻行，皆前導，亞終則否。凡殿下禮節，則麾其燭以示上下。初獻詣盥洗位，乃偃其燭，止亦如之。俟初獻動爲節，宫縣樂作，詣盥洗位，洗拭瓚訖。樂止，詣階，登歌樂作，升自東階，至殿門，樂止，乃立於陛側以俟。晨祼訖，初獻出殿，登歌樂作，至版位，樂止，司徒迎饌至横街，轉身北向，宫縣樂作，司徒奉俎至各室徧奠訖，樂止。酌獻，初獻詣盥洗位，宫縣樂作，詣爵洗位，洗拭爵訖，樂止，出笏，登歌樂作，升自東階，至殿門，樂止，初獻至酒尊所，酌訖，宫縣樂作，詣神位前，祭酒訖，拜、興、讀祝，樂止。讀訖，樂作，再拜訖，樂止，次詣每室，作止如初。每室各奏本室樂曲，俱獻畢，還至殿門，登歌樂作，降自東階，至版位，樂止。文舞退，武舞進，宮縣樂作，舞者立定，樂止。亞獻行禮，無節步之樂，至酒尊所，酌酒訖，出笏，宮縣樂作，詣神位前，奠獻畢，樂止。次詣每室，作止如初。俱畢，還至版位，皆無樂。終獻樂作同亞獻，助奠以下升殿，奠馬湩，至神位，蒙古巫祝致詞訖，宮縣樂作，同司徒進饌之曲，禮畢，樂止，出殿，登歌樂作，各復位，樂止。太祝徹籩豆，登歌樂作，卒徹，樂止，奉禮贊拜，衆官皆再拜訖，送神，宮縣樂作，一成而止。

宴樂之器

興隆笙，制以楠木，形如夾屏，上鋭而面平，縷金雕鏤枇杷、寶相、孔雀、竹木、雲氣，兩旁側立花板，居背三之一。中爲虚櫃，如笙之匏。上豎紫竹管九十，管端實以木蓮苞。櫃外出小橛十五，上豎小管，管端實以銅杏葉。下有座，獅象遶之，座上櫃前立花板一，雕鏤如背，板間出二皮風口，用則設朱漆小架于座前，繫風囊於風口，囊面如琵琶，朱漆雜花，有柄，一人挼小管，一人鼓風囊，則簧自隨調而鳴。中統間，回回國所進，以竹爲簧，有聲而無律。玉宸樂院判官鄭秀乃考音律，分定清濁，增改如今制。其在殿上者，盾頭兩旁立刻木孔雀二，飾以真孔雀羽，中設機。每奏，工三人，一人鼓風囊，一人按律，一人運動其機，則孔雀飛舞應節。

殿庭笙十，延祐間增製，不用孔雀。興隆笙，世祖所作。或曰西域所獻，而世祖損益之。凡宴會之日，此笙一鳴，衆樂皆作，笙止，衆樂亦止。

琵琶，制以木，曲首，長頸，四軫。頸有品，闊面，四弦，面飾雜花。

箏，如瑟，兩頭微垂，有柱十三弦。

火不思，制如琵琶，直頸，無品，有小槽，圓腹如半瓶榼，以皮爲面，四弦，皮絣同一孤柱。

胡琴，制如火不思，卷頸，龍首，二弦，用弓捩之，弓之弦以馬尾。

方響，制以鐵，十六枚，懸于磬簴，小角槌二。廷中設，下施小交足几，黄羅銷金衣。

龍笛，制如笛，七孔，横吹之，管首制龍頭，銜同心結帶。

頭管，制以竹爲管，卷蘆葉爲首，竅七。

笙，制以匏爲底，列管於上，管十三，簧。

箜篌，制以木，闊腹，腹下施横木，而加軫二十四，柱頭及首，並如鳳喙。

雲璈，制以銅，爲小鑼十三，同一木架，下有長柄，左手持，而右手以小槌擊之。

簫，制如笛，五孔。

戲竹，制如籈，長二尺餘，上繫流蘇香囊執而偃之，以止樂。

鼓，制以木爲匡，冒以革，朱漆雜花，面繪復身龍，長竿一。廷中設，則有大木架，又有擊撾高座。

杖鼓，制以木爲匡，細腰，以皮冒之，上施五綵繡帶，右擊以杖，左拍以手。

札鼓，制如杖鼓而小，左持而右擊之。

和鼓，制如大鼓而小，左持而右擊之。

箏，制如箏而七弦，有柱，用竹軋之。

羌笛，制如笛而長，三孔。

拍板，制以木爲板，以繩聯之。

水盞，制以銅，凡十有二，擊以鐵箸。

樂隊

樂音王隊：元旦用之。引隊大樂禮官二員，冠展角幞頭，紫袍塗金帶，執笏。次執戲竹二人，同前服。次樂工八人，冠花幞頭，紫窄衫，銅束帶。龍笛三，杖鼓三，金鞚小鼓一，板一，奏《萬年歡》之曲。從東階升，至御前，以次而西，折繞而南；北向立。後隊進，皆倣此。次二隊，婦女十人，冠展角幞頭，紫袍，隨樂聲進至御前，分左右相向立。次婦女一人，冠唐帽，黄袍，進北向立定，樂止，念致語畢，樂作，奏《長春柳》之曲。次三隊，男子三人，戴紅髮青面具，雜綵衣，次一人，冠唐帽，緑襴袍角帶，舞蹈而進，立於前隊之右。次四隊，男子一人，戴孔雀明王像面具，披金甲，執叉，從者二人，戴毗沙神像面具，紅袍，執斧。次五隊，男子五人，冠五梁冠，戴龍王面具，繡氅，執圭，與前隊同進，北向立。次六隊，男子五人，爲飛天夜叉之像，舞蹈以進。次七隊，樂工八人，冠霸王冠，青面具，錦繡衣，龍笛三，觱栗三，杖鼓二，與前大樂合奏《吉利牙》之曲。次八隊，婦女二十人，冠廣翠冠，銷金緑衣，執牡丹花，舞唱前曲，與樂聲相和，進至御前，北向，列爲九重，重四人，曲終，再起，與後隊相和。次九隊，婦女二十人，冠金梳翠花鈿，繡衣，執花鞚稍子鼓，舞唱前曲，與前隊相和。次十隊，婦女八人，花髻，服銷金桃紅衣，摇日月金鞚稍子鼓，舞唱同前。次男子五人，作五方菩薩梵像，摇日月鼓，次一人，作樂音王菩薩梵像，執花鞚稍子鼓，齊聲舞前曲一闋，樂止。次婦女三人，歌《新水令》、《沽美酒》、《太平令》之曲終，念口號畢，舞唱相和，以次而出。

壽星隊：天壽節用之。引隊禮官樂工大樂冠服，並同樂音王隊。次二隊，婦女十人，冠唐巾，服銷金紫衣，銅束帶。次婦女一人，冠平天冠，服繡鶴氅，方心曲領，執圭，以次進至御前，立定，樂止。念致語畢，樂作，奏《長春柳》之曲。次三隊，男子三人，冠服舞蹈，並同樂音王隊。次四隊，男子一人，冠金漆弁冠，服緋袍，塗金帶，執笏。從者二人，錦帽，繡衣，執金字福禄牌。次五隊，男子一人，冠捲雲冠，青面具，緑袍，塗金帶，分執梅、竹、松、椿、石同前隊而進，北向立。次六隊，男子五人，爲烏鴉之像，作飛舞之態。進立於前隊之左，樂止。次七隊，樂工十有二人，冠雲頭冠，銷金緋袍，白裙，龍笛三，觱栗三，札鼓三，和鼓一，板一，與前大樂合奏《山荆子》帶《袄神急》之曲。次八隊，婦女二十人，冠鳳翹冠，翠花鈿，服寬袖衣，加雲肩、霞綬、玉佩，各執寶蓋，舞唱前曲。次九隊，婦女三十人，冠玉女冠，翠花鈿，服黄銷金寬袖衣，加雲肩、霞綬、玉佩，各執樱毛日月扇，舞唱前曲，與前隊相和。次十隊，婦女八人，服雜綵衣，被槲葉、魚鼓、簡子。次男子八人，冠束髮冠，金掩心甲，銷金緋袍，執戟。次爲龜鶴之像各一。次男子五人，冠黑紗帽，服繡鶴氅，朱履，策龍頭藜杖，齊舞唱前曲一闋，樂止。次婦女三人，歌《新水令》、《沽美酒》、《太平令》之曲終，念口號畢；舞唱相和，以次而出。

禮樂隊：朝會用之。引隊禮官樂工大樂冠服，並同樂音王隊。次二隊，婦女十人，冠黑漆弁冠，服青素袍，方心曲領，白裙，束帶，執圭；次婦女一人，冠九龍冠，服繡紅袍，玉束帶，進至御前，立定，樂止，念致語畢，樂作，奏《長春柳》之曲。次三隊，男子三人，冠服舞蹈同樂音王隊。次四隊，男子三人，皆冠捲雲冠，服黄袍，塗金帶，執圭。次五隊，男子五人，皆冠三龍冠，服紅袍，各執劈正金斧，同前隊而進，北向立。次六隊，童子五人，三髻，素衣，各執香花，舞蹈而進，樂止。次七隊，樂工八人，皆冠束髮冠，服錦衣白袍，龍笛三，觱栗三，杖鼓二，與前大樂各奏《新水令》、《水仙子》之曲。次八隊，婦女二十人，冠籠巾，服紫袍，金帶，執笏，歌《新水令》之曲，與樂聲相和，進至御前，分爲四行，北向立，鞠躬拜，興，舞蹈，叩頭，山呼，就拜，再拜畢，復趁聲歌《水仙子》之曲一闋，再歌《青山口》之曲，與後隊相和。次九隊，婦女二十人，冠車髻冠，服銷金藍衣，雲肩，佩綬，執孔雀幢，舞唱與前隊相和。次十隊，婦女八人，冠翠花唐巾，服錦繡衣，執寶蓋，舞唱前曲。次男子八人，冠鳳翅兜牟，披金甲，執金戟。次男子一人，冠平天冠，服繡鶴氅，執圭，齊舞唱前曲一闋，樂止。次婦女三人，歌《新水令》、《沽美酒》、《太平令》之曲終，念口號畢，舞唱相和，以次而出。

說法隊：引隊禮官樂工大樂冠服，並同樂音王隊。次二隊，婦女十人，冠僧伽帽，服紫禪衣，皂縧。次婦女一人，服錦袈裟，餘如前，持數珠，進至御前，北向立定，樂止，念致語畢，樂作，奏《長春柳》之曲。次三隊，男子三人，冠、服、舞蹈，並同樂音王隊。次四隊，男子一人，冠隱士冠，服白紗道袍，皂縧，執麈拂。從者二人，冠黄包巾，服錦繡衣，執令字旗。次五隊，男子五人，冠金冠，披金甲，錦袍，執戟，同前隊而進，北向立。次六隊，男子五人，爲金翅雕之像，舞蹈而進，樂止。次七隊，樂工十有六人，冠五福冠，服錦繡衣，龍笛六，觱栗六，杖鼓四，與前大樂合奏《金字西番經》之曲。次八隊，婦女二十人，冠珠子菩薩冠，服銷金黄衣，纓絡，佩綬，執金浮屠白繖蓋，舞唱前曲，與樂聲相和，進至御前，分爲五重，重四人，曲終，再起，與後隊相和。次九隊，婦女二十人，冠金翠菩薩冠，服銷金紅衣，執寶蓋，舞唱與前隊相和。次十隊，婦女八人，冠青螺髻冠，服白銷金衣，執金蓮花。次男子八人，披金甲，爲八金剛像。次一人，爲文殊像，執如意；一人爲普賢像，執西番蓮花；一人爲如來像。齊舞唱前曲一闋，樂止。次婦女三人，歌《新水令》、《沽美酒》、《太平令》之曲終，念口號畢，舞唱相和，以次而出。

至正十四年，製天魔舞，亦宴樂之樂隊也。以宫女三聖奴、妙樂奴、文殊奴等十六人，按舞名爲十六天魔。首垂髮數辮，戴象牙佛冠，身被瓔珞，大紅銷金長短裙，金雜襖，雲肩，合袖天衣，綬帶，鞋襪，各執噶布喇完之器。内一人，執鈴、杵奏樂。又宫女十一人，練槌髻，勒帕常服，或用唐帽、窄衫，所奏樂用龍笛、頭管、小鼓、箏、箏、琵琶、笙、胡琴、響板、拍板，以宦者長壽、拜布哈管領。遇宫中讚佛，則按舞奏樂。宦官受秘密戒者得入，餘不得預。

達達樂曲。大曲曰哈八兒圖，曰口温，曰也葛儻兀，曰畏兀兒，曰閔古里，曰起土苦里，曰跋四土魯海，曰舍舍彈，曰摇落四，曰蒙古摇落四，曰閃彈摇落四，曰阿耶兒虎，曰桑歌兒苦不干，江南謂之孔雀，雙手彈。曰答罕，江南謂之白翎雀，雙手彈。曰苦只把失。品弦小曲：

曰阿思蘭扯弼，同盞曲，雙手彈。曰阿林捺花紅，曰哈兒火赤哈赤，黑雀兒叫。曰洞洞伯，曰曲買，曰者歸，曰牝疇兀兒，曰把擔葛失，曰削浪沙，曰馬哈，曰相公，曰仙鶴，曰河下水花。回回曲：曰伉里，曰馬黑某當當，曰清泉當當。

【校勘記】

〔一〕「寅」，原作「黄」，據《元史》卷七一志第二十二《禮樂五》改。

新元史卷之九十五　志第六十二

輿服志一

孔子有言：「大矣哉吴王！未能言冠而欲冠也。」憲宗二年，用冕服祭天於日月山。是時，氈裘毳幕，百度草創，獨汲汲然效先王之法服，與大差之冠何以異？是故用夏變夷，必自衣冠始焉。自憲宗以下，至世祖始製祭服。至成宗，祭服始有法服、公服之别。至武宗，始議親祀，冕無旒，服大裘而加衮冕。至英宗，始服衮冕享於太廟，備鹵簿，造五輅。至文宗，始服大裘、衮冕，親祀昊天上帝於南郊。《春秋》之義，予夷狄者不一而足也，豈不信歟？今爲《輿服志》，其類有四：曰冕服，曰璽寶，曰輿輅，曰儀衛隊仗。觀其因時損益，彬彬然以爲一代之法，雖唐、宋亦何以尚之哉！

皇帝冕服　皇太子冠服　三獻官以下祭服　都監庫　社稷祭服　宣聖廟祭服　百官冠服　儀衛服色〔一〕　樂服　質孫　服色等第

皇帝冕服

至元六年七月，製太常祭服。大德六年三月，祭天於麗正門外，分獻官以下諸執事各具公服行禮。大禮用公服自此始。

九年十一月，冬至祭享，用冠服，依宗廟見用者制，其後祭祀或合祀天地，獻攝執事，續置冠服，於法服庫收掌法服二百九十有九，公服二百八十，窄紫二百九十有五。武宗即位，博士李之紹、王天祐疏陳：「親祀冕無旒，服大裘以黑羔皮爲之而加衮冕。」不果用。延祐元年十二月，定百官士庶服色等第。至治元年，帝親享太室，服衮冕。二年，始陳鹵簿，親享太廟。至順元年，帝服大裘、衮冕，親祀南郊。冕服之制，至是始定云。

皇帝衮冕：制以漆紗，上覆曰綖，青表朱裏。綖之四周，匝以雲龍。冠之口圍，縈以珍珠。綖之前後，旒各十二，以珍珠爲之。綖之左右，繫黈纊二，繫以玄紞，承以玉瑱，纊色黄，絡以珠。冠之周圍，珠雲龍網結，通翠柳調珠。綖上横天河帶一，左右至地。珠鈿窠網結，翠柳朱絲組二，屬諸笄，爲纓絡，以翠柳調珠。簪以玉爲之，横貫於冠。

衮龍服，制以青羅，飾以生色銷金帝星一、日一、月一、升龍四、複身龍四、山三十八、火四十八、華蟲四十八、虎蜼四十八。

裳，制以緋羅，飾以文繡，凡一十六行。每行藻二、粉米一、黻二、黼二。

中單，制以白紗，絳緣，黄勒帛副之。

蔽膝，制以緋羅，有褾。緋絹爲裏，袍上著之，繡複身龍。

玉佩，珩一、琚一、瑀一、衝牙一、璜二。衝牙以繫璜，珩下有銀獸面，塗以黄金，雙璜夾之。次又有衡，下有衝牙。傍别施雙的以鳴，用玉。

大帶，制以緋白二色羅，合縫爲之。

玉環綬，制以納失失，上有三小玉環，下有青絲織網。

紅羅韠，制以紅羅爲之，高勒。

履，制以納失失，有雙耳，帶鉤，飾以珠。

襪，制以紅綾。

至元十二年十一月，博士議擬：「冕天版長一尺六寸，廣八寸，前高八寸五分，後高九寸五分，身圍一尺八寸三分，用青羅爲表，紅羅爲裏，周迴緣以黄金。天板下四面。珠網結子，花素墜子，前後共二十有四旒，以珍珠爲之。青碧線織天河帶，兩頭各有珍珠金翠旒三節，玉滴子節花全。紅線組帶二，上有珍珠金翠旒，玉滴子，下有金鐸二。梅紅繡款幔帶一，黈纊二，珍珠垂繫，上用金萼子二。簪窠款幔組帶鈿窠各二，内組帶窠四，並鏤玉爲之。玉簪一，頂面鏤雲龍。袞衣，用青羅夾製，五采間金，繪日、月、星辰、山、龍、華蟲、宗彝。正面日一，月一，升龍四，山十二，上下襟華蟲、火各十二對，虎蜼各六對。背星一，升龍四，山十二，華蟲，火各十二對，虎蜼各六對。中單，用白羅單製，羅領褾襈。裳一，帶褾襈全，紅羅八幅夾造。上繡藻、粉米、黼、黻藻三十三，粉米十六，黼三十二，黻三十二。蔽膝一，帶褾襈，紅羅夾造八幅，上繡升龍二。綬一幅，六采織造，紅羅托裏。小綬三色，同大綬，銷金黄羅綬頭全，上間施二玉環，並碾雲龍。緋白大帶一，銷金黄帶頭，鈿窠二十有四。紅羅勒帛一，青羅抹帶一。佩二，玉上、中、下璜各一。半月各二，並碾玉爲雲龍文。玉滴子各二，並珍珠穿造。金篦鉤，獸面，水葉環釘全。涼帶一，紅羅裏，鏤金爲之；上爲玉鵝七，撻尾束各一，金攀龍口，玳瑁襯釘。舄一，重底，紅羅面，白綾托裏，如意頭，銷金黄羅緣口，玉鼻，飾以珍珠。金緋羅錦韈一緉。」

大德十一年九月，博士議：「唐制，天子衮冕，垂白珠十有二旒，以組爲纓，色如其綬，黈纊充耳，玉簪導。玄衣纁裳，凡十二章。八章在衣，日、月、星辰、山、龍、華蟲、火、宗彝；四章在裳，藻、粉米、黼、黻，褾領爲升龍，皆織成之。龍章以下，每章一行，每行十二。白紗中單，黼領，青褾襈裾〔二〕，黻加龍、山、火三章。毳冕以上，火、山二章。繡冕，山一章。玄冕無章。革帶、大帶、玉佩、綬、韈，與上同。舄加金飾。享廟、謁廟及朝遣上將、征還飲至，踐祚加元服、納后、元日受朝及臨軒册拜王公，則服之。又宋制，天子服有衮冕，廣尺二寸，長四寸，前後十有二旒，二纊，並貫珍珠。又有珠旒十二，碧鳳銜之，在珠旒外。冕板，以龍鱗錦表。上綴玉爲七星，傍施琥珀餅、犀各二十四，周綴金絲網鈿，以珍珠雜寶玉，加紫雲白鶴錦裏。四柱飾以七寶，紅綾裏。金飾玉簪導，紅絲絛組帶。亦謂之平天冠。衮服青色，日、月、星、山、龍、雉、虎、蜼七章，紅裙，藻、火、粉米、黼、黻五章。紅蔽膝，升龍二，並織成，間以雲彩，飾以金鈒花鈿窠，裝以珍珠、琥珀、雜寶玉，紅羅襦裙，繡五章，青褾襈裾。六采綬一，小綬三，結三，玉環三。素大帶，朱裏，青羅四紳帶二，繡四紳盤結。綬帶飾並同衮服。白帶中單，甘羅裍帶，紅羅勒帛，鹿盧玉具劍，玉褾首鏤白玉雙佩，金飾，貫珍珠。金龍鳳革帶，紅韈赤舄，金鈒花，四神玉鼻。祭天地宗廟、受册尊號、元日受朝、册皇太子，則服之。」事未果行。

至延祐七年七月，英宗命禮儀院使八思吉斯傳旨，令省臣與太常禮儀院速製法服。八月，中書省會集翰林、集賢、太常禮儀院官講議，依秘書監所藏前代帝王衮冕法服圖本，命有司製如其式。

皇太子冠服：衮冕，玄衣，纁裳，中單，蔽膝，玉佩，大綬，朱襪，赤舄。

至元十二年，博士擬衮冕制，用白珠九旒，紅絲組爲纓，青纊充耳，犀簪導。青衣、朱裳，九章。五章在衣，山、龍、華蟲、火、宗彝；四章在裳，藻、粉米、黼、黻。白紗中單，青褾襈裾〔三〕。革帶，塗金銀鉤。韐蔽膝，隨裳色，爲火、山二章。瑜玉雙佩，四采織成大綬，間施玉環三。白襪朱舄，舄加金塗銀釦。

大德十一年九月，照擬前代制度。唐制，皇太子衮冕，垂白珠九旒，紅絲組爲纓，青纊充耳，犀簪導。玄衣、纁裳，九章，五章在衣，龍、山、華蟲、火、宗彝，四章在裳，藻、粉米、黼、黻，織成之，每行一章，黼、黻重以爲等，每行九。白紗中單，黼領，青褾襈裾。革帶，金鉤韐，大帶。蔽膝，隨裳色，火、山二章，玉具劍，金寶飾玉褾首，瑜玉雙佩。朱組帶大綬，四采赤白縹紺，純朱質，長丈八尺，首廣九寸。小雙綬，長二尺六寸，色同大綬，而首半之，間施玉環三。珠襪赤舄，加金飾。侍從祭祀及謁廟、加元服、納妃，服之。宋制，皇太子，衮冕，垂白珠九旒，紅絲組爲纓，青纊充耳，犀簪導。青衣、朱裳，九章。五章在衣，山、龍、華蟲、火、宗彝；四章在裳，藻、粉米、黼、黻。白紗中單，甘褾襈裾，革帶，塗金銀鉤韐。蔽膝，隨裳衣，火、山二章。瑜玉雙佩，四采織成大綬，間施玉環三。白韈、朱舄，舄加塗金銀飾。加元服、從祀、受册、謁廟、朝會，服之。已擬其制，未果造。

三獻官及司徒、大禮使祭服：籠巾貂蟬冠五，青羅服五，領、袖、襴，俱用皂綾。紅羅裙五，皂綾爲襴。紅羅蔽膝五，其羅花樣俱係牡丹。白紗中單五，黃綾帶。紅組金綬紳五，紅組，金譯語納失失，各佩玉環。象笏五，銀束帶五，玉佩五，白羅方心曲領五，赤革履五對，白綾襪五對。

助奠以下諸執事官冠服：貂蟬冠、獬豸冠、七梁冠、六梁冠、五梁冠、四梁冠、三梁冠、二梁冠二百，青羅服二百，領、袖、襴俱用皂綾。紅綾裾二百，皂綾爲襴。紅羅蔽膝二百，紫羅公服二百，用梅花羅。白紗中單二百，黄綾帶。織金綬紳二百，紅一百九十八，青二，各佩銅環二。銅束帶二百，白羅方心曲領二百，銅佩二百，展角幞頭二百，塗金荔枝帶三十，烏角帶一百七十，皂靴二百對，赤革履二百對，白綾襪二百對，象笏三十，銀杏木笏一百七十。

凡獻官諸執事行禮，俱衣法服。惟監察御史二，冠獬豸，服青綬。凡迎香、讀祝及祀日遇陰雨，俱衣紫羅公服。六品以下，皆得借紫。

都監庫、祠祭局、儀鸞局、神廚局頭目長行人等：交角幞頭五十，窄袖紫羅服五十，塗金束帶五十，皂靴五十對。

大德六年春三月，祭天於麗正門外丙地，命獻官以下諸執事各具公服行禮。是時大都未有郊壇，大禮用公服，自此始。九年冬至祭享，用冠服，依宗廟見用者制。其後節次祭祀，或合祀天地，增祀位從配，獻攝職事，續置冠服，於法服庫收掌。法服二百九十有九，公服二百八十，窄紫二百九十有五。至大間，太常博士李之紹、王天祐疏陳：「親祀冕無旒，服大裘而加衮，裘以黑羔皮爲之。臣下從祀冠服，歷代所尚，其制不同。」集議：得依宗廟見用冠服制度。

社稷祭服：青羅袍一百二十三，白紗中單一百三十三，紅梅花羅裙一百二十三，藍織錦銅環綬紳二，紅織錦銅環綬紳一百一十七，紅織錦玉環綬紳四，紅梅花羅蔽膝一百二十三。革履一百二十三，白綾襪一百二十三，白羅方心曲領一百二十三，黃綾帶一百二十三，佩一百二十三，銅珩璜者一百一十九，玉珩璜者四，藍素紵絲帶一百二十三，銀帶四銅帶一百一十九，冠一百二十三，水角簪金梁冠一百七，紗冠一十，獬豸冠二，籠巾紗冠四，木笏一百二十三，紫羅公服一百二十三，黑漆幞頭一百二十三，展角全二色羅插領一百二十三。鍍金銅荔枝帶一十，角帶一百一十三，象笏一十三枝，木笏一百一十枝，黃絹單包複一百二十三，紫紵絲抹口青氈襪一百一十三，皂鞾一百二十三，窄紫羅衫三十，黑漆幞頭三十，銅束帶三十，黃絹單包複三十，皂鞾三十，紫紵絲抹口青氈襪三十。

宣聖廟祭服：獻官法服七梁冠三，簪全。鵶青袍三，絨錦綬紳三，各帶青絨網并銅環二。方心曲領三，藍結帶三，銅佩三，紅羅裙三，白絹中單三，紅羅蔽膝三，革履三，白絹韈全。執事儒服：輭角唐巾，白襴插領，黃鞓角帶，皂鞾各九十有八。

大德十年六月，全州儒學學正塗慶安呈：「春秋釋奠，天壽聖節行禮，諸儒各服唐巾、襴帶。學正師儒之官卻以常服到班陪祀，似無旌別。路府州學正，合無與巡檢案牘吏目典史，一體製造服色。」禮部議從之。

曲阜祭服，連蟬冠四十有三，七梁冠三，五梁冠三十有六，三梁冠四，皂紵絲鞋三十有六輛，舒角幞頭二，輭角唐巾四十，角簪四十有三，冠纓四十有三副，凡八十有六條。象牙笏七，木笏三十有八，玉佩七，凡十有四繫。銅佩三十有六，凡七十有二繫。帶八十有五，藍鞓帶七，紅鞓帶三十有六，烏角帶二，黄鞓帶、烏角偏帶四十，大紅金綬結帶七，上用玉環十有四。青羅大袖夾衣七，紫羅公服二，褐羅大袖衣三十有六，白羅衫四十，白絹中單三十有六，白紗中單七，大紅羅夾蔽膝七，大紅夾裳、緋紅羅夾蔽膝三十有六，緋紅夾裳四，黄羅夾裳三十有六，黄羅大帶七，白羅方心曲領七，紅羅綬帶七，黄絹大帶三十有六，皂鞾、白羊毳襪各四十有二對，大紅羅鞋七輛，白絹夾襪四十有三輛。

百官公服、文武品從公服：至元二十四年閏二月，中書省奏準，文資官定例三等服色，軍官擬依隨依官員一體製造。

一品紫羅服，大獨科花，直徑五寸。二品紫羅服，小獨科花，直徑三寸。三品紫羅服，散荅花，直徑二寸，無枝葉。四、五品紫羅服，小雜花，直徑一寸五分。六、七品緋羅服，小雜花，直徑一寸。八、九品緑羅服，無紋。俱大袖、盤領、右衽。

幞頭之制，漆紗爲之，展其角。

笏，制以牙，上圓下方，或以銀否木爲之。

偏帶，正從一品以玉，或花，或素，二品以花犀，三品、四品以黄金爲荔枝，五品以下以烏犀。並八胯，鞓用朱革。

韡，以皂皮爲之。

典史、巡檢、提控、都吏目、站官俱係未入流，茶合羅窄衫，舒脚幞頭。黑角束帶。

儀衛服色：交角幞頭，其制，巾後交折角。

鳳翅幞頭，制如唐巾，兩角上曲，而作雲頭，兩旁覆以兩金鳳翅。

學士帽，制如唐巾，兩角如匙頭下垂。

唐巾，制如幞頭，而撱其角，兩角上曲作雲頭。

控鶴幞頭，制如交角，金縷其額。

花角幞頭，制如控鶴幞頭，兩角及額上，簇象生雜花。

錦帽，制以漆紗，後幅兩旁，前拱而高，中下，後畫連錢錦，前額作聚文。

平巾幘，黑漆革爲之，形如進賢冠之籠巾。或以青，或以白。

武弁，制以皮，加漆。

甲騎冠，制以皮，加黑漆，雌黄爲緣。

抹額，制以緋羅，繡寶花。

巾，制以絁，五色，畫寶相花。

兜鍪，制以皮，金塗五色，各隨其甲。

襯甲，制如雲肩，青錦質，緣以白錦，衷以氈，裏以白絹。

雲肩，制如四垂雲，青緣，黄羅五色，嵌金爲之。

裲襠，制如衫。

襯袍，制用緋錦，裼裲襠。

士卒袍，制以絹絁，繪寶相花。

窄袖袍，制以羅或絁。

辮線襖，制如窄袖衫，腰作辮線細摺。

控鶴襖，制以青緋二色錦，圓荅寶相花。

窄袖襖，長行輿士所服〔四〕，紺緅色。

樂工襖，制以緋錦，明珠琵琶窄袖，辮線細摺。

甲，覆膊、掩心、扞背、扞股，制以皮，或爲虎文，獅子文，或施金鎧鎖子文。

臂韝，制以錦，緑絹爲裏，有雙帶。

錦螣蛇，束麻長一丈一尺，裏以紅錦〔五〕。

束帶，紅鞓雙獺尾，黄金塗銅胯，餘同腰帶而狹小。

條環，制以銅，黄金塗之。

汗胯，制以青錦，緣以銀褐錦，或繡撲獸，間以雲氣。

行縢，以絹爲之。

鞋，制以麻。

鞝鞋，制以皮爲履而長其靿，縛於行縢之内。

雲頭鞾，制以皮，幫嵌雲朵，頭作雲象，鞝束於脛。

樂服：樂正副，舒脚幞頭，紫羅公服，烏角帶，木笏，皂鞾。

照燭，服同前，無笏。

樂師，服緋，冠、笏同前。

運譜，服緑，冠、笏同前。

舞師，舒脚幞頭〔六〕，黄羅繡抹額，紫服，金銅荔枝帶，皂鞾。

執旌，平冕，前後各九旒五就，青生色鸞袍，黄綾帶，黄絹袴，白絹韈，赤革履。

執纛，青羅巾，餘同執旌。

樂工，介幘冠，緋羅生色鸞袍，黄綾帶，皂鞾。

歌工，服同樂工。

執麾，服同上，惟加平巾幘。

舞人，青羅生色義花鸞袍，緣以皂綾，平冕冠。

執器，服同樂工，毋追冠，一名武弁。加以抹。

至元二年閏五月，大樂署言：「堂上下樂舞官員及樂工，合用衣冠冠冕鞾履等物，乞行製造。」太常寺下博士議，定樂工副四人，樂師二人，照燭二人，運譜二人，皆服紫羅公服，皂紗幞頭，舒脚，紅鞓角帶，木笏，皂鞾。引舞色長四人，紫羅公服，皂紗幞頭展角，黄羅繡南花抹額。

質孫：漢言一色服也，内庭大宴則服之。冬夏之服不同，然無定制。凡勳戚大臣近侍，賜則服之。下至於樂工、衞士，皆有其服。精粗之制、上下之别雖不同，總謂之質孫云。

天子質孫，冬之服凡十有一等。服納失失、金錦也。怯綿里，翦茸也。則冠金錦暖帽；服大紅、桃紅、紫藍、緑寶里，寶里，服之有襴者也。則冠七寶重頂冠；服紅黄粉皮，則冠紅金荅子暖帽；服白粉皮，則冠白金荅子暖帽；服銀鼠，則冠銀鼠暖帽。其上並加銀鼠比肩。俗稱曰襻子荅忽。夏之服凡十有五等。服荅納都納失失，綴大珠於金錦。則冠寶頂金鳳鈸笠；服速不都納失失，綴小珠於金錦。則冠珠子捲雲冠。服納失失，則帽亦如之。服大紅珠寶里紅毛子荅納，則冠珠緣邊鈸笠；服白毛子金絲寶里，則冠白藤寶貝帽；服駞褐毛子，則帽亦如之；服大紅、綠、藍、銀褐、棗褐、金繡龍五色羅，則冠金鳳頂笠。各隨其服之色；服金龍青羅，則冠金鳳頂漆紗冠；服珠子褐七寶珠龍荅子，則冠黃牙忽寶貝珠子帶後簷帽；服青速夫金絲闌子，速夫，回回毛布之精者也。則冠七寶漆紗帶後簷帽。

百官質孫，冬之服凡九等。大紅納失失一，大紅怯綿里一，大紅冠素一，桃紅、藍、綠官素各一，紫，黃、鴉青各一。夏之服凡十有四等。素納失失一，聚線寶里納失失一。大紅明珠荅子一，桃紅、藍、綠、銀、褐各一，高麗鴉青雲袖羅一，駞褐、茜紅、白毛子各一，鴉青官素帶寶里一。

服色等第：仁宗延祐元年冬十有二月，定服色等第。詔曰：「比年以來，所在士民，靡麗相尚，尊卑混淆，僭禮費財，朕所不取。貴賤有章，益明國制；儉奢中節，可阜民財。」命中書省定立服色等第于後〔七〕：

一，蒙古人不在禁限，及見當怯薛諸色人等亦不在禁限，惟不許服龍鳳文。龍謂五爪二角者。

一，職官除龍鳳文外，一品、二品服渾金花，三品服金荅子，四品、五品服雲袖帶襴，六品、七品服六花，八品、九品服四花。職事散官從一高。繫腰，五品以下許用銀，並減鐵。

一，命婦衣服，一品至三品服渾金，四品、五品服金荅子，六品以下惟服銷金，并金紗荅子。首飾，一品至三品許用金珠寶玉，四品、五品用金玉珍珠，六品以下用金，惟耳環用珠玉。同籍不限親疏，期親雖別籍，并出嫁同。凡后妃及大臣之妻，皆戴姑姑。高圍二尺許，用紅色羅，唐步搖之遺制也。

一器皿。謂茶酒器。除鈒造龍鳳文不得使用外，一品至三品許用金玉，四品、五品惟臺盞用金，六品以下臺盞用鍍金，餘並用銀。

一，帳幕，除不得用赭黃龍鳳文外，一品至三品許用金花刺繡紗羅，四品、五品用刺繡紗羅，六品以下用素紗羅。

一，車輿，除不得用龍鳳文外，一品至三品許用間金粧飾銀螭頭，繡帶，青幔，四品、五品用素獅頭、繡帶、青幔，六品至九品用素雲頭，素帶、青幔。

一，鞍轡，一品許飾以金玉，二品、三品飾以金，四品、五品飾以銀，六品以下並飾以鍮石銅鐵。

一，內外有出身，考滿應入流，見役人員服用，與九品同。

一，授各投下令旨、鈞旨，有印信，見任句當人員亦與九品同。

一，庶人除不得服赭黄，惟許服暗花紵絲紬綾羅毛毳，帽笠不許飾用金玉。鞾不得裁制花樣。首飾許用翠花，并金釵鉀各一事，惟耳環用金珠碧甸，餘並用銀。酒器許用銀壺瓶臺盞盂鏇，餘並禁止。帳幕用紗絹，不得赭黄，車輿黑油，齊頭平頂皂幔。

一，諸色目人，除行營帳外，其餘並與庶人同。

一，諸職官致仕，與見任同。解降者，依應得品級。不叙者，與庶人同。

一，父祖有官，既没年深，非犯除名不叙之限，其命婦及子孫與見任同。

一，諸樂藝人等服用，與庶人同。凡承應粧扮之物，不拘上例。

一，皂隸公使人，惟許服紬絹。

一，娼家出入，止服皂褙子，不得乘坐車馬，餘依舊例。

一，今後漢人、高麗、南人等投充怯薛者，並在禁限。

一，服色等第，上得兼下，下不得僭上。違者，職官解見任，期年後降一等叙，餘人決五十七下。違禁之物，付告捉人充賞。有司禁治不嚴，從監察御史、廉訪司究治。

御賜之物，不在禁限。

【校勘記】

〔一〕「儀衛」，原作「儀術」，據本書正文及王圻《續文獻通考》卷一二六《王禮考》改。

〔二〕「青縹」，原作「青縹」，據《元史》卷七二志第二十三《輿服一》及《通典》卷一〇八改。

〔三〕「青縹」，原作「青縹」，據《元史》卷七二志第二十三《輿服一》及《通典》卷一〇八改。

〔四〕「長行輿士所服」，「輿」原作「與」，據《元史》卷七二志第二十三《輿服一》改。

〔五〕「裏以紅錦」，「裏」原作「裏」，據《元史》卷七二志第二十三《輿服一》改。

〔六〕「幞頭」，原作「樸頭」，據《元史》卷七一志第二十二《禮樂五》改。

〔七〕「後」，原作「后」，《元史》卷七二志第二十三《輿服一》、拜柱《通制條格》卷八同。按當作「後」，據文意改。

新元史卷之九十六　志第六十三

輿服志二

皇帝璽寶　諸王以下印章　牌面　輿輅　儀仗

璽寶。中統二年，定用御寶制，宣命：一品、二品用玉，三品至五品用金。其文曰「皇帝行寶」者，即位時所製，惟用之誥敕。別鑄「宣命金寶」行之。至元六年，作玉璽大小十鈕，其制未聞。天曆二年，作玉璽二：一曰「天曆之寶」，一曰「金章國寶」，命虞集篆文。至正元年，詔刻「宣文」、「至正」二寶。九年，作「至正珍秘」小玉印，又作小玉璽二：一曰「明政殿寶」，一曰「洪禧」，命楊瑀篆文。「洪禧」璽純白，龜鈕黑色。

皇太后、皇后皆玉寶，皇太子金寶。至大元年，仁宗爲皇太子受金寶，遣使求四方經籍，以玉刻印章，近侍掌之。

諸王印，三寸二分，赤金二百十三兩九錢。金印三寸一分五釐，赤金二錠六兩。金鍍銀印准上，白銀八十三兩，鍍金赤金八錢。

駙馬印，正二三台，銀五十六兩四錢。金印三等：獸紐、螭紐、驢紐。金鍍銀印二等：駞紐、龜紐。銀印：龜鈕。

正一品印，三寸三台，銀八十兩五錢。從一品，二寸八分三台，銀八十兩。正二品，二寸六分兩台，銀六十五兩。從二品，二寸五分兩台，銀六十五兩。正三品，二寸四分，銀五十五兩。從三品，二寸三分，銅三斤十二兩。正四品，二寸二分，銅三斤八兩。從四品，二寸一分，銅三斤四兩。正五品，二寸五釐，銅三斤。從五品，二寸，銅二斤十四兩。正六品，一寸九分五釐，銅二斤十一兩。從六品，一寸九分，銅二斤十兩。正七品，一寸八分五釐，銅二斤八兩。從七品，一寸八分五釐，銅二斤四兩。正八品，一寸七分五釐，銅二斤四兩。從八品，一寸七分，銅二斤二兩。正九品，一寸六分五釐，銅二斤。從九品，一寸六分，銅一斤十四兩。

凡印文，皆用蒙古字。蒙古、色目人或不能執筆花押，例以象牙或木刻印之。宰輔及近侍官至一品者，奉命則用玉圖書押字，非特賜不敢用。

軍官牌面。正一品，三珠虎符。從一品，二珠虎符。正、從二品，一珠虎符。正、從三品，虎符。正、從四品，正、從五品，俱金牌。正、從六品，正、從七品，俱銀牌。

至元十四年，命中外軍官所佩金銀符，以絲色繫於肩掖，庶無褻瀆。著爲令。十五年，詔：「虎符舊用畏兀兒字，今易以國字。」二十一年，更定虎符。

大德十一年，命給金虎符等，必由中書省。時省臣言：「舊制：金虎符及金銀符，典瑞院掌之，給則由中書省，事已則復歸典瑞院。今出入多不由中書，下至商人，結納近侍奏請，以致泛濫，出而無歸。臣等請覈之。自後除官及奉使應給者，非由中書省勿給。」從之。

又有海青金銀符，有奏則馳馹以聞。中統二年，以海青銀符二、海青金符十，給中書省，量軍國事情緩急，付馳馹者佩之。

至天曆元年，以黄金符鐫文曰「翊忠徇義廸節同勳」，賜西域親軍副都指揮使欽察。後至元五年，以七寶玉書龍虎金符，賜丞相伯顔。則一時特典，非常制。

至治元年，詔中書及太常禮儀院禮部定制鹵簿玉輅，以平章政事張珪、留守王伯勝、將作院使明里董阿、侍儀使移剌徒滿，董其事。是年，玉輅成。明年，親祀太廟，御之。復命造四輅，工未成而罷。

玉輅：青質，金裝，青緑藻井，栲栳輪蓋。外施金裝雕木雲龍，内盤碾玉福海圓龍一，頂上匝以金塗鍮石耀葉八十一。上圍九者二，中圍九者三，下圍九者四。頂輪衣三重，上二重青繡雲龍瑞草，下一重無文。輪衣内黄屋一，黄素紵絲瀝水，下周垂朱絲結網，青紵絲繡小帶四十八，帶頭綴金塗小銅鈴，青紵絲繡絡帶二。頂輪平素面夾用青紵絲。蓋四周垂流蘇八，飾以五色茸線結網五重，金塗銅鈸五，金塗木珠二十有五。又繫玉雜佩八，珩璜衝瑀全，金塗鍮石鉤掛十六，黄茸貫頂天心直下十字繩二，各長三丈。蓋下立朱漆柱四。柱下直平盤，虚櫃，中櫺三十，下外桄二。漆繪犀、象、鸚鵡、錦雉、孔雀，隔窠嵌裝花板。櫃周朱漆句闌，雲拱地霞葉百七十有九，下垂牙護泥虚板，並朱漆畫瑞草。句闌上碾玉行龍十，碾玉蹲龍十，孔雀羽臺九，水精面火珠七，金圈焰銅照八。輿下周垂朱絲結網，飾以金塗鍮石鐸三百，綵畫鍮石梅萼嵌網眼中。輿之長轅三，界轅句心各三，上下龍頭六。前轅引手玉螭頭三，並繫以蹲龍。後轅方罨頭三，桄頭十六，絓以蹲龍三。轅頭衡一，兩端玉龍頭二，上列金塗銅鳳十二，含以金塗銅鈴。輿之軸一，輪二。軸之挲羅二，明轄蹲龍絓，並青漆。輪之輻各二十四〔一〕，轂首壓貼金塗銅轂葉八十一，金塗鍮石擎耳戀攀四。櫃之前，朱漆金裝雲龍輅牌一，牌字以玉裝綴。輅之箱，四壁雕鏤漆畫填心隔窠龜文華板。上層左畫青龍，右畫白虎，前畫朱雀，後畫玄武。輅之前額，玉行龍二，奉一水精珠，後額如之。前兩柱青茸鈴索五。貼金鸞和大響銅鈴十，金塗鍮石雙魚五。下朱漆軾櫃一，櫃上金香毬、金香寶、金香合，銀灰盤各一，並黃絲綬帶。輅之後，朱漆後軿一，金塗曲戌，黃紵絲銷金雲龍門簾一，緋紵絲繡雲龍帶二。輅之中，金塗鍮石較展玉龍椅一，靠背上金塗圈焰玉明珠一。左建太常旂，十有二斿，甘羅繡日、月、五星、升龍。右建闟戟一，九斿，青羅繡雲龍。中央黃羅綫青黑黼文兩旗，綢杠，並青羅，旗首金塗鍮石龍頭二，金塗銅鈴二，金塗鍮石鈸青纓綏十二重，金塗木珠流蘇十二重。龍椅上，方座一，緑褥一，皆錦。銷金黃羅夾帕一，方輿地褥二，句闌内褥八，皆用雜錦綺。青漆金塗鍮石鉸葉踏道一，小褥五重。青漆雕木塗金龍頭行馬一，小青漆梯一，青漆柄金塗長托叉二，短托叉二，金塗首青漆推竿一，青茸引輅索二，各長六丈餘，金塗銅環二，黃茸綏一。輅馬、誕馬，並青色。鞍轡鞦勒纓拂靷，並青韋，金飾。誕馬青織金紵絲屜四。青羅銷金絹裹籠鞍六。蓋輅黃絹大蒙帕一，黃油絹帕一。駕士平巾大袖，並青繪紵絲爲之。

至治元年，英宗親祀太廟，詔中書及太常禮儀院、禮部定擬制鹵簿五輅。以平章政事張珪、留守王伯勝、將作院使明里董阿、侍儀使乙剌徒滿董其事。是年輅成，明年，親祀御之。後復命造四輅，工未成而罷。

金輅：赤質，金裝，青緑藻井〔二〕，栲栳輪蓋。外施金裝雕木雲龍，内盤真金福海圓龍一，頂上匝以金塗鍮石耀葉八十一。上圍九者二，中圍九者三，下圍九者四。頂輪衣三重，上二重大紅繡雲龍瑞草，下一重無文。輪衣内黄屋一，黄素紵絲瀝水，下垂朱絲結網一周，大紅紵絲繡小帶四十八，帶頭綴金塗小銅鈴三百，大紅紵絲繡絡帶二。頂輪平素面夾用緋紵絲。蓋之四周垂流蘇八，飾以五色茸線結網五重，金塗鍮石雜佩八，珩璜衝瑀全，金塗鍮石鉤掛十有六，黄絨貫頂天心直下十字繩二。蓋下立朱漆柱四，柱下直平盤虛櫃，中欞三十。其下外梲二，漆繪犀、象、鸚鵡、錦雉、孔雀，隔窠嵌裝花板。櫃上周遭朱漆句闌，雲拱地霞葉一百七十有九，下垂牙護泥虛板，並朱漆畫瑞草。句闌上金塗鍮石行龍十二，金塗鍮石蹲龍十，孔雀羽臺九，水精面火珠七，金圈焰銅照八。輿下垂朱絲結網一遭，飾以金塗鍮石鐸子三百，綵畫鍮石梅萼嵌網眼中。輿之長轅三，界轅句心各三，上下龍頭六。前轅引手金塗鍮石螭頭三，並繫以蹲龍。後轅方罨頭三，梲頭十六，繫以蹲龍三。轅頭衡一，兩端金塗鍮石龍頭二，上列金塗銅鳳十二，含以金塗銅鈴。輿之軸一，輪二。軸之㭒羅二，明轄蹲龍絟。並漆以赤。輪之輻各二十有四，轂首壓貼金塗銅轂葉八十有一，金塗鍮石擊耳戀攀四。櫃之前，朱漆金裝雲龍輅牌一，金塗鐵曲戍。輅之箱，四壁雕鏤漆畫填心隔窠龜文花板，上層左畫青龍，右畫白虎，前畫朱雀，後畫玄武。輅之前額，金行龍二，奉一水精珠，後額亦如之。前兩柱緋絨鈴索五，貼金鸞和大響銅鈴十，金塗鍮石雙魚五。下朱漆軾櫃一，櫃上金香毬一，金香寶一，金香合，銀灰盤一，並黃紵絲綬帶。輅之後，朱漆後轛一，金塗曲戌，黃紵絲銷金雲龍門簾一，緋紵絲繡雲龍帶二。輅之中，黃金裝鉸龍椅一，靠背上金塗圈焰玉明珠一。左建太常旂，十有二斿，緋羅繡日、月、五星、升龍。右建闟戟一，九斿，緋羅繡雲龍。中央黃羅繡青黑黼文兩旗，綢杠，並大紅羅。旗首金塗鍮石龍頭二，金塗銅鈴二，金塗鍮石鈸朱纓綏十二重，金塗木珠流蘇十二重。龍椅上，金錦方座子一，緑可貼金錦也。褥一，銷金黃羅夾帕一，方輿地錦褥一，緑可貼褥一。句闌內，可貼條褥四，藍紵絲條褥四，朱漆金塗鍮石鉸葉踏道一，小可貼條褥五重。朱漆雕木塗金龍頭行馬一，小朱漆梯一。朱漆柄金塗長托叉二，短托叉二，金塗首朱漆推竿一，紅絨引輅索二，金塗銅環二，黃絨執綏一。輅馬、誕馬，並赤色。鞍轡鞦勒纓拂套項，並赤韋，金裝。誕馬紅織金紵絲屜四副，紅羅銷金紅絹裏籠鞍六。蓋輅黃絹大蒙帕一，黃油絹帕一。駕士平巾大袖，並緋繡紵絲爲之。

象輅：黃質，金裝，青緑藻井，栲栳輪蓋。外施金裝雕木雲龍，內盤抽金象牙雕福海圓龍一，頂上匝以金塗鍮石耀葉八十有一。上圍九者二，中圍九者二，下圍九者四。頂輪衣三重，上二重黃繡雲龍瑞草，下一重無文。輪衣內黃屋一，黃素紵絲瀝水，下垂朱絲結網一遭，黄紵絲繡小帶四十有八。帶頭綴金塗小銅鈴三百，黄紵絲繡絡帶二。頂輪平素面夾用黄紵絲。蓋之四周垂流蘇八，飾以五色茸線結網五重，金塗銅鈸五，金塗木珠二十有五。又繫金塗鍮石雜佩八，珩璜衝瑀全，金塗鍮石鉤掛十有六，黄絨貫頂天心直下十字繩二。蓋下立朱漆柱四，柱下直平盤，虚櫃。中檽三十，下外桄二，漆繪犀、象、鸚鵡、錦雉、孔雀，隔窠嵌裝花板。櫃上周遭朱漆句闌，雲拱地霞葉百七十有九，下垂牙護泥虚板，並朱漆畫瑞草。句闌上描金象牙雕行龍十，蹲龍十，孔雀羽臺九，水精面火珠七，金圈焰銅照八。輿下垂朱絲結網一遭，飾以金塗鍮石鐸子三百，采畫鍮石梅萼嵌網眼中。輿之長轅三。界轅句心各三，上下龍頭六。前轅引手描金象牙雕螭頭三，並繫以蹲龍。後轅方罨頭三，光頭十有六，繫以蹲龍三。轅頭衡一，兩端描金象牙雕龍頭二，上列金塗銅鳳十二，含以金塗銅鈴。輿之軸一，輪二。輪之𣫍羅二，明轄蹲龍絟，並漆以黄。輪之輻各二十有四，轂首壓貼金塗銅轂葉八十有一，金塗鍮石擎耳戀攀四。櫃之前，朱漆金粧雲龍輅牌一，金塗鐵曲戌。輅之箱，四傍雕鎪漆畫填心隔窠龜文花板，上層左畫青龍，右畫白虎，前畫朱雀，後畫玄武。輅之前額，描金象牙雕行龍二，奉一水精珠，後額如之。前兩柱黄絨鈴索五，貼金鑾和大轡銅鈴十，金塗鍮石雙魚五。下朱漆軾櫃一，櫃上金香毬一，金香寶一，金香合一，銀灰盤一，並黄紵絲綬帶。輅之後，朱漆後𨌺一，金塗曲戌，黄紵絲銷金雲龍門簾一，緋紵絲繡雲龍帶二。輅之中，黃金裝鉸描金象牙雕龍椅一，靠背上金塗圈焰玉明珠一。左建太常旂一，十有二斿，黃羅繡日、月、五星、升龍。右建闟戟一，九斿，黃羅繡雲龍。中央黃羅繡青黑黼文兩旗，綢杠，並黃羅。旗首金塗鍮石龍頭二，金塗銅鈴二，金塗鍮石鈸黃纓綏十二重，金塗木珠流蘇十二重。龍椅上，金錦方座一，緑可貼褥一。句闌內，可貼條褥四，藍紵絲條褥四，黃漆金塗鍮石鉸葉踏道一。小可貼條褥五重。黃漆木塗金龍頭行馬一，小黃漆梯一，黃漆柄金塗長托叉二，短托叉二，金塗首黃漆推竿一，黃絨引輅索二，金塗銅環二，黃絨執綏一。輅馬、誕馬，皆黃色。鞍韂鞦勒纓拂套項，並金粧，黃韋。誕馬銀褐織金紵絲屜四副。黃羅銷金黃絹裏籠鞍六。蓋輅黃絹大蒙帕一，黃油絹帕一。駕士平巾大袖，並黃繡紵絲爲之。

革輅：白質，金裝，青緑藻井，栲栳輪蓋。外施金裝雕木雲龍，內盤描金白檀雕福海圓龍一，頂下匝以金塗鍮石耀葉八十有一。上圍九者二，中圍九者三，下圍九者四。頂輪衣三重，上二重素白繡雲龍瑞草，下一重無文。輪衣內黃屋一，黃素地紵絲瀝水，下垂朱絲結網一遭，素白紵絲繡小帶四十有八，帶頭綴金塗小銅鈴三百，素白紵絲繡絡帶二。頂輪平素面夾用白素紵絲。蓋之四周垂流蘇八，飾以五色絨線結網五重，金塗銅鈸五，金塗木珠二十有五。又繫金塗鍮石雜佩八，珩璜衝瑀全，金塗鍮石鉤掛十有六，黃絨貫頂天心直下十字繩二。蓋下立朱漆柱四，柱下直平盤，虛櫃，中櫺三十，下外桄二，漆繪革鞔犀、象、鸚鵡、錦雉、孔雀，隔窠嵌裝花板。櫃上周遭朱漆句闌，雲拱地霞葉百七十有九，下垂牙護泥虛板，並朱漆畫瑞草。句闌上描金白檀行龍十，擺白蹲龍十，孔雀羽臺九，水精面火珠七，金圈焰銅照八。輿下垂朱絲結網一遭，飾以金塗鍮石鐸子三百，綵畫鍮石梅萼嵌網眼中。輿之長轅三，界轅句心各三，上下龍頭六。前轅引手擺白螭頭三，並繫以蹲龍。後轅方罨頭三，桄頭十有六，繫以蹲龍三。轅頭衡一，兩端擺白龍頭二，上列金塗銅鳳十二，含以金塗銅鈴。輿之軸一，輪二。軸之挙羅二，明轄蹲龍絟，皆漆以白。其輪之輻各二十有四，轂首壓貼金塗銅轂葉八十有一，金塗鍮石擎耳戀攀四。櫃之前，朱漆金裝雲龍輅牌一，金塗鐵曲戌。輅箱之四傍，雕鏤革鞔漆畫填心〔三〕，隔窠龜文花板，上層左畫青龍，右畫白虎，前畫朱雀，後畫玄武。輅之前額，白檀行龍二，奉一水精珠，後額如之。前兩柱素白絨鈴索五，貼金鸞和大響銅鈴十，金塗鍮石雙魚五。下朱漆革鞔軾櫃一，櫃上金香毬一，金香寶一，金香合一，銀灰盤一，皆黃紵絲綬帶。輅之後，朱漆革鞔後轛一，金塗曲戌，黃紵絲銷金雲龍門簾一，緋紵絲繡雲龍帶二。輅之中，金裝鉸白檀雕龍椅一，靠背上金塗圈焰玉明珠一。左建太常旂一，十有二旒，白羅繡日、月、五星、升龍。右建闟戟一，九旒，素白羅繡雲龍。中央黃羅繡青黑黼文兩旗，綢杠，並素白羅，旗首金塗鍮石龍頭二，金塗銅鈴二，金塗鍮石鈸素白纓綏十有二重〔四〕。金塗木珠流蘇十有二重。龍椅上，金錦方座一，緑可貼褥一，銷金黄羅夾帕一，方輿地金錦褥一，緑可貼褥一。句闌内，可貼條褥五重。素白漆雕木塗金龍頭行馬一，小白漆梯一，白漆柄金塗長托叉二，短托叉二，金塗首白漆推竿一，白絨引輅索二，金塗銅環二，黄絨執綏一。輅馬、誕馬，皆白色。鞍轡鞦勒纓拂套項，皆白韋，金裝。誕馬白織金紵絲屜四副，白羅銷金白絹裏籠鞍六。蓋輅黄絹大蒙帕一，黄油絹帕一。駕士平巾大袖，皆白繡紵絲爲之。

木輅：黑質，金裝，青緑藻井，栲栳輪蓋。外施金裝雕木雲龍，内盤描金紫檀雕福海圓龍一，頂上匝以金塗鍮石耀葉八十有一。上圍九者二，中圍九者三，下圍九者四。頂輪衣三重，上二重皂繡雲龍瑞草，下一重無文。輪衣内黄屋一，黄素紵絲瀝水，下垂朱絲結網一遭，皂紵絲繡水帶四十有八，帶頭綴金塗小銅鈴三百，皂紵絲繡絡帶二。頂輪平素面夾用檀褐紵絲。蓋之四周，垂流蘇八，飾以五色絨線結網五重，金塗銅鈸五，金塗木珠二十五。又繫金塗鍮石雜佩八，珩璜衝瑀全，金塗鍮石掛鉤十有六，黄絨貫頂天心直下十字繩二。蓋下立朱漆柱四，柱下直平盤，虚櫃，中櫺三十。下外桄二，漆繪犀、象、鸚䳇、錦雉、孔雀，隔窠嵌裝花板，櫃上周遭朱漆句闌，雲拱地霞葉百七十有九，下垂牙護泥虚板，皆朱漆畫瑞草。句闌上金嵌鑌鐵行龍十，蹲龍十，孔雀羽臺九，水精面火珠七，金圈焰銅照八。輿下垂朱絲結網一遭，飾以金塗鍮石鐸子三百，綵畫鍮石梅萼嵌網眼中。輿之長轅三，界轅句心各三，上下龍頭六。前轅引手金嵌鑌鐵螭頭三，皆絟以蹲龍。後轅方罨頭三，梡頭十有六，繫以蹲龍三。轅頭衡一，兩端金嵌鑌鐵龍頭二，上列金塗銅鳳十二，含以金塗銅鈴。輿之軸一，輪二。軸之鞏羅二，明轄蹲龍絟，並漆以黑。輪之輻各二十有四，轂首壓貼金塗銅轂葉八十有一，金塗鍮石擎耳戀攀四。櫃之前，朱漆金裝雲龍輅牌一，金塗鐵曲戍。輅之箱，四傍雕鏤漆畫填心，隔窠龜文花板，上層左畫青龍，右畫白虎，前畫朱雀，後畫玄武。輅之前額，金嵌鑌鐵行龍二，奉一水精珠，後額如之。前兩柱皂絨鈴索五，貼金鸞和大響銅鈴十，金塗鍮石雙魚五。下朱漆軾櫃一，櫃上金香毬一，金香寶一，金香合一，銀灰盤一，皆黃紵絲綬帶。輅之後，朱漆後轛一，金塗曲戍，黃紵絲銷金雲龍門簾一，緋紵絲繡雲龍帶二。輅之中，金裝烏木雕龍椅一，靠背上金塗圈焰玉明珠一。左建太常旂一，十有二斿，皂羅繡日、月、五星、升龍。右建闟戟一，九斿，皂羅繡雲龍。中央黃羅繡青黑黼文兩旗，綢杠，並皂羅，旗首金塗鍮石鈸紫纓綏十有二重，金塗流蘇十有二重。龍椅上，金錦方座一，緑可貼褥，一銷金黃羅夾帕一，方輿地金錦褥一，緑可貼褥一，句闌內，可貼條褥四，藍紵絲條褥四，黑漆金塗鍮石鉸葉踏道一，小可貼條褥五重。黑漆雕木塗金龍頭行馬一，小黑漆梯一，黑漆柄金塗長托叉二，短托叉二，金塗首黑漆推竿一，皂絨引輅索二，金塗銅環二，黄絨執綏一。絡馬、誕馬，並黑色。鞍轡鞦勒纓拂套項，皆以淺黑韋，金粧。誕馬紫織金紵絲屜四副，紫羅銷金紫絹裏籠鞍六。蓋輅黄絹大蒙帕一，黄油絹帕一。駕士平巾大袖，紫繡紵絲爲之。

腰輿：制以香木，後背作山字牙，嵌七寶裝雲龍屏風，上施金圈焰明珠，兩傍引手。屏風下施雕鏤雲龍床。坐前有踏床，可貼錦褥一。坐上貂鼠緣金錦條褥，緑可貼方坐。

象轎：駕以象，凡巡幸則御之。

職官以下車輿：除不得用龍鳳外，一品至三品許用金裝飾銀螭頭繡帶青幔，四品五品用素獅頭繡帶青幔，六品至七品用素雲頭素帶青幔，庶人黑油齊頭平頂皂幔。

鞍轡：一品許飾以金玉，二品、三品飾以金，四品、五品飾以銀，六品以下飾以鍮石銅鐵。

中統元年九月，初置拱衛儀仗。至元八年，造内外儀仗。延祐七年十二月〔五〕，英宗即位，始造鹵簿。平章政事拜住進鹵簿圖，帝以唐制用萬二千三百人爲耗財，定大駕爲三千二百人，法駕二千五百人。至治元年，鹵簿成。其目：曰儀仗，曰崇天鹵簿，曰外仗，曰儀衛。

儀仗皂纛，國語讀如禿。建纓于素漆竿，凡行幸，則先驅建纛，夾以馬鼓。居則置纛於月華門西之隅室。

絳麾，金塗竿，上施圓盤朱絲拂，三層，紫羅袋韜之。

金節，制如麾，八層，韜以黄羅雲龍袋。

引導節，金塗龍頭朱漆竿，懸五色拂，上施銅鈸。

朱雀幢，制如節而五層，韜以紅繡朱雀袋。

青龍幢，制如前，韜以碧繡青龍袋。

白虎幢，制如前，韜以素繡白虎袋。

玄武幢，制如前，韜以皂繡玄武袋。

犦矟，制如節。頂刻犦牛首，有袋，上加碧油。

絳引旛，四角，朱緑蓋，每角垂羅文雜佩，繫於金銅鉤竿，竿以朱飾，懸五色間暈羅，下有横木板，作碾玉文。

告止旛，緋帛錯綵爲「告止」字，承以雙鳳，立仗者紅羅銷金升龍，餘如絳引。

傳教旛，制如告止旛，錯緑爲「傳教」字，承以雙白虎，立仗者白羅絳雲龍。

信旛，制如傳教旛，錯綵爲「信」字，承以雙龍，立仗者繪飛鳳。

黄麾旛，制如信旛，錯綵爲黄麾篆。

龍頭竿繡氅，竿如戟，無鉤，下有小横木，刻龍頭，垂朱緑蓋，每角綴珠佩一帶，帶末有金銅鈴。

圍子，制以金塗攢竹杖，首貫銅錢，而以紫絹冒之。

副竿，制以木，朱漆之。

火輪竿，制以白鐵，爲小車輪，建於白鐵竿首。輪及竿皆金塗之，上書西天呪語，帝師所制。常行爲親衛中道，正行在劈正斧之前，以法佛衛，以祛邪僻，以鎮轟雷焉。蓋辟惡車之意也。

豹尾竿，制如戟，繫豹尾，朱漆竿。

寶輿方案，緋羅銷金雲龍案衣，緋羅銷金蒙襯複，案傍有金塗鐵鞠四，龍頭竿結綬二副之。

香蹬，朱漆案，黄羅銷金雲龍案衣，上設金塗香爐一、燭臺二，案旁金塗鐵鞠四，龍頭竿結綬二副之。

香案，朱漆案，緋羅銷金雲龍案衣，上設金香爐、合一，餘同香蹬，殿庭陳設。則除龍頭竿結綬。

詔案，制如香案。

册案，制如前。

寶案，制如前。

表案，制如香案，上加矮闌，金塗鐵鞠四，竿二副之，緋羅銷金蒙複。

禮物案，制如表案。

交椅，銀飾之，塗以黄金。

杌子，四脚小床，銀飾之，塗以黄金。

鳴鞭，緑柄，鞭以梅紅絲爲之，梢用黄茸而漬以蠟。

鞭桶，制以紫絁表，白絹裏，皮緣兩末。

蒙鞍，青錦緑，緋錦複。

水瓶，制如湯瓶，有蓋，有提，有觜，銀爲之，塗以黄金。

鹿盧，制如「叉」字，兩頭卷，塗金粧鈒，朱絲繩副之。

水盆，黄金塗銀妝鈒爲之。

净巾，緋羅銷金雲龍，有裏。

香毬，制以銀，爲座上插蓮花爐，爐上罩以圓毬，鏤絪緼旋轉文於上，黄金塗之。

香合，制以銀，徑七寸，塗黃金鈒雲龍於上。

金拂，紅犛牛尾爲之，黃金塗龍頭柄。

唾壺，制以銀，寬緣，虛腹，有蓋，黃金塗之。

唾盂，制以銀，形圓如缶，有蓋，黃金塗之。

外辦牌，制以象牙，書國字，背書漢字，填以金。

外備牌，制如前。

中嚴牌，制如前。

時牌，制同外備而小。

板位，制以木，長一尺二寸，闊一尺，厚六分，白髹黑字。

大繖，赤質，正方，四角銅螭首，塗以黃金，紫羅表，緋絹裏。諸繖蓋，宋以前皆平頂，今加金浮屠。

紫方繖，制如大繖而表以紫羅。

紅方繖，制如大繖而表以緋羅。

華蓋，制如繖而圓頂隆起，赤質，繡雜花雲龍，上施金浮屠。

曲蓋，制如華蓋，緋瀝水，繡瑞草，曲柄，上施金浮屠〔六〕。

導蓋，制如曲蓋，緋羅瀝水，繡龍，朱漆直柄。

朱繖，制如導蓋而無文。

黄繖，制如朱繖而色黄。

葆蓋，金塗龍頭竿，懸以纓絡，銷金圓裙，六角葆蓋。

孔雀蓋，朱漆，竿首建小蓋。蓋頂以孔雀毛，徑尺許，下垂孔省尾，簷下以青黄紅瀝水圍之，上施金浮屠。蓋居竿三之一，竿塗以黄金，書西天呪語，與火輪竿義同。

朱團扇，緋羅繡盤龍，朱漆柄，金銅飾，導駕團扇，蹙金線。

大雉扇，制稍長，下方而上撱，緋羅繡象雉尾，中有雙孔雀，間以雜花，下施朱漆横木連柄，金銅裝。

中雉扇，制如大雉扇而減小。

小雉扇，制如中雉扇而減小。

青瀝水扇，制圓而青色，四周瀝水以青絹。

畢，朱縢結網，二螭首，銜紅絲拂。中有獸面，朱漆柄，金銅裝。

罕，制形如扇，朱縢網，中有獸面，朱漆柄，金銅裝。

旗、扇錡，即坐也。旗錡，制十字木于下，上四枝交拱，置竅于其上以樹旗。扇錡〔七〕，制如梔，形小，六木拱于上，而制作精於旗錡。並漆以朱。

風伯旗，青質，赤火焰脚。

雨師旗，青質，赤火焰脚。

雷公旗，青質，赤火焰脚。

電母旗，青質，赤火焰脚。

金星旗，素質，赤火焰脚。

水星旗，黑質，赤火焰脚。

木星旗，青質，赤火焰脚。

火星旗，赤質，青火焰脚。

土星旗，黃質，赤火焰脚。

攝提旗，赤質，赤火焰脚。

北斗旗，黑質，赤火焰脚，畫七星。

角宿旗，青質，赤火焰脚。

亢宿旗，青質，赤火焰脚。

氐宿旗，青質，赤火焰脚。

房宿旗，青質，赤火焰脚。
心宿旗，青質，赤火焰脚。
尾宿旗，青質，赤火焰脚。
箕宿旗，青質，赤火焰脚。
斗宿旗，青質，赤火焰脚。
牛宿旗，青質，赤火焰脚。
女宿旗，青質，赤火焰脚。
虚宿旗，青質，赤火焰脚。
危宿旗，青質，赤火焰脚。
室宿旗，青質，赤火焰脚。
壁宿旗，青質，赤火焰脚。
奎宿旗，青質，赤火焰脚。
婁宿旗，青質，赤火焰脚。
胃宿旗，青質，赤火焰脚。
昴宿旗，青質，赤火焰脚。

畢宿旗，青質，赤火焰脚。
觜宿旗，青質，赤火焰脚。
參宿旗，青質，赤火焰脚。
井宿旗，青質，赤火焰脚。
鬼宿旗，青質，赤火焰脚。
柳宿旗，青質，赤火焰脚。
星宿旗，青質，赤火焰脚。
張宿旗，青質，赤火焰脚。
翼宿旗，青質，赤火焰脚。
軫宿旗，青質，赤火焰脚。
日旗，青質，赤火焰脚，繪日于上，奉以雲氣。
月旗，青質，赤火焰脚，繪月于上，奉以雲氣。
祥雲旗，青質，赤火焰脚，繪五色雲氣。
合璧旗，青質，赤火焰脚，繪雲氣日月。
連珠旗，青質，赤火焰脚，繪五星。

履石。

東嶽旗，青質，赤火焰脚，繪神人，冠七梁冠，黄襴，青袍，緑裳，白中單，素蔽膝，執圭。

南嶽旗，赤質，青火焰脚，繪神人，冠七梁冠，黑襴，緋袍，緑裳，黄中單，朱蔽膝，執圭。

中嶽旗，黄質，赤火焰脚，繪神人，冠七梁冠，皂襴，黄袍，緑裳，白中單，珠蔽膝，執圭。

西嶽旗，白質，赤火焰脚，繪神人，冠七梁冠，青襴，白袍，緋裳，白中單，素蔽膝，執圭。

北嶽旗，黑質，赤火焰脚，繪神人，冠七梁冠，紅襴，皂袍，緑裳，白中單，素蔽膝，執圭。

江瀆旗，赤質，青火焰脚，繪神人，冠七梁冠，青襴，朱袍〔八〕，跨赤龍。

河瀆旗，黑質，赤火焰脚，繪神人，冠七梁冠，皂襴，黄袍，跨青龍。

淮瀆旗，素質，赤火焰脚。繪神人，冠七梁冠，皂襴，素袍，乘青鯉。

濟瀆旗，青質，赤火焰脚，繪神人，冠七梁冠，皂襴，青袍，乘一鼇。

天下太平旗，赤質，青火焰脚，錯采爲字。

皇帝萬歲旗，赤質，青火焰脚，錯采爲字。

吏兵旗，黑質，赤火焰脚，繪神人，具甲兜鍪，緑臂韝，杖劍。

力士旗，白質，赤火焰脚，繪神人，武士冠。緋袍，金甲，汗胯，皂履，執戈盾。

東天王旗，青質，赤火焰脚，繪神人，武士冠，衣金甲，緋裲襠，右手執戟，左手奉塔，

南天王旗，赤質，青火焰脚，繪神人，冠服同前。

西天王旗，白質，赤火焰脚，繪神人，冠服同前。

北天王旗，黑質，赤火焰脚，繪神人，冠服同前。

大神旗，黄質，黄火焰脚，詳見牙門旗下。

牙門旗，赤質，赤火焰脚，繪神人，冠武士冠，鎧甲，裲襠，襯肩，包脚，汗胯，束帶，長帶，大口袴，執戈戟。

金鼓旗，黄質，黄火焰脚，書「金鼓」字。

朱雀旗，赤質，赤火焰脚，繪朱雀，其形如鸞。

玄武旗，黑質，黑火焰脚，繪龜蛇。

青龍旗，青質，赤火焰脚，繪蹲龍。

白虎旗，白質，赤火焰脚，繪蹲虎。

龍君旗，青質，赤火焰脚，繪神人，冠通真冠，服青繡衣，白裙，朱履，執戟，引青龍。

虎君旗，白質，赤火焰脚，繪神人，冠流精冠，服素羅繡衣，朱裙，朱履，執斬蛇劍，引白虎。

大黄龍負圖旗，青質，青火焰脚，繡複身黄龍，背八卦。

小黄龍負圖旗，赤質，青火焰脚，繪複身黄龍，背八卦。
五色龍旗，五色質，五色直脚，無火焰。
大四色龍旗，青赤黄白四色質，具火焰脚。
小四色龍旗，制同大四色，直脚，無火焰脚。
應龍旗，赤質，赤火焰脚，繪飛龍。
金鸞旗，赤質，火焰脚，繪鸞而金色。
鸞旗，制同前，而繪以五采。
金鳳旗，赤質，青火焰脚，繪鳳而金色。
鳳旗，制同前，而繪以五采。
五色鳳旗，五色質，五色直脚，無火焰。
大四色鳳旗，青赤黄白四色質，火焰脚，色隨其質，繪鳳。
小四色鳳旗，制同前，直脚，無火焰。
玉馬旗，赤質，青火焰脚，繪白馬，兩膊有火焰。
駃騠旗，赤質，青火焰脚，繪白馬。
飛黄旗，赤質，赤火焰脚，形如馬，色黄，有兩翼。

驪騶旗，青質，青火焰脚，繪獸形如馬，白首，虎文，赤尾。

龍馬旗，赤質，青火焰脚，繪龍馬。

麟旗，赤質，青火焰脚，繪麒麟。

飛麟旗，赤質，青火焰脚，繪飛麟。其形五色身，朱翼，兩角，長爪。

黄鹿旗，赤質，青火焰脚，繪獸如鹿，而色深黄。

兕旗，赤質，青火焰脚，繪獸似牛，一角，青色。

犀牛旗，赤質，青火焰脚，繪犀牛。

金牛旗，赤質，青火焰脚，繪獸形如牛，金色。

白狼旗，赤質，青火焰脚，繪白狼。

辟邪旗，赤質，赤火焰脚，繪獸形似鹿，長尾，二角。

赤熊旗，赤質，赤火焰脚，繪獸如熊，色黄。

三角獸旗，赤質，赤火焰脚，繪獸。其首類白澤，緑髮，三角，青質，白腹、跋尾緑色。

角端旗，赤質，赤火焰脚，繪獸如羊而小尾，頂有獨角。

騶牙旗，赤質，青火焰脚，繪獸形似麋，齒前後一齊。

太平旗，赤質，青火焰脚，金描蓮花四，上金書「天下太平」字。

鵕鸃旗，赤質，青火焰脚，繪鳥似山雞而小，冠背黄，服赤，項緑，尾紅。

蒼烏旗，赤質，青火焰脚，繪鳥如烏而色蒼。

白澤旗，赤質，赤火焰脚，繪獸，虎首、朱髮而有角，龍身。

東方神旗，緑質，赤火焰脚，繪神人，金兜牟，金鎧甲，杖劍。已下四旗，所繪神同。

西方神旗，白質，赤火焰脚。

中央神旗，黄質，赤火焰脚。

南方神旗，赤質，青火焰脚。

北方神旗，黑質，赤火焰脚。

凡立仗諸旗，各火焰脚三條，色與質同。長一丈五尺，杠長二丈一尺。牙門、太平、萬歲，質長一丈，横闊五尺。日、月、龍君、虎君，横竪並八尺。餘旗並竪長八尺，闊六尺。

車輻，朱漆，八稜，施以銅釘，形如柯舒。

吾杖，朱漆，金飾兩末。

鐙杖，朱漆棒首，標以金塗馬鐙。

殳，制如矟而短，黑飾兩末，中畫雲氣，上綴朱絲拂。

骨朵，朱漆棒首，貫以金塗銅鎚。

列絲骨朵，制如骨朵，加紐絲文。

卧瓜，制形如瓜〔九〕，塗以黄金。卧置，朱漆棒首。

立瓜，制形如瓜，塗以黄金，立置，朱漆棒首。

長刀，長丈有奇，闊上窄下，單刀。

儀刀，制以銀，飾紫絲紛錔。

横刀，制如儀刀而曲，鞘以沙魚皮，飾絛革紛錔。

千牛刀，制如長刀。

劍，班鞘，飾以沙魚皮，劍口兩刃。

班劍，制劍，鞘黄質，紫班，又金銅裝，紫絲紛錔。

刀盾之刀，制如長刀而柄短，木爲之，青質有環，紫絲紛錔。

刀盾之盾，制以木，赤質，畫異獸，執人右刀左盾。

朱縢絡盾，制同而朱其質。

緑縢絡盾，制同而緑其質。

戟，制以木，有枝，塗以黄金，竿以朱漆。

小戟飛龍掌，制如戟，畫雲氣，上綴飛掌，垂五色帶，末有銅鈴，掌下方而上兩角微撱，繪龍於其上。
鈒戟，制如戟，無飛掌而有横木。
矟，制以木，黑質，畫雲氣，上刻刃，塗以青。五色矟並同而質異。
殰，制如戟，鋒兩旁微起，下有鐏鋭。
叉，制如戟而短，青飾兩末，中白，畫雲氣，上綴紅絲拂。
斧，雙刃，斧貫於朱漆竿首。
鉞，金塗鐵鉞，單刃，腦後繫朱拂，朱漆竿。
劈正斧，制以玉，單刃，金塗柄，銀鐏。
儀鍠斧，制如斧，刻木爲之，柄以朱，上綴小錦旛，五色帶。
弓矢。
弩，制如弓而有臂。
服，制以虎豹皮，或暴緑文，金銅裝。
鞬，制以黑革。
蘭，弩矢室。
象韝鞍，五采裝明金木蓮花座，緋繡攀鞍條，紫繡襜褥紅錦屜，鍮石蓮花跋塵，錦緣氈盤，紅犛牛尾纓拂，並胸攀鞦。攀上各帶紅犛牛尾纓拂，鍮石胡桃鈸子，杏葉鉸具，緋皮𩍐頭鉸具。蓮花座上，金塗銀香爐一。

元初，既定占城、交趾、真臘，歲貢象，育于析津坊海子之陽。行幸則蕃官騎引，以導大駕，以駕巨輦。

駝鼓，設金裝鉸具〔一〇〕，花罽鞍褥橐篋。前峰樹皂纛，或施采旗。後峰樹小旗，絡腦、當胸、後鞦，並以毛組爲𩍐勒，五色瓘玉，毛結纓絡，周綴銅鐸小鏡，上施一面有底銅擱小鼓，一人乘之，擊以毛繩。凡行幸，先鳴鼓于駝，以威振遠邇，亦以試橋梁伏水而次象焉。

騾鼓，制似駝而小。

馬鼓，𩍐勒、後勒、當胸，皆綴紅纓拂銅鈴，杏葉鉸具，金塗釲，上插雉尾，上負四足小架，上施以華鼓一面，一人前引。凡行幸，負鼓於馬以先馳，與纛並行。

誕馬，纓𩍐緋涼鐵。

御馬，鞍𩍐纓複全。

珂馬，銅面，雉尾鼻拂，胸上綴銅杏葉、紅絲拂，又胸前腹下，皆有攀，綴銅鈴，後有跋塵，錦包尾。

【校勘記】

〔一〕「輻」，原作「幅」，據《元史》卷七八志第二十八《輿服一》改。

〔二〕「金裝青緑」，原倒作「金緑青裝」，據《元史》卷七八志第二十八《輿服一》乙正。

〔三〕「革鞔」，原作「革輓」，據《元史》卷七八志第二十八《輿服一》改。

〔四〕「石」，原作「右」，據《元史》卷七八志第二十八《輿服一》改。

〔五〕「延祐」，原作「建祐」，按《元史》卷二七本紀第二十七《英宗一》，拜柱進鹵薄圖在延祐七年十二月，據改。

〔六〕以上「華蓋」、「曲蓋」二條，原作雙行小字，據《元史》卷七九志第二十五《輿服二》改同正文。

〔七〕「扇錡」二字間，原衍「質制如」三字，據《元史》卷七八志第二十八《輿服二》及王圻《續文獻通考》卷一二九《王禮考》删。

〔八〕「朱袍」，原作「珠袍」，據《元史》卷七八志第二十八《輿服二》改。

〔九〕「制形」，原作「制刑」，據《元史》卷七八志第二十八《輿服二》改。

〔一〇〕「鉸具」，原作「校具」，據《元史》卷七八志第二十八《輿服二》及王圻《續文獻通考》卷一二九《王禮考》改。下文「杏葉鉸具」，「鉸」字同誤，亦改。

新元史卷之九十七　志第六十四

輿服志三

崇天鹵簿　外仗　儀衛

崇天鹵簿

中道頓遞隊：象六，飾以金裝蓮座，香寶鞍韂鞦轡罽勒，犛牛尾拂，跋塵，鉸具。導者六人，馭者南越軍六人，皆弓花角唐帽，緋絁銷金䙆衫，鍍金束帶，烏鞾，橫列而前行。次駝鼓九，飾以鍍金鉸具，轡飾罽籠旗鼓纓槍。馭者九人，服同馭象者，中道相次而行。次舍人二人，四品服，騎分左右，夾駝而行。次青衣一人，武弁，青絁衫青勒帛，青鞾，執青杖。次清道官四人，本品服，騎。次信旛二人，執者二人，引護者四人，武弁，黃絁生色寶相花袍，黃勒帛，黃鞾。次騾鼓六，飾騾以鍍金鉸具，轡罽籠旗鼓纓槍。馭者六人，服同馭駝者。次告止旛二，執者二人，引護者四人，武弁，緋絁生色寶相花袍，紅勒帛，紅鞾。次傳教旛二，執者二人，引護者四人，武弁，黄絁生色寶相花袍，黄勒帛，黄韡，並分左右。次橋道頓遞使一人，本品服，騎。中道，舍人、清道官、橋道頓遞使從者凡七人，錦帽，紫䙱衫，小銀束帶，行縢鞋襪。後凡從者之服，皆同此。

纛稍隊：金吾將軍二人，交角幞頭，緋羅繡抹額，紫羅繡辟邪裲襠，紅錦襯袍，錦䲢蛇，金帶，烏韡，横刀，佩符，騎，皆分左右。次弩而騎者五人，錦帽，青絁生色寶相花袍，銅帶，緑雲韡。次稍而騎者五人，錦帽，緋絁生色寶相花袍，銅帶，朱雲韡。次纛一，執者一人，夾者四人，護者二人，皆錦帽，紫生色寶相花袍，鍍金帶，紫雲韡。押纛官二人，皆騎，本品服。次馬鼓四，飾如騾鼓，馭者四人，服同御騾。次佩弓矢而騎者五人，服同執弩者。押衙四人，騎而佩劍，錦帽，紫絁生色寶相花袍，鍍金帶，雲頭韡。䄠稍者四人，騎，錦帽，緋絁生色寶相花袍，銅帶，朱韡。控馬八人，錦帽，紫衫，銀帶，烏韡。次稍而騎者五人，服佩同執弩者。金吾將軍、押纛官從者四人，服同前隊。

朱雀隊：舍人一人，四品服，騎而前。次朱雀旗一，執者一人，引護者四人，錦帽，緋絁生色鳳花袍，銅帶，朱雲韡皆佩劍而騎，護者加弓矢。次金吾折衝一人，交角幞頭，緋繡抹額，紫羅繡辟邪裲襠，紅錦襯袍，金帶，錦䲢蛇，烏韡，横刀，佩弓矢而騎，帥甲騎凡二十有五，弩五人，次弓五人，次稍五人，次弓五人，次稍五人，皆冠甲騎冠，朱畫甲，青勒甲絛，鍍金環，白繡汗胯，束帶，紅鞾，帶弓箭器仗。馬皆朱甲、具裝珂飾全。舍人、金吾折衝從者凡二人，服同前隊。

十二旗隊：舍人一人，四品服，騎而前。金吾果毅二人交角幞頭，緋羅繡抹額，紫羅繡辟邪裲襠，紅錦襯袍，金帶，錦螣蛇，烏鞾，横刀，佩弓矢，騎分左右。帥引旗騎士五，皆錦帽，黄生色寶相花袍，銀帶，烏鞾。次風伯旗左，雨師旗右，雷公旗左，電母旗右，執者四人，騎。青甲旗冠，緑甲，青勒甲絛，鍍金環，白繡汗胯，束帶，青雲鞾，馬皆青甲珂飾。次五星旗五，執者五人，甲騎冠，五色畫甲，青勒甲絛，鍍金環，白繡汗胯，束帶，五色鞾，馬甲如其甲之色，珂飾。次北斗旗一，執者一人，甲騎冠，紫畫甲，青勒甲絛，鍍金環，白繡汗胯，束帶，紫雲鞾，馬甲隨其甲之色，珂飾。左右攝提旗二，執者二人，甲騎冠，朱畫甲，青勒甲絛，鍍金環，白繡汗胯，束帶，紅雲鞾，馬朱甲，珂飾。執副竿者二人，騎，錦帽，黄生色寶相花袍，銀帶，烏鞾。執矟而護者五人，騎，服同執副竿者。舍人、金吾果毅從者凡三人，服同前隊。

門旗隊：舍人二人，四品服。監門將軍二人，皆交角幞頭，緋絁繡抹額，紫羅繡獅子裲襠，紅錦襯袍，金帶，烏鞾，横刀，佩弓矢，騎，馬甲、珂飾全。次門旗二，執者二人，錦帽，緋絁生色獅子文袍，銅革帶，紅雲鞾，劍而騎。引護者四人，服佩同執人，而加弓矢，騎。

次監門校尉二人，騎，服佩同監門將軍，分左右行。次鸞旗一，執者一人，引護者四人，錦帽，五色絁生色瑞鸞花袍，束帶，五色雲鞾，佩劍，護人加弓矢，皆騎。舍人、監門將軍、監門校尉從者凡六人，服同前隊。

雲和樂：雲和署令二人，朝服，騎，分左右。引前行，凡十有六人，戲竹二，排簫四，簫管二，龍笛二，板二，歌工四，皆展角花幞頭，紫絁生色雲花袍，鍍金帶，紫鞾。次琵琶二十。笙十有六，箜篌十有六，纂十有六，方響八，頭管二十有八，龍笛二十有八，已上工百三十有二人，皆花幞頭，緋絁生色雲花袍，鍍金帶，朱鞾。次杖鼓三十，工人花幞頭，黃生色花襖，紅生色花袍，錦臂鞲，鍍金帶，烏鞾。次板八，工人服色同琵琶工人。次大鼓二，工十人，服色同杖鼓工人。雲和署令從者二人，服同前隊。

殿中黃麾隊：舍人二人，四品服。殿中侍御史二人，本品服，皆騎。次黃麾一，執者一人，夾者二人，騎，武弁，緋絁生色寶相花袍，紅勒帛，紅雲鞾。舍人、殿中侍御史從者凡四人，服同前隊。

太史鉦鼓隊：太史一人，本品服，騎。引交龍掆鼓左，金鉦右，舁四人，工二人，皆武弁，緋絁生色寶相花袍，紅勒帛，紅鞾。次司辰郎一人，左，典事一人，右，並四品服，騎。太史、司辰郎、典事從者三人，服同前隊。

武衛鈒戟隊：武衛將軍一人，交角幞頭，緋羅繡抹額，紫羅繡瑞鷹裲襠，紅錦襯袍，錦縢蛇，金帶，横刀，騎。領五色繡旛一，金節八，罕右，畢左，朱雀、青龍、白虎幢三，横布導蓋一，中道又四。武衛果毅二人，服佩同武衛將軍。鈒二十，戟二十，徒五十有九人，武弁，緋絁生色寶相花袍，紅勒帛，紅韡。武衛將軍、武衛果毅從者凡三人，服同前隊。

龍墀旗隊：舍人二人，四品服。中郎將二人，服佩同鈒戟隊武衛將軍，騎，分左右。帥騎士凡二十有四人，執旗者八人。天下太平旗，中道，中嶽帝旗左，中央神旗右。次日旗左，月旗右。次祥雲旗二，分左右。次皇帝萬歲旗，中道。執人皆黄絁巾，黄絁生色寶相花袍，黄勒帛，黄雲韡，横刀。引者八人，青絁巾，青絁生色寶相花袍，青勒帛，青雲韡，横刀，執弓矢。護者八人，緋絁巾，緋絁生色寶相花袍，紅勒帛，紅雲韡，横刀，執弓矢。舍人、中郎將從者凡四人，服同前隊。

御馬隊：舍人二人，四品服。引左右衛將軍二人。緋羅繡抹額，紫羅繡瑞馬裲襠，紅錦襯袍，錦縢蛇，金帶，烏韡，横刀，皆騎，分左右行。御馬十有二疋，分左右，飾以纓轡鞍複。馭士控鶴二十有四人，交角金花幞頭，紅錦控鶴襖，金束帶，㻴鞋。次尚乘奉御二人，四品服，騎，分左右行。舍人、左右衛將軍從者四人，服同前隊。

拱衛控鶴第一隊：拱衛指揮使二人，本品服，騎，分左右。帥步士凡二百五十有二人，負劍者三十人，次執金吾杖者五十人，次執斧者五十人，次執鐙杖者六十人，次執列絲骨朵者三十人，皆分右右。次攜金水瓶者一人，左，金盆者一人，右。次執列絲骨朵者三十人，皆分左右，皆金鏤額交角幞頭。青質孫控鶴襖，塗金荔枝束帶，鞾鞋。拱衛指揮使從者二人，服同前隊。

安和樂：安和署令二人，本品服，騎，分左右行。領押職二人，弓角鳳翅金花幞頭，紅質孫加襴袍。金束帶，花鞾。次扎鼓八，爲二重，次和鼓一，中道，次板二，次龍笛四，次頭管二，次羌笛二，次笙二，次簫二，左右行，次雲璈一，中道，工二十有四人，皆弓角鳳翅金花幞頭，紅錦質孫襖，金荔枝束帶，花鞾。從者二人，服同前隊。

金吾援寶隊：舍人二人，四品服。引金吾將軍二人，交角幞頭，緋羅繡抹額，紫羅繡辟邪裲襠，紅錦襯袍，錦螣蛇，横刀，佩弓矢，皆騎，分左右。前引駕十二重，甲士一十二騎，弩四，次弓四，次矟四，爲三重。次香案二，金爐、合各二，分左右，舁士十有六人，侍香二人，騎而從。次典瑞使二人，本品服，騎而左右引八寶。受命寶左，傳國寶右，次天子之寶左，皇帝之寶右，次天子行寶左，皇帝行寶右，次天子信寶左，皇帝信寶右。每輿寶盝，銷金蒙複，襯複，案輿紅銷金衣，龍頭竿，結綬，舁士八人，朱團扇四人，凡九十有六人，皆交角金花幞頭，青紅錦質孫襖，每輿前青後紅，金束帶，鞾鞋。援寶三十人，交角金花幞頭，窄紫衫，銷金紅汗胯，金束帶，烏鞋，執金縷黑杖。次符寶郎二人，四品服，騎，分左右。次金吾果毅二人，服佩同金吾將軍，騎，分左右。次矟四人，次弓四人，次弩四人，爲三重。舍人、金吾將軍、侍香、典瑞使、符寶郎、金吾果毅從者凡十有二人，服同前隊。

殿中繖扇隊：舍人二人，四品服，騎，分左右。領騎而執旗者四人，日月合璧旗左，五星連珠旗右，次金龍旗左。金鳳旗右，黄絁巾，黄絁生色寶相花袍，黄勒帛，黄鞾，佩劍。騎而引旗者四人，青絁巾，青絁生色寶相花袍，青勒帛，青鞾，佩劍，執弓矢。騎而護旗者四人，紅絁巾，紅絁生色寶相花袍，紅勒帛，紅鞾，佩劍，執弓矢。次朱團扇十有六，次小雉扇八，次中雉扇八，次大雉扇八，爲十重，重四人。次曲蓋二，紅方繖二，次紫方繖二，次華蓋二，次大繖二，執者五十人，武弁，紅絁生色寶相花袍。紅勒帛，紅鞾。舍人從者二人，服同前隊。

控鶴圍子隊：圍子頭一人，執骨朵，由中道，交角幞頭，緋錦質孫襖，鍍金荔枝帶，鞢鞋。領執圍子十有六人，分左右，交角金花幞頭，白襯肩，青錦質孫襖，鍍金荔枝帶，鞢鞋。次朱繖，中道，次金脚踏左，金椅右。服如圍子頭。拱衛指揮使一人，本品服，騎，中道。控鶴二十人，服同上。拱衛指揮使從者二人，服同前隊。

天樂一部：天樂署令二人，本品服，騎，分左右。領押職二人，弓角鳳翅金花幞頭，紅錦質孫襖，加襴，金束帶，花鞾，次琵琶二，箜篌二，火不思二，板二，筝二，胡琴二，笙二，頭管二，龍笛一，響鐵一，工十有八人，徒二人，皆弓角鳳翅金花幞頭，紅錦質孫襖，鍍金束帶，花鞾。

控鶴第二隊：僉拱衛司事二人，本品服，騎，分左右。帥步士凡七十有四人，執立瓜者三十有六人，分左右，次捧金杌一人左，鞭桶一人右，次蒙鞍一人左，繖手一人右。次執立瓜者三十有四人，分左右，皆交角金花幞頭，緋錦質孫襖，鍍金荔枝帶，鞓鞾。僉拱衛司事從者二人，服同前隊。

殿中導從隊：舍人二人，四品服，騎，左右。引香鐙案一，黄銷金盤龍衣，金爐合，結綬，龍頭竿，舁者十有二人，交角金花幞頭，紅錦質孫控鶴襖，鍍金束帶，鞓鞾。侍香二人，騎，分左右。次警蹕三人，交角幞頭，紫窄袖衫，鍍金束帶，烏鞾。次舍人二人，四品服，騎。引天武官二人，執金鉞，金鳳翅兜弁，金鎖甲，青勒甲條，金環繡汗胯，金束帶，馬珂飾。次金骨朵二，次幢二，次節二，分左右。次金水盆左，金椅右，次蒙複左，副執椅右，次金水瓶、鹿盧左，銷金净巾右。次金香毬二，金香合二，分左右。次金唾壺左，金唾盂右。金拂四，扇十，分左右。次黄繖，中道，繖衣從。凡騎士三十人，服如警胯，加白繡汗胯。步卒四人，執椅二人，蒙複一人，繖衣一人。服如舁香鐙徒。舍人、天武官從者六人，服同前隊。

控鶴第三隊：拱衛直鈐轄二人，本品服，騎。引執卧瓜八十人，服如第二隊。

導駕官：引進使二人，分左右前行。次給事中一人左，起居注一人右，侍御史一人左，殿中侍御史一人右，次翰林學士二人左，集賢學士一人右，次御史中丞一人左，同知樞密院事一人右，次御史大夫一人左，知樞密院事一人右。次侍儀使四人，中書侍郎二人，黄門侍郎二人，侍中二人，皆分左右。次儀仗使一人左，鹵簿使一人右。次禮儀使二人，分左右。持劈正斧一人，中道。次大禮使一人左，太尉一人右。皆本品服，騎。從者三十人，惟執劈正斧官從者二人，服同前隊。

羽林宿衛：舍人二人，四品服，前行。次羽林將軍二人，交角幞頭，緋羅繡抹額，紫羅繡瑞鷹裲襠，紅錦襯袍，錦螣蛇，金帶，烏鞾，横刀，佩弓矢，皆騎，分左右。領宿衛騎士二十人，執骨朵六人，次執短戟六人，次執斧八人，皆弓角金鳳翅幞頭，紫袖細褶辮線襖，束帶，烏鞾，横刀。舍人、羽林將軍從者凡四人，服同前隊。

檢校官：分布中道之外，外仗之内。頓遞隊，監察御史二人，本品服。次纛矟隊，循仗檢校官二人。次朱雀隊，金吾中郎將二人，皆交角幞頭，緋羅繡抹額，紫羅繡辟邪裲襠，紅錦襯袍，錦螣蛇，金帶，烏鞾，佩儀刀，加弓矢。次十二旗隊，兵部侍郎二人，本品服。次門旗隊，糾察儀仗官二人，本品服。次雲和樂部，金吾將軍二人，服佩如金吾中郎將。知隊仗官二人，本品服。次武衛鈒戟隊，監察御史二人，本品服。次外道左右牙門巡仗，監門中郎將二人，交角幞頭，緋羅繡抹額，紫羅繡獅子裲襠，紅錦襯袍，錦螣蛇，金帶，烏鞾，佩儀刀，弓矢。次金吾援寶隊，兵部尚書二人，次循仗檢校官二人。次殿中繖扇隊，監察御史二人，次禮部尚書二人，皆本品服。次圍子隊，知隊仗官二人。次金吾大將軍二人，服同金吾將軍，各襆稍從。次殿中導從，糾察隊儀仗官二人。次循仗檢校官二人。次羽林宿衛隊，左點檢一人左，右點檢一人右，紫羅繡瑞麟裲襠，餘同金吾大將軍。領大黄龍負圖旗二，執者二人，夾者八人。騎，錦帽，五色絁巾，五色絁生色雲龍袍，塗金束帶，五色雲鞾，佩劍，夾者加弓矢，並行中道。控鶴外，外仗内。前後檢校，仗内知班六人，展角幞頭，紫窄衫，塗金束帶，烏鞾。丞奉班都知一人，太常博士一人，皆朝服，騎，門檢校官。前後巡察宿直將軍八人，服佩同左右點檢，夾輅檢校三衛。

陪輅隊：誕馬二疋，珂飾，纓轡，青屜。乘黄令二人，本品服，分左右。次殿前將軍二人，交角幞頭，緋羅繡抹額，紫羅繡辟邪裲襠，紅錦襯袍，錦螣蛇，金帶，烏鞾，横刀，騎。玉輅，太僕卿馭，本品服。千牛大將軍驂乘，交角幞頭，紅抹額，繡瑞牛裲襠，紅錦襯袍，錦螣蛇，金帶，烏鞾，横刀。左右衛將軍，服如千牛大將軍，惟裲襠繡瑞虎文。陪輅輅馬六匹，珂飾，纓轡，青屜，牽套鞶帶。步卒凡八十有二人，馭士四人，駕士六十有四人，行馬二人，踏道八人，推竿二人，托叉一人，梯一人，皆平巾，青幘，青繡雲龍花袍，塗金束帶，青鞾。教馬官二人，進輅職長二人，皆本品服。夾輅將軍二人，金鳳翅兜牟，金鎖甲，絛環，繡汗胯，金束帶，緑雲花鞾。青瀝水扇二。次千牛備身二人，皆分左右，交角幞頭，緋羅繡抹額，紫羅繡瑞牛裲襠，紅錦襯袍，金帶，烏鞾，横刀，佩弓矢。獻官二人，殿中監六人，内侍十人，皆本品朝服，騎，分左右。千牛備身後，騎而執弓矢者十人，尚衣奉御四人，尚食奉御二人，尚藥奉御二人，皆騎，本品服。次腰輿，黄紵絲銷金雲龍蒙複，步卒凡十有二人，舁八人，道扇四人，黄繖一人，皆交角金花幞頭，紅質孫控鶴襖，金束帶，鞵鞋。尚舍奉御二人，騎左，尚輦奉御二人，騎右，皆朝服。從者三十有四人，服同前隊。

大神牙門旗隊：都點檢一人，騎，交角幞頭，緋羅繡抹額，紫羅繡瑞麟裲襠，紅錦襯袍。次監門大將軍二人，分左右，騎，服如都點檢，惟裲襠紫繡獅文。門凡三重。親衛郎將帥甲士，分左右，夾輅而陣，繞出輅後，合執轝者二，爲第一門。翊衛郎將帥護尉，夾親衛而陣，繞出輅後，合爲第二門。監門校尉二人，騎。左右衛大將軍帥甲士，執五色龍鳳旗，夾護尉而陣，繞出輅後，合牙門旗二，爲第三門，監門校尉二人主之。服色詳見外仗。

雲和樂後部：雲和署丞二人，本品服，騎，分左右。領前行，戲竹二，排簫二，簫管二，歌工二，凡十人，皆騎，花幞頭，紫絁生色花袍，塗金帶，烏鞾。次琵琶四，箏四，箜篌四，纂四，頭管六，方響二，龍笛六，杖鼓十，工四十人，皆騎，服同上，惟絁色紅。從者二人，服同前隊。

後黄麾隊：玄武幢一，絳麾二，徒三人，皆武弁，紫絁生色龜雲花袍，紫羅勒帛，紫鞾。次黄麾，執者一人，夾者二人，皆騎。豹尾一，執者一人，夾者二人，皆騎，武弁，紫生色寶相花袍，紫勒帛，紫鞾。

玄武黑甲掩後隊：金吾將軍一人，騎，中道，交角幞頭，緋羅繡抹額，紫羅繡辟邪裲襠，紅錦襯袍，金帶，錦縢蛇，烏鞾，佩刀。後衛指揮使二人，騎，分左右，服同各衛指揮使，帥甲騎五十有七人。玄武旗一，執者一人，夾者二人。小金龍鳳黑旗二，執者二人，皆黑兜牟〔二〕，金飾，黑甲條環，汗胯，束帶，鞾。帶弓矢器仗，馬黑金色獅子甲，珂飾。矟四十人，弩十人，黑兜牟，黑甲條環，汗胯，束帶，鞾，帶弓矢器仗。馬黑甲，珂飾。執衛司穲矟二人，錦帽，紫生色辟邪文袍，鍍金帶，烏鞾。從者三人，服同前隊。

外仗

金鼓隊：金鼓旗二，執者二人，引護者八人，皆五色絁巾，生色寶相花五色袍，五色勒帛，鞾，佩劍，引護者加弓矢，分左右。次折衝都尉二人，交角幞頭，緋羅繡抹額，紫羅繡辟邪裲襠，紅錦襯袍，金帶，錦縢蛇，騎。帥步士凡百二十人，鼓二十四人，鉦二十四人，並黄絁巾，黄絁生色寶相花袍，黄勒帛，黄鞾。角二十四人，紅絁巾，紅絁生色寶相花袍，紅勒帛，紅鞾。車輻棒二十四人，長刀二十四人，並金飾青兜牟，青甲條環，白繡汗胯，束帶，青雲鞾。

清游隊：舍人二人，四品服，騎導。金吾折衝二人，交角幞頭，緋羅繡抹額，紫羅繡辟邪裲襠，紅錦襯袍，金帶，錦螣蛇，横刀。佩弓矢，騎，分左右，帥步士百有十人。白澤旗二，執者二人，引護者八人。次執弩二十人，次執矟二十人，次執弓二十人，次執矟二十人，次弩執弓二十人，皆甲騎冠，金飾，緑畫甲條環，白繡汗胯，束帶，緑雲鞾，佩弓矢器仗，馬金飾朱畫甲，珂飾，分左右。

佽飛隊：鐵甲佽飛，執矟者十有二人，甲騎冠，鐵甲，佩弓矢，器仗，馬鐵甲。珂飾。次金吾果毅二人，交角幞頭，緋絁繡抹額，紫羅繡辟邪裲襠，紅錦襯袍，金帶，錦螣蛇，横刀，弓矢，騎。次虞候佽飛，執弩二十人，錦帽，紅生色寶相花袍，塗金帶，烏鞾。

殳仗隊：領軍將軍二人，交角幞頭，緋絁繡抹額，紫羅繡白澤裲襠，紅錦襯袍，金帶，錦螣蛇，烏鞾，横刀，騎。帥步士十五人，執殳二十五人，執叉二十五人，錯分左右，皆五色絁生色巾，寶相花五色袍，五色勒帛，五色雲頭鞾。領軍將軍從者二人，錦帽，紫裓衫，小銀束帶，行縢，鞋韤。

諸衛馬前隊：舍人二人，四品服，騎導。左右衛郎將二人，交角幞頭，緋絁繡抹額，紫羅繡瑞馬裲襠，紅錦襯袍，金帶，錦縢蛇，烏鞾，橫刀，佩弓矢，騎，分左右，帥騎士百五十有六人。前辟邪旗左，應龍旗右，次玉馬旗左，三角旗右，次黃龍負圖旗左，黃鹿旗右，次飛麟旗左，駃騠旗右，次鸞旗左，鳳旗右，次飛黃旗左，麒麟旗右。執旗十有二人，生色黃袍，巾，勒帛，鞾。引旗十有二人，服同執人，惟袍色青。護旗十有二人，生色紅袍，巾，勒帛，鞾。執弓六十人，錦帽，青生色寶相花袍，塗金帶，烏鞾。執矟六十人，服如執弓者，惟袍色紅。每旗，弓五，矟五。從者四人，服同前隊。

二十八宿前隊：舍人二人，四品服，騎導。領軍將軍二人，紫羅繡白澤裲襠，餘如前隊。左右衛郎將皆騎，帥步士百十有二人。前井宿旗左，參宿旗右，各五盾從。次鬼宿旗左，觜宿旗右，各五弓從。次柳宿旗左，畢宿旗右，各五盾從。次星宿旗左，昴宿旗右，各五盾從。次張宿旗左，胃宿旗右，各五弓從。次翼宿旗左，婁宿旗右，各五䂍從。次軫宿旗左，奎宿旗右，各五盾從。執旗十有四人，生色黃袍，巾，勒帛，鞾。引旗十有四人，服如執人，惟袍巾色青。護旗十有四人，服如執人，惟袍巾色紅。執刀盾者三十人，弓矢者二十人，䂍者二十人，皆五色兜牟，甲，絛環，白繡汗胯，束帶，五色雲鞾。舍人、領軍將軍從者四人，服同前隊。

領軍黃麾仗前隊：舍人二人，四品服，騎導。領軍將軍二人，服佩如二十八宿旗隊領軍將軍，騎，分左右，帥步士凡一百五十人，絳引旛十，次龍頭竿繡氅十，皆分左右。次江瀆旗左，濟瀆旗右。次小戟十，次弓十，皆分左右。次南方神旗左，西方神旗右。次鍠十，次緑縢絡盾加刀十，皆分左右。次南岳帝旗左，西岳帝旗右。次龍頭竿氅十，次朱縢絡盾刀十，皆分左右。次南天王旗左，西天王旗右。次小戟十，次弓十，皆分左右。次龍君旗左，虎君旗右。次鍠十，次緑縢絡盾刀十，皆分左右。凡執人一百三十人，武弁，五色生色寶相花袍，勒帛，韈。引旗十人，青生色寶相花袍巾，勒帛，韈。護旗十人，服同，惟袍巾色紅。

殳仗後隊：領軍將軍二人〔二〕，騎，帥步士凡五十人。殳二十有五，叉二十有五，錯分左右。服佩同前隊。

左右牙門旗隊：監門將軍二人，騎，紫繡獅子裲襠，餘如殳仗隊領軍將軍之服佩。次牙門旗四，每旗執者一人，引夾者二人，並黃絁巾，黃絁生色寶相花袍，黃勒帛，黃雲韈，皆騎。次監門校尉二人，騎，服佩同監門將軍。從者四人，服同前隊。

左右青龍白虎隊：舍人二人，四品服，騎導。領軍將軍二人〔三〕，服佩同殳仗隊之領軍將軍，騎，分左右，帥甲士凡五十有六人，騎。青龍旗左，執者一人，夾者二人，從以執弩五人，弓十人，矟十人，皆冠青甲騎冠，青鐵甲，青條金環，束帶，白繡汗胯，青雲韡。白虎旗右，執者一人。夾者二人，從以執弩五人，弓十人，矟十人，皆冠白甲騎冠，白鉄甲，青條金環，束帶，白繡汗胯，白雲韡。舍人、領軍將軍從者四人，服同前隊。

二十八宿後隊：舍人二人，四品服，騎導。領軍將軍二人，騎，分左右，帥步士百十有二人。角宿旗左，壁宿旗右〔四〕，從以執弓者五人。次亢宿旗左，室宿旗右，各從以執穳者五人。次氐宿旗左，危宿旗右，各從以執盾者五人。次房宿旗左，虚宿旗右，各從以執弓者五人。次心宿旗左，女宿旗右，各從以執穳者五人。次尾宿旗左，牛宿旗右，各從以執盾者五人。次旗宿旗左，斗宿旗右，各從以執弓者五人。舍人、領軍將軍從者四人，執夾、引從服佩，皆同前隊。

諸衛馬後隊：舍人二人，四品服，騎導。左右衛果毅都尉二人，騎，分左右。帥衛士百五十有六人。角端旗左，赤熊旗右，次兕旗左，太平旗右，次驪騶旗左，騶牙旗右，次犀牛旗左，鵕鸃旗右，次蒼烏旗左，白狼旗右，次龍馬旗左，金牛旗右。舍人、左右衛果毅都尉從者四人，執夾、引從服佩，同前隊。

左右領軍黃麾後隊：舍人二人，四品服，騎導。領軍將軍二人，騎，皆分左右，帥步士百六十人。龍頭鼙十，次朱縢絡盾加刀十，皆分左右。次吏兵旗左，力士旗右。次小戟十，次弓十，皆分左右。次東天王旗左，北天王旗右。次鍠十，次緑縢絡盾加刀十，皆分左右。次東岳帝旗左，北岳帝旗右。次龍頭竿氅十，次朱縢絡盾加刀十，皆分左右。次東方神旗左，北方神旗右。次小戟十，次弓十，皆分左右。淮瀆旗左，河瀆旗右，次鍠十，次緑縢絡盾加刀十，皆分左右。次絳引旛十，分左右，掩後。舍人、領軍將軍從者四人，執夾服佩，並同前隊。

左右衛儀刀班劍隊：舍人二人，四品服，騎導。左右衛中郎將二人，交角幞頭，緋羅繡抹額，紫羅繡瑞馬裲襠，紅錦襯袍，錦縢蛇，金帶，烏鞾，騎，分左右，帥步士凡四十八。班劍二十人，儀刀二十人，並錦帽，紅生色寶相花袍，塗金束帶，烏鞾。舍人、左右衛中郎將從者四人，服同前隊。

供奉宿衛步士隊：供奉中郎將二，交角幞頭，緋絁繡抹額，紫羅繡瑞馬裲襠，紅錦襯袍，錦縢蛇，金帶，烏鞾，横刀，佩弓矢，騎，分左右，帥步士凡五十有二人。執短戟十有二人，次執列絲十有二人，次叉戟十有二人，次斧十有六人，分左右，夾玉輅行。皆弓角金鳳翅幞頭，紫細摺辮線襖，塗金束帶，烏鞾。

親衛步士隊：親衛郎將二人，服同供奉中郎將。騎，皆分左右，帥步士凡百四十有八人。執龍頭竿氅四人，次小戟十人，次氅二人，次儀鍠十人，次氅二人，次小戟十人，次氅

二人，次儀鍠十人，次氅二人，次小戟十人，次氅二人，次儀鍠十人，次氅二人，次小戟十人，次氅二人，次儀鍠十人，次氅二人，次小戟十人，皆分左右。夾供奉宿衛隊。次氅二人，次儀鍠十人，次氅二人，次小戟十人，次氅二人，次儀鍠十人，次氅二人，折繞宿衛隊後，而合其端爲第一門。士皆金兜牟，甲，青勒甲條，金環，緑雲韡。

翊衛護尉隊：翊衛郎將二人，服同親衛郎將，騎。帥護尉騎士百有二人，皆交角金花幞頭，窄袖紫衫，紅銷金汗胯，塗金束帶，烏韡。執金裝骨朵，分左右，夾親衛隊行，折繞隊後，而合其端爲第二門。

左右衛甲騎隊：左右衛大將軍二人，服如翊衛郎將，帥騎士百人。執青龍旗五人左，青鳳旂五人右。次青龍旗五人左，赤鳳旗五人右。次黄龍旗五人左，黄鳳旂五人右。次白龍旗五人左，白鳳旗五人右。次黑龍旗五人左，黑鳳旗五人右。次五色鳳旗二十五居左，五色龍旗二十五居右，曲繞輅後，合牙門旗爲第三門，士皆冠甲，騎，冠金飾，朱畫甲，青勒甲條，鍍金環，白繡汗胯，紅韡，佩弓矢器仗，馬青金毛獅子甲，珂飾。

左衛青甲隊：左衛指揮使二人，騎，服紫羅繡雕虎裲襠，餘同左右衛大將軍，帥騎士三十有八人。執大青龍旗一人左，大青鳳旗一人右，次小青龍旗一人左，小青鳳旗一人右，次大青鳳旗一人左，大青龍旗一人右，每旗從以持青稍者四人。次小青鳳旗一人左，小青龍旗一人右，皆從以持青矟者三人。皆青兜牟，金飾青畫甲，青絛，塗金環，汗胯，束帶，韡，佩弓矢器仗，馬青金毛獅子甲，珂飾。折繞陪門。

前衛赤甲隊：前衛指揮使二人，騎，服佩同前衛指揮使，帥騎士凡四十有八人。執大赤鳳旗一人左，大赤龍旗一人右，次小赤鳳旗一人左，小赤龍旗一人右，次大赤龍旗一人左，大赤鳳旗一人右，次小赤龍旗一人左，小赤鳳旗一人右，每旗從以持朱矟者四人。次執大赤鳳旗一人左，大赤龍旗一人右，皆從以持朱矟者三人。皆朱兜牟，金飾朱畫甲，絛環，汗胯，束帶，韡，佩弓矢器仗，馬朱甲，珂飾。從者二人，服同前隊。折繞陪門。

中衛黄甲隊：中衛指揮使二人，騎，服同前衛指揮使，帥騎士凡五十有八人。執大黄龍旗一人左，大黄鳳旗一人右，次小黄龍旗一人左，小黄鳳旗一人右，次大黄鳳旗一人左，大黄龍旗一人右，次小黄鳳旗一人左，小黄龍旗一人右，次大黄龍旗一人左，大黄鳳旗一人右，每旗從以持黄矟者四人。次小黄龍旗一人左。小黄鳳旗一人右，皆從以持黄矟者三人。皆黄兜牟，金飾黄甲，絛環，汗胯，束帶，靴，佩弓矢器仗，馬黄甲，珂飾。從者二人，服同前隊。折繞陪門。

右衛白甲隊：右衛指揮使二人，騎，服同中衛指揮使，帥騎士凡七十有四人。執大白鳳旗一人左，大白龍旗一人右，次小白鳳旗一人左，小白龍旗一人右，次大白龍旗一人左，大白鳳旗一人右，次小白龍旗一人左，小白鳳旗一人右，次大白鳳旗一人左，大白龍旗一人右，每旗從以持白矟者四人。次小白鳳旗一人左，小白龍旗一人右，次大白龍旗一人左，大白鳳旗一人右，皆從以持白矟者五人。皆白兜牟，金飾白甲，絛環，汗胯，束帶，鞾，佩弓矢器仗，馬白甲，珂飾。從者二人，服同前隊。折繞陪門。

牙門四：監門中郎將二人，服佩同各衛指揮使，騎，分左右。次左衛，次前衛。次中衛，次右衛。牙門旂各二，色並赤。監門校尉各二人，騎，服佩同各衛之執旗者。從者十人，服同隊。

儀衛

殿上執事

挈壺郎二人，常直漏刻。冠學士帽，服紫羅窄袖衫，塗金束帶，烏鞾。漏刻直御榻南。司香二人，掌侍香，以主服御者國語曰速古兒赤。攝之。冠服同挈壺。香案二，在漏刻東西稍南。司香侍案側，東西相向立。

酒人，凡六十人：主酒國語曰答剌赤。二十人，主湩國語曰哈剌赤。二十人，主膳國語曰博兒赤。二十人。冠唐帽，服同司香。酒海直漏南，酒人北面立酒海南。

護尉四十人，以質子在宿衛者攝之。質子，國語曰覩魯花。冠交角幞頭，紫梅花羅窄袖衫，塗金束帶，白錦汗胯，帶弓矢，佩刀，執骨朵，分立東西宇下。

警蹕三人，以控鶴衛士爲之。冠交角幞頭，服紫羅窄袖衫，塗金束帶，烏靴，捧立于露階。每乘出入，則鳴其鞭以警衆。

殿下執事

司香二人，亦以士服御者攝之，冠服同殿上司香。香案直露階南，司香東西相向立。

護尉，凡四十人，以户郎國語曰玉典赤。二十人、質子二十人攝之。服同宇下護尉，夾立階戺。

右階之下，伍長凡六人，都點檢一人，右點檢一人，左點檢一人。凡宿衛之人及諸門者、户者皆屬焉。如怯薛歹、八剌哈赤、玉典赤之類是也。殿内將軍一人，凡殿内佩弓矢者、佩刀者、諸司禦者皆屬焉。如火兒赤、温都赤之類是也。殿外將軍一人，宇下護尉屬焉。宿直將軍一人，黄麾立仗及殿下護尉屬焉。右無常官，凡朝會，則以近侍重臣攝之。服白帽，白衲襖，行縢，履韈，或服其品之公服，恭事則侍立。舍人授以骨朵而易笏，都點檢以玉，右點檢以瑪瑙，左點檢以水精，殿内將軍以瑪瑙，殿外將軍以水精，宿直將軍以金。

左階之下，伍長凡三人，殿内將軍一人，殿外將軍一人，宿直將軍一人，冠服同右，恭事則侍立。舍人授以骨朵而易笏，殿内將軍以瑪瑙，殿外將軍以水精，宿直將軍以金。

司辰郎二人，一人立左樓上，服視六品，候時，北面而雞唱；一人立樓下，服視八品，候時，捧牙牌趨丹墀跪報。露階之下，左黄麾仗内，設表案一，禮物案一，舆士凡八人，每案四人。前二人冠縷金額交角幞頭，緋錦寶相花窄袖襖，塗金束帶，行縢，鞋襪。後二人冠服同前，惟襖色青。

圉人十人，國語曰阿塔赤。冠唐巾，紫羅窄袖衫，青錦緣白錦汗胯，銅束帶，烏鞾，馭立仗馬十，覆以青錦緣緋錦鞍復，分左右，立黄麾仗南。

侍儀使二人，引進使一人，通班舍人一人，尚引舍人一人，閱仗舍人一人，奉引舍人一人，先舆舍人一人。糾儀官凡四人，尚書一人，侍郎一人，監察御史二人。知班三人，視班内失儀者，白糾儀官而行罰焉。皆東向，立右仗之東，以北爲上。

侍儀使二人，引進使一人，承奉班都知一人，宣表目舍人一人，宣表修撰一人，宣禮物舍人一人，奉表舍人一人，奉幣舍人一人，尚引舍人一人，閱仗舍人一人，奉引舍人一人，先舆舍人一人。押禮物官凡二人：工部侍郎一人，禮部侍郎一人。糾儀官凡四人：尚書一人，侍郎一人，監察御史二人。知班三人，視班内如左右輦路。宣輦舍人一人，通贊舍人一人，户郎二人，承傳贊席前，皆西向，立左仗之西，以北爲上。凡侍儀使、引進使、尚書、侍郎、御史，各服其本品之服。承奉班都知、舍人，借四品服。知班，冠展角幞頭，服紫羅窄袖衫，塗金束帶，烏鞾。
護尉三十人，以質子在宿衛者攝之，立大明門闑外，冠服同宇下護尉。
承傳二人，控鶴衛士爲之，立大明門楹間，以承傳于外仗。冠服同警蹕，執金柄小骨朵。
殿下黄麾仗黄麾仗凡四百四十有八人，分布於丹墀左右，各五行。
右前列，執大蓋二人，執華蓋二人，執紫方蓋二人，執紅方蓋二人，執曲蓋二人，冠展角幞頭，服緋絁生色寶相花袍，勒帛，烏鞾。
次二列，執朱團扇八人，執大雉扇八人，執中雉扇八人。執小雉扇八人，執朱團扇八人，冠武弁，服同前執蓋者。
次三列，執黄麾幡十人，武弁，青絁生色寶相花袍，青勒帛，烏鞾。執絳引旛十人，武弁，緋絁生色寶相花袍，緋勒帛，烏鞾。執信旛十人，冠服同上，其色黄。執傳教旛十人，冠服同上，其色白。執告止旛十人，冠服同上，其色紫。
次四列以下，執葆蓋四十人，武弁，服緋絁生色寶相花袍，青勒帛，烏鞾。執鍠斧四十人，冠服同上，其色黄。執小戟蛟龍掌四十人，冠服同上，其色青。左列亦如之。皆以北爲上。押仗四人，行視仗内而檢校之。冠服同警蹕者。

殿下旗仗旗仗執護引屏，凡五百二十有八人，分左右以列。

左前列，建天下太平旗第一，牙門旗第二，每旗執者一人，護者四人，皆五色緋巾，五色絁生色寶相花袍，勒帛，雲頭鞾，執人佩劒，護人加弓矢。後屏五人，執矟，朱兜鍪，朱甲，雲頭鞾。

左二列，日旗第三，龍君旗第四，每旗執者一人，護者四人，後屏五人，巾服執佩同前列。

右前列，建皇帝萬歲旗第一，牙門旗第二，每旗執者一人，護者四人，後屏五人，巾服執佩同前列。

右二列，月旗第三，虎君旗第四，每旗執者一人，護者四人，後屏五人，巾服執佩同前列。

左次三列，青龍旗第五，執者一人，黄絁巾，黄絁生色寶相花袍，勒帛，花鞾，佩劒；護者二人，朱白二色絁巾，二色絁生色寶相花袍，勒帛，花鞾，佩劒，加弓矢。天王旗第六，執者一人，巾服同上；護者二人，青白二色絁巾，二色生色寶相花袍，勒帛，花鞾，佩劒，加弓矢；後屏五人，執矟，朱兜鍪，朱甲，雲頭鞾。風伯旗第七，執者一人，護者二人，後屏五人，巾服佩執同天王旗。雨師旗第八，執者一人，護者二人，後屏五人，巾服佩執同青龍旗。雷公旗第九，執者一人，巾服佩同上；護者二人，青紫二色絁巾，二色絁生色寶相花袍，勒帛，花鞾，佩劍，加弓矢；後屏五人，執矟〔五〕，白兜鍪，白甲，雲頭鞾。電母旗第十，執者一人，護者二人，後屏五人，巾服執佩同風伯旗。吏兵旗第十一，執者一人，護者二人，巾服佩同雷公旗；後屏五人，執矟，黄兜鍪，黄甲，雲頭鞾。

右次三列，白虎旗第五，執者一人，黄絁巾，黄絁生色寶相花袍，勒帛，花鞾，佩劍；護者二人，青朱二色絁巾。二色絁生色寶相花袍，勒帛，花鞾，佩劍，加弓矢；後屏五人，執矟，朱兜鍪，朱甲，雲頭靴。江瀆旗第七，執者一人，護者一人，後屏五人，巾服執佩同天王旗。河瀆旗第八，執者一人，巾服佩同上；護者二人，青紫二色絁巾，二色絁生色寶相花袍，勒帛，花鞾，佩劍，加弓矢；後屏五人，執矟，黄兜鍪，黄甲，雲頭鞾。淮瀆旗第九，執者一人，巾服佩同上；護者二人，青朱二色絁巾，二色絁生色寶相花袍，勒帛，花鞾，佩劍，加弓矢；後屏五人，巾服執佩同白虎旗。濟瀆旗第十，執者一人，巾服佩同上；護者二人，朱白二色絁巾，二色絁生色寶相花袍，勒帛，花鞾，佩劍，加弓矢；後屏五人，執矟，青兜鍪，青甲，雲頭鞾。力士旗第十一，執者一人，護者二人，後屏五人，巾服佩執同河瀆旗。

二十二旗内，拱衛直指揮使二人，分左右立，服本品朝服，執玉斧。次卧瓜一列，次立瓜一列，次列絲一列，冠縷金額交角幞頭，緋錦寶相花窄袖襖，塗金荔枝束帶，行縢，履韈。次鐙仗一列，次吾仗一列，次班劍一列，並分左右立，冠縷金額交角幞頭，青錦寶相花窄袖襖，塗金荔枝束帶，行縢，履韈。

左次四列，朱雀旗第十二，執者一人，黄絁巾，黄絁生色寶相花袍，勒帛，花鞾，佩劍，護者二人，青白二色絁巾，二色絁生色寶相花袍，勒帛，花鞾，佩劍，加弓矢；後屏五人，執矟，朱兜鍪，朱甲，雲頭鞾。木星旗第十三，執者一人，巾服佩同上；護者二人，青朱二色絁巾，二色絁生色寶相花袍，勒帛，花鞾，佩劍，加弓矢；後屏五人，執矟，青兜鍪，青甲，雲頭靴。熒惑旗第十四，執者一人。巾服佩同上；護者二人，青紫二色絁巾，二色絁生色寶相花袍，勒帛，花鞾，佩劍，加弓矢；後屏五人，巾服執同。土星旗第十五，執者一人，護者二人，巾服佩同熒惑旗；後屏五人，執矟，黄兜鍪，黄甲，雲頭鞾。太白旗第十六，執者一人，護者二人，巾服佩同木星旗；後屏五人，執矟，白兜鍪，白甲，雲頭鞾。水星旗第十七，執者一人，護者二人，巾服佩同太白旗；後屏五人，執矟，紫兜鍪，紫甲，雲頭鞾。鸞旗第十八，執者一人，巾服佩同上；護者二人，朱白二色絁巾〔六〕，二色絁生色寶相花袍，勒帛，花鞾，佩劍，加弓矢；後屏五人，巾服執同木星旗。

右次四列，玄武旗第十二，執者一人，黄絁巾，黄絁生色寶相花袍，勒帛，花鞾，佩劍；護者二人，朱白二色絁巾，二色絁生色寶相花袍，勒帛，花鞾，佩劍，加弓矢；後屏五人，紫兜鍪，紫甲，雲頭鞾，執䂍。東嶽旗第十三，執者一人，護者二人，巾服佩同玄武旗；後屏五人，執䂍，青兜鍪，青甲，雲頭鞾。

南嶽旗第十四，執者一人，巾服佩同上，護者二人，青甲二色絁巾，二色絁生色寶相花袍，勒帛，花鞾，佩劍，加弓矢；後屏五人，執䂍，朱兜鍪，朱甲。中嶽旗第十五，執者一人，巾服佩同上；護者二人，紫青二色絁巾，二色絁生色寶相花袍，勒帛，花鞾，佩劍，加弓矢；後屏五人，執䂍，黃兜鍪，黃甲，雲頭鞾。西嶽旗第十六，執者一人，巾服佩同上，護者二人，朱青二色絁巾，一色絁生色寶相花袍，勒帛，花鞾，佩劍，加弓矢；後屏五人，執䂍。白兜鍪，白甲。北嶽旗第十七，執者一人，護者二人，巾服佩同南嶽旗；後屏五人，巾服執同玄武旗。麟旗第十八，執者一人，護者二人，後屏五人，巾服執佩同西嶽旗。

左次五列，角宿旗第十九，亢宿旗第二十，氐宿旗第二十一，房宿旗第二十二，心宿旗第二十三，尾宿旗第二十四，箕宿旗第二十五。每旗，執者一人，黃絁巾，黃絁生色寶相花袍，勒帛，花鞾，佩劍；護者二人，青朱二色絁巾，二色絁生色寶相花袍，勒帛，花鞾，佩劍，加弓矢；後屏五人，青兜鍪，青甲，執䂍。

右次五列，奎宿旗第十九，婁宿旗第二十，胃宿旗第二十一，昴宿旗第二十二，畢宿旗第二十三，觜宿旗第二十四，參宿旗第二十五。每旗，執者一人，黃絁巾，黃絁生色寶相花袍，勒帛，花鞾，佩劍；護者一人，青朱二色絁巾，二色絁生色寶相花袍，勒帛，花鞾，佩劍，加弓矢；後屏五人，執䂍，白兜鍪，白甲。

左次六列，斗宿旗第二十六，牛宿旗第二十七，女宿旗第二十八，虛宿旗第二十九，危宿旗第三十，室宿旗第三十一，壁宿旗第三十二。每旗，執者一人，黃絁巾，黃絁生色寶相花袍，勒帛，花鞾，佩劍；護者二人，朱白二色絁巾，二色絁生色寶相花袍，勒帛，花鞾，佩劍，加弓矢；後屏五人，執䂍，紫兜鍪，紫甲。

右次六列，井宿旗第二十六，鬼宿旗第二十七，柳宿旗第二十八，星宿旗第二十九，張宿旗第三十，翼宿旗第三十一，軫宿旗第三十二。每旗，執者一人，黃絁巾，黃絁生色寶相花袍，勒帛，花鞾，佩劍；護者二人，朱白二色絁巾，二色絁生色寶相花袍，勒帛，花鞾，佩劍，加弓矢；後屏五人，執䂍，朱兜鍪，朱甲。

宫内導從

警蹕三人，以控鶴衛士爲之，並列而前行，掌鳴其鞭以警衆。服見前。

天武二人，執金鉞，分左右行，金兜鍪，金甲，蹙金素汗胯，金束帶，緑雲鞾。

舍人二人，服視四品。主服御者凡三十人，速古兒赤也。執骨朵二人，執幢二人，執節二人，皆分左右行。擕金盆一人，由左；負金椅一人，由右。擕金水瓶、鹿盧一人，由左；執巾一人，由右。捧金香毬二人，捧金香合二人，皆分左右行。捧金唾壺一人，由左；捧金唾盂一人，由右。執金拂四人，執升龍扇十人，皆分左右行。冠交角幞頭，服紫羅窄袖衫，塗金束帶，烏鞾。

劈正斧官一人，由中道，近侍重臣攝之。侍儀使四人，分左右行。

佩弓矢十人，國語曰火兒赤。分左右，由外道行，服如主服御者。

佩寶刀十人，國語曰温都赤。分左右行，冠鳳翅唐巾，服紫羅辮線襖，金束帶，烏鞾。

中宮導從

舍人二人，引進使二人，中政院判二人，同僉中政院事二人，僉中政院事二人，中政院副使二人，同知中政院事二人，中政院使二人，皆分左右行，各服其本品公服。內侍二人，分左右行，服視四品。

押直二人，冠交角幞頭，紫羅窄袖衫，塗金束帶，烏鞾。小內侍凡九人，執骨朵二人，執葆蓋四人，皆分左右行；執繖一人，由中道行；擎金盆一人由左，負金椅二人由右。服紫羅團花窄袖衫，冠、帶、鞾如押直。

中政使一人，由中道，捧外辦象牌，服本品朝服。

宮人，凡二十人，擎水瓶、金鹿盧一人，由右；執銷金淨巾一人，由左。捧金香毬二人，捧金香合二人，分左右。捧金唾壺一人，由左；捧金唾盂一人，由右。執金拂四人，執雉扇十人，各分左右行。冠鳳翅緤金帽，銷金緋羅襖，銷金緋羅結子，銷金緋羅繫腰，紫羅衫，五色嵌金黄雲扇，瓘玉束帶。

進發册寶五星旗，攝提旗，北斗旗，二十八宿旗，日月旗，祥雲旗，合璧旗，連珠旗，五嶽旗，四瀆旗。

清道官二人，警蹕二人，並分左右，皆攝官，服本品朝服。

雲和樂一部，署令二人，分左右。次前行戲竹二，次排簫四，次簫管四，次板二，次歌四，並分左右。前行内琵琶二十，次箏十六，次箜篌十六，次纂十六，次方響八，次頭管二十八，次龍笛二十八，爲三十三重。重四人。次杖鼓三十，爲八重。次板八，爲四重。板内大鼓二，工二人，舁八人。本工服並與鹵簿同。法物庫使二人，服本品服。次朱團扇八，爲二重，次小雉扇八，次中雉扇八，次大雉扇八，分左右，爲十二重。次朱團扇八，爲二重。次大繖二，次華蓋二，次紫方繖二，次紅方繖二，次曲蓋二，並分左右，執繖扇所服，並同立仗。

圍子頭一人，中道。次圍子八人，分左右。服與鹵簿内同。

安和樂一部，署令二人，服本品服。札鼓六，爲二重，前四，後二。次和鼓一，中道。次板二，分左右。次龍笛四，次頭管四，並爲二重。次羌管二，次笙二，並分左右。次雲璈一，中道。次纛二，分左右，樂工服與鹵簿内同。

繖一，中道，椅左，踏右，執人皂巾，大團花緋錦襖，金塗銅束帶，行縢，鞋韈。

拱衛使一人，服本品服。

舍人二人，次引寶官二人，並分左右，服四品服。

香案，中道。輿士控鶴八人，服同立仗内表案輿士。侍香二人，分左右，服四品服。

寶案，中道，輿士控鶴十有六人，服同香案輿士。方輿官三十人，夾香案寶案，分左右而趨，至殿門，則控鶴退，方輿官舁案以陞。唐巾，紫羅窄袖衫，金塗銅束帶，烏韡。

引册二人，四品服。

香案，中道，輿士控鶴八人，服同寶案輿士。侍香二人，分左右，服四品服。册案，中道，輿士控鶴十有六人，服同寶案輿士。方輿官三十人，夾香案册案，分左右而趨，至殿門，則控鶴退，方輿官舁案以陞〔七〕。巾服與寶案方輿官同。

葆蓋四十人，次閲仗舍人二人，服四品服。次小戟四十人，次儀鍠四十人，夾雲和樂繖扇，分左右行，服同立仗。

拱衛使二人，服本品朝服。次班劍十，次吾仗十二，次斧十二，次鐙仗二十，次列絲十，皆分左右。次水瓶左，金盆右。次列絲十，次立瓜十。次金杌左，鞭桶右；蒙鞍左，繖手右。次立瓜十，次卧瓜三十。並夾葆蓋、小戟、儀鍠，分左右行。服並同鹵簿内。

拱衛外舍人二人，服四品服，引導册諸官。次從九品以上，次從七品以上，次從五品以上，並本品朝服。

金吾折衝二人，牙門旗二，每旗引執五人。次青稍四十人，赤稍四十人，黄稍四十人，白稍四十人，紫稍四十人，並兜鍪甲靴，各隨稍之色，行道册官外。

册案後，舍人二人，服四品服。次太尉右，司徒左。次禮儀使二人，分左右。次舉册官四人右，舉寶官四人左；次讀册官二人右，讀寶官二人左。次閤門使四人，分左右。並本品服。

知班六人，分左右，服同立仗，往來視諸官之失儀者而行罰焉。

册寶攝官

上尊號册寶，凡攝官二百十有六人：奉册官四人，奉寶官四人，捧册官二人，捧寶官二人，讀册官二人，讀寶官三人，引册官五人，引寶官五人，典瑞官三人，糾儀官四人，殿中侍御史二人，監察御史四人，閤門使三人，清道官四人，點試儀衛五人，司香四人，備顧問七人，代禮三十人，拱衛使二人，押仗二人，方輿一百六十人。

上皇太后册寶，凡攝官百五十人：攝太尉一人，攝司徒一人，禮儀使四人，奉册官二人，奉寶官二人，引册官二人，引寶官二人，舉册官二人，舉寶官二人，讀册官二人，讀寶官二人，捧册官二人，捧寶官二人，奏中嚴一人，主當内侍十人，閤門使六人，充内臣十三人，糾儀官四人，代禮官四十二人，掌謁四人，司香十二人，折衝都尉二人，拱衛使二人，清道官四人，警蹕官四人，方輿官百二十人。

太皇太后册寶，攝官同前。

授皇后册寶，凡攝官百八十人：攝太尉一人，攝司徒一人，主節官二人，禮儀使四人，奉册官一人，奉寶官二人，引册官二人，引寶官二人，舉册官二人，舉寶官二人，讀册官二人，讀寶官二人，内臣職掌十人，宣徽使二人，閤門使二人，代禮官三十七人，侍香二人，清道官四人，折衝都尉二人，警蹕官四人，中宫内官九人，糾儀官四人，接册内臣二人，接寶内臣二人，方輿官七十四人。

授皇太子册，凡攝官四十有九人：攝太尉一人，奉册官二人，持節官一人，捧册官二人，讀册官二人，引册官二人，攝禮儀使二人，主當内侍六人，副持節官五人，侍從官十一人，代禮官十六人。

【校勘記】

〔一〕「兜牟」，原作「兜弁」，下文「槊四十人，弩使人，黑兜牟」、「並金飾青兜牟」，二「兜牟」同誤，據《元史》卷七八志第二十八《輿服二》改。本書他處作「兜牟」或「兜鍪」不誤。

〔二〕「將軍」，「將」字原重，據《元史》卷七八志第二十八《輿服二》删重。

〔三〕「領軍」，原作「領將」，據《元史》卷七八志第二十八《輿服二》改。

〔四〕「壁宿」，原作「璧宿」，《元史》《輿服志二》同，王圻《續文獻通考》卷一一九《王禮考》誤作「璧弓」，據文意改。下「壁宿」同。

〔五〕「執稍」，原作「執者」，據《元史》卷七八志第二十八《輿服二》改。

〔六〕「絁巾」，原作「絁金」，據《元史》卷七八志第二十八《輿服二》改。

〔七〕「方輿」，原作「方與」，據《元史》卷六七志第十八《禮樂一》改。其餘「方輿」不誤。

新元史卷之九十八　志第六十五

兵志一

蒙古起朔方，兵制簡易。部衆自十五歲以上，七十歲以下，盡僉爲兵。非其部族者，謂之探馬赤軍。及取中原，僉民兵，謂之漢軍。得宋降兵，謂之新附軍。

世祖至元七年，始定軍籍及補替交换之法。南北混一之後，以蒙古、探馬赤軍屯於中原之地。江淮以南，則以漢軍、新附軍戍焉。又命親王將重兵鎮撫西北邊及和林，内建五衛，以象五方，置都指揮使領之。凡諸衛、諸萬户，皆興屯墾以贍軍食，大抵仿唐人府衛之制而變通之。其規畫可謂宏遠者矣。然不及百年，兵力衰耗，而天下亡於盜賊，何也？其失在軍官世襲，使紈絝之童騃，握兵符，任折衝，故將驕卒惰，不可復用也。今彙其兵制之可考者，著於篇。而站赤、弓手、鷹房、舖遞之類，前志所有者，亦附而存之。夫因武備之墮弛，以召夷狄、盜賊之禍，自唐、宋以來往往如此。若元人之事，尤爲後世之殷鑒者哉！

宿衛　僉軍　軍户

宿衛之制

太祖始選千百户及白身之子弟八十人爲宿衛，七十人爲護衛散班。及即位，增爲一萬人，宿衛一千，帶弓箭人一千，護衛散班八千。以功臣也孫帖額等領之，分番入直，每三日而一更易，謂之怯薛歹，譯言番直衛宿之衆。

其後以博爾忽、博爾朮〔一〕、木華黎、赤老温爲佐命元功，俾世爲怯薛之長。凡申、酉、戌日，博爾忽領之。博爾忽早卒，代以别速部，太祖自領之，爲也可怯薛。也可者，譯言第一也。亥、子、丑日，博爾朮領之，爲第二怯薛。寅、卯、辰日，木華黎領之，爲第三怯薛。巳、午、未日，赤老温領之，爲第四怯薛。赤老温卒，常以右丞相領之。

凡怯薛長之子孫，或爲帝所親信，或以宰相薦，或以次即襲職，雖官卑勿論。而四怯薛之長，或又命大臣總之，然不常設。

其執事之名，侍左右帶刀及弓箭者，曰云都赤、闊端赤。管鷹者，曰火兒赤、昔寶赤、怯憐赤。書寫聖旨者，曰札里赤。主文史者，曰必闍赤。主飲食者，曰博爾赤。司閽者，曰八剌赤。掌酒者，曰答剌赤。管車馬者，曰兀剌赤、莫倫赤。尚衣服者，曰速兒赤。牧駝者，曰帖麥赤。牧羊者，曰火你赤。捕盜者，曰忽剌罕赤。奏樂者，曰虎兒赤。分番入直，皆統於四怯薛之長。而云都赤尤爲侍御之親近者，或二人、四人，多則八人，雖宰相奏事，無云都赤侍側，則不敢進。故中書省移咨諸行省，必曰某日云都赤某值日焉。

太宗即位，申明宿衛之制，自後皆遵爲故事。凡太祖以下所御斡耳朵，皆設宿衛，給事左右，如平時。天曆二年，汰其冗濫，武宗、仁宗位下，各定爲八百人；英宗位下，衛增七百人〔二〕。中書省臣言：「舊給事人有失職者，詔復其百人〔三〕。」舊史《本紀》：「是年，樞密院奏：『奉旨裁省衛士，今定大内四宿衛之士，每宿衛不過四百人，累朝宿衛之士不過二百人，四怯薛當留者各百人。』」彼此抵牾，未知誰是。至正七年，中書省臣言：「兵費不給，各位怯薛冗食甚，乞加簡汰。」帝牽於衆請，詔三年後減之。

至侍衛親軍之屬，中統二年，諭武衛親軍都指揮使李伯祐，汰本軍老弱，以精鋭代之。以宋降將王青爲總管，教武衛軍習射。三年，以侍衛親軍都指指使董文炳兼山東東路經略使，共領武衛軍事。又命山東行省撒吉思，每千户内選二人充侍衛軍。至元二年，增侍衛親軍一萬人，内女真人三千，高麗人三千，阿海三千，益都路一千，每千人置千户以領之。三年，改武衛爲侍衛親軍，分左右翼。是年五月，帝謂樞臣曰：「侍衛親軍，非朕命不得充他役。其修瓊華島士卒，即日放還。」四年，諭東京等路宣撫使，命於所管户内，以十等爲率，從上第三等選侍衛親軍千八百人。若第三等不敷，於二等户内僉補，並其家屬赴中都應役。八年，改立左、右、中三衛，掌宿衛扈從，兼屯田。十六年，又置前、後二衛，始備五衛，以象五方。是年，選揚州新附軍二萬人，充侍衛親軍。十八年，阿沙阿剌言：「今春，奉命總領河西軍三千人，帶虎符金牌者甚衆。征伐之重，無官置何以馭之？」樞密院以聞，乃立唐兀衛親軍都指揮使司。二十三年，依唐兀衛例，立欽察衛。後至治二年，分爲左、右兩衛。二十四年，立貴赤衛。二十六年，樞密院官暗伯奏：「以六衛六千人，塔剌海孛可所掌大都屯田三千人，江南鎮守軍一千人，總一萬人，立武衛親軍都指揮使司，掌修治城隍及中都工役之事。」二十九年，樞密院臣言：「六衛内領漢軍萬户，見存者六千户，擬分爲三等。力足以備車馬者二千五百户，每甲令備馬十五匹、牛車二輛。力足以備車者五百户，每甲令備牛車三輛。其三等户，惟習戰鬭，不任他役。庶各勤其事，兵亦精鋭。」從之。

元貞元年，立西域親軍都指揮使司，又改立虎賁親軍都指揮使司。先是，至元十六年立虎賁軍，十七年置都指揮使，至是始立都指揮，置司。二年，詔蒙古侍衛所管探馬赤軍人子弟，投諸王位下者，悉遵世祖成憲，發還原役充軍。二年，禁軍將擅易侍衛軍；蒙古軍以家奴代役者罪之，令其奴別入軍籍，以其主資産之半畀之；軍將故縱者，罷其職。

大德九年，改蒙古侍衛指揮使司爲左右翊蒙古侍衛親軍都指揮使司。至大二年，立左、右阿速衛親軍都指揮使司。初，至元九年立阿速拔都達魯花赤，二十三年爲阿速軍攻鎮巢，殘傷者衆，詔以鎮巢七百户屬之，總爲一萬户，隸前後二衛，至是始改立焉。又有威武阿速軍親軍都指揮使司，建置年分闕。三年，定康禮軍籍，立康禮衛親軍都指揮使司。諸王阿只吉火郎撤所部探馬赤軍屬康禮氏者，亦遣使乘傳置籍云。

皇慶元年，改隆鎮上萬户府爲隆鎮衛親軍都指揮使司。初，睿宗嘗於居庸關立南北口屯軍，至元二十五年，以南北口上千户所領之，至大四年，始改隆鎮上萬户府。至是，又改隆鎮衛，後又以哈兒魯千户所隸之。

延祐元年，隆禧院奏：「世祖影殿有衛士守之，今武宗御容安在大崇恩寺，請依例調軍守衛。」從之。

至治元年，增太廟衛士八百人，命僉院哈散等領之。十二年，右丞相拜住言：「先脱別帖木兒叛時，没入亦乞列思人一百户，與今所收蒙古子女三千户，清州徹匠二千户，合爲行軍五千，請立宗仁衛以統之。」於是命拜住總衛事，給虎符牌面如右率衛府。

天曆元年，立龍翊衛親軍都指揮使司，以左欽察衛唐吉失等九千户隸之。

至順二年，改宣忠扈衛扈軍都萬户府爲宣忠斡羅思扈衛親軍都指揮使司。未幾，散遣扈衛親軍六百人歸原籍。是年，改東路蒙古軍萬户府爲東路蒙古侍衛親軍都指揮使司。

至正二年，立宣鎮侍衛府，命伯顔領宣鎮侍衛軍。

至皇太后之宿衛：

曰左、右都威衛。至元十六年，世祖以新收侍衛親軍一萬户屬東宫，立侍衛親軍都指揮使司。三十一年，復屬皇太后，改隆福宫左都威衛使司。皇慶元年，以王平章所領一千人立屯田。至元二十一年，樞密院奏以五投下探馬赤軍屬之東宫。二十二年，改蒙古侍衛親軍指揮使司。三十一年，改隆福宫右都威衛使司。所謂五投下者，木華黎部將按察兒、孛羅、笑乃觪、不里海拔都兒所領之探馬赤也〔四〕。

曰中都威衛。大德十一年，立大同等處侍衛親軍都指揮使司。至大四年，皇太后修五臺寺，遂移屬徽政院，增以京兆兵三千人。延祐元年，改爲中都威衛使司。七年，以屬徽政院不便，命樞密院總之，改爲忠翊侍衛親軍都指揮使司。

曰衛候直都指揮使司。至元元年，裕宗招集控鶴一百三十五人。三十一年，徽政院增爲六十五人，立衛候司領之。元貞元年，皇太后復以晉王校尉一百人隸焉。大德十年，增以懷孟從行控鶴二百人，改衛候直都指揮使司。至大元年，復增至六百人。至治二年，罷。四年，隸於皇后位下，後復置焉。

皇太子之宿衛，曰左右衛率府。至大元年，詔以中衛兵萬人，立衛率府。時仁宗爲皇太子，曰：「世祖立五衛，象五方也。其制猶中書之六部，不可易。」遂令江南行省、萬户府選鋭卒一萬人，爲東宮衛士，立衛率府以統之。延祐元年，改忠翊府，復改爲御臨親軍都指揮使司，又改爲羽林親軍。英宗爲皇太子，改爲左衛率府。延祐五年，以詹事禿滿迭兒所管速怯那兒萬户府及迤東〔五〕、女真兩萬户府、舊志有女真侍衛親軍萬户府、高麗女真漢軍萬户府，即迤東女真兩萬户府。右翼屯田萬户府兵，合爲右翼率府。

凡大朝會，則列宿衛之兵爲圍宿軍。至元二十六年，命大都侍衛軍内起一萬人赴上都，以備衛宿。至大四年，皇太子令，以大朝會，調蒙古、漢軍三萬人備衛宿，仍遣使發山東、河北、河南、江北諸路軍至京師，復命都府左右翼、右都威衛整器仗車騎。皇慶元年六月，命衛率府軍士備圍宿，守隆福宮内外禁門。復增置百户一員，調欽察、貴赤、西域、唐兀、阿速等衛軍九十人，守諸掖門。又命千户一員、百户一員，備巡邏。延祐三年，以諸侯王來朝，命衛宿軍六千人增至一萬人。未幾，又增色目軍一萬人。樞密院臣言：「圍宿軍不及數，其已發各衛地遠不能如期至，可選刈草葦及青塔寺工役軍，先備守衛。其各衛還家者，亦發二萬五千人，令備車馬器械，俱會京師。」從之。六年，知樞密院事塔失帖木兒言：「諸漢人不得點圍宿軍，圖籍係軍數者，雖御史亦不得預知，此國制也。比者領圍宿官言：『中書命司計李處恭巡視守倉庫軍，有曠役者則罪之。而李司計擅取軍數，箠士卒，在法爲過。』臣等議，宜令中書與樞密遣人案之，驗實以聞。」從之。是年，命知樞密院事衆嘉領圍宿，發五衛軍代羽林衛軍。至治元年。帝幸石佛寺，以垣牆疏壞，命樞密副使朮温台等領衛宿軍，以備巡邏。天曆二年，樞密院臣言：「去歲奉旨調軍把守圍宿，時各翼軍人皆隨處出征，亦有潰散者，故不及依次調遣，止於右翼侍衛及右都威衛内，發一千一百二十六名以備圍宿。今歲車馬行幸，臣議於河南、山東兩都督府内選兵一千人，以備扈從。」從之。蓋調鎮戍之兵充圍宿，非舊法也。

大祭祀，則爲儀仗軍。至元十二年，上尊號，告祭天地、宗廟，調左右中三衛五千人爲蹕街清路軍。至大二年，上尊號，樞密院調衛軍一千備儀仗。三年，上皇太后尊號，行册寶禮，用内外儀仗軍及五色甲馬軍二百人。四年，合祭天地、太廟、社稷，蹕街清道及守内外壝壝門，用衛軍一百八十人。是年，奉迎武宗玉册祔廟及祭享太廟，俱用蹕街清路軍一百五十人。皇慶元年，天壽節行禮，用内外儀仗軍一千人。至治元年，命有司選控鶴衛士及色目、漢軍以備儀仗。是年，定鹵簿隊仗，用三千二百三十人。仍用儀仗軍一千九百五十人以備儀仗。天曆元年，親祭太廟内外，用儀仗軍並五色甲馬軍一千六百五十名。二年，正旦行禮，用儀仗軍一千人享太廟，用蹕路清街軍一百人，看守籸盆軍一百人。天壽節行禮，用儀仗軍一千人。皇后册寶，用儀仗軍一千二百人。

車駕巡幸，則爲扈從軍。至元十七年，發忙古䚟、抄兒赤所領河西軍及阿魯黑麾下二百人，入備扈從。至大二年，皇太后將幸五台山，中書省臣議：「昔大太后嘗幸五台，於住夏探馬赤及漢軍内各起扈從軍三百人，今請如故事。」從之。是年，樞密院臣言：「來歲車駕巡幸，請調六衛軍騎卒六千人備車馬器仗，與步卒二千人扈從。」允之。

車駕巡幸，警夜以備非常，則爲巡邏軍。皇慶元年，丞相鐵木迭兒奏：「每歲幸上京，於各宿衛中留衛兵三百七十人，以備巡邏。今歲多盜賊，宜增留一百人。」從之，仍令樞密院中書省分領焉。延祐七年，詔留守司及虎賁司官，每夜率衆巡邏。

守護倉庫，則爲看守軍。鎮守海口侍衛親軍屯儲都指揮使司，建置年分闕。至元二十五年，以衛軍二十人，分守大都城外豐潤、豐實、廣貯、通濟四倉，又調衛軍五人看守樞密院糧倉。大德四年，調軍五百人，看守新開河閘。延祐三年，嶺北行省乞軍守衛倉庫，命於丑漢所屬萬户摘探馬赤軍三百人與之。

歲漕，以衛軍彈壓，則爲鎮遏軍。延祐元年，樞密院臣奏：「江浙運糧八十三萬餘石，前來直沽，請差軍人鎮遏。」詔依年例，調軍一千人，命右衛副都指揮使伯顏領之。三年，海運至直沽，樞密院臣奏：「今歲軍數不敷，乞調衛軍五百人巡遏。」從之。七年，調海運鎮遏軍一千人，如舊例。

僉軍之制

太宗元年，詔諸王並衆官人投下僉軍事理，有妄分彼此者，罪之。每一牌子僉軍一名，限年二十以上、三十以下者充之，仍立千户、百户、牌子頭。其隱匿不實及知情不首，并隱藏逃役軍人，皆處死。

七年，僉宣德、西京、平陽、太原、陝西五路人匠充軍，命各處管匠頭目，除織匠及和林建宮殿人匠外，應有回回、河西、漢兒匠人并札魯花赤及札也種田人等，通驗丁數，每二十名僉軍一名。

八年，詔燕京路保州等處，每二十名僉軍一名，命答不葉兒領之。真定、河間、邢州、大名、太原等路，除先僉軍人外，於斷事官忽都虎新籍民户三十七萬二千九百七十二名數内，每二十丁僉軍一名，亦命答不葉兒領之。蒙古舊制：家有男子十五以上、七十以下〔六〕，無衆寡皆爲兵。至是始有僉軍之制焉。

十三年，諭總管萬户劉黑馬：「據斜烈奏，忽都虎等元籍諸路民户一百萬四千六百五十六户，除逃亡外，有七十二萬三千九百一十户，總僉軍一十萬五千四百七十一名，點數過九萬七千五百十五人餘。今年蝗旱，民力艱難，往往在逃。今後止驗見在民户僉軍，仍命逃户復業者免三年軍役。」

定宗二年，詔：「蒙古户，每百户以一名充拔都兒。」

憲宗六年，皇弟忽必烈奏請續僉内地漢軍，從之。

世祖中統元年，罷解州鹽司一百人。初，鹽司原籍一千户，一十户僉軍一名。阿藍答兒倍其役，帝以重困民，立罷之。

三年，詔：「真定、彰德、邢州、洺磁、東平、大名、平陽、太原、衛輝、懷孟等路，有舊屬按札兒、孛羅、笑乃斛、闊闊不花、不里海拔都兒所管探馬赤軍，乙卯歲爲民户，亦有僉充軍者。若壬寅、甲寅兩次僉定，已入籍册者，令從各萬户出征；其漏者及入蒙古、漢人民户内者，悉僉爲軍。」三年，諭山東東路經略司：「益都路匠人已前曾經僉把者，宜遵别路之例從軍。」鳳翔府屯田軍准充平陽軍數，仍於鳳翔屯田。刁國器所管重僉軍九百一十五人，即日放遣爲民。」陝西行省言：「士卒戍金州者，諸奥魯已服役，今重勞苦。」詔罷之。併罷山東、大名、河南諸路新僉防城兵。

四年，詔：「統軍司及管軍萬户、千户等，遵太祖之制，令各官以子弟入朝充禿魯花。譯言質子也。」其制：萬户，禿魯花一名，馬一十匹，牛二具，種田人四名。千户見管軍五百或五百以上者，禿魯花一名，馬六匹，牛一具，種田人二名。所管軍不及五百，其家富實、子弟健壯者，亦出禿魯花一名，馬、牛、種田人同。凡萬户、千户子弟充禿魯花者，挈其妻子同行。若貧乏者，於本萬户内不應出禿魯花之人，通行經濟。或無親子，或幼弱未及成丁者，以弟侄代充，俟其子年及十五歲替換。凡隱匿代替，及妄稱貧乏者，罪之。是年，諭成都路行樞密院：「近年軍人多逃亡事故者，可於各奥魯内盡實僉補，自乙卯年定入軍籍之數，悉僉起之。」是年，水達達及乞烈賓地合僉鎮守軍，命亦里不花僉三千人，付塔匣來領之。並達魯花赤之子及其餘近上户内，亦令僉軍，聽亦里不花節制。

至元二年，陝西四川行省言：「新僉軍七千人，若發民户，恐致擾亂。今鞏昌已有舊軍三千，諸路軍二千，餘二千人不必發民户，當以便宜起補。」從之。

四年，僉蒙古軍，每户二丁、三丁者一人，四丁、五丁者二人，六丁、七丁者三人。詔：「僉平陽、太原民户爲軍，除軍、站、僧、道、也里可温、塔失蠻、儒人等户外，於係官、投下民户、運司户、人匠、打捕鷹房、金銀鐵冶、丹粉錫碌等，不論是何户計，驗酌中户内丁多堪當人户，僉軍三千人，立之百户、牌頭子，赴東川出征。」復於京兆、延安兩路僉軍一千人〔七〕，如平陽、太原例。二月，詔：「河南路驗酌中户内丁多堪當人户，僉軍四百二十人，歸之樞密院，俾從軍，復其徭役。南京路，除邳州、南宿州外，依中書省議定應僉軍户，驗丁數，僉軍二千人。」五年，詔益都李璮僉軍，仍依舊數充役。是年，中書省臣言：「僉起禿魯花官員，皆已遷轉，或物故黜退者，於內復有貧難蒙古人氏，除隨路總管府達魯花赤、總管及掌兵萬户，合令應當，其次官員禿魯花宜放罷，其自願留質聽之。」

六年，僉懷孟衞輝路丁多人户充軍。二月，僉民兵二萬赴襄陽。三月，詔益都路起僉一萬人，人給鈔二十五貫。其淄萊路各處非李璮舊管者，僉五百二十六人，其餘諸人户亦令酌驗丁數，僉事起遣。

九年，河南行省請益兵，勑諸路僉軍三萬。

十年，合剌請於渠江之北雲門山及虎頭山立二戍，請益兵二萬。勑撥京兆新僉軍五千與之。四川行省言：「宋昝萬壽攻成都，擬於京兆等路僉新軍六千爲援。」從之。五月，罷僉回回軍，僉陝西探馬赤軍。

十一年，詔延安府、沙井、静州等處種田白達達户，僉軍出征。敕隨路所僉新軍，其户絲銀均配於民户者，并除之。是年，潁州屯田總管李珣言：「近爲僉軍事，乞依徐、邳州屯田例，每三丁，一丁防城，二丁納糧。可僉丁壯七百餘人，并保甲丁壯，令珣統領，守潁州，代見屯納合監戰軍馬別用。」從之。

十二年，僉遼東蒙古及平陽、西京、延安等路達魯花赤千户、百户等官子弟出征。敕再僉登、萊州丁壯八百人，付五州經略司。五月，正陽萬户劉復亨乞僉河西等户爲軍，討鎮巢軍及滁州。勑遣使與蕭州達魯花赤，同驗各色户計物力富强者，僉起之。

十四年，詔上都、隆興、西京、北京四路捕獵户，僉選丁壯軍二千人防守上都。中書省議：從各路搭配二十五户内，取軍一名，選善騎射者充之。敕河南已僉軍萬人後免爲民者，復籍爲兵，付行中書省。樞密院言：「兩都、平灤獵户新僉軍二千，皆貧無力者，宜存恤其家。」從之。

十三年，免沂、莒、膠、密、寧海五州所括民爲防城軍者，復其租税二年。

十五年，僉軍萬人征雲南。

十六年，罷太原、平陽、西京、延安路新僉軍還籍。自是，終世祖之世，不復僉發云。是年，詔河西未僉軍及富强有力者，僉六百人爲軍。二十年，又僉河西秃魯華年及十五者充軍，則補軍籍之漏，與僉於民户者不同。

軍户

元之軍户，定於至元十九年。三月，樞密院取會到諸色軍數，呈准尚書省勾集諸路管軍民首領官，赴都從新攢籍，分揀軍户，呈中書省議准施行。其條件凡十有二事：

一，至元七年終以前歷年軍籍内。

一，正軍並貼户，若本路收差當役者，憑籍依舊當軍。

一，軍籍攢定以後補替交换並貼户，除至元六年終以前有省斷文憑者，依已斷爲定外，其餘户計止從見役當軍。

一，七十二萬正軍並貼户，歷年不曾攢報，亦不曾僉補，見在軍前應役，及津貼軍錢，若各處收差科役者，除差當軍。

一，正軍放罷爲民或爲人匠，其元撥貼户在各處收差科役者，改正除差，從樞密定奪。

一，各處攢報軍籍，有作無籍户收差者，除至元六年終以前經官改斷者，依已斷爲定外，其餘户計依舊津貼當軍。

一，軍驅就招爲壻，無論出舍不出舍，與婦家同户當軍。

一，歷年僉軍之後，爲有事故令别户補替者，擬兩户内留一户，丁力多者充軍，丁力少者當差。

一，軍内僱覓良民，照依原約，限滿日出離，無原約者買便。

一，私走小路軍户，謂逃軍。憑准至元四年軍官報院家口花名册，省部斷爲民者，依已斷爲定。

一，益都等路元僉舊軍内同貼户，計二百餘户，依例壬子年同户者，分付軍户一同當軍，不同户者除籍爲民。

一，河南保甲丁壯軍户，合憑至元七年河南行省軍民官，一同查定家口花名册。

一，諸軍奥魯，仰軍民官司常加優恤，軍前合用軍需物料，由所管官司移文取發，依例應付，勿得横泛科差。

四月，樞密院奏與中書省尚書商定分揀軍户法，請降旨依例定奪。其條畫凡五事：

一，軍籍内壬子年同籍親屬，除至元六年終以前有省斷文憑者，依已斷爲定；不經省斷，及至元七年以後收當差役者，除差同户當軍。

一，至元七年以前軍籍内裹攢合併户計，依舊當軍；今次手狀内不在合併户計，除爲民。

一，正軍有傭覓慣熟人出軍者聽，軍官不得代替本役軍人。

一，女壻出舍者，如至元七年以前軍籍有名，同裹攢户例當軍；如定籍以後出舍，有同户主昏者，歸本户，無者止津貼軍户，從樞密院定奪。

一，乙未、壬子年本主户下漏籍驅口，或另籍，或不曾附籍在後，本主於軍籍内攢報者，爲良作貼户；若附籍驅口軍籍内漏報者，除至元六年終以前有省斷文書，依已斷爲定；不經省斷，及至元六年以後收差者，爲良作貼户。

九月，詔諸軍貼户及同籍親戚驅奴投諸王貴官以避役者，悉還之本軍。惟匠藝精巧者，以名聞。自是天下之兵，户籍伍符，永爲定制，不能更易焉。

若各路砲手軍，則分揀於至元七年。初，太祖、太宗招各路人匠充砲手。壬子年，附籍。中統四年，揀定，除正軍外，餘同民户當差。至元四年，以正軍困難，取元充砲手民户津貼，以其間有能與不能者影占，故命各路分揀之。

十年五月，禁乾討虜人。其願充軍者，立牌甲，隸於萬户、千户。八月，禁軍官舉債，不得重息，違者罪之。襄陽生券軍至都，釋其械繫，聽自立部伍，俾征日本。

十一年，便宜總帥府言：「本路軍經今已四十年，或死或逃，無丁不能起補。乞選擇堪與不堪丁力，放罷貧乏及無丁者。」從之。

十二年，萊州酒税官王貞等言：「國家討平殘宋，弔伐爲事，何嘗有圖利之心？彼無籍小人，假乾討虜名目，俘掠人口，悉皆貨賣，以充酒食之費，辱國實甚。其招討司所收乾討虜軍人，可悉罷之，第其高下，籍爲正軍，命各萬户管領。一則得其實用，二則正王師弔伐之名，實爲便益。」從之。

十四年，長清縣尹趙文昌言：「切見軍人冒矢石，犯霜露，傾家以給軍需，捐軀以衛社稷，觀其勞苦，實可哀憫。乃管軍人等，不知存恤，縱令父兄子弟將軍人家屬非理占使。

又以放債爲名，勒軍人使用，不及數月，本利相停，設有愆遲，輒加罪責。軍人含冤抱屈，不敢詣官陳訴，致使久而靠損，深未爲便。」樞密院韙其議，命諸路禁治施行。十二月，樞密院臣言：「收附亡宋新軍附官并通事、馬軍人等，軍官不肯存恤，逃亡者衆，乞招誘之。」於是遣行省左丞陳巖等分揀堪當軍役者，收係充軍，其生券軍，官給牛種屯田。

十五年，樞密院臣言：「至元八年，於軍籍中之爲富商大賈者一百四十三户，各增一名，號餘丁軍。今東平等路諸奥魯總管府言：往往人亡産乏，不能兼充。乞免其餘丁。」從之。十二月，定諸軍官在籍者，除百户、總把外，其元帥、招討、萬户、總管府户，或首領官，俱合再當正軍一名。

十六年五月，淮西道宣慰司昂吉兒，請招諭亡宋通事軍。初，宋之邊將招納北人及蒙古人爲通事，遇之甚厚，每戰皆列於前，願效死力〔八〕。及宋亡，無所歸，廷議欲編之軍籍，未暇也。至是，昂吉兒請撫而用之，以備異日征戍。從之。

十七年，詔江淮諸路招集答剌罕軍。初，用兵江南，募死士從軍者，號答剌罕，屬之劉萬奴部下。及宋平，其人皆無所歸，羣聚剽掠。至是，命諸路招之，仍使萬奴部領，聽范文虎、李庭節度。

十八年二月，併貧乏軍人三萬户爲一萬五千户，取貼户津貼正軍充役。六月，樞密院議：「正軍貧乏無丁者，令富强丁多貼户，權充正軍應役。驗正軍物力，卻令津濟貼户。其正軍仍爲軍頭如故。」

二十年二月，命各處行樞密院造新附軍籍册。六月，從丞相伯顔議，括宋手號軍八萬三千六百人，立牌甲，設萬户、千户統之。

二十一年，江東道僉事馬奉訓言：「劉萬奴乾討虜軍，私相糾合，結爲徒黨。莫若散之各翼萬户、千户、百户、牌甲内，管領爲便。」詔問：「乾討虜人，欲從脱歡出征虜掠耶？抑欲散放還家耶？」回奏：「衆言：自圍襄樊渡江以後，與國家效力，願還家休息。」遂從之。籍亡宋手記軍。宋之兵制，手記軍死，以兄弟若子承代。詔依漢軍例籍之，毋涅手。

二十二年十一月，御史臺言：「宋之鹽軍内附，初有五千人。除征占城運糧死亡者，今存一千一百人，皆性凶暴，民患苦之。宜使屯田自贍，庶絶其擾。」從之。十二月，從樞密院請，定軍籍條例。舊例丁力强者充軍，弱者出錢，故有正軍、貼户之籍。行之久，而强者弱，弱者强，與舊籍不符。其同户異籍者，又私訂年月以相更代。至是革之。

二十四年，樞密院臣言：「居軍貼户，有正軍已死者，有充工匠者。其放爲民者，有元係各投下户回付者。似此歇少一千三百四十户，乞差人分揀貧富，定貼户〔九〕、正軍。」從之。

二十九年，江西行省言：「亡宋之末，本爲募軍數少，於民間選擇壯丁、義士等名目。歸附後，依舊爲民。豈期軍民長官不肯奉公，遞互計較，展轉刁蹬販賣，至於貧愚不能申訴，終身充役者有之。在後因攢册已定，官府無由改正。既定之後，管軍官教使軍人妄指百姓，或以爲軍人户下人口，或稱與軍官親戚，或稱歸附時隨某官扞禦某處，擅行越躐管民官司，稱直勾追監收擾害，勒使承當軍役。自軍民各另之後，其弊愈甚。本省雖嚴行禁約，緣爲軍民不相統攝，事有未孚。參詳各翼新附軍人，俱有定籍，民户已有抄數。户册宜各依原籍，不許軍官徑直差人勾擾百姓充軍，似爲便當。」中書省韙其議，從之。大抵分揀軍户之後，以用兵江南，或籍軍官子弟，或籍餘丁，又或籍未成丁者爲漸丁。洎宋平，則籍新附軍，又從丞相伯顔請，括宋手號軍而籍之。凡至元九年所揀定者，爲七十二萬正軍，其餘皆無可考。以元之兵籍，漢人不聞其數，惟樞密長官一二人知之。故有國百年而内外兵數之多寡，人莫得而詳焉。

三十三年，樞密院議：「本路官吏不肯用心體覆，將貧難無力軍人不行申報，卻將有力軍人徇情捏合虛報貧難者，依刷軍例斷没罷職施行。」

大德三年，樞密院奏：「江南平定之後，軍馬别無調度，所司不知撫養，以致軍前歇役者日多。起補之間，官吏又夤緣作弊。乞戒中外軍官奥魯官，各修乃職，嚴行禁治。違者輕罪從樞密院點降，重者聞奏。」其頒降之條畫：

一，貧難逃户，限一百日出首復業者，免本罪，給付舊産，並免役三年。復業後再逃者，杖六十七。鄰右知而不首及藏匿者，並減二等科斷。

一，軍户和僱和買雜泛差役，除出征邊遠者全行蠲免，其餘有物之家，奥魯官憑給有司印文，官給價鈔，和僱和買依例應付，無物之家不得配撞科派。

一，軍户限地四頃之外，其餘地畝税銀依前體例送納。

一，奥魯官不得搔擾軍户，擅科軍差。

一，一切軍需，管軍官常切用心提調，無致損失。

一，諸翼軍人，並須選慣習壯丁，常加教練，管軍官不得徇私受賄，令親丁、驅口買名代替。

一，軍前私放錢債，虚錢實契，至歸還時多餘取利者，追徵没官，酌量治罪。

一，軍官不得多餘占使私役軍人，尤不得擅科錢物。

一，衣裝糧料，並仰本翼正官公同給散，不得中間尅扣，違者罪之。

一，奥魯官不得重役貧難軍户，有徇私隱蔽者罪之。

一，軍人訴訟，須經所屬官司，自下而上陳告，如理斷不公者，許訴於肅政廉訪司。若有凶徒惡黨，閃避軍役，風聞公事，恐嚇官吏錢物者，嚴行治罪。

大德元年，御史臺議：「軍官萬户、千户、百户，各有被使札也定數。近年各處軍官，除合得札也外，又行多餘差占正軍，作祗候、曳剌、知印等名色。既無定例，合行禁治。」從之。

至大四年，頒存恤軍人條畫：

一，探馬赤軍累次僉起漸丁，以致氣力消乏，除至元九年籍定軍人外，已後續僉漸丁，權宜在家存恤津助舊軍，其漸丁軍千户、百户、奥魯官並行革罷。

一，因軍人氣力消乏，侍衛漢軍每牌子内各一名一年，迤南漢軍每牌子内各二名二年。自下輪流，以恤兵力。

一，各路存恤六年貧難軍人，今已限滿，依已降詔書内直姑屯田軍户，一體在家存恤。

一，州縣奥魯官撫養軍人，能使逃亡復業者，優加升擢。

一，行省、宣慰司、都元帥府提調官員及漢人、蒙古軍官，非奉樞密院明文，毋得以點視爲名，非理騷擾。其内外管軍官，若有便利於軍者，申呈樞密院次第施行。

皇慶元年，中書省臣奏：放軍户李田哥等四百户爲民。初，李馬哥等屬諸王脱脱，乙未年入民籍，高麗林衍及乃顔叛，僉爲軍户。至元九年定籍，以在七十二萬户之外，改爲民。至大四年，樞密院又奏爲軍户。至是，省臣言之，令遵乙未年之籍。後樞密院復改爲軍户焉。

至軍人所掠買者，謂之驅口，又名撒花人口，亦曰投祥户。至元六年，定蒙古軍驅條畫：凡探馬赤告争驅口，令主奴對證，屬實者，分付本主。驅死，其妻子承伏，委是本户擄買者，亦付之本主。若主奴並無顯證，又當軍站民匠等差役者，依舊應差。

大德六年，定逃驅杖七十七，誘引窩藏者六十七，隣人並社長里正知而不首捕者三十七。仍於逃驅名下追鈔一錠，給捉獲人充賞。

【校勘記】

〔一〕「博爾朮」，「博」字原脱，據《元史》卷九九志第四十七《兵二》及王圻《續文獻通考》卷九二《職官考》補。

〔二〕「衛增」二字疑衍。按《元史》卷三五本紀第三十五《文宗四》云：「近嘗汰其冗濫，武宗、仁宗兩朝，各定爲八百人，英宗七百人。」

〔三〕「復其詔」，「復其」二字原脱，據《元史》卷三三本紀第三十三《文宗二》補。

〔四〕以上「五投下」，當補闊廓不花之名。按本卷下文世祖中統三年詔云：「舊屬按札兒、勃羅、笑乃斛、闊闊不花、不里海拔都兒所管探馬赤軍。」又《元史》卷九九志第四十七《兵二》云：「國初，木華黎奉太祖命，收扎剌兒、兀魯、忙兀、納海四投下，以按察兒、孛羅、笑乃斛、不里海拔都兒、闊闊不花五人領探馬赤軍。」

〔五〕「迤東」，原作「遼東」，下注文同誤，據《元史》卷九九志第四十七《兵二》及王圻《續文獻通考》卷九五《職官考》改。本書《兵志二》作「迤東」不誤。

〔六〕「七十」，原倒作「十七」，據《元史》卷九八志第四十六《兵一》乙正。

〔七〕「延安」，原作「迫安」，據《元史》卷九八志第四十六《兵一》改。

〔八〕「願效死力」，「願」原作「顧」，據《元史》卷九八志第四十六《兵一》改。

〔九〕「貼户」，原倒作「户貼」，據《元史》卷九八志第四十六《兵一》乙正。

新元史卷之九十九　志第六十六

兵志二

鎮戍

元初用兵四方，凡險要之地，則留兵戍之。然因時建置，旋即裁罷，故其事無可考。

中統元年五月，詔漢軍萬户各於本管新舊軍内摘發軍人，備衣甲器仗，差官領赴燕京近地屯駐。萬户史天澤，一萬四百三十五人；張馬哥，二百四十人；解成，一千七百六十人，紏叱剌，四百六十六人；斜良拔都，八百九十六人；扶溝馬軍奴，一百二十九人；内黄帖木兒，一百四十四人；趙奴懷，四十一人；鄢陵勝都古，六十五人。十一月，命右三部尚書怯列門、平章政事趙壁，領蒙古、漢軍於燕京近地屯駐，平章塔察兒領武衛軍一萬人屯駐北山，漢軍、質子軍及僉到民間諸投下軍於西京、宣德屯駐。復命怯列門爲大督，管領諸軍勾當，分達達軍爲兩路，一赴宣德、德興，一赴興州。其諸萬户漢軍，則令赴潮河屯守。後復以興州達達軍合入德興、宣德，命漢軍各萬户悉赴懷來、縉山川中屯駐。是爲分兵鎮戍之始。

三年十月，詔田德實所管固安質子軍九百十六户，及平灤州劉不里剌所管質子軍四百户，還元管地面屯駐。

至元七年，以金州軍八百隸東川統軍司。還成都，忽郎吉軍戍東川。

十一年正月，以忙古帶等新舊軍一萬一千五百人戍建都。調襄陽府生券軍六百人、熟券軍四百人，由京兆府鎮戍鴨池，命金州招討使欽察部領之。十二月，調西川王安撫、楊總帥軍與火尼赤相合，與丑漢、黄兀剌同鎮守合答城。

十二年二月，詔以東川新得城寨，逼近夔府，恐南兵來侵，發鞏昌路補僉軍三千人戍之。三月，選五州丁壯四千人，戍海州、東海。

十三年十月，命别速觶、忽别列八都兒二人爲都元帥，領蒙古軍二千人、河西軍一千，戍斡端城。

十五年三月，分揚州行省兵於隆興府。初，置行省，分兵諸路調遣，江西省軍爲最少，至是以江西地闊，阻山谿之險，命帖木兒不花領兵一萬人赴之，合元帥塔出軍，以備戰守。四月，詔以伯顔、阿朮所調河南新僉軍三千人，還守廬州。六月，命荆湖北道宣慰使塔海調遣夔府諸軍。七月，詔以塔海征夔軍之還戍者，及揚州、江西舟師，悉付水軍萬户張榮實將之，守禦江中。八月，命江南諸路戍卒，散歸各所屬萬户屯戍。初，渡江所得城池，發各萬户部曲士卒以戍之，久而亡命死傷者衆，續至者多不著行伍，至是縱還各營，以備屯戍。安西王相府言：「川蜀既平，城邑山砦洞穴凡八十三所，其渠州禮義城等處凡三十三所，宜以兵鎮守，餘悉撤去。」從之。九月，詔發東京、北京軍四百人，往戍應昌府。其應昌舊戍士卒，悉令散歸。

十一月，定軍、民異屬之制，及蒙古軍屯戍之地。先是，以李璮叛，分軍、民爲二，而異其屬。後因平江南，軍官始兼民職，遂因之。凡以千户守一郡，則率其麾下從之，百户亦然，不便。至是，令軍民各異屬，如初制。士卒以萬户爲率，擇可屯之地屯之，諸蒙古軍士，散處南北及還各奥魯者，亦皆收聚。令四萬户所領之衆屯河北，阿朮二萬户屯河南，以備調遣，餘丁定其版籍，編入行伍，俾各有所屬，遇征伐則遣之。

十六年二月，命萬户孛朮魯敬，領其麾下舊有士卒守湖州。先是，以唐、鄧、均三州士卒二百八十八人屬敬麾下，後遷戍江陵府。至是，還之。四月，定上都戍卒用本路元籍軍士。國制，郡邑鎮戍士卒，皆更相易置，故每歲以他郡兵戍上都，軍士罷於轉輸。至是，以上都民充軍者四千人，每歲令備鎮戍，罷他郡戍兵。

六月，碉門、魚通及黎、雅諸處民户，不奉國法，議以兵戍其地。發新附軍五百人、蒙古軍一百人、漢軍四百人，往鎮戍之。七月，以西川蒙古軍七千人、新附軍三千人，付皇子安西王〔一〕。命闍里帖木兒以戍杭州軍六百九十人赴京師，調兩淮招討小厮蒙古軍，及自北方迴探馬赤軍代之。八月，調江南新附軍五千駐太原，五千駐大名，五千駐衛州。又發探馬赤軍一萬人，及夔府招討張萬之新附軍，俾四川西道宣慰使也罕的斤將之，戍斡端。

十七年正月，詔以他不罕守建都，布吉䚟守長河西之地，無令遷易。三月。同知浙東道宣慰司事張鐸言：「江南鎮戍軍官不便，請以時更易之。」國制，既平江南，以兵戍列城，其軍官皆世守不易，故多與富民樹黨，因奪民田宅居室，蠹有司政事，爲害滋甚。鐸上言，以爲皆不遷易之敝，請更其制，限以歲月遷調，庶使初附之民，得以安業云。

五月，命樞密院調兵六百人，守居庸關南、北口。七月，廣州鎮戍軍，初以丞相伯顏等麾下二千五百人從元帥張弘範征廣王，因留戍焉。歲久皆貧困，多死亡者。至是，命更代之。復以揚州行省四萬户蒙古軍，更戍潭州。十月，發礮卒千人人甘州，備戰守。十二月，八番羅甸宣慰司塔海請增戍卒。先是，以三千人戍八番，後征亦奚不薛，分摘其半。至是師還，宣慰司復請益兵，以備戰守，從之。

十八年正月，命萬户張珪率麾下往就潭州，還其祖父所領亳州軍並統之。二月，以合必赤軍三千戍揚州。十月，高麗王並行省皆言：「金州、合浦、固城、全羅州等處，沿海上下，與日本正當衝要，宜設立鎮邊萬户府屯鎮。」從之。十一月，詔以征東留後軍，分鎮慶元、上海、澉浦三處上船海口。

十九年二月，命唐兀䚟於沿江州郡，視便宜置軍鎮戍，及諭鄂州、揚州、隆興、泉州等四省，議用兵戍列城。徙浙東宣慰司於温州，分軍戍守江南，自歸州以及江陰至三海口，凡二十八所。四月，調揚州合必赤軍三千人鎮泉州。又潭州行省以臨川鎮地接古城及未附黎洞，請立總管府，一同鎮戍，從之。七月，以隆興、西京軍士代上都戍卒，還西川。先是，上都屯戍士卒，其奥魯皆在西川，而戍西川者，多隆興、西京軍士，每歲轉餉，不勝勞費，至是更之。

二十年八月，留蒙古軍千人戍揚州，餘悉縱還。揚州所有蒙古士卒九千人，行省請以三分爲率，留一分鎮戍。史塔剌渾曰：「蒙古士卒悍勇，孰敢當？留一千人足矣。」從之。十月，發乾討虜軍千人，增戍福建行省。先是，福建行省以其地險，常有盜負固爲亂，兵少不足以備戰守，請增蒙古、漢軍千人。樞密院議以劉萬奴所領乾討虜軍益之。

二十一年四月，詔潭州蒙古軍依揚州例，留一千人，餘悉放還諸奥魯。十月，增兵鎮守金齒國，以其地民户剛狠，舊嘗以漢軍、新附軍三千人戍守，令再調探馬赤、蒙古軍二千人，令藥刺海率赴之。

二十二年二月，詔改江淮、江西元帥招討司爲上、中、下三萬户府，蒙古、漢人、新附諸軍，相參作三十七翼。上萬户：宿州、蘄縣，真定、沂郯、益都、高郵、沿海，七翼。中萬户：棗陽、十字路、邳州、鄧州、杭州、懷州、孟州、真州，八翼。下萬户：常州、鎮江、潁州、廬州〔二〕、亳州、安慶、江陰水軍、益都新軍、湖州、淮安、壽春、揚州、泰州、弩手、保甲、處州、上都新軍、黄州、安豐、松江、鎮江水軍、建康，二十二翼。每翼設達魯花赤、萬户、副萬户各一人，以隸所在行院。

二十四年五月，調各衛諸色軍士五百人於平灤，以備鎮戍。十月，詔以廣東係邊徼之地，山險人稀，兼江西、福建賊徒聚集，不時越境作亂，發江西行省忽都帖木兒麾下軍五千人往鎮守之。

二十五年二月，調揚州省軍赴鄂州，代鎮守士卒。三月，詔黄州、蘄州、壽昌諸軍還隸江淮省。始，三處舊置鎮守軍，以近鄂州省，嘗分隸領之，至是，軍官以爲言，遂仍其舊。遼陽行省言，懿州地接賊境，請益兵鎮戍。從之。四月，調江淮行省全翼一下萬户軍，移鎮江西省。從皇子脱歡士卒及劉二拔都麾下一萬人，皆散歸各營。十一月，增軍戍咸平府，以察忽、亦兒思合言其地實邊徼，請益兵鎮守，以備不虞。

二十六年二月，命萬户劉得禄以軍五千人，鎮守八番。

二十七年六月，調各行省軍於江西以備鎮戍，俟盜戚平息，而後縱還。九月，以元帥那懷麾下軍四百人守文州。調江淮省下萬户府軍於福建鎮戍。十一月，江淮行省平章不憐吉歹言：「先是，丞相伯顔及元帥阿朮、阿塔海等守行省時，各路置軍鎮戍，視地之輕重而爲之多寡。厥後忙古觧代之，悉更其法，易置將吏士卒，殊失其宜。今福建盜賊已平，惟浙東一道地極邊惡，賊所巢穴，請復還三萬户以戍守之。合剌帶一軍戍沿海明、台，亦怯烈一軍戍温、處，札忽帶一軍戍紹興、婺州，其寧國、徽州初用士兵，後皆與賊通。今盡遷之江北，更調高郵、泰州兩萬户漢軍戍之。揚州，建康、鎮江三城，跨據大江，人民繁會，置七萬户府。杭州行省諸司府庫所在，置四萬户府。水戰之法，舊止十所，今擇瀕海沿江要害二十二所，分兵閲習，伺察諸盜。錢塘控扼海口，舊置戰艦二十艘，今增置戰艦百艘，海船二十艘。」樞密院以聞，悉從之。

二十八年二月，調江淮省探馬赤軍及漢軍二千人，從脱歡太子揚州屯駐。二十九年，以咸平府、東京所屯新附軍五百人，增戍女真地。

三十年正月，詔西征探馬赤軍八千，分留一千或二千，餘令放還。皇子奥魯赤、大王朮伯言：「切恐軍散釁生，宜留四千，還四千。」從之。五月，命思播黄平、鎮遠拘刷亡宋避役手號軍人，以增鎮守。七月，調四川行院新附軍一千人戍松山。

元貞元年七月，樞密院官奏：「劉二拔都兒言：『初，鄂州省安置軍馬之時，南面止是潭州等處。後得廣西海外四州、八番洞蠻等地，疆界闊遠，闕少戍軍，復增四萬人。今將元屬本省四翼萬户軍分出，軍力減少。』臣等謂劉二拔都兒之言有理。雖然，江南平定之時，沿江安置軍馬，伯顏、阿朮、阿塔海、阿里海牙、阿剌罕等，俱係元經攻取之人，又與近臣月兒魯、孛羅等樞密院官同議安置者。乞命通軍事、知地理之人，議增減安置，庶後無弊。」從之〔三〕。

二年五月，江浙行省言：「近以鎮守建康、太平保定萬户府全翼軍馬七千二百一十二名，調屬湖廣省，乞分兩淮戍兵於本省沿海鎮遏。」樞密院官議：「沿江軍馬，係伯顏、阿朮安置，勿令改動。止於本省元管千户、百户軍内，發兵鎮守之。」制可。九月，詔以兩廣海外四州城池戍兵，歲一更代，往來勞苦。給俸錢，選良醫，往治其疾病者。命三、二年一更代之。

三年二月，調揚州翼鄧新萬户府全翼軍馬，分屯蘄、黄。

大德元年三月，陝西平章政事脱烈伯領總帥府軍三千人，收捕西番回。詔留總帥軍百人及階州舊軍、禿思馬軍各二百人守階州，餘軍還元翼。湖廣省請以保定翼萬人，移鎮郴州，樞密院官議：「此翼乃張柔所領征伐舊軍，宜遷入鄂州省屯駐，別調兵守之。」七月，招收亡宋左右兩江土軍千人，從思明上思等處都元帥昔刺不花言也。十一月，河南行省平章政事孛羅歡言：「前揚州立江淮行省，江陵立荊湖行省，各統軍馬，上下鎮遏。後江淮省移於杭州，荊湖省遷於鄂州，黄河之南，大江迤北，汴梁古郡設立河南江北行省，通管江淮、荊湖兩省元有地面。近年併入軍馬，通行管領。所屬之地，大江最爲緊要。兩淮地險人頑，宋亡之後，始來歸順。當時沿江一帶，斟酌緩急，安置定三十一翼軍馬鎮遏。後遷調十二翼前去江南，餘有一十九翼，於内調發，止存元額十分中一二。况兩淮、荊襄自古要隘之地，歸附至今，雖即寧静，宜慮未然。乞照沿江元置軍馬，遷調江南翼分，并各省所占本省軍人，發還元翼，仍前鎮遏。」省院官議以爲：「沿江安置三十一翼軍馬之説，本院無此簿書，問之河南省官孛魯歡，其省亦無樞密院文卷，内但稱至元十九年伯顔、王速帖木兒等共擬其地，安置三萬二千軍，後增二千，總三萬四千。今悉令各省差占及逃亡事故者還，充役足矣。又孛魯歡言，去年伯顔點視河南省見有軍五萬二百之上，又若還其占役事故軍人，則共有七、八萬人。此數之外，脱歡太子位下有一千探馬赤、一千漢軍，阿刺八赤等哈剌魯亦在其地〔四〕，設有非常，皆可調用。據各省占役，總計軍官、軍人一萬三千八百八十一名，軍官二百儿名，軍人一萬三千六百七十二名。内漢軍五千五百八十名，新附軍八千二十八名，蒙古軍六十四名。江浙省占役軍官、軍人四千九百五十七名，湖廣省占役軍官、軍人七千六百三名，福建省占役軍官、軍人一千二百七十二名。江西省出征收捕未回新附軍四十九名，悉令還役。江西省出征河南行省見占本省軍人八千八百三十三名，亦宜遣還鎮遏。」有旨，兩省各差官赴闕辨議。

二年正月，樞密院臣言：「阿剌䚟、脱忽思所領漢人、女真、高麗等軍二千一百三十六名内，有稱海對陣者，有久戍四、五年者，物力消乏。乞於六衛軍内分一千二百人，大同屯田軍八百人，徹里台軍二百人，總二千二百人往代之。」制可。三月，調各省合併鎮守軍，福建所置者合爲五十三所，江浙所置者合爲二百二十七所，江西元立屯軍鎮守二百二十六所，減去一百六十二所，存六十四所。

三年三月，沅州賊人嘯聚〔五〕。命以陽萬户府鎮守辰州，鎮巢萬户府鎮守沅州、靖州，上均萬户府鎮守常州、澧州。

五年三月，詔河南省占役江浙省軍一萬一千四百七十二名，除洪澤、芍陂屯田外，餘令發還元翼。

七年四月，調碉門四川軍一千人，鎮守羅羅斯。

八年二月，以江南海口軍少，調蘄縣王萬户翼漢軍一百人、寧萬户翼漢軍一百人、新附軍二百人守慶元，自乃顏來者蒙古軍三百人守定海。

至大二年七月，樞密院臣言：「去年，日本商船焚掠慶元，官軍不能敵。江浙省言：『請以慶元、台州沿海萬户府新附軍往陸路鎮守，以蘄縣、宿州兩萬户府陸路漢軍移就沿海屯鎮。』臣等議：自世祖時，伯顏、阿朮等相地之勢，制事之宜，然後安置軍馬，豈可輕動！前行省忙古觮等亦言以水陸軍互換遷調，世祖有訓曰：『忙古觮得非狂醉，而發此言！以水路之兵習陸路之技，驅步騎之士而從風水之役，難成易敗，於事何補？』今欲禦備姦宄，莫若從宜。於水路沿海萬户府新附軍三分取一，與陸路蘄縣萬户府漢軍相參鎮守。」從之。

四年十月，以江浙省嘗言：「兩浙沿海瀕江隘口，地接諸番，海寇出没，兼收附江南之後三十餘年，承平日久，將驕卒惰，帥領不得其人，軍馬安置不當。乞斟酌衝要去處，遷調鎮遏。」樞密院官議：「慶元與日本相接，且爲倭商焚毁，宜如所請。其餘遷調軍馬，事關機務，别議行之。」十二月，雲南八百媳婦、大小徹里等作耗，調四川省蒙古、漢軍四千人，命萬户囊家觮部領，赴雲南鎮守。其四川省言：「本省地方，東南控接荆湖，西北襟連秦隴，阻山帶江，密邇番蠻，素號天險，古稱極邊重地。乞於存恤歇役六年軍内，調二千人往。」從之。

皇慶元年十一月，詔江西省瘴地内諸路鎮守軍，各移近地屯駐。

延祐四年四月，河南行省言：「本省地方寬廣，關係非輕，所屬萬户府俱於臨江沿淮上下鎮守方面，相離省府，近者千里之上，遠者二千餘里，不測調度，猝難相應。况汴梁國家腹心之地，設立行省，别無親臨軍馬，較之江浙、江西、湖廣、陝西、四川等處，俱有隨省軍馬，惟本省未蒙撥付。」樞密院以聞，命於山東河北蒙古軍、河南淮北蒙古兩軍都萬户府，調軍一千人與之。十一月，陝西都萬户府言：「碉門探馬赤軍一百五十名，鎮守多年，乞放還元翼。」樞密院臣議：「彼中亦係要地，不宜放還。止令於元翼起遣一百五十名，三年一更鎮守。元調四川各翼漢軍一千名，鎮守碉門、黎、雅，亦令一體更代。」

泰定四年三月，陝西行省嘗言：「奉元建立行省、行臺，别無軍府，唯有蒙古軍都萬户府，遠在鳳翔置司，相離三百五十餘里，緩急難用。乞移都萬户府於奉元置司，軍民兩便。」及後陝西都萬户府言：「自大德三年，命移司酌中安置，經今三十餘年。鳳翔離成都、土番、甘肅俱各三千里，地面酌中，不移爲便。」樞密議：「陝西舊例，未嘗提調軍馬，况鳳翔置司三十餘年，不宜移動。」制可。十二月，河南行省言：「所轄之地，東連淮海，南限大江，北抵黄河，西接關陝，洞蠻草賊出没，與民爲害。本省軍馬俱在瀕海沿江安置，遠者二千，近者一千餘里。乞以礮手、弩軍兩翼，移於汴梁，并各萬户府摘軍五千名，設萬户府隨省鎮遏。」樞密院議：「自至元十九年〔六〕，世祖命知地理省院官共議，於瀕海沿江六十三處安置軍馬。時汴梁未嘗置軍，揚州衝要重地，置五翼軍馬并礮手、弩軍。今親王脱歡太子鎮遏揚州，提調四省軍馬，此軍不宜更動。設若河南省果用軍，則不塔剌吉所管四萬户蒙古軍内，三萬户在黄河之南、河南省之西，一萬户在河南省之南，脱別台所管五萬户蒙古軍俱在黄河之北、河南省東北，阿剌帖木兒、安童等兩侍衛蒙古軍在河南省之北，共十一衛翼蒙古軍馬，俱在河南省周圍屯駐，又本省所轄一十九翼軍馬，俱在河南省之南，沿江置列。果用兵，即馳奏於諸軍馬内調發。」從之。

天曆元年八月，調諸衛兵守居庸關及盧兒嶺，又遣左衛率使禿魯將兵屯白馬甸，隆鎮衛指揮使斡都蠻將兵屯太和嶺，又發中衛兵守遷民鎮。是時，泰定帝崩，燕帖木兒遣使迎文宗於江陵，故分兵拒守，以禦上都。遣隆鎮衛指揮使也速台兒將兵守碑樓口，撤敦守居庸關，唐其勢屯古北口，河南行省遣前萬户孛羅等將兵守潼關。九月，樞密院臣言：「河南行省軍列戍淮西，距潼關、河中不遠。湖廣行省軍唯平陽、保定兩萬户號稱精鋭，請發蘄宿戍軍一萬人及兩萬户軍爲三萬，命湖廣參政鄭昂霄、萬户脱脱木兒將之，並黄河爲營，以便徵調。」從之。命襄陽萬户楊克忠、鄧州萬户孫節以兵守武關，以知行樞密院事也速台兒將兵行視太行諸關，發摺疊弩分給守關軍士，遣民軍守歸州峽諸隘。分山東丁壯萬人守禦益都、般陽諸處海港。命冀寧、晉寧兩路所轄代州之雁門關，崞州之陽武關，嵐州之大澗口、皮庫口，保德州之寨底、天橋、白羊三關，石州之塢堡口〔七〕，汾州之向陽關，隰州之烏門關，吉州之馬頭、秦王嶺二關，靈石縣之陰地關，皆穿斬疊石，調丁壯戍之。

二年二月，湖廣行省調兵鎮播州及歸州。

至順元年，令鞏昌都總帥府調兵千人，戍四川開元。敕上都兵馬司二員，率兵由偏嶺至明安巡邏，以防盜賊。

二年，鎮西武靖王搠思班言：「蒙古軍及哈剌章、羅羅斯諸種人叛者，或誅或降，其餘黨不能保其不反側。請留荊王也速哥等各領所部屯戍三歲，以示威重。」從之。仍命豫王阿剌忒納失里分兵給探馬赤三百、乞赤伯三百，共守一年，以鎮攝之。樞密院臣言：「天曆兵興，以揚州重鎮嘗假淮東宣慰司以兵權，今事已平，宜以所部復戍河南。又征西元帥府自泰定初調兵四千一百人戍龍剌、亦集乃，期以五年爲代。今已十年，逃亡者衆，宜加優恤，使來歲五月代還。」從之。

至正六年，山東盜起，詔中書參知政事鎖南班至東平鎮遏。

七年，兩淮運使宋文瓚上言：「江陰、通、泰，江海之門户，而鎮江、真州次之，國初設萬户以鎮其地。今戍將非人，致使盜賊來往無常。集慶花山劫賊纔五十六人，官軍萬數，不能進討，反爲所敗。宜急選智勇，任以兵柄，以圖後功。不然，東南五省之地，恐非國家所有。」不報。中書省臣言：「請撥達達軍與揚州舊軍於河南水陸關隘戍守，東塹徐、邳，北至夾馬營，遇賊掩捕。」從之。

十五年，又命河南行省參知政事洪丑驢守禦河南，陝西行省參知政事述律朵兒守禦潼關〔八〕，宗王札牙失里守禦興元，陝西行省參知政事阿魯溫沙守禦商州，通政院使朵來守禦山東。又令河南行省參知政事塔失帖木兒領元管陝西軍馬，守禦河南。七月，令親王失列門以兵守曹州，山東宣慰使馬某火者以兵分守沂州、莒州等處。命知樞密院事塔兒麻監藏及四川行省左丞沙剌班等以兵屯中興〔九〕，湖廣行省參知政事桑哥、亦禿渾及禿禿守禦襄陽，參知政事哈林禿等守禦沔陽。又命淮南行省平章政事蠻子海牙守禦鎮江南岸，湖廣行省左丞卜蘭奚等守禦蘄、黃。

十六年，命宣讓王帖木兒不花、威順王寬徹不花以兵鎮遏懷慶路。

十七年，以賊犯七盤，令察罕帖木兒以軍守陝州、潼關。監察御史脫木兒言：「爲今之計，當遴選名將以守河北，進可以制河南之侵，退可以攻山東之寇。」從之。九月，以紐的該總諸軍守禦東昌。

十八年，詔察罕帖木兒還兵鎮冀寧。

二十年，命孛羅帖木兒部將方脫脫守禦嵐、興、保德等州，又命孛羅帖木兒守石嶺關以北，察罕帖木兒守石嶺關以南，俱不從。自是，朝廷之命始不行於閫外焉。

【校勘記】

〔一〕「安西」，原倒作「西安」，據《元史》卷九九志第四十七《兵二》乙正。

〔二〕「廬州」，原作「盧州」，據《元史》卷九九志第四十七《兵二》改。

〔三〕「從之」，原作「後之」，據《元史》卷九九志第四十七《兵二》改。

〔四〕「亦」，原作「一」，據《元史》卷九九志第四十七《兵二》改。

〔五〕「沅州」，原作「沅洲」，據《元史》卷九九志第四十七《兵二》改。下文「沅州」不誤。

〔六〕「設萬户府隨省鎮遏。樞密院議：自至元十九年」三句，原脱，《元史》卷九九志第四十七《兵二》同。《續文獻通考》卷一一八《兵考》：「按：既於各萬户摘軍，何得有五千之多？疑『千』字乃『十』字之訛頁。又『摘軍五千名』句，文氣未完，而下文即云世祖云云，此當是樞密院臣議覆之語，與上文句意不想連貫，其中有脱文明矣。」應撝謙《教養全書》卷三八「並各萬户府摘軍五千名」下，「世祖命知地理省院官共議」上，又有「設萬户府隨省鎮遏。樞密院議：自至元十九年」三句。魏源《元史新編》卷九〇略同。據補。

〔七〕「塢堡口」，「塢」原作「塢」，據《元史》卷三二本紀第三十二《文宗一》改。

〔八〕「陝西行省」，「行」字原脱，據《元史》卷四四本紀第四十四《順宗七》補。

〔九〕「四川行省」，「川」原作「州」，據《元史》卷四四本紀第四十四《順宗七》改。

新元史卷之一百　志第六十七

兵志三

馬政

蒙古，游牧之國。札木合稱太祖之强，曰「有騸馬七十二匹」；王罕飲青馬乳，太祖尤慕羨之。蓋國俗如此。

世祖混一之後，牧馬之地，東越躭羅，北踰火里禿麻，西踰甘肅，南暨雲南。又大都、上都及玉你伯牙、折連怯呆兒，周回萬里，皆監牧之野。在朝置太僕寺典御馬，及供宗廟影堂山陵祭祀，與玉食之挏乳。取之百姓者曰抽分，有兵事則和買民馬，和買不及則用拘刷之法，亦軍政之大者也。

太祖定制：千、百户之子選爲護衛，傔從十人或五人，所乘馬於千、百户内取之。牌頭之子，則取於十户之内。牧馬者曰哈赤，曰哈剌赤，有千户、百户世其官。

至元六年，勑科取乳牝馬，除蒙古千户、百户、牌甲外，其只魯瓦觧處業經尋常科取，勿再索之。若已拘刷者，還之。七年，始立羣牧所，掌阿塔思馬匹。二十二年，立大都等路羣牧都轉運司，以掌芻秣之事，未幾罷。二十四年，改羣牧所爲太僕寺。

皇慶元年，立經正監，掌蒙古之牧地。又立羣牧監，掌興聖宫御位下之馬。

延祐七年，太僕寺官忠嘉、阿剌帖木兒奏：「所管各項官孳畜，去歲風雪倒死。差人計點，每三十匹爲一羣，六馬補一，牝馬兩補一，用官印烙訖，取勘實有數目。」從之。

至治三年，敕每二年於各愛麻選騬馬之良者以千數，給尚乘寺備駕仗及宫人出入之用。

泰定元年，太僕卿渾丹等奏：「自躭羅選牛八十三頭至此，不習水土，乞付哈赤，換作三歲乳牛，印烙入官。」是年，渾丹等又奏：「各愛麻馬多耗損，請市馬一萬匹以實之。」俱從之。二年，太僕寺卿燕帖木兒奏：「各處官馬短少，太僕寺官及怯薛人赴各處點數明白，以册上。」三年，太僕寺卿闊怯、燕帖木兒等又奏：「係官馬疋已備有細數，再遣太僕寺官至各處覆點。」

天曆二年，立典牧監，掌皇太子御位下之馬。是年，勑各屬内哈赤，黑面玉馬、五明馬、桃花馬，於三等毛色内選擇進呈。又馬主隱匿有毛色牝牡馬亦里玉烈者，或首告發露，以馬與首人，杖一百七下。又勑異樣馬，命都兒阿魯赤專掌之，經正監別賜草地，自爲一羣。太僕寺卿撒敦等奏：「舊制：皇帝登寶位，太僕官親至各處點視官馬。請依例差官點數。」勑如所請。

至順元年，雲南行省言：「亦乞不薛之地所牧國馬，歲給鹽，以每月上寅日飼之，則馬健無病。比因伯忽之亂，雲南鹽不到，馬多死。」詔令四川行省以鹽給之。

凡車駕巡幸，太僕卿以下皆從。先驅馬出建德門外，取其有乳者以行。自天子以及諸王、百官，各以脱羅氈置撒帳，爲取乳室。車駕還，太僕卿先期徵馬五十醞都來京師。醞都，承乳車之名也。既至，使哈赤、哈喇赤之爲大官者親秣之黑馬乳，以奉玉食，謂之細乳。諸王以下亦供馬乳，謂之粗乳。自世祖以下，諸陵寢各有醞都，取馬乳以供祭祀，號金陵擠馬。逾五年，盡以畀守陵者。

官馬以印烙馬之左股，號大印子馬。其印有兵古、貶古、闊卜川、月思古、斡欒等名。自夏至冬，逐水草以居。十月，各歸本地，朝廷遣太僕寺官馳驛閲視，較其多寡，産駒即烙印取勘，收除現在數目，造蒙古、回回、漢字册籍以上。凡病死者三，則令牧馬償大牝馬二；病死者二，則償以一；病死者一，則償以一牝羊；無馬，則以羊駝折納。

其籍於太僕寺者，總數不可考。惟至大元年，中書省言：「去歲諸衛飼馬九萬四千匹外，則飼馬十一萬九千餘匹。」可以略見其大概云。

其御位下、正宫位下、隨朝諸色目人員，甘肅、土番、耽羅、雲南、占城、蘆州、河西、亦乞不薛、和林、斡難、怯魯連、阿忽馬乞、哈喇木連、亦乞里思、亦思渾察、稱海、阿察脱不罕、連折怯呆兒等處草地，内及江南、腹裏諸處，應有係官孳生馬、牛、羊、駝、驢點數之處，一十四道牧地，各千户、百户等名目如左：

一，東路折連怯呆兒等處，玉你伯牙、上都周圍，哈喇木連等處，阿剌忽馬乞等處，斡金川等處，阿察脱不罕，甘州等處，左手永平等處，右手固安等處，雲南亦乞不薛，蘆州，益都，火里禿麻，高麗耽羅國。

一，折連怯呆兒等處御位下：折連怯呆兒地哈喇赤千户買買的、撒台、怯兒八思、闊闊來、塔失帖木兒、哈喇那海，伯要解、也的思、撒的迷失、教化、太教木兒、塔都、也先、木薛肥、不思塔八、不兒都麻失，不顏台、撒敦。按赤、忽里哈赤千户下百户脱脱木兒。兀魯兀内王阿八剌哈赤闊闊出。徹徹地撒剌八。薛裏温你里温斡脱忽赤哈剌帖木兒。哈思罕地僧家奴。玉你伯牙斷頭山百户哈只。

一，甘州等處御位下：口千子哈剌不花一所。奥魯赤一所。阿剌沙阿蘭山兀都蠻。亦不剌金一所。寬徹干。塔塔安地普安。勝回地劉子總管。闊闊思地。太帖木兒等。

甘州等處楊住普。撥可連地撒兒吉思。只哈禿屯田地安童一所。哈剌班忽都拙思牙赤耳眉。

一，左手永平等處御位下：永平地哈剌赤千户六十。樂亭地拙里牙赤、阿都赤、答剌赤迷里迷失、亦兒哥赤馬某撒兒答。香河按赤定住、亦馬赤速哥帖木兒。河西務愛牙赤孛羅觧。瀩州哈剌赤脱忽察。桃花島青昔寶赤班等。大斡耳朵位下：河西務玉提赤百户馬札兒。

一，右手固安州四怯薛八剌哈赤平章那懷爲長：固安州哈剌赤脱忽察，哈赤忽里哈赤、按赤不都兒。真定昔寶赤脱脱。左衛哈剌赤塔不觧。青州哈剌赤阿不花。涿州哈剌赤不魯哈思。

一，雲南亦奚卜薛帖木兒不花爲長。

一，蘆州。

一，益都哈剌赤忽都帖木兒。

一，火里禿麻太勝忽兒爲長。

一，高麗耽羅。

和買馬

太宗十年，勅札魯花赤胡都虎、塔魯虎觧、譌魯不等：自今諸路係官諸物，並由燕京、宣德、西京經過，其三路鋪馬，難以迭辦。今驗緊慢，定鋪口數目，通由天下户數科定協濟。三路舊户二百一十七户，四分著馬一匹，新户四百三十四户，八分著馬一匹。舊户一百六十九户，二分著牛一頭，新户三百三十八户，四分著牛一頭。現以南路分，牛馬難得，約量定價，馬一匹銀三十兩，牛一頭銀二十兩，若自願置頭匹分付者聽。合得協濟路分。東平府路驗户二十三萬四千五百八十五户内，有復數民户時重數，訖五千八百五十户爲不見新舊，權作舊户免徵外，實徵二十二萬八千七百三十五户。内有本路課税所勘當新舊户，照鋪頭口分例，另行科徵送納。總合著馬七百八十五匹五分五釐，牛一千一十七頭二分四釐。舊户十一萬五千二百四十七户，合著馬五百二十九匹一分五釐，牛六百八十一頭八分。新户十一萬三千四百八十八户，合著馬三百五十九匹四分，牛三百三十五頭四分四釐。民户二十三萬二千六百二十九户，重數户、課税所户在内，標撥與宗王口温不花、中書吾圖撒合里並探馬赤查剌温火兒赤，一千七百五十八户。宗王口温不花，撥訖一百户内，舊户三户，新户九十七户。中吾圖撒合里，撥訖新户三百四十五户。秃赤怯里探馬赤，撥訖新户六户。查剌温火兒赤伴等回回大師，撥訖新户三十户。曹王譌可，撥訖新户十户。羅伯成，撥訖新户三户。奪沽兒兀蘭撥訖新户七户。查剌温火兒赤等以下出氣力人，撥訖一百八十三户。乞里觧并以下出氣力人，撥訖户三百三十六户。笑乃觧并以下出氣力人，撥訖户四百六十七户。孛里海拔都，撥訖一百户。課課不花，撥訖五十五户。合丹，撥訖一百十六户。是時無和買之例，惟科定各路民户合著馬若干匹，以協濟燕京、宣德、西京三路鋪馬。

中統元年，始敕宣撫司於本路和買騍馬一萬匹，依市價課銀一錠買馬五匹，臨時斟酌高低定價。凡有騍馬之家，五匹存留一匹。有職事官吏，亦許存留一匹。和買見數印烙訖，達魯花赤管民官管押至開平府交割。計燕京路二千四百疋，真定路八百疋，北京路二千匹，平陽路八百匹，東平路八百匹，濟南、濱州兩路四百匹，大名路四百匹，西京等路二千四百匹。

二年，帝諭中書省曰：「前阿里不哥敗於昔木土腦兒，今北方雪大，又將復至。據隨路無論何人等，馬匹盡數和買，每五匹價銀一錠。」又諭陝西、四川等路和買馬匹，其數目先差使臣奏聞。

四年，諭中書省：據阿朮差來使臣抹喜奏，馬匹闕少。可於東平、大名、河南路宣慰司今年差發内，不論回回、通事、斡脱并僧、道、答失蠻、也里可温、畏兀兒、諸色人馬匹，每鈔一百兩，通滾和買肥壯馬七匹，付阿朮等給與軍人。總計和買一千五百五十匹：都元帥阿朮一千六十四匹，長壽十九匹，懷都六十九匹，也先不花三百九十八匹。

十四年，敕中書省：收到和買馬匹内，盲者、瘤者、嗓者、懷駒者印烙畢，俱分付本主。又漕運司牽船馬匹，別委本司印烙，沿途官給芻秣應付人夫槽莿。

二十年，丞相火魯火孫等奏：「忙古䚟拔都軍二千人，每人給馬三匹。今見有一千匹，乞降價再買五千匹。每三匹内，兩牝馬，一騬馬。於大王只必鐵木兒、駙馬昌吉兩位下民户内，并甘、肅州、察罕八哈剌孫數處，差人和買。」從之。

二十六年，尚書省奏和買馬并支放鈔數：

一，至元鈔一萬錠，差官管押前去各處：燕南河北道至元鈔二千四百錠，山東東西道鈔二千錠，河南等路一千八百錠，太原路、平陽路各一千錠，保定路、河間路各三百錠，平灤路二百錠，本部開支發付都城諸衙門馬匹鈔四百錠，大都路鈔六百錠。陝西等處行省就用保官錢支放。

一，委本道宣慰司、各路總管府官一同和買。

一，站赤：每正馬一匹，許留貼馬二匹，餘倣上和買。

一，差官押運鈔數至彼，依數收管呈省，其和買事止責本路官吏。

一，馬四歲以上，堪中和買；至年老之馬，若肥壯亦行和買。

一，權豪勢要之家，隱占馬匹，決杖一百七下，其馬没官。

一，各路官員若同心辦集，馬匹肥壯，别議奏聞；其怠慢及馬劣者治罪。

一，除陝西行省、平陽、太原徑赴河東山西道宣慰司交納外，其餘各路每三百匹作一運，如沿途比原納膘分，但有瘦弱、倒死，勒令押馬官陪償治罪。

一，和買，開馬具原主名姓、毛齒，膘分、價直呈省。

一，探馬赤、唐兀、秃魯花軍人，除原有馬數不在收買之限，不得轉買他人馬匹；犯者，買主、賣主各決一百七下，馬與價俱没官。

一，馬價以中統鈔爲則：騸馬，每匹上等五錠，中四錠，下三錠；曳刺馬，每匹上等四錠，中等三錠，下等二錠；小馬，每匹上等三錠，中等二錠二十五兩，下等一錠。

是年，丞相桑哥奏：「與月兒魯等共議，京兆等二十四處郡縣免和買。彼處所有之馬，若也速觧兒、並忽蘭、帖哥烈所領軍内有上馬者，與之。其餘腹裏郡縣所有之馬，若盡買之，竊恐絶。種户、軍站户馬，免買。各處科一萬匹，但買騸馬、牡馬，不買牝馬。」從之。

三十年，中書平章帖哥、剌真等奏：「前者爲收馬事，令臣等議奏。今與樞密院、御史臺阿老瓦丁、伯顏、賽因囊加觧等共議：凡請俸人員，令出俸錢買馬一萬匹。今用馬之時，有司無錢更買一萬匹。若再拘刷，恐損民力。乞減價與五錠買之。」帝曰：「朕不知，卿等裁之。前者，昔寶赤輩言：真定種田人，或一百，或二百人，騎馬獵兔。似此等馬，皆當拘之。」剌真又奏：「衆議斟酌一馬價五錠。臣等恐太多，作三錠若何？」又奉詔：「朕不知，卿等裁之。前者刷馬事，蓋暗伯以李拔都兒之言上請，卿等與暗伯共議以聞。」於是月兒魯、帖哥、暗伯、剌真、李拔都等共奏：各省科買馬一萬匹。詔如所請。

大德五年，中書省議擬，於上都、大同、隆興三路和買馬匹，隆興路委本路總管也里忽里，河東宣慰司委本道宣慰使法忽魯丁，上都留守司委本司副達魯花赤撒哈禿，不妨本職提調。依和買十歲以下、四歲以上堪中肥牡騸馬、曳利馬小匹，每匹通滾價直，不過中統鈔五錠。又變通至元舊制，稍增其價焉。

括馬

又名刷馬。至元十一年，括諸路馬五萬匹。二十三年，丞相安童奏：「定議中原括馬斡兒脱、達魯花赤官，回回、畏兀兒并閑居富户，有馬者，三分取二，漢人盡所有拘取。又軍、站、僧、道、也里可温、答失蠻，欲馬何用？乞亦拘之。」又奏：「馬價續當給降，隱藏及買賣之人，乞斟酌輕重杖之。」帝曰：「此卿等事，卿自裁之。」

總計刷到馬十萬二千匹：

一，赴上都交納八萬匹：大都路一萬匹，保定、太原等路各六千匹，真定、安西等路各七千匹，延安、平灤等路各二千匹，河間、大名等路各六千匹，東平、濟南等路各四千匹，北京路八千匹，廣平路三千匹，順德路二千匹，益都路五千匹。

一，赴大都交收，省部差官擇好水草牧放聽候起遣，馬二萬二千匹：彰德路三千匹，衛輝路一千匹，懷孟路一千匹，東昌路二千匹，淄萊路一千匹，濟寧路二千匹，恩州路五百匹，德州五百匹，高唐州五百匹，冠州三百匹，曹州七百匹，濮州五百匹，泰安州五百匹，寧海州五百匹，南京路三千匹，歸德府路一千匹，河南府路一千匹，南陽府一千匹，平陽路二千匹。爲災傷賑濟，量擬馬數。

二十四年，帝自將討乃顔，括河南僧、道馬匹，總計一千五百三匹。百官以職守不扈從，獻馬以給衛士。又括平灤路馬匹。二十五年，括隆興府一百四十三匹，交付北征軍人。又勑太原路應付阿只吉大王位下七百步行人，每名騸馬二匹及兩月糧。

二十六年，答思、禿刺、帖木兒等奏：所領漸丁無馬。勑隆興府拘刷給之。又丞相桑哥等奏：「臣等議，行省官騎馬五匹，宣慰司官、三品官各騎馬三匹，四、五品官各騎馬二匹。五品以下各騎一匹。軍官、軍站馬免刷。」從之。

二十七年，中書省奉勑移咨各省：除軍官、站户、品官合留馬外，不論是何人户，應有馬匹盡數拘刷到官。

總計九千一百三十七匹：

江淮省六千二百五十四匹，福建省二百三十疋，湖廣省一千八百二十匹，江南省六百九十六匹，四川一百三十六匹。支撥六千八百十三匹：哈剌赤收三千二百九十六匹，貴赤衛收一千五十七匹，四怯薛阿塔赤等收一千三百九十九匹起赴上都。阿速衛等收二千一百八十八匹。見在馬一百十五匹，札付太僕寺收管訖。

三十年，詔叛王仍不悔過，用軍之際，隨處行省括馬十萬匹，後償其直。其合行事理：

一，諸人應有馬匹，除病嗓不堪者及帶駒牝馬打訖退印，分付原主，其餘盡數收括；若將堪中馬匹隱弊，及不行印烙者，當該官吏斷罪罷職。

一，養馬之家，應盡數赴官；如有隱藏影占抵換馬匹者，決杖一百七下，馬没官，其價錢付告人充賞。

一，站户正馬一馬，許留貼馬三匹，其餘馬匹盡數赴官印烙。

一，探馬赤、阿速、貴赤、唐剌赤、唐玉、秃魯花、大都六衛軍馬免刷，餘正軍貼户應有馬匹盡數别用印記印烙訖，分付各主知，在聽候。

一，押馬官從各處官司與差去官一同揀選，知會牧養頭匹達魯花赤、色目上官管押前來，每運不過一百匹。

一，官員存留馬，一品五匹，二品四匹，三品三匹，四、五品二匹，六品以下一匹。聽除官員，色目人二品以上留二匹，三品至九品留一匹。漢人一品至五品受宣官留一匹，受敕官不須存留。

一，外路在閑官員，除受宣色目官留一匹，其餘受敕以下並漢官馬匹，無論受宣、受敕，盡行赴官印烙解納。

一，隨朝衙門並六部斷事官、通事、譯史、令史、宣使、奏差、知印人等，舊有馬匹者止留一匹，無者毋得劫行置買，違者杖五十七下，其馬沒官。

一，差去官並各處刷馬官、押馬官等，不得抵換馬匹，及取受錢物，看循面情，違者治罪。

又中書平章政事帖哥、剌真等奏：「在前刷馬，皆由一道赴都，聚爲一處，搔擾百姓，踐踏田禾，馬亦倒斃。今各處刷馬，宜分數道赴都。」敕從之。

計刷馬十一萬八千五百匹：

江南行省馬二萬四千匹：

江浙省一萬匹，福建省馬二千匹，兩省馬到宿遷縣，計會都省所委官指撥，由泰安州、東平路分三道至大都。湖廣馬八千匹，江西省馬四千匹，由汴梁、懷孟兩路至太原、大同迤北交納。

腹裏行省、宣慰司，並直隸省部路分，馬九萬四千五百匹：河南省馬二萬匹，汴梁等五路並荆湖等處馬，由懷孟路至太原、大同迤北交納。淮東道馬至宿遷縣，由泰安州、東平路、益都路分三道至大都。淮西道馬，由大名路至大都。陝西、遼陽兩行省收拾馬匹現數，就本省地面牧放。陝西省八千匹，付阿難答大王收管。遼陽省五千匹、四川省一千匹，押赴陝西省，交割牧放。山東宣慰司一萬五千匹，從便赴大都。河東道宣慰司一萬匹，大同迤北交納。直隸省部路分十二處：直赴上都交納者，平灤路二千匹；由太原路至大同迤北交納者，衛輝路一千匹、彰德路二千匹、懷孟路一千匹；從便赴大都交納者，大都路八千匹、保定路四千匹、恩州三百匹、冠州二百匹、大名路四千匹、河間路四千匹；由飛狐口，大同迤北交納者，真定路五千匹、廣平路二千匹、順德路一千五百匹。

大德二年，丞相完澤、平章賽典赤等奏：「臣等觀世祖皇帝時刷馬五次，後一次括十萬匹，雖行訖文書，止得七萬餘匹。爲刷馬之故，百姓養馬者少。今乞不定數目，除懷駒、帶馬駒外，三歲以上者皆刷之。」帝從之。又詔：「刷馬之故，爲迤北軍人久在軍前，欲再添赴敵軍數，以此拘刷耳。」

總計馬十一萬一千七百五十五匹：

行省三萬七千二百十二匹：河南省一萬六千八百七十二匹，陝西省一萬八千四百十九匹，四川省一千八百七十二匹，遼陽省一萬六十二匹。

腹裏七萬四千五百四十二匹：大都路八千二百二十三匹，保定路二千九百六十七匹，河間路三千二百十九匹，濟南路六千二百二十三匹，般陽路二千七十七匹，益都路五千二百四十四匹，高唐州二百三十六匹，恩州二百四十四匹，冠州二百十八匹，德州一千二百八十五匹，曹州一千六百五十六匹，東昌路一千三百二匹，濟寧路二千六百五匹，廣平路二千二百三十三匹，真定路八百六十七匹，濮州一千九十八匹，彰德路二千八百四十一匹，大名路三千三百八十二匹，順德路一千十一匹，東平路一千六百三十二匹，泰安州一千一百三十四匹，平灤路三百五十四匹，衛輝路二百九十六匹，寧海州二百三匹，懷孟路一千六百六十七匹，平陽路九千八百六十八匹，大同路二千八百四十四匹，太原路九千五百十六匹。

未幾，平章政事賽典赤、暗都赤等奏：「民間聞刷馬，私下其直賣之。臣等今罷馬市，察私賣者罪之。世祖皇帝時，拘刷都城合騎、合納官者，皆令印烙訖，無印字者刷之，以此不亂。今難於在先怯薛歹、諸王、公主、駙馬等皆在都城中，依例合刷、合回主者不可印烙。蒙古怯薛歹等乞依漢人例，有隱藏者罪之。」詔如所請。

三年，樞密院奏：「前者奉勑振給紅胖襖軍物力，今省臣議，每人支馬價五錠。臣等謂雖有給鈔之名，虛費不得用，因與省臣議〔一〕：察忽真、念不烈百姓，又忙哥歹百姓及河西不曾刷馬之地，和尚、先生、也里可溫、答失蠻馬匹，盡行拘刷，依例與直。如更短少，然後再支馬價。」帝曰：「卿等議是也，不敷則以錢給之。」

四年，遣劉深等征八百媳婦，勑雲南行省：每軍士給馬五匹，不足則補以牛。

至大三年，丞相別不花奏：「西面察八兒諸王，久不奉朝命，今始來降，振起其軍站物力，應刷馬給之。」勑准腹裏、行省刷馬四萬一百三十匹。

腹裏路分三萬四千三百二十四匹：晉寧路二千七百七十五匹，冀寧路二千三百匹，真定路九百四十六匹，懷孟路六百八十二匹，廣平路一千二百四十三匹，順德路六百七十三匹，彰德路四百五十四匹，衞輝路六千二匹，中都留守司五百九十九匹，大都路四千八百八十八匹，保定路四百三十六匹，河間路九百四十五匹，德州路一百九十匹，曹州路三百四十一匹，大名路一千二百十五匹，濟南路七百二十三匹，高唐州一百六匹，恩州一百五匹，永平路五百二十六匹，冠州一百三十三匹。東昌路二百十四匹，濮州四百二十六匹，益都路一千六百二十四匹，濟寧路四百四十八匹，般陽路一千十三匹，東平路二百十九匹，廣平路四十七匹，泰安州一百九十六匹，寧海州六百三十五匹，塔思哈剌牧馬官、衛尉、太僕院使、床兀兒平章等收之。

行省刷馬一萬五千八百九匹：河南江北行省七千七百九匹，中都刷馬、大宗正府札魯花赤、別帖木兒平章等收之；湖廣行省二千六百四十二匹，中都刷馬官、別帖木兒平章等官收之；江浙行省三千四百五十八匹，大都刷馬官、刑部尚書王伯勝收之；江西行省二千匹，中都刷馬官、別帖木兒平章等收之。

除事故寄留、倒死走失及給散站馬外，收馬三萬一千四百四十六匹。

凡刷馬，以軍事急，和買不及，故科民馬以應之。今諸王入朝，以和買賜之可矣，亦刷行省之馬，使百姓受累，非制也。

延祐三年，右丞相帖木迭兒等奏：「起遣河南行省所管探馬赤軍，各給馬二匹。千户、百户、牌頭内有騙馬、牧馬、牝馬皆行，不足於附近州縣拘刷四馬以上之馬，各貼爲二匹。」四年，帖木迭兒等又奏：「前者軍人上馬之時，大都、上都西路拘刷馬匹。今濟南、益都、般陽等路，又北京一帶，遼陽省所轄各路，並未拘刷，乞依例刷之。」俱從之。

總計二十五萬五千二百九十一匹：

腹裏十六萬四千五百二十三匹：上都留守司二千六百二十匹，冀寧路二萬八千二百八十匹，晉寧路一萬六千二百九十匹，益都路一萬八千七百三十八匹，大同路二千二百四十匹，濟寧路五千九百三十六匹，般陽路六千四百三十四匹，河間路一萬七百五十二匹，永平路三千二百六十六匹，恩州二百七十六匹，德州三千一百十九匹，懷孟路一千七百三十三匹，寧海州二千六百二十五匹，興和路七百五匹，保定路三千八百八十九匹，大都路一萬六千九百六十一匹，濮州六千六百二十匹，順德路一千五百二十匹，衛輝路一千六百七十六匹，彰德路二千六百六十五匹，高唐州六百五匹，廣平路二千一百六十一匹，大名路二千二百六十二匹，泰安州一千一百八十七匹，濟寧路八千六十七匹，真定路九千八百七十二匹，東昌路三千三百三十六匹，冠州七百三十二匹，曹州二千四百四匹，東平路八百九十二匹。

遼陽省所轄七千九百六十八匹：廣寧路九百匹，遼陽路四百五十九匹，瀋陽路三百八十三匹，開元路六百五十二匹，金、復州萬户府二千一百四十二匹〔二〕，大寧路三千一百五匹，懿州四百二十六匹。

河南省八萬二千八百匹，各交付四萬户蒙古軍人：淮東道九千七十二匹，荆湖北道五千九百二十三匹，南陽府五千三百二十一匹，安慶路三千七百七十五匹，歸德府五千三百十二匹，汝寧府七千六百四匹，汴梁路二萬二千二十七匹，襄陽府三千七十二匹，安豐路七千七百二十二匹，揚州路一千一百五十五匹，德安府三千五百六十四匹，河南府二千六百三十九匹，廬州路五千四百十一匹，黄州路二千一百三匹。

五年，中書省奏〔三〕：「阿撒罕等叛亂之時，陝西省不分軍民站赤，一概拘刷馬匹，後各回復原主。前年各路刷馬之時，不及陝西。今軍站辛苦，乞刷陝西省馬匹以贍之。皇太后懿旨亦欲差人拘刷。」勅：「依延祐四年定例，差官與各路正官同刷堪中馬匹，印烙明白交割。」其章程，視至元三十年稍有損益〔四〕，不具録。

六年，參議中書省欽察等奏：「去歲奉命拘刷陝西省馬匹，今行省官及臺官上言：『阿撒罕等叛亂，搔擾百姓，拘收馬匹；又兼年穀不登，百姓闕食。乞罷刷馬之事。』臣等謂其言有理。萬户齊都軍五千人，請止給兩匹騸馬、一匹牝馬之價。」從之。

七年，右丞相帖木迭兒等奏：「起遣押當吉譯言貧民。回籍，奏准於漢地和買馬三萬匹給散。今年爲整治軍力，錢幣空虚，權於附近州縣刷馬三萬匹給之，俟秋成撥還其值。」總計刷到馬一萬三千三百十三匹：河間路三千八百六十一匹，大都路五千二百七十七匹，保定路二千一百五十六匹，永平路二千十九匹。

是年七月，帖木迭兒等又奏〔五〕：「怯薛歹用馬，乞於大同、興和、冀寧三路依前例差人拘刷。」

總計馬一萬三千四百五十二匹：興和路四百六匹，大同路三千八百八十八匹，冀寧路八千一百六十匹。

延祐五年，以恤軍站刷馬。六年，以起遣押當吉刷馬，又以怯薛歹用馬刷之。皆非軍事，蓋拘刷益濫矣。

致和元年九月，文宗自江陵入大都，平章速速等啟：「戰士即日用馬，乞令大都南北二城，除見任官外，回回及答失蠻等騾、馬，限二日内赴總管府交納。違限不納者重罪。」又丞相燕帖木兒、别不花，平章速速，郎中自當，員外郎舉里，都事朵來等啟：「遣斷事官捏古、兵部侍郎罕赤赴真定路刷馬，除見在官員、軍站户、兵户，計三歲以下及懷駒、引駒馬匹外，其餘不論是何人等，盡行拘刷。隱匿及换易者，依條斷罪。」别不花等又啟：「前河間、保定、真定等路降鈔，以四錠、五錠爲率，和買馬匹。軍事急，比及和買，誠恐遲誤。乞拘刷三路馬匹。」俱奉令：「旨准，敬此〔六〕。」

天曆元年，平章政事速速等奉准拘刷晉寧、冀寧二路馬匹。敕遣吏部員外郎辛鈞赴冀寧路，同知保禄赴晉寧路。速速等又請拘刷山東各路，從之。

總計腹裏刷到馬匹一萬七千六百九十五匹：真定路二千四百匹，河間路八百二十匹，保定路八百二十六匹，益都路三千六百十一匹，濟南路一千五百二十八匹，東平府八百二十匹，東昌路二百三十六匹，濮州路三百五十一匹，濟寧路一千三匹，泰安州二百四十四匹〔七〕，曹州四百二十六匹，高唐州二百十二匹，德州四百八十六匹，般陽路三百三十二匹，大都路四千二百六十八匹。

河南省刷到三萬九千八百二十八匹：淮東道六千七百九十匹，荆湖北道九千一百七十九匹，汴梁路九千三百二匹，黄州路一千五十一匹，廬州路五千二百十一匹，安豐路三千一百七匹。

後至元二年，勑漢人、南人、高麗人，凡有馬者，悉拘之。時盜賊竊發，以拘刷爲防亂之計，尤非政體云。

抽分羊馬

太宗五年，勑田鎮海、猪哥、咸得卜、劉黑馬、胡土花，小通事合住，綿廁哥、木速、孛伯，百户阿散納、麻合馬、忽賽因、賈熊、郭運成並各官員等，據斡魯朵商販回回人等，其家有馬、牛、羊及一百者，取牝牛、牝羊一頭入官。牝馬、牝牛、牝羊及十頭，亦取牝馬、牝牛、牝羊一頭入官。有隱漏者盡没之。

定宗五年，敕諸色人等馬牛羊羣，十取其一，隱匿者罪之。

憲宗二年，敕諸色人孳畜〔八〕，百取其一。隱匿者及官吏受財故縱者，不得財而搔擾者，皆有罪。

大德七年，兵部議：「抽分羊馬人員，每歲擾累州縣，苦虐人民。擬令宣徽院立法，嚴切拘鈐。至抽分時，各給印押差劄，開寫所委官吏姓名，不得多帶人員及長行頭匹。經由通政院倒給鋪馬分例，前去各該路府州縣，同本處管民正官，依例抽分羊馬牛隻，隨即用印烙訖，趁好水草牧放。如抽分了畢，各取管民官印署保結公文，申覆本院，委官押領，依限赴都交納。其餘一切搭蓋棚圈並常川馬匹草料飲食等物，不須應付。庶革擾民欺誑之弊。」從之。

八年，中書省奏：「舊例：一百口羊内，抽分一口；不及一百者，見羣抽分一口；探馬赤羊馬牛不及一百者，免抽分。今御史臺及行省官皆言見：羣抽分一口損民，擬後三十口者抽分一口，不及者免，實於官民便益。臣等謂：應依先例一百口内抽分一口，見羣三十口内抽分一口，不及三十口者免。宣徽院差選見役廉慎人，與各處管民官一員，公同抽分。將在先濫委之人罷斥。」從之。

皇慶元年，樞密院奏：「世祖皇帝定例，探馬赤軍馬牛羊等一百口抽分一口，與下户貧乏軍人接濟物力。去年中書省奏遣愛牙赤於軍中，再加抽分一半馬牛羊，一半鈔錠、氈子等物。如此重疊，軍力必至消乏。乞止依薛禪皇帝定例施行爲便。」敕：「軍人與百姓不同，其依舊例行之。」

延祐元年，中書省奏：「前哈赤節次閲訖官牝羊三十餘萬口，本欲孳生以備支持。因年遠，哈赤等將孳生羯羊不肯盡實到官，宣徽院失於整治，致爲哈赤等所私用。每歲支持羊口，皆用官錢收買。又每遇抽分時，將百姓羊指作官羊夾帶映庇，不令抽分。擬依照原定則例，從實抽分。若有看循作弊，從嚴究治。哈赤牧放官羊，亦仰從實分揀，除牝羊並帶羔羊存留孳生外，應有堪中羯羊印烙，見數拘收。如有隱匿者，從嚴追斷施行。」

總計抽分之地凡十有五，曰：虎北口，南口，駱駝嶺，白馬甸，遷民鎮，紫荆關，丁寧口，鐵門關，渾源口，沙净州，忙兀倉，車坊，興和等處，遼陽等處，察罕腦兒。

【校勘記】

〔一〕「省臣」，原倒作「臣省」，據上文改。

〔二〕「萬户府」，原倒作「萬府户」，據文意乙正。

〔三〕「奏」，原作「奉」，據文意改。

〔四〕「三十年」，「三」字原重，今删重。

〔五〕「帖木迭兒」，原倒作「帖木兒迭」，據上文「延祐三年右丞相帖木迭兒等奏」、「四年帖木迭兒等又奏」改。
〔六〕「敬此」，疑當作「欽此」。
〔七〕「泰安州」，原倒作「安泰州」，據《元史》卷五八志第十《地理一》改。
〔八〕「諸色人」，「色」字原脱，據上文「定宗五年敕諸色人等」補。

新元史卷之一百一　志第六十八

兵志四

軍糧　站赤　急遞鋪　弓手　打捕鷹房

元初用兵四方，士卒以私財自贍，貧者助以貼户，故上無養兵之費而兵易足。至世祖定軍户之籍，凡蒙古、探馬赤、漢軍，皆月給米五斗、鹽一斤，别以米四斗贍其家。及收宋降兵，籍爲新附軍，以無貼户，月給米六斗、鹽一斤，所謂軍人鹽糧例也。

至元二十二年，中書省議：「除漸長成丁軍人收係充軍依例外，據各軍陣户病没者之妻子照勘明白，每月支糧四斗施行。」

二十四年，湖廣行省言：「蒙古、漢軍及新附軍人，摘撥占城、雲南、沿海、兩廣、福建等處，近者不下三五千里，遠者至萬餘里，俱係煙瘴極邊重地。凡去軍人，易染疾病。況兼久戍，貲財罄盡；得替還家，新附地方不肯應附飲食，必因饑困騷擾居民，深爲未便。」中書省議：「兩廣、福建、鎮守軍人得替還家，自起程日每日支行糧一升，至過江停罷。其餘鎮守軍人不在此例。」是年，詔新附軍人並諸色人匠停支齏菜錢。

元貞元年，湖廣砲手軍匠萬户府言：「新附軍人請以正軍米六斗養贍家人，將養家米四斗、鹽一斤支付本軍。」中書省奏准，從便施行。

延祐七年，詔管軍官吏人等尅減軍人衣糧者，雖經赦免，仍追贓給主。

至病軍各翼，又置安樂堂以養之。至元二十一年，詔軍前患病者，令高手醫工用藥看治，仍仰首領官專一隨時考較，驗病死軍人多寡，以施賞罰。

至大元年，江陵路録事李貞言：「各處安樂堂，蓋爲過往病軍所置。後遇病軍死者，請比照養濟院事例，官爲斂瘞，定立名碑，俾其家人識驗。實爲養生葬死無憾之一〔二〕。」户部議從之。

站赤，譯言驛傳也。立於太宗元年。敕：諸馬站、牛鋪，每一百户置車十。各站有米倉，站户十，歲納米一石。使百户一人掌之。

四年，詔諸路官并站赤人等：「使臣無牌面文字，始給馬之驛官及元差官皆罪之。有牌面文字而不給驛馬者，亦罪之。若係軍情急速，及送納御用諸物，雖無牌面文字，亦驗數應付車牛。」

中統元年，雲州置站户，取迤南諸州站户籍内選中、上户應當。馬站户，馬一匹；牛站户，牛二隻。不論親、驅，每户取二丁，及家屬安置於立站處。

五年，詔：「站户貧富不等，每户限田四頃，免歲賦，以供鋪馬祗應。」

至元元年，中書省奏：「六部併爲四部，據别路站赤鋪站數目，宜令本部檢校，其區處條畫：

一，委本户管民正官督勒管站，照覷鋪馬。

一，四户養馬一匹，有倒死者，驗數補買。若管站者妄行科斂錢物，依條重斷。

一，依驗使臣分例，應付當日首思，令本站官暗償。

一，站户買馬，仰本管官先行看視，須擇買肥壯者，無得聽從站户止圖省價濫收。

一，管站官不得私騎站馬，違者罪之。

一，遇使臣經過，宜辨驗劄子，毋得止驗來貼關子倒換。

一，諸站牧地，管民官與本站官打量畝數，明示界限，勿得互相侵亂，亦不得挾勢冒占民田。

一，使臣經過起數，仰總府取會，每月不過次月初十日以内申部。

一，使臣不得違例多騎鋪馬，及婪索站赤錢物。

一，各路站赤，委府州縣達魯花赤長官提調。」

是時，良鄉縣馬站，四月之内起至一萬三千三百餘匹，故省臣嚴爲限制，頒於各路焉。

七年，省部官議定：「各路總府在城驛，設官二員，於見役人員内選用。州縣驛設頭目二名，如見役人就令依上任事，不係站户，則就本站馬户内别行選用。除脱脱禾孫依舊外，其餘見設總站官，悉罷之。」十一月，立諸站都統領使司。往來使臣，令脱脱禾孫詰問。

八年，中書省議：「鋪子馬劄，初用蒙古字，各處站赤未能盡識。宜繪馬匹數目，復以省印覆之，庶無疑惑。」因命各處取給鋪馬標附文籍，其馬匹數付驛吏房書寫畢，就左右司用墨，印給馬數，自省印印訖，别行附籍發行墨印，左右司封掌。

九年，諸站都統領司言：「朝省諸司局院，及外路諸官府應差馳驛使臣所賫劄子，從脱脱禾孫辨詰。無脱脱禾孫處，令總管府驗之。」

十一年，令各路站赤直隸總管府；其站户家屬，令元籍州縣管領。

十七年，詔江淮諸路增置水站。除海青使臣，及事干軍務者方許馳驛，餘者自濟州水站爲始，兼令乘船。

十八年，詔除上都、榆林迤北站赤外，不須支給官錢。驗其閑劇，量增站户，協力自備首思當站。

二十五年，腹裏路分三十八處，年銷祇應錢不敷，增給鈔三千九百八十一錠，併元額七千一百六十九錠，總中統鈔一萬一千五十錠，分上下半年給。

是年，命南方站户以糧七十石出馬一匹爲則，或十石之下八九户共之，或二三十石之上兩三户共之，免一切雜泛差役。若有納糧百石之下、七十石之上，自請獨當站馬一匹者，聽之。

二十九年，命通政院分官四員，整治江南四省站赤，給印與之。

三十年，江浙行省言：「各路遞運站船，若止以六户供給一艘，除苗不過十四五石，力寡不能當役。請令各路除苗不過元額二十四石，自六户以上，或至十户，通融僉發。」從之。

大德八年，御史臺言：「各處站赤合用祇應官錢，多不依時撥降，又或數少不給，令站户輸當庫子〔一〕，陪備應辦。莫若驗使臣起數，實支官錢，所在官司依時撥降，令各站提領收掌祇待，毋得科配小民，以爲便益。」從之。

至大三年，中書省臣言：「江浙杭州驛，半年之内使人過者千二百餘。有桑兀寶丁等進鴉、鶻、獅、豹，留二十七人，食肉四千二百餘斤。請自今遠方以奇珍百寶來者，依例進。

其商人自有所獻者，令自備資力。」從之。

皇慶元年，監察御史言：「燕南河北軍站人户，遠年逃竄，有司不肯詣實申報，止是椿配見户包當。其各站提領百户與州縣通同作弊結攬，詭名添價，販買驢畜，營私益己。又提點官等總領親戚退閒官吏，假借威勢，俵散香茶等物，致站户逃移消乏。令於部分擬定約束，官民便益。」兵部議從之。又劄御史臺，令廉訪司嚴加糾治焉。

延祐五年，中書省臣言：「昨奉兵部言：各站設置提領，止受部劄，行九品印，職專車馬之役。所領站赤多者二三千，少者六七百户，比之軍民，體非輕細。今擬各處館驛，除令、丞外，見役提領不許交換。」從之。

七年，詔蒙古、漢人站赤，依世祖舊制，歸之通政院。是年，詔腹裏、江南漢地站赤，令達魯花赤提調，州縣官勿與。

至順元年，火魯孫一十五狗驛，狗多死，賑糧兩月，狗死者給鈔補之。

凡給驛傳璽書，謂之鋪馬聖旨。頒於中書省者，謂之鋪馬劄子。遇軍務之急者，又以金字圓符爲信，銀字者次之。

至元十九年，詔給各行省鋪馬聖旨，揚州、鄂州、泉州、隆興、占城、安西、四川、西夏、甘州每行省五道。十月，增給各省鋪馬聖旨，西川、京兆、泉州十道〔三〕，甘州、中興各五道。

二十年，和林宣慰司給鋪馬聖旨二道，江淮行省增給十道，都省遣使繁多，亦增二十道給之。十一月，增給甘州行省鋪馬聖旨十道，總之爲二十道。十二月，增各省及轉運司鋪馬聖旨三十五道：江淮行省十道，四川行省十道，安西轉運司分司二道，荆湖行省所轄湖南宣慰司三道，福建行省十道。

二十一年，增給各處鋪馬劄子：荆湖、占城等處本省二十道；荆湖北道宣慰司二道；所轄路分一十六處，每處二道；山東運司二道；河南運司七道；宣德府三道；江西行省五道；福建行省所轄路分七處，每處二道；司農司五道；四川行省所轄順元路宣慰司三道；思州、播州兩處宣慰司各三道；都省二十九道；阿里海涯所治之省，鋪馬聖旨十道，所轄宣慰司二處，各三道。

二十二年，給陝西行省并各處宣慰司行工部等處鋪馬劄子一百二十六道。

二十三年，福建、東京兩省，各給圓牌二面。奥魯赤出使交阯，先給圓牌二面。創立三處宣慰司，給劄子起馬三十匹。

二十四年，增給尚書省鋪馬聖旨一百五十道，并先給降一百五十道，共三百道。七月，給中興路、陝西行省、廣東宣慰司沙不丁等官鋪馬聖旨一十三道。二十五年，增給遼陽行省鋪馬劄子五道。十一月，福建行省元給鋪馬聖旨二十四道，增給劄子六道。二十六年，給光禄寺鋪馬劄子四道。三月，給海道運糧萬户府鋪馬聖旨五道。四月，四川紹慶府給鋪馬劄子二道，成都府六道，龍興行省增給五道，太原府宣慰司及儲峙提舉司給降二道。八月，給遼東宣慰司鋪馬劄子五道，江淮行省所轄浙東道宣慰司三道，紹興路總管府給降二道，甘肅行省所轄亦集乃總管府、河州、肅州三路給六道。十一月，增給甘肅行省鋪馬聖旨七道。

二十七年，增給陝西行省鋪馬聖旨五道。二月，都省增給鋪馬聖旨一百五十道，江淮行省一十五道。六月，給營田提舉司鋪馬聖旨二道。九月，江淮行省所轄徽州路水道不通〔四〕，給鋪馬聖旨二道。

二十八年，增給省除之任官鋪馬聖旨三百五十道。

三十年，立南丹州安撫司，給鋪馬聖旨二道。三月，兩淮都轉鹽使司增給鋪馬聖旨，起馬五匹。五月，給淘金運司鋪馬聖旨，起馬五匹，大司農司，起馬二十匹。八月，給劉二拔都圓牌三面，鋪馬聖旨一十五道。十月，增給濟南鹽運司鋪馬聖旨一道。

三十一年，給福建運司鋪馬聖旨起馬五匹。

至大三年，給嘉興、松江、瑞州路及汴梁等處總管府鋪馬聖旨各三道。

四年，詔拘收各衙門鋪馬聖旨，命中書省定議以聞。省臣言：「始者站赤隸兵部，後屬通政院。今通政院怠於整治，站赤消乏。合依舊命兵部領之。」從之。省臣又奏，「昨奉旨以站赤屬兵部，今丞相帖木迭兒等議：漢地之驛，令兵部領之；其鐵烈干、納鄰、末鄰等處蒙古站赤，仍付通政司院。」帝曰：「何必如此？但令罷通政院，悉隸兵部可也。」七月，復立通政院，領蒙古站赤〔五〕。十一月，給中政院鋪馬聖旨二十道。

皇慶元年，增給陝西行台鋪馬聖旨八道。六月，中書省臣言：「典瑞監掌金字圓牌及鋪馬聖旨三百餘道，至大四年凡聖旨皆納之於翰林，而以金字圓牌不收，增置五十面。蓋圓牌遣使，初爲軍情大事而設，不宜濫設。自今不納牌面，不經中書省、樞密院者，宜勿與。」從之。

延祐六年，沙、瓜州立屯儲總管府，給鋪馬聖旨六道。

泰定元年三月，遣官賑給帖里干、木憐、納憐等一百一十九站，鈔二十一萬三千三百錠，糧七萬六千二百四十四石八斗。北方站赤每加津濟，至此爲最盛云。

中書省所轄腹裏各路站赤，總計一百九十八處：

陸站一百七十五處，馬一萬二千二百九十八匹，車一千六十九輛，牛一千九百八十二隻，驢四千九百八頭。

水站二十一處，船九百五十隻，馬二百六十六匹，牛二百隻，驢三百九十四頭，羊百口。

牛站二處，牛三百六隻，車六十輛。

河南江北等處行中書省所轄，總計一百七十九處，該一百九十六站：

陸站一百六處，馬三千九百二十八匹，車二百一十七輛，牛一百九十二隻，驢五百三十四頭。

水站九十處，船一千五百一十二隻。

遼陽等處行中書省所轄，總計一百二十處：

馬六千五百一十五匹，車二千六百二十一輛〔六〕，牛五千二百五十九隻〔七〕。

狗站一十五處，元設站户三百，狗三千隻，後除絶亡倒死外，實在站户二百八十九，狗二百一十八隻。

江浙等處行中書省所轄，總計二百六十二處：

馬站一百三十四處，馬五千一百二十三匹。

轎站三十五處，轎一百四十八乘。

步站一十一處，遞運夫三千三十二户。

水站八十二處，船一千六百二十七隻。

江西等處行中書省所轄，總計一百五十四處：
馬站八十五處，馬二千一百六十五匹，轎二十五乘。
水站六十九處，船五百六十八隻。
湖廣等處行中書省所轄，總計一百七十三處：
陸站一百處，馬二千五百五十五匹，車七十輛，牛五百四十五隻，坐轎一百七十五乘，臥轎三十乘。
水站七十三處，船五百八十隻。
陝西行中書省所轄八十一處：
陸站八十處，馬七千六百二十九匹。
水站一處，船六隻。
四川行中書省所轄：
陸站四十八處，馬九千八十六匹，牛一百五十頭。
水站八十四處，船六百五十四隻，牛七十六頭。
雲南諸路行中書省所轄站赤七十八處：
馬站七十四處，馬二千三百四十五匹，牛三十隻。

水站四處，船二十四隻。

甘肅行中書省所轄三路：

脱脱禾孫馬站六處，馬四百九十一匹，牛一百四十九頭，驢一百七十一頭，羊六百五十口。

世祖受京兆分地，自燕京至開平府，復自開平府至京兆。始驗地理遠近，人數多寡，立急遞站鋪。每十里，或十五里、二十里，則設一鋪，於各州縣所管民户及漏籍户内僉起鋪兵。

中統元年，詔：「隨處官司，設傳遞鋪驛，每鋪置鋪兵五人，各處縣官，置文簿一道付鋪，遇有轉遞文字，當傳鋪即注名件到鋪時刻，及轉遞人姓名於籍上，令轉送人取下鋪押字交收時刻還鋪。稽滯者罪之。」鋪兵一晝夜行四百里。各路總管府委有俸正官一員，每季親行提點。州縣亦委有俸末職，上下半月照例。有稽遲及磨擦損壞文字，即將鋪司鋪兵科罪。

三年，定中書省文字轉遞外，其餘官府文字不得由急遞鋪轉送。各路總管府並總管軍官文字直申省者轉遞，不係申省者勿入遞。

至元八年，令各處成造軍器由急遞鋪轉送。又尚書省定例，隨路帳册重十斤以下可以擔負者，許入遞。

九年，左補闕祖立福合言：「諸路急遞鋪名，不合人情。急者，急速也。國家設官署名字，必須吉祥者爲美，宜更定之。」遂更爲「通遠鋪」。

二十年，留守司言：「初立急遞鋪時，取不能當差貧民，除其差發充鋪兵，又不敷者，於漏籍户内貼補。今富人欲避差發，求充鋪兵〔八〕。宜擇其富者令充站户〔九〕，站户之貧者充鋪兵。」從之。

二十八年，中書省以近年衙門衆多，文書繁冗，整治急遞鋪事例。凡入遞文字，其常事皆付承發司，隨所投去處，類爲一緘，排日發遣。其省部急速之事，方置匣子發遣。其匣子入遞，隨名造册呈省，或合添設户數亦仰明白議擬呈省。仍令各鋪照原行體例，并節續禁治條陳事理施行。又省部議：「亡宋收附以來，諸國悉平，比中統、至元之初，入遞文字，何啻百倍！若必以晝夜四百里責之，切恐往返頻數，疲勞不能解送。擬照原奉聖旨事意，除邊遠軍情緊急、差委使臣勾當外，應人入遞文字，責令總鋪依例類緘發遣。限一晝夜行三百里，江河風浪險阻不拘此限。並不得將文册十斤以上及一切諸物入遞，違者送所在官司究問。」

至治三年，命各處急遞鋪，每十鋪設一郵長，於州縣籍記司吏内差充。一歲之内能盡職者，從優補用；不能，提調官量輕重罪之。鋪兵每名，十二時辰輪子一個，鋪曆一本，二司行下一本，行省咨諸路申上一本，夾板一副，鈐攀一副，袖絹三尺，蓑衣一領，紅綽屏一座，并牌旗軟絹袱包一條，回曆一本。

弓手，主捕盜賊。京師南北城兵馬司外，則各州縣皆置之。

中統五年，頒建都詔書，内一款：「隨處府州驛路，應置巡馬及馬步弓手。於本路不論是何投下當差户計，及軍、站、人匠、打捕鷹房、斡脱、窰冶、諸色户計内，每一百户取中户一名充役。與免本户差發，在九十九户内均攤。若有失盜，勒令弓手立限盤捉。凡州縣相距五、七十里所有村店，及二十户以上者，設立巡防弓手，令本縣長官提調。若無村店處，或五、七十里創立聚落店舍，亦須及二十户。其巡軍設別，不在户數之内。關津渡口，必當置弓手處，不在此限。」

其夜禁之法：一更三點〔一〇〕，鐘聲絶，禁人行；五更三點，鐘聲動，聽人行。有急速公事及喪病、産子者，不在此限。

至元三年，省部議：「隨路户數不同，兼軍站不在差發之内，似難均攤。擬斟酌京府司縣合用人數，止於本處包銀絲線並止納包銀户計，每一百户選差中户一名當役，其差發令九十九户包納。」從之。

八年，御史臺言：「諸路宜選年壯熟嫻弓馬之人，以備巡捕之職。弓手數少者，亦宜增之。除捕盜外，不得别行差占。」

十六年，分大都南北兩城兵馬司，各主捕盜之任。南城三十二處，弓手一千四百名。北城十七處，弓手七百九十五名。

大德七年，以弓手糧税應民户包納，其中奸弊甚多，定合計徵糧驗實均包之法。

延祐二年，從江南行臺請，以各處弓手，往往致害人命，役三年者罷之，别於相應户内補换。

打捕鷹房户，多取移居、放良及漏籍孛蘭奚、還俗僧道，及招收亡宋舊役等户充之。其差發，除納地税、商税，依例出軍等六色宣課外，並免其雜泛差役。自太宗八年，抄籍分屬御位下及諸王、公主、駙馬各投下。世祖時，行尚書省重定其籍，永爲定制焉。

凡捕獵，自正月初一日始，至七月二十八日，除毒禽、猛獸外，禽獸孕卵者不得捕打，禁捕野猪、鹿、兔，違者罪之。詐稱打捕户捕獵者，罪之。

至元八年，禁捕天鵝、雌老仙鶴、鶻，違者没其妻子，與拿獲人。

十六年，詔：應管打捕鷹房人匠官，多將富民濫收，影射差徭。已收户内有不係此色人，不習此等業者，俱還民籍，違者罪之。

大德三年，禁捕禿鷲。打捕户折納貂皮舊例〔一一〕：虎皮一折貂皮五十張〔一二〕，熊皮一折十五張，鹿皮一折七張，豺狼〔一三〕、青狼皮一折十張〔一四〕，粉獐皮一折三張，金錢豹皮一折四十張〔一五〕，土豹皮一折十張〔一六〕，葫葉豹金絲織皮一折六張〔一七〕，山羊皮一折五張〔一八〕，狐皮一折二張。利用監新定折納貂皮：羊、麞〔一九〕、鹿皮及麖鹿一折七張，貉皮〔二〇〕、花熊皮一折十五張，山鼠皮一折一張〔二一〕，雞翎鼠皮十折一張，飛生鼠皮一折六張〔二二〕，分鼠皮四折一〔二三〕，掃鼠皮五折一張〔二四〕。

御位下打捕鷹房官：

一所，權官張元，大都路寶坻縣置司，元額七十七户。

一所，王阿都赤，世襲祖父職，掌十投下、中都、順天、真定、宣德等路諸色人匠打捕等户，元額一百四十七户。

一所，管領大都等處打捕鷹房民户達魯花赤石抹也先，世襲祖父職，元額一百一十七户。

一所，管領大都路打捕鷹房等官李脱歡帖木兒，世襲祖父職，元額一百二十八户。

一所，宣授管領大都等處打捕鷹房人匠等户達魯花赤黄也速觧兒，世襲祖父職，元額五十户。

一所，管領鷹房打捕人匠等户達魯花赤移剌帖木兒，世襲祖父職，元額一百五十七户。

一所，宣授管領打捕鷹房等户達魯花赤阿八赤，世襲祖父職，元額三百五十五户。

一所，宣授管領大都等路打捕鷹房人户達魯花赤寒食，世襲祖父職，元額二百四十三户。

諸王位下：

汝寧王位下，管領民匠打捕鷹房等户官，元額二百一户。

不賽因大王位下，管領本投下大都等路打捕鷹房諸色人匠達魯花赤都總管府，元額七百八十户。

天下州縣所設獵户：

腹裏打捕户，總計四千四百二十三户：河東宣慰司打捕户，五百九十八户。晉寧路打捕户，三百三十二户。大同路打捕户，百一十五户。冀寧路打捕户，二百五十一户。上都留守司打捕户，三百九十七户。宣德提領所打捕户，一百八十二户。山東宣慰司打捕户，三百九十七户〔二五〕。益都路打捕户，四十三户。濟南路打捕户，三十六户。般陽路，二十一户。東平路，三十四户。曹州，八十四户。德州，一十户。濮州，三十户。泰安州，五户。東昌路，一户。真定路，九十一户。順德路，一十九户。廣平路，一十九户。冠州，五户。恩州，二户。彰德，三十七户。衛輝路，一十六户。大名路，二百八十六户。保安路，三十一户。河間路，二百五十二户。隨路提舉司，一千一百九十一户。河間鷹房府，二百七十六名。都總管府，七百五十六。

遼陽大寧等處打鷹捕房官捕户，七百五十九户：東平等路打捕鷹房捕户，三百九户。隨州、德安、河南，襄陽、懷孟等處打捕鷹房官捕户，一百七十二户。扠捕提領所捕户，四十户。高麗鷹房總管捕户，二百五十户。

河南等路打捕鷹房官捕户，一千一百四十二户：益都等處打捕鷹房官捕户，五百二十一户。河北、河南、東平等處打捕鷹房官捕户，三百户。隨路打捕鷹房總管捕户，一百五十九户。真定、保定等處打捕鷹房官捕户，五十户。淮安路鷹房官捕户，四十七户。揚州等處打捕鷹房官捕户，七十二户。

宣徽院管轄淮東、淮西屯田打捕總管府司屬打捕衙門，提舉司十處，千户所一處，總一萬四千三百二户：淮安提舉司，八百五十八户。安東提舉司，九百一十二户。招泗提舉司，四百六十五户。鎮巢提舉司，二千五百四十户。蘄黄提舉司，一千一百一十二户。通泰提舉司，七百四十九户。塔山提舉司，六百四十四户。魚網提舉司，二千五百一十九户。打捕手號軍上千户所打捕軍，六百四户。

【校勘記】

〔一〕「一」，疑當作「義」。

〔二〕「輸」，原作「輪」，《元史》卷一〇一志第四十九《兵四》同，據文意改。

〔三〕「十道」，《元史》卷一〇一志第四十九《兵四》同。按「十道」上當補「各」字。

〔四〕「道」，原作「通」，據《元史》卷一〇一志第四十九《兵四》改。

〔五〕「七月」，《元史》卷一〇一志第四十九《兵四》作「閏七月」。「蒙古」，「古」字原脱，據《元史》卷一〇一志第四十九《兵四》補。

〔六〕「輛」，原作「兩」，據《元史》卷一〇一志第四十九《兵四》改。

〔七〕「百」，原作「兩」，據《元史》卷一〇一志第四十九《兵四》改。

〔八〕「求」，原作「永」，據《元史》卷一〇一志第四十九《兵四》改。

〔九〕「站户」，原作「貼户」，據《元史》卷一〇一志第四十九《兵四》改。

〔一〇〕「一更三點」，原作「三更之點」，據《元史》卷一〇一志第四十九《兵四》及元蘇天爵《國朝文類》卷四一改。

〔一一〕「貂皮」，「皮」字原脱，據《大元聖政國朝典章》三十八《兵部》卷之五補。以下「打補户折納皮舊例」及「利用監新定折納貂皮」，原錯行誤植甚多，均據《大元聖政國朝典章》乙正。

〔一二〕「虎皮一」，原作「虎皮貂」，據《大元聖政國朝典章》三十八《兵部》卷之五改。

〔一三〕「豺狼」，原作「豺一」，據《大元聖政國朝典章》三十八《兵部》卷之五改。

〔一四〕「十張」，原作「五張」，據《大元聖政國朝典章》三十八《兵部》卷之五改。

〔一五〕「四十張」，原作「狼十張」，據《大元聖政國朝典章》三十八《兵部》卷之五改。

〔一六〕「土豹皮」，「皮」字原脱，據《大元聖政國朝典章》三十八《兵部》卷之五補。

〔一七〕「織」，原作「絨」，據《大元聖政國朝典章》三十八《兵部》卷之五改。

〔一八〕「山羊」，原作「山四」，據《大元聖政國朝典章》三十八《兵部》卷之五改。

〔一九〕「麞」，原作「麈」，《大元聖政國朝典章》三十八《兵部》卷之五亦誤，據文意改。

〔二〇〕「貊」，原作「豹」，據《大元聖政國朝典章》三十八《兵部》卷之五改。

〔二一〕「山鼠」，原作「例鼠」，據《大元聖政國朝典章》三十八《兵部》卷之五改。

〔二二〕「飛生鼠皮一折六張」，原作「飛生鼠十折一」，據《大元聖政國朝典章》三十八《兵部》卷之五作「飛生皮一張折六張」，脱「鼠」字。

〔二三〕「分鼠皮」，原作「山分鼠」，據《大元聖政國朝典章》三十八《兵部》卷之五改。
〔二四〕「掃鼠皮」，原作「鼠掃張鼠皮」，據《大元聖政國朝典章》三十八《兵部》卷之五删。
〔二五〕「宣德提領所打補户一百八十二户」、「山東宣慰司打補户三百九十七户」二句原重，《元史》卷一〇一志第四十九《兵四》同，據文意删。

新元史卷之一百二　志第六十九

刑法志上

元之刑法，論者謂得之仁厚，失之縱弛，是不然。蒙古初入中原，百司裁決率依金律。至世祖，始取見行格例，頒之有司，爲《至元新格》。然帝臨時裁決，往往以意出入增減，不盡用格例也。其後挾私用譎之吏，夤緣放效，骫法自顓，是謂任意而不任法，非縱弛之過也。嗚乎！以世祖之仁明，成宗之寬恕，不能損益古今，權衡中外，以制一代之刑典。乃謂古今不必相沿，中外不必强同。其去整齊畫一之規，遠矣！今博采舊聞，爲《刑法志》，俾後之人有以推究其得失焉。

刑律上

太祖六年，敗金人於烏沙堡，得金降將郭寶玉。寶玉上言：「建國之初，宜頒新令。」帝從之。於是頒條畫五章，如「出軍不得妄殺，刑獄惟重罪處死，其餘雜犯量情笞決」是也。是爲一代制法之始。

及中原略定，州縣長吏生殺任情，甚至没人妻女。耶律楚材奏請：「因當大辟，必待報。違者論死。」從之。

太宗即位，楚材又條便宜十八事，如：州縣非奉上令，敢擅行科差者，罪之。蒙古、回鶻、河西人，種地不納税者，死；監主自盜官物者，死；應犯死罪者，具由申奏待報，然後行刑，皆著爲令。

六年，帝在達蘭達巴之地，大會諸王、百官，頒條令曰：

凡當會不赴而私宴者，斬。

諸入宫禁，從者男女，以十人爲限。

軍中十人，置一甲長，聽其指揮，專擅者罪之。

其甲長以事來宫中，即置權攝一人、甲外一人，二人不得擅自往來，違者罪之。

諸公事非當言而言者，拳其耳；再犯，笞；三犯，杖；四犯，論死。

諸千户越萬户前行者，以木鏃射之；百户、甲長、諸軍有犯者，其罪同；不遵此法者，斥罷之。

諸人或居室，或在軍中，毋敢喧呼。

盜馬一、二匹者，即論死。

諸人馬不應絆於克哷蘇嚕克内者，輒没與畜虎豹人。

諸婦人製濟遜燕服不如法者，及妬者，乘以騸牛徇部中，論罪，即聚財爲更娶。

憲宗時，世祖在潛邸，駐蹕桓、撫二州，燕京斷事官伊囉斡齊與布智兒等，一日殺二十八人。其一人盜馬者，已杖而釋之，有獻環刀者，乃追還杖者，手試刃斬之。帝聞而責之曰：「凡死罪，當詳讞而後行刑。今一日殺二十八人，冤濫多矣！况已杖而復斬之，此何刑也？」布智兒慚懼不能對。

及即位，頒建元詔書，内一款：「凡犯罪至死者，如府州審問獄成，便行處斷，則死者不可復生，斷者不可復續。案牘繁冗，須臾斷決，萬一差誤，人命至重，悔將何及，朕實哀之。今後凡有死刑，仰所在有司推問得實，具情事始末及斷定招款，申宣撫司再行審覆無疑，呈中書省奏聞，待報處決。」

中統四年，中書省奏准條畫：鞫、勘罪囚，仰達魯花赤、管民官一同研問，不得轉委通事、必闍赤人等推勘。婦人犯罪，有孕，應拷及決杖笞者，須候産後百日決遣；臨産者，召保聽候出産，二十日復追入獄，無保及犯死罪者，令婦人入禁省視。

五年，頒立中書省詔書，内一款：「諸州司縣，但有疑惑，不能決斷者，與隨即申解本路上司。若仍有疑惑不能決者，申部。犯死罪，枷、杻收禁，婦人去杻。杖罪以下鎖收。」又頒建都詔書，内一款：「失盜，勒令當該弓手立三限收捕。如限内不獲，其捕盜官，强盜停俸兩月，竊盜一月。外弓手如一月不獲强盜，的決一十七下，竊盜七下；兩月，强盜再決二十七下，竊盜一十七下；三月，强盜再決三十七下，竊盜二十七下。如限内獲賊及半者，全免本罪。」

至元八年，始禁用金《泰和律》。

十一年，禁用宋鞭背、黥面及諸濫刑。

十六年，御史中丞崔彧言：「憲曹無法可守，是以奸人無所顧忌。宜定律令，以爲一代之法。」命與御史大夫月呂魯那演議之。

二十三年，中書省臣言：「比奉旨：爲盜者毋釋。今竊盜數貫及佩刀微物，與童幼竊物者，悉令配役。臣等議：一犯者杖釋，再犯依法配役爲是。」帝曰：「朕以漢人徇私，用《泰和律》處斷，致盜賊滋衆，故有是言。人命至重，今後非詳讞者，勿輒殺人。」

二十七年，江淮行省平章政事沙不丁以倉庫官盜竊官糧，請依宋法黥面、斷其腕。帝曰：「此回回法也。」不聽。

是年，命中書參知政事何榮祖以公規、治民、禦盜、理財等十事，輯爲一書，名曰《至元新格》。二十八年，書成，勅刻板頒行，俾百司遵守。其刑律條件之可考者：

諸杖罪五十七以下，司縣斷決；八十七以下，散府、州、軍斷決；一百七以下，宣慰司、總管府斷決。配流、死罪，依例勘審完備，申刑部待報，申札魯忽赤者亦同。

諸季報罪囚，當該上司，皆須詳視，但有淹滯，隨即舉行。其各路推官，既使專理刑名，察獄有不平者，即聽推問明白，咨申本路改正。若推問已成，他司審理或有不實不盡，聽招狀問實待報。若犯人翻案，家屬稱冤，聽牒本路移推。其證驗已明者，不在移推之例。

諸見禁罪囚，各處正官每月分輪檢視。凡禁繫不究，淹滯不決，患病不治，並囚糧依時不給者，須隨時訊問，肅政廉訪司依上審察。其京師獄囚，中書省、刑部、御史臺、札魯忽赤各須委問官一員審理。冤者辨明，遲者督催，釋者斷遣。

諸鞫問罪囚，必先參照元發事件，詳審研窮，並用證佐追究。若事情疑似，贓伏已明，而隱匿不招者，與連職官員同署依法拷問。其指告不明，無證佐可據者，須以理推尋，不得輒加拷掠。

諸行省、行院，凡於所屬，若管民官撫治不到，以致百姓逃亡，管軍官鎮守不嚴，以致盜賊滋興，須審其所由，依理究治。

諸行院到任，取會所管地方，見有草賊起數，嚴諭各處軍民官，各使鎮守有法，招捕得宜。仍將見有起數，先行報院。每季具已未招捕起數，咨院呈省施行。

諸草賊招捕，既平之後，仍須區處得宜，嚴責各管官司，毋令疏失。

諸捕盜官，如能巡警盡心，使境内盜息者爲上；雖有過失起數，而限内全獲者爲次。其因失盜，累經責罰，未獲數多者爲下。到選之日，考其實際，以定升降。

其江南現有草賊去處，若平治有法，另議聞奏升擢。

諸獄訟原告明白，易爲窮治。官司凡受詞狀，即須子細詳審。若指陳不明，及無證驗者，省會別具的實文狀，以憑勾問。其所告情事重大，應掩捕者不拘此例。

諸獄訟之繁，婚、田爲甚。其各處官司，宜使媒人通曉不應成婚之例，使牙人知買賣田宅違法之例，寫狀詞人知應告不應告之例，仍取管不違，甘給文狀，以塞起訟之源。

諸訴婚姻、家財、田宅、債負，若不係違法重事，並聽社長以理諭解，免使妨廢農務，煩擾官司。

諸詞訟，若證驗無疑，斷例明白，而官吏看詳，故有枉錯者，雖事已改正，其原斷情由，仍須究治。

諸官司聽訟事理，自始初究問，及中間施行，至末後歸結，另置簿朱銷。其肅政廉訪司專行照刷，無致淹滯。大致取一時所行事例，編爲條格而已，不比附舊律也。

三十一年，刑部尚書尚文以遠近稟決獄制不一，請依古律令以定憲章。不報。

元貞元年，御史臺臣言：「先朝決獄，隨罪輕重，笞杖異施，今止用杖，乞如舊制。」帝不允。

二年，命中書參知政事何榮祖等更定律令。帝諭榮祖曰：「律令，良法也。宜早定之。」對曰：「臣所擇者三百八十條，一條有該三四事者。」帝曰：「古今異宜，不必相沿，但取宜於今者。」

大德五年，詔：「凡獄囚禁，係累年疑不能決者，令廉訪司申省臺詳讞。」仍爲定例。

是年，定强竊盜條格：凡盜人孳畜者，取一償九。

七年，定諸改補鈔罪例：爲首者杖二百有七，從者減二等；再犯，從者杖與首同。

詔：凡爲匿名書，辭語重者誅之，輕者配流，皆沒其妻子。

定大都南北兵馬司姦盜等罪，六十七以下付本路，七十七以上付也可札魯忽赤。

是年，諭中書省、樞密院、御史臺，内外大小衙門官吏軍民人等曰：「慶賞刑罰，國之大柄，二者不可偏廢。朕自即位以來，恪遵世祖成憲，優禮臣下，期於履正奉公，以稱朕懷，不務出此。若平章政事伯顔，暗都剌、右丞八都馬辛等，營私納賄，蒙蔽上下，以致政失其平，民受其弊。今已籍没家資，役戍邊遠，明正其罪。是用更張，以清庶務。以近年所定贓罪條例，互有重輕，特敕中書省集議，酌古準今，爲十二章。自今伊始，凡内外有官守者，其洗心滌慮，奉職忠勤，無俾吾民重困，式符委任責成之意。」

所謂十二章者，枉法五章，曰：一貫至十貫，四十七下；不滿貫者，量情決斷，依例除名。曰：十貫以上至二十貫，五十七下。曰：二十貫以上至三十七貫，七十七下。曰：三十貫以上至一百貫，八十七下。曰：二百貫以上，一百七下。不枉法七章：一貫至二十貫，笞四十七〔一〕，本等敘；不滿貫者，量情斷罪，解見任別行求仕。二十貫以上至五十貫，五十七下，注邊遠一任。五十貫以上至一百貫，六十七下，降一等。一百貫以上至一百五十貫，七十七下，降二等。一百五十貫以上至二百貫，八十七下，降三等。二百貫以上至三百貫，九十七下，降四等。三百貫以上，一百七下，除名不敘。

所謂枉法者，斷令有理：

一，受訖無理人錢物。

一，受訖有罪人錢物脱放。

一，受訖有罪人錢物，刑及無辜。

一，教令有罪人妄指平民，取受錢物。

一，違例賣官，及横差民户充倉庫官、祗待、頭目、鄉里正等，許取錢物。

不枉法者：

一，饋獻率斂津助人情推收過割，因事索要勾事紙筆等錢，及倉庫院務搭帶分例關津批驗等錢。其事多端，不能盡舉。

一，與錢人本宗事無理或有罪，買囑官吏求勝脱免，雖已受贓，其事未曾枉法結絶，合從不枉法論，其贓物結没。

一，與錢人本宗事無理，或買囑官吏求勝脱免者，不論其事已未結絶及自首，俱合没官。

一，與錢人本宗事雖有理，用錢買囑官吏，要將對訟人凌虐重斷，不遂其意，告發到官，即係行賕，亦合没官。

一，營求勾當贓錢，及求仕人雖依理合用，當該官吏不曾刁蹬乞取行賕，疾早定奪，或不遂其意告發到官者。

一，騙脅科斂等錢，畸零不能給散，或不能盡見出錢，入花名隨事議設。

一，與錢人本宗事有理，官吏刁蹬取受，告發到官，合給主。

終元之世，科贓罪皆依十二章決罰，屢申明其制，以儆官吏焉。

八年，詔：「内郡、江南人，凡爲盜黥，三次者，謫戍遼陽；諸色人及高麗，三次，免黥，謫戍湖廣。」未幾，仍禁黥面法不用。

至大二年，皇太子言：「宣政院先奉旨：毆西僧者，截其手；詈者，斷其舌。此法昔所未聞，有乖國典，乞更其令。」從之。

是年，中書省臣言：「律令者，治國之急務，當以時損益。世祖有旨：金《泰和律》勿用，令老臣通法律者參酌古今，從新定制，至今尚未行。臣等謂：律令重布，未可輕議。請自世祖即位以來所行條格，校讐歸一，遵而行之。」未幾，尚書省臣又言：「國家地廣人衆，古所未有，累朝格例前後不一，執法之吏輕重任意。請自太祖以來所行政令九千餘條，删除繁冗，使歸於一。」並從之。於是刑律之出入牴牾者，始稍稍改正云。

仁宗即位，又命右丞相阿散，平章政事、商議中書省事劉正等，擇開國以來法制事例，彙集折衷，以示所司。其大綱有三：一曰詔制，二曰條格，三曰斷例。經緯於格例之間，非内外職守所急者，亦附載之，名曰别敕。延祐三年，書成，勑樞密院、御史臺、翰林國史、集賢院諸臣相與是正之。至治三年，又命樞密副使完顔納丹、侍御史曹伯啟、也可札魯忽赤普顔、集賢學士欽察、翰林直學士曹元用等，就前書而損益之，名曰《大元通制》。仍取延祐二年以後所未類者附著焉。

凡詔制爲條九十四，條格爲條一千一百五十有一，斷例爲條七百一十有七，令類五百七十有七，共二千五百三十九條。其類二十有一：曰名例，曰衛禁，曰職制，曰祭令，曰學規，曰軍律，曰户婚，曰食貨，曰十惡，曰姦非，曰盜賊，曰詐端，曰訴訟，曰鬭毆，曰殺傷，曰禁令，曰雜犯，曰捕亡，曰恤刑，曰平反，曰贖刑。

名例爲法之本。

一曰五刑：笞刑六，自七下至五十七，每十爲一等加減。杖刑五，自六十七至一百七，每十爲一等加減。徒刑五，徒一年，杖六十七；年半，杖七十七；二年，杖八十七；二年半，杖九十七；三年，杖一百七；每杖十及徒半年爲一等加減。流刑三，二千里比徒四年，二千五百里比徒四年半，三千里比徒五年。死刑二，斬、凌遲處死。

一曰五服：斬衰，三年，子爲父、婦爲夫之父之類。齊衰，有三年、杖期、不杖期、五月、三月之别，爲母、爲夫之父母之類。大功，有九月、殤七月之别，爲同堂兄弟、爲姑姊妹適人者之類。小功，五月，爲伯叔祖父母，爲再從兄弟之類。緦麻，三月，爲族兄弟、爲族曾父母之類。

一曰十惡：謀反，謂謀危社稷。謀大逆，謂毁宗廟山陵及宮闕。謀叛，謂背國從僞。

惡逆，謂毆及謀殺祖父母、父母，殺伯叔父母、姑、兄、姊、外祖父母、夫〔二〕、夫之祖父母、父母者。不道，謂殺一家非死罪三人，及支解人、造畜蠱毒、魘魅者。大不敬，謂盜大祀神御之物、乘輿服物，盜及僞造御寶，合和御藥誤不如本方，及封題誤，若造御膳誤犯食忌，御幸舟船誤不牢固，指斥乘輿，及對捍制使而無人臣之禮者。不孝，謂告言詛詈祖父母、父母；及祖父母、父母在，别籍異財，若供養有闕；居父母喪，身自嫁娶，若作樂釋服從吉；聞祖父母、父母喪，匿不舉哀；詐稱祖父母、父母死者。不睦，謂謀殺及賣緦麻以上親，毆、告夫及大功以上親、小功尊屬。不義，謂殺本屬府主、刺史、縣令、見受業師，吏卒殺本部五品以上官長，及聞夫喪匿不舉哀，若作樂釋服從吉及改嫁者。内亂，謂姦小功以上親、父祖妾，及與和者。

一曰八議：議親，謂皇帝袒免以上親及太皇太后、皇太后緦麻以上親，皇后小功以上親。議故，謂故舊。議賢，謂有大德行。議能，謂有大才業。議功，謂有大功勳。議貴，謂職事官三品以上、散官二品以上及爵一品者。議勤，謂有大勤勞。議賓，謂承先代之後爲國賓者。

至獄具，則有枷、杻、鎖、鐐、杖五者之制。枷長五尺以上、六尺以下，闊一尺四寸以上、一尺六寸以下。杻長一尺六寸以上、二尺以下，闊三寸，厚一寸。鎖長八尺以上、一丈二尺以下。鐐連環重三斤。杖長三尺二寸，毋以筋膠裝釘。凡三等：笞杖，大頭徑二分七釐，小頭徑一分七釐；杖徒，大頭徑三分二釐，小頭徑二分二釐；訊杖，大頭徑五分五釐，小頭徑三分二釐。決訊者，並用小頭。

笞杖以七起數者：世祖建元以前，斷獄皆用成數，如匿稅者笞五十，犯私盜者杖七十，私宰馬牛者杖一百，舊法猶有存者。大德中，刑部尚書王約言：「國朝用刑寬恕，笞杖十減其三，故笞一十減七。今之杖一百者，宜止九十七，不當又加十也。」議者憚於改正，其事遂寢。

至於死刑，有斬無絞，以絞、斬相去不至縣絶，且從降一等言之，斬之降即爲杖一百七籍流，猶有幸不至死之理焉。

延祐六年，更定諸盜例：

一，强盜持杖傷人，雖不得財，皆死。不傷人、不得財，斷一百七，徒三年。但得財，斷一百七，交出軍。二十貫，爲首者敲，爲從者一百七，出軍。不持杖傷人，造意、爲首、下手者敲。不曾傷人、不得財，斷八十七，徒二年。十貫以下，斷九十七，徒二年半。至二十貫，斷一百七，徒三年。至四十貫，爲首者敲，餘人斷一百七，出軍。

一，因盜而姦，同强盜傷人論，餘人依例斷罪。

一，兩次作賊者，敲。

一，初犯，偷盜駝、馬、牛，爲首者斷一百七，出軍；爲從斷九十七，徒三年。

一，盜驢騾，爲首者斷八十七，徒二年；爲從斷七十七，徒一年半。

一，盜羊豬，爲首者斷七十七，徒一年半；爲從斷七十七，徒一年。

一，盜財物，三百貫以上者，斷一百七，出軍。一百貫以上者，斷一百七，徒三年。自一百貫至四十貫，凡四等，其杖以十爲差，徒以半年爲差。十貫以上者，斷六十七，徒一年；以下者，六十七，斷放；爲從者，減一等斷配，以至元鈔爲則。已行不得財者，五十七；謀而未行者，四十七，斷放。

一，曾經出軍徒配再犯者，敲。

一，經斷放，十貫以下者，再犯，爲首者出軍，爲從徒三年。

一，籍記拘檢者，經五年不犯，聽保甲除籍。如能告及捕獲强盜者，一名減二年，二名除籍；竊盜，一名減一等，五名除籍。除籍後再犯，終身拘籍。

天曆二年，更定遷徙例。凡應徙者，驗所居遠近，移之千里；在途遇赦，皆得放還。如不悛再犯，徙於本省不毛之地；十年無過，則量移之。其人死，妻子聽歸原籍。著爲令。

元統元年，定婦人犯私鹽罪，著爲令。

後至元元年，中書員外郎陳思謙言：「强盜但傷事主者，皆得死罪。而故殺從而加功之人，與鬬而殺人者，例杖一百七下，得不死，與私宰牛馬之罪無異。是視人與牛馬等也，法應加重。因姦殺者，所姦妻妾同罪。律有明文。今止科姦罪，似失推明。」勅刑部改定，著爲令。

二年，詔：「强盜皆死；盜牛馬者劓；盜騾驢者鯨額，再犯劓；盜羊豕者墨項，再犯鯨，三犯劓，劓後再犯者死；盜諸物者，倍價償之。」著爲令。自大德以來，竊盜依例刺斷，祇鯨面而已，無劓法。元之末造，欲重懲盜竊，以遏亂源，至用古肉刑之法，然無救於亡也。

贖刑之例四：諸牧民官，公罪之輕者；諸職官，犯夜者；諸年老七十以上、年幼十五以下〔三〕，不任杖責者；諸罪人癃篤殘疾，不任杖責者。元貞元年，刑都議准，每杖笞一下，擬罰贖中統鈔一貫。

【校勘記】

〔一〕「笞四十七」，原作「四十貫」，據《元史》一〇二志第五十《刑法》改。

〔二〕「夫」，原脱，據《元史》卷一〇二志第五十《刑法》及《唐律疏議》卷三〇、《通典》卷一六五改。

〔三〕「年」，原作「者」，屬上讀，據《元史》卷一〇二志第五十《刑法》及王圻《續文獻通考》卷一七一《刑考》改。

新元史卷之一百三　志第七十

刑法志下

刑律下　蒙古人及僧道訊斷法　赦令

刑律之條格，畫一之法也。斷例，則因事立法，斷一事而爲一例者也。詔制，則不依格例而裁之，自上者也。

中統二年，陝西四川行省乞就決邊方重刑，帝不許。

三年，江漢大都督史權以趙百户挈衆逃歸，斬之。詔：「自今部曲犯重罪，鞫問得實，必先奏聞，然後置於法。」

至元二年，詔：「隨路私商，曾入南界者，首實充軍。」

五年，田禹坐妖言，敕減死，流之遠方。濟南王保和坐妖言惑衆，敕誅首惡五人，餘勿論。是年，詔遣官審理諸路寃滯。正犯死罪明白，各正典刑；其雜犯，死罪以下，量斷遣之。

七年，尚書省契勘舊例，居父母喪及夫喪而嫁娶者，徒三年，各離之；知而爲婚者，各減三等。今議得定立格限，自至元八年正月一日爲始已前，有居父母喪、夫喪内婚娶者，准以婚書爲定，後犯者依法斷罪聽離。

八年，四川行省也速帶兒言：「比因饑饉，盗賊滋多，宜加顯戮。」詔羣臣議之。安童以爲：「强盗偷竊，一皆處死，恐非所宜；罪至死者，仍依舊待命。」從之。尚書省臣言：「在先重囚待報，直至秋分已後施行，每半年内多瓒下淹住。議得以後重囚，經省部推問，再交監察御史覆審無冤，不待秋分，逐旋施行。」從之。

是年，敕有司毋留獄訟，以致越訟，違者官民皆罪之。

十一年，有司斷死罪十五人，詔加審覆。其十三人因鬬毆殺人，免死充軍，餘令再三審覆以聞。

十四年，敕犯盗者皆處死。符寶郎董文忠言：「盗有强、竊，贓有多少，似難悉寘重典。」帝韙其言，遽命止之。

十五年，順德路總管張文焕、太原府達魯花赤太不花，以按察使發其奸贓，遣人詣省自首，反以罪誣按察使。御史臺臣奏：「按察使即有罪，亦不應因事反告。宜待文焕等事決，方聽其訟。」其後同知揚州總管府事董仲威坐贓罪，行省方按其事，仲威反誣行省官以他事。詔免仲威官，没其産十之三。二事同，而科斷之不一如此。

收括闌遺官也先闊闊帶等，坐易官馬、闌遺人畜，勑免其罪，以諸路官兼管收括闌遺，如官吏隱匿及擅易馬匹、私配婦人者，没其家。

十六年，詔有官守不勤於職者，勿論漢人、回回，皆論死，且没其妻子。是時，阿合馬用事，奸贓狼籍，故勸帝嚴刑竣法，以鉗士大夫之口焉。勑諸路所捕盜，初犯贓多者死，再犯贓少者從輕罪論。阿合馬言：「有盜以舊鈔易官庫新鈔百四十錠者，議者謂罪不應死。盜者之父執役臣家，臣如徇議者之言，寧不自畏！」詔論死。

十九年，和禮和孫言：「去年中山府奸民薛寶住爲匿名書來上，妄效東方朔事，欺妄朝廷，希覬官爵。」勑誅之。又言：「自今應訴事者，必須實書其事，赴省、臺陳告。敢以匿名書告事，重者處死，輕者流遠方。能發其事者，給犯人妻子，仍以鈔賞之。」從之。

耶律鑄言：「前奉詔，殺人者死，仍徵燒埋銀二十兩。後止徵二錠，其事太輕。臣等議：依蒙古人例，犯者没一女入仇家，無女者徵銀四錠。」從之。

是年，王著、高和尚殺阿合馬，帝震怒，戮著等，並殺樞密副使張易，皆醢之。其後，帝悟阿合馬之姦，追論其罪，剖棺戮尸，醢其二子，又戮其第三子，剥皮以徇。帝欲重懲奸吏，故用法特嚴。然剥皮及葅醢之法，唐、宋以來所未有也。

二十年，禁雲南没人口爲奴及黥其面者。舊制：雲南重囚，便宜處決。帝恐濫及無辜，勅今後凡大辟罪，仍須待報。

刑部尚書呈：「鞫問罪囚，笞、杖、枷、鎖，凡諸獄具，已有聖旨定制。自阿合馬擅權以來，專用酷吏爲刑部官，謂如刑部侍郎王儀，獨號慘刻，自創用繩索法，能以一索縛囚，令其徧身痛苦，若復稍重，四肢斷裂。至今刑部稱爲『王侍郎繩索』，非理酷虐，莫此爲甚！今參詳内外官司，推勘罪囚獄具，合依定制，不得用王侍郎繩索。各處推官司獄以至押獄禁卒人等，皆當擇用循良，庶得政平訟理。」又御史臺准中丞崔少中牒：「鞫獄之制，自有定制。比年以來，外路官府酷法虐人，有不招承者，跪於磁芒碎瓦之上，不勝痛楚。人不能堪，罪之有無，何求不得？其餘法外慘刻，又不止此。今後似此鞫問之慘，自内而外，通行禁斷。如有違犯官吏，重行治罪，似合體國家恤刑之至意，去酷吏婪虐之餘風，天下幸甚！」中書省並照驗施行。

二十二年，西川趙和尚自稱宋福王後，真定劉驢兒有三乳，自以爲異，謀不軌，皆磔之。至元四年，刑部議：謀反者處死，家人斷鷹房子種田，無磔裂之刑也。至是，則奉詔勅所降云。

二十八年，敕江南重囚，依舊制聞奏處決。監察御史言：「沙不丁、納速剌丁滅里克、王巨濟、璉真珈、沙的、教化，皆桑哥黨羽，受贓肆虐，使江南之民愁怨載路。今或繫獄，或釋之，此臣所未喻者。」帝曰：「桑哥已誅，滅里納速剌丁下獄，惟沙不丁朕姑釋之耳。」其後，納速剌丁滅里以盜取官民鈔十三萬錠，忻都以徵理逋負迫殺五百二十人，皆伏誅。王巨濟無贓，帝以與忻都同惡，並誅之。中書省臣言：「妄人馮子振嘗爲詩諛桑哥，及桑哥敗，即告撰桑哥德政碑者，引喻失當，乞治罪。」帝曰：「諸臣何罪？使以諛桑哥爲罪，則在廷諸臣誰不譽之者？朕亦嘗譽之矣！」釋不問。

二十九年，懷孟路河內縣民劉蹺、搭蓋，小薛大王掃里，本路笑薛同知笞劉蹺背一十七下，身死。分司僉事趙朝列牒肅政廉訪司，稱：「嘗讀唐《貞觀政要》所載，太宗閱銅人，見人之五臟皆係於背，詔天下勿鞭背。可謂人君知愛民之本，爲萬世之龜鑑也。今朝廷用刑，自有定制。有司不據科條，輒因暴怒，濫用刑辟，將有罪之人，褫去衣服，笞背考訊，往往致傷人命，深負朝廷好生之德。若不禁治，事關至重。」中書省議准，禁治施行。

元貞元年，湖州司獄郭玘訴浙西廉訪司僉事張孝思多取廩餼，孝思下玘於獄。行臺令御史楊仁往鞫，而江浙行省平章政事鐵木而逮孝思至省訊問，又令其屬官與仁同鞫玘事。仁不從，行臺以聞。詔省、臺遣官鞫問，既引服，皆杖之。二年，御史臺臣言：「官吏受賕，初訊辭服，繼以審覆，而有司徇情，致令異詞者，乞加等論罪。」從之。
詔諸人告捕盜者，强盜一名質鈔五十貫，竊盜半之，應捕者又半之，皆徵諸犯人；無可徵者，官給之。
大德元年，大都路總管沙的坐贓當罷，帝以故臣子，特減其罪，俾還舊職。崔彧言不可，帝曰：「卿與中書省臣戒之，若復然，則置之死罪矣。」
是年，温州路平陽州民陳空崖坐禪説法，旗號僞寫「羅平國正治元年」。敕陳空崖及爲首諸人並處斬，没其妻子財産。
四年，前行省參知政事張頤孫及其弟珪伏誅於隆興市。初，頤孫爲新淦富人胡制機養子，後制機生子而卒，頤孫利其貲，與弟珪謀殺制機子，賂縣吏獲免。其僕胡宗訴主之冤於官。敕誅頤孫兄弟，還其貲於胡氏。
晉州達魯花赤捏克伯詐稱母死奔喪，給假，到解州迎其妻子。敕將捏克伯罷職斷罪，仍追離職月日俸還官。
五年，敕軍士殺人奸盜者，令軍、民官同鞫。中書省臣言：「舊制：京師州縣捕盜止從兵馬司，有司不與，遂致淹滯。自今輕罪乞令有司决遣，重者從宗正府聽斷，庶不留獄，且民不冤。」從之。御史臺臣言：「軍官元帥、百户、千户等子弟，承襲承替，就帶原降虎符，比之民官優寵甚重。請令後軍官但犯一切不公不法罪名者，無分輕重，依十三等例，與民官一體科斷。」從之。

五年，河南民殷丑厮等詐稱神靈，扇惑人衆。殷丑厮及信從知情不舉者，皆處斬，没其妻子。

六年，詔千户、百户等自軍中逃歸，先事而逃者罪死，敗而後逃者杖之，没其妻、女。又軍官除邊遠出征外，其餘遇祖父母、父母喪，依民官例立限奔赴。

七年，南劍路達魯花赤忻都因事受贓，又挾仇故殺原告人徐仲言。忻都，阿合馬之從子也。以遇赦，勅除名，永不叙用，倍徵燒埋銀。

九年，河間民王天下奴弑父，磁州民田聖童弑母，並磔於市。吏部主事賈廷瑞言：「近年以來，府州司縣官失其人，奉法不虔，受成文吏，舞弄出入，以資漁獵。愚民冒法，小有詞訴，根連株累，動至千百，罪無輕重，即入監禁。百端擾害，不可勝言。若不申明制令，嚴加戒飭，則吏弊不除。今後除姦盜詐僞杖罪以上罪狀明白，依例監禁，其餘自笞罪以下雜犯罪名及根連證干之人，不許似前監收，止令隨衙待對。若果有逃避，根捉到官，比本犯斷決。」刑部議：「賈奉訓所言事理蓋爲路府州縣官吏不能奉職，至有差池。若選材得人，自然不至冤濫。以此參詳小民犯法情罪，輕重不一，擬合臨事詳情區處。如有違枉等事，廉訪司照例糾之。」中書省從刑部議。

至大二年，福建廉訪司言：「古制：『一罪先發，已經論決；餘罪後發，其輕若等，則勿論；重者，通計前罪，以充後數。』矧今所犯贓罪分爲十二章，各有差等。設若一罪先發，已經斷罷；餘罪後發，係在被斷日月之前，合無酌古准今？其輕若等，則與擬免；比前罪重者，驗贓計其所剩杖數決斷，准復追贓免斷，依例黜降。似爲情法相應。」中書省依刑部議，從之。

是年，武昌婦人劉氏詣御史臺訴三寶奴奪其所進亡宋玉璽一、金椅子一、夜明珠二。敕中書省臣及御史中丞冀德方、也可札魯忽赤别鐵木兒、中政使搠只等雜問。劉氏稱故翟萬户妻，三寶奴謫武昌時，與劉氏往來。及三寶奴貴，劉氏以追逃婢至京，謁三寶奴於其家，不答。入其西廊，見榻上有逃婢所竊寶鞍及其手縫錦帕，以問三寶奴，又不答。忿恨而出，即求書狀人喬瑜爲狀，因尹榮往見察院吏李節，入訴於臺。獄具，以劉氏爲妄。有旨，斬喬瑜，笞李節，杖劉氏及尹榮，歸之原籍。

三年，寧王闊闊出謀爲不軌，越王秃剌子阿刺納失里許助之。事覺，闊闊出下獄，賜其妻完者死，竄阿剌納失里及其祖母母妻於伯鐵木兒所。以畏兀兒僧鐵里等二十四人同謀，或知謀不首，並磔於市。

延祐元年，晉寧民侯喜兒兄弟五人並坐法當死。帝惻然曰：「彼一家不幸而有此事，其擇情輕者一人，杖之，俾養父母，毋絶其祀。」

三年，敕：「大辟罪臨刑，敢有刲割者，以重罪論。凡鞫囚，非强盜，毋加酷刑。」

五年，御史臺臣言：「諸司近侍隔越中書省聞奏者，請如舊制治罪。」從之。六年，帝御嘉禧殿，謂札魯忽赤買閭曰：「札魯忽赤人命所繫，其詳閲獄辭，事無大小，必謀於同僚。疑不能決者，與省臺臣集議以聞。」

七年，中書省臣奏：「各處合流遼陽獄囚，無分輕重，一概發奴兒干地。而彼中別無種養生業，歲用衣糧，重加勞費。今肇州路有屯田，擬流囚照依所犯重者，發奴兒干地，輕者於肇州從宜安置，屯種自贍，似爲便益。」從之。刑部言：「方今庶務，惟刑爲重，平反冤獄，乃居官者職所當爲。比因升等減資之路，於是僥倖之徒不計事理虛實，欲圖升進，往往鍛鍊成獄，反害無辜。所在官司，亦不詳讞，取具體察公文，咨申省部定擬，平反明白，固亦有之，然冒濫者十常八九。若不定擬平反通例，深爲未便。今後内外官員，如能平反重刑三名以上，量升一等；犯流配五名者，擬減一資；名數不及者，從優定奪。其吏員事不干己，而能平反者，量進一等遷調。其或冒濫不實，罪及保勘體察官司。庶革僥倖之弊。」中書省議，從之。

至治元年，上都留守賀伯顏坐便服迎詔，棄市，籍其家。是時，鐵木迭兒復相，修舊怨。既杖殺楊朵兒只、蕭拜住，又陷賀伯顏於死。終元之世，奸臣舞文法以害正人，鐵木迭兒一人而已。

英宗執法嚴，參議中書省事乞列監坐鬻官，刑部以法當杖，皇太后命笞之，帝曰：「不可。法者，天下之公。徇私而輕重之，何以示天下！」卒正其罪。斡魯思訐其父母，又駙馬許納子速怯訐其父謀叛、其母私從人。帝曰：「人子事親，有隱無犯。今有過不諫，復訐於官，豈人子所忍爲？」命斬之。真人蔡遁泰殺人論死，刑部尚書不答失里坐受其金，范德郁坐詭隨，俱杖免。

三年，禁故殺子女、誣平民者。

四川行省平章政事趙世延，坐其弟不法事繫獄待對，其弟逃匿，詔出之。仍著爲令：逃者百日不出，則釋待對者。

八思吉思下獄，帝謂左右曰：「法者，祖宗所制，非朕所得私也。八思吉思雖事朕久，今有罪，其論如法。」

八月，帝遇弑於南坡。泰定帝即位，討賊也先鐵木兒、完者、鎖南、禿滿等，皆伏誅。又遣旭邁傑等誅鐵失、失禿兒、赤斤鐵木兒於大都，並戮其子孫。監察御史脱脱等言：「鐵木迭兒包藏禍心，離間親藩，使先帝孤立，卒罹大禍。其子鎖南親與逆謀，乞正其父子之罪，以快元元之心。又月魯、秃秃哈、速敦，皆鐵失之黨，不宜寬宥。」於是鎖南、月魯、秃秃哈、速敦皆伏誅。監察御史許有壬又言：「蕭拜住、楊朵兒只、賀伯顔，天下皆知其無罪。鐵木迭兒盜弄威權，致之必死。御史觀音保、鎖咬兒哈的迷失、李謙亨、成珪，雖以言事忤旨，實爲鐵木迭兒父子所媒孽。又復陰庇逆賊鐵失，使先帝暴崩，皆鐵木迭兒爲之張本也。近奉旨，免其抄籍。竊謂刑賞大節，尤當得宜，擬合依舊斷没其諸子家産。先因事發，獲免之後，分張别居，足見預爲三窟之計。合一併籍没，仍將家屬遷徙遠方，以謝天下。」從之。

泰定元年，太尉不花、平章政事即烈，坐矯制以寡婦古哈强配撒梯，被鞫。詔以世祖舊臣，原其罪。

二年，息州民趙丑厮、郭菩薩妖言彌勒佛當有天下。有司以聞，命宗正府、刑部、樞密院、御史臺及河南行省官雜鞫之。郭菩薩伏誅，杖流其黨。

三年，潮州判官錢珍挑推官梁楫妻劉氏，不從，誣楫下獄，殺之。事覺，珍飲藥死，詔戮其尸。

天曆元年，中書省臣言：「凡有罪者，既籍其家資，又没其妻子，非古者罪人不孥之意。

今後請勿没人妻、子。」從之。

太尉不花率所部剽掠居庸以北，盜入其家，殺之。興和路當盜死罪，刑部議：「不花不道，衆所聞知。幸爲盜殺，而本路隱其殘剽之罪，獨以盜聞，於法不當。」中書省臣以聞，帝從其議。

御史臺臣言：「也先捏將兵擅殺官吏，俘掠子女貨財。」詔刑部鞫之，籍其家，杖一百七，流南寧府。後復爲御史所劾，以不忠不敬伏誅。

二年，中書省臣言：「近籍没欽察家，其子年十六，請令與母同居。仍請自今以後有罪籍官犯子，他人不得陳乞，亦不得没爲官奴。」從之。

陝西行臺御史孔思迪言：「人倫之中，夫婦爲重。比見内外大臣得罪就刑者，其妻子即斷付他人，似與國朝旌表之意不符，夫亡終制之令相反。况以失節之婦，配有功之人，又與前賢所謂『娶失節者以配，是己失節』之意不同。今後負國之臣，籍没奴婢財産，不必罪其妻子；當典刑者則孥戮之，不必斷付他人。請著爲令。」從之。

至順元年，樞密使言：「征戍雲南軍士逃歸，法當死。」詔曰：「如臨陣而逃，死宜也。非臨陣逃者，輒論死，何視人命之易耶？其杖而流之。」

御史臺臣言：「内外官吏令家人受財，以其干名犯義，罪止杖四十七，解任，貪污者緣此犯法愈多。請依十二章，計贓多少論罪。」從之。

御史中丞和尚坐受婦人爲賂，遇赦原罪。監察御史言：「和尚所爲貪縱，有污臺綱，罪雖見原，理宜追奪所受制命，禁錮終身。」從之。

二年，湖廣參知政事徹里帖木兒與速速、班丹俱出怨言，鞫問得實，刑部議徹里帖木兒、班丹杖一百七，速速處死。會赦，徹里帖木兒流廣東，班丹流廣西，速速徙海南。詔籍其家，速速禁錮終身。

燕鐵木兒言：「安慶萬户鎖住坐家人事繫獄，久未款伏，宜若無罪，乞釋之。」制可。

寧國路涇縣民張道殺人爲盜，弟吉從而不加功，繫獄七年不決，吉母老，無他子。中書省以聞，敕免死，杖而釋之。

御史臺臣言：「儲政使撒兒不花侍潛邸時，受馬七十九匹，盜用官庫物；天曆初遇賊即逃，擅開城門。度支卿納哈出矯增制令，又受諸王斡即七寶帶一、鈔一百六十錠。臣等議其罪，均宜杖一百七，除名。」從之。

只里哈答兒坐贓罪當流，以唐其勢舅，釋之。

安西王阿難答之子月魯帖木兒，與畏兀僧玉你達八的刺板的、國師必刺忒納失里沙津愛護持，謀不軌。事覺，三人皆處死，仍籍其家，以必刺忒納失里妻丑丑賜通政副使伯藍。天曆初，御史臺臣屢請勿籍罪人妻子，著爲令矣，然未幾，仍不依條格。大抵文宗之世，刑法畸輕畸重，皆出燕鐵木兒之意，帝亦不專決也。

後至元三年，詔除人命重事之外，凡盜賊等獄，不須俟五府官審，有司依例決之。

六年，詔今後有罪者，勿籍其妻、女以配人。

凡蒙古人居官犯法，擇蒙古官斷之，行杖亦如之。四怯薛及諸王、駙馬投下蒙古、色目人等，犯奸盜詐僞者，從太宗正府讞之。其蒙古人相犯者，婚姻、債負、鬭毆、私奸、雜犯，不係官軍捕捉者，從本奥魯歸斷。其餘干礙人命，强竊盜賊，印造僞鈔之類，即係管民官應捕事理，令有司約會奥魯官一同問之。軍民相干之詞訟，管民官約會管軍官問之。僧俗相干之詞訟，管民官約會行宣政院問之。

至元十二年，刑部議准：「蒙古軍人自行相犯，若有蒙古奥魯員，合與京兆、南京一體施行。如無管領奥魯頭目，止從官司訊斷。」

九年，中書省議准：「蒙古人除犯死罪，監房收禁，不得一面拷掠外，據真奸、真盜之犯，達魯火赤與衆官人一同訊問得實，去犯人繫腰合鉢散收。其餘雜犯輕罪，依理對證，不得一面捉拿監收。」

三十年，勅：「管民官、奥魯官、運司，並投下相關公事，管民官與各管官司約會，一同鞫問。如行移三次不到，止從管民官依理歸結。情重者，申刑部斷之。」

大德五年，赦軍士殺人奸盜者，令軍民官同鞫。

中統二年，鳳翔府龍華寺僧超道謀作亂，遇赦，没其財羈管，京兆僧司同謀蘇德全從軍自效。

大德六年，詔自今僧官、僧人犯罪，御史臺與内外宣政院同鞫。宣政院徇情不公者，聽御史臺治之。

七年，奉使宣撫耶律希尚、劉賡言：「平陽僧察力微犯法非一，有司憚其豪强，不敢詰問。聞臣等至，潛逃京師。」中書省臣言：「宜捕送其所，令省、臺、宣政院遣官雜治。」從之。

八年，詔：「凡僧姦盜殺人者，聽有司耑決。」

延祐六年，勅：「畏兀兒哈迷里人自行相犯，委付頭目訊斷。若與百姓相争，委頭目與有司官同鞫。」

七年，敕：「回回諸色人等，結絶不得者，歸有司官訊斷。」

赦令，歷代所同。獨以修佛事而釋重囚，則惟蒙古有之。

元貞元年，用帝師奏，釋大辟三人，杖以下四十七人。

二年〔一〕，釋罪囚二十人。

六年四月己丑朔〔二〕，釋重囚三十八，人給鈔一錠。庚辰，釋重囚疑重者。

七年，中書右丞荅剌罕言：「僧人修佛事畢，必釋重囚。有殺人及妻妾殺夫者，皆指名釋之。生者苟免，死者含冤，於福何有？」帝嘉納之。然九年仍釋上都囚三人，不能盡用其言。

十一年〔三〕，武宗即位，帝師奏釋大辟囚三十人，杖以下百人。

至大二年，以皇太后有疾，釋大辟囚百人。

皇慶三年，以作佛事，釋囚徒二十九人。

延祐元年，釋流以下罪囚。三月，以僧人作佛事，擇釋獄囚，命中書省審察。

六年，以天慶節，釋重囚一人。七月，皇姊大長公主祥哥剌吉作佛事，釋全寧府重囚二十七人。敕按問全寧有司官，阿從不法，仍追囚還獄，命分簡奴兒干及流囚罪稍輕者屯田肇州。是年，以作佛事，釋大辟囚七人，流以下六人。

英宗即位，拜住以受尊號，請釋獄囚，不允。

至治二年，西僧灌頂，疾請釋罪囚，帝曰：「釋囚祈福，豈爲師惜。朕思惡人屢赦，反害善人，何福之有？」不允。西僧爲奸利，假祈福之説以釋重囚，元之秕政也。獨英宗能斥之，然亦遵爲故事。

三年，敕都功德使闊兒魯至京師，釋大辟囚三十一人，杖五十七以上六十九人。

泰定元年，釋笞罪，以爲兩宫祈福。

三年，以帝師修佛事，釋重囚三人。

至順二年，作佛事，釋在京囚死罪者十人，杖罪四十七人。

三年，以作佛事，釋御史臺所囚定興劉縣尹及刑部囚二十六人。

【校勘記】

〔一〕「二年」，疑誤。按本書《成宗本紀下》「釋罪囚二十人」在元貞三年十一月戊子。

〔二〕「六年」上，當補「大德」二字。

〔三〕「十一年」，原作「十年」，按本紀，武宗即位在大德十一年，據改。